JN161547

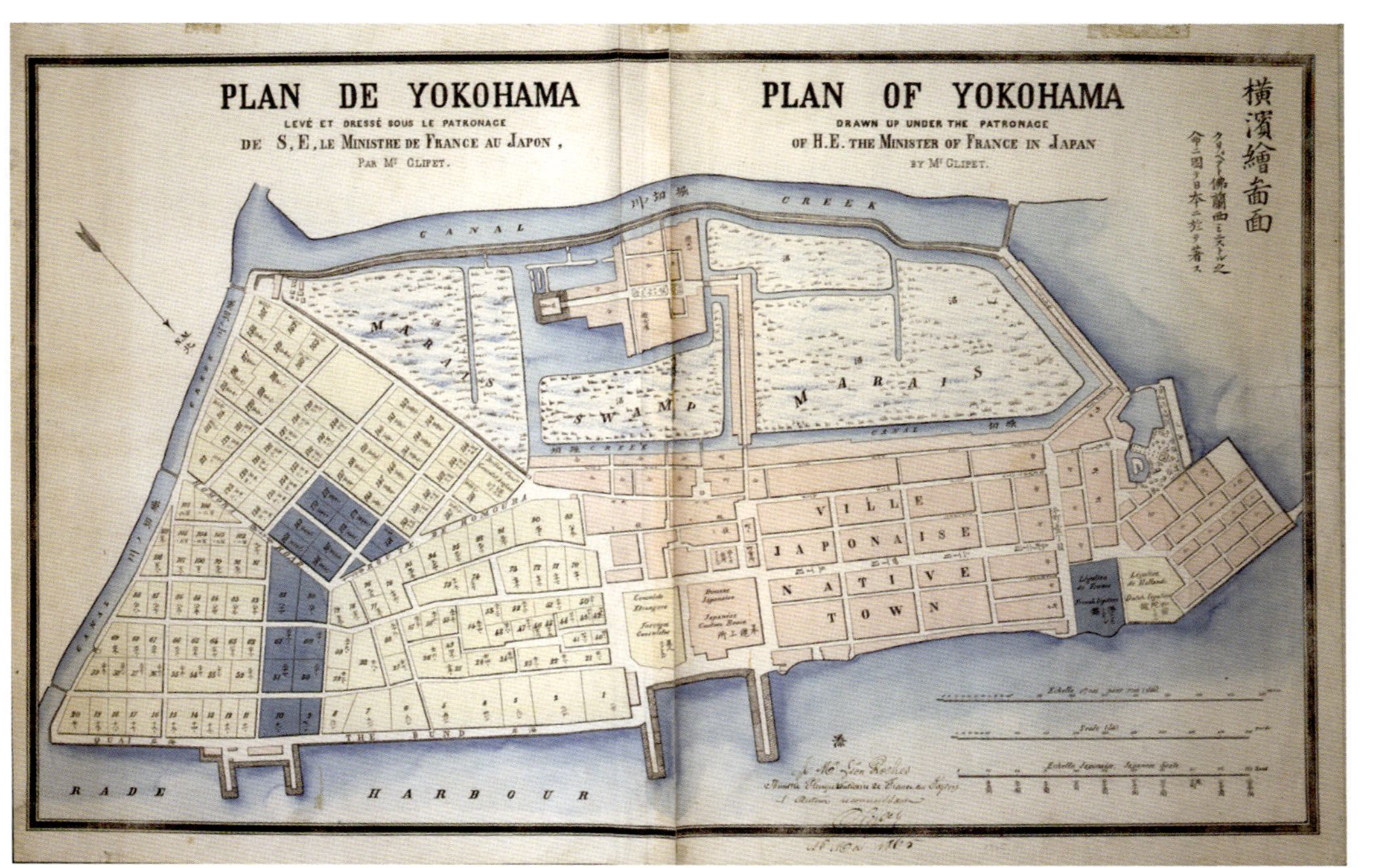

横浜絵図面　1865（慶応元）年
フランス人技師クリペが作成した地図。中央の二つの突堤は西波止場。左手の小さい二つの突堤は東（フランス）波止場。赤色の部分は日本人居住区、黄色が外国人居留地、青色はそのうちフランス人居住区を示す。街路が他に対して 45 度傾いた区画は、横浜新田を埋め立てた旧埋立居留地。　横浜開港資料館所蔵

横浜異人屋敷之図　一川芳員画　文久元年正月刊
左手が食堂、右手は調理場、その奥に理髪室がある。横浜ホテルをモデルに描かれたものであろう。　横浜市中央図書館所蔵

横浜繁栄之図　歌川広重（二代）画　慶応元年8・9月刊
1863年、78番地で開業したチャータード・マーカンタイル銀行。木骨外壁石積みの建築であろう。左手の「時鐘」は天主堂の鐘楼。　横浜市中央図書館所蔵

横浜海岸通り　明治末〜大正初期
西（イギリス）波止場から見た海岸通りの全景。中央右寄り、三階建の建物は横浜ユナイテッド・クラブ。その左手はクラブ・ホテルの分館と本館。左手遠方は東（フランス）波止場。　石黒徹氏所蔵

横浜海岸通り　明治末〜大正初期
東（フランス）波止場のボートハウス。水上スポーツの拠点だった。　石黒徹氏所蔵

横浜公園内アマチーアクラブ　明治末〜大正初期
クリケット・グラウンドでのサッカーの試合。このグラウンドは球技や陸上競技のメッカだった。　石黒徹氏所蔵

横浜山手公園　明治末〜大正初期
居留外国人のために整備された西洋式公園。今日に至るまでテニス・クラブの拠点として活用されている。　石黒徹氏所蔵

幕末・明治の横浜

西洋文化事始め

斎藤 多喜夫

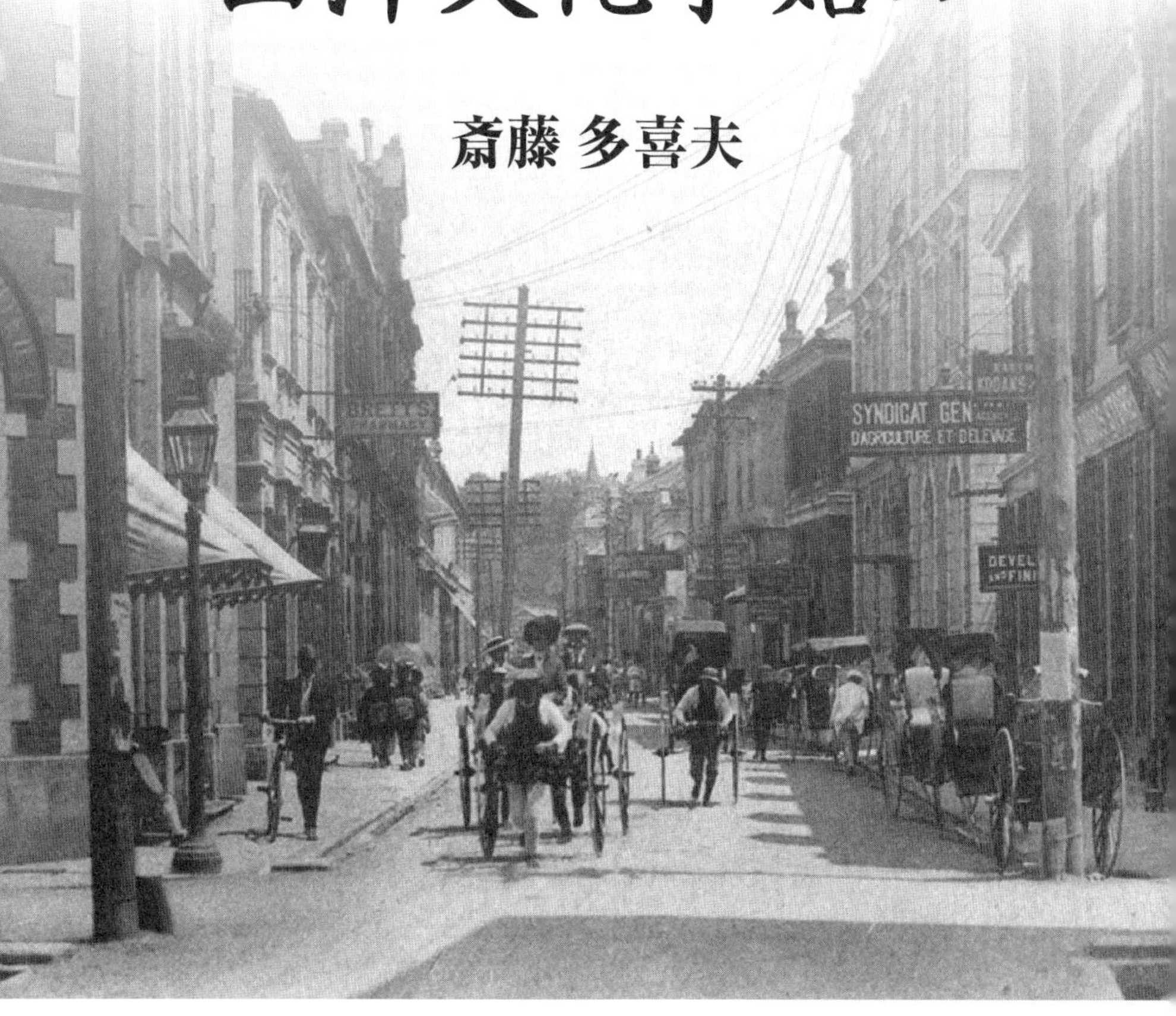

明石書店

幕末・明治の横浜　西洋文化事始め

＊

目次

第三章　肉食と畜産の始まり　64

第六章　健康を求めて　

第九章　横浜の洋学

明治 14 年の横浜地図

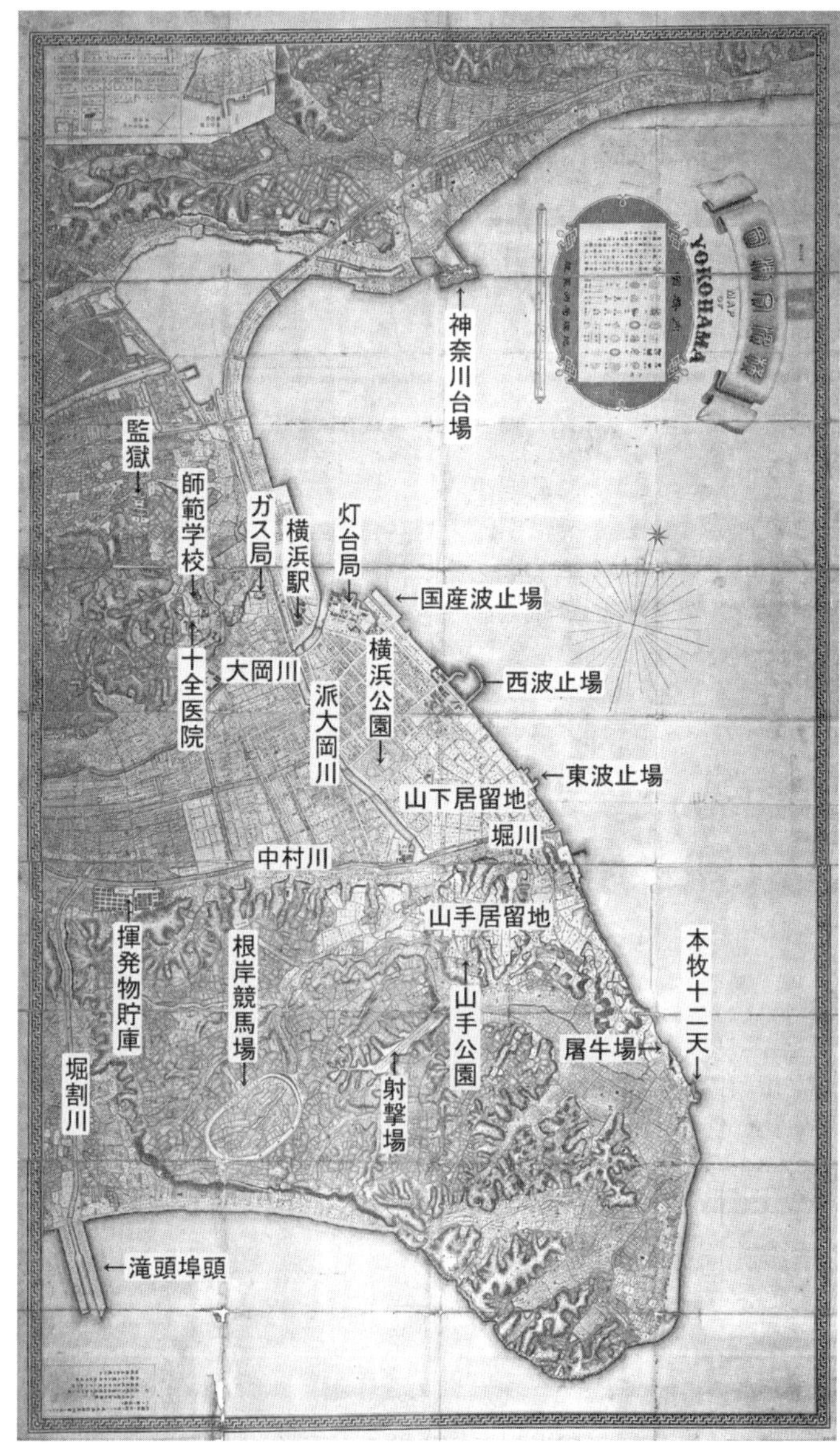

本書に登場する地名や施設名のほか、ランドマークとなる川や施設の名称を記入した。ベースの地図は「横浜実測図」（内務省地理局測量課作成。明治 14 年 2 月刊） 横浜市中央図書館所蔵

はじめに――近代世界における文化移転をめぐって

前期近代における文化移転

「近代」についてどう定義するにせよ、次の二点を否定する人はいないだろう。

世界が一つになったこと。十五世紀末、コロンブスによって旧世界と新世界が結びつけられた。また、ポルトガルのアフリカ西岸探検によって、サハラ以南のアフリカも旧世界と結びつけられた。ロシアのシベリア征服がこれに続く。

地球上のほぼすべての民族が「西洋の衝撃（Western Impact）」にさらされるようになったこと。

「西洋の衝撃」の起源をたどれば、十二世紀以降、十字軍やイベリア半島でのキリスト教徒の再征服運動（レコンキスタ）、ドイツ人の東方植民などによって構成される「西洋の拡張（Western Expansion）」にたどりつく。これらの運動は、その中核に騎士修道会が存在したことからもわかるように、宗教的な情熱を原動力とするものであった。ポルトガルのアフリカ周航航路や、コロンブスによる大西洋横断航路の開拓を推進したのも同様な宗教的情熱であり、彼らが目指したのは「聖ヨハネの国」であった。その結果同一の舞台に立たされることになった世界の諸民族は、彼らによってキリスト教徒と異教徒に区分され、異教徒に対する布教と征服が分かちがたく進行する。

以上の過程を「西洋の衝撃」を受けた側から見るとどうなるか。ヨーロッパ人が持ち込んだのはキリスト教のみならず、鉄砲と伝染病であった。増田義郎『太平洋――開かれた海の歴史』[1]には、太平洋の島々に関して、三つのケースの存在したことが記されている。

①白人との接触の結果起こった伝染病の蔓延と人口減少。

②銃火器の導入による土着世界内部の抗争の激化と、その結果として生まれる一人の首長への権力の集中。

③キリスト教の布教による首長の宗教的権威の失墜。

「こうして変質、弱体化した社会に、ヨーロッパ人の政治的干渉の手が及んで、容易に植民地化が進行したのである」と。

日本も太平洋の島の一つだと考えれば、戦国時代から信長・秀吉による統一政権樹立の過程は、ピッタリ②に当てはまる。しかし、その後は太平洋の島々とは異なる過程をたどった。秀吉によるキリシタン禁令は、③の「首長の宗教的権威の失墜」を防ぎ、ひいては植民地化の危険をも避けたものと言うことができよう。日本だけではなく、明朝中国などアジアの大国は「西洋の衝撃」に対して強靭な抵抗力を示し、その影響を極小化するだけの力をもっていた。今日「鎖国」と呼ばれている江戸時代の二百数十年にわたる孤立政策は、その日本における独特の形態だと言うことができる。

独特だと言うのは、日本の場合、「西洋の衝撃」を体現するオランダのみならず、中国に対しても対峙の構えをとったことである。したがって、この時期の文化移転には二つの経路があった。

一つの経路は、秀吉の朝鮮出兵によって交戦状態にあった中国と国交を回復することなく、朝鮮・琉球・長崎を通じて中国文化を吸収するものである。国交回復のためには敗戦を認め、和を請わねばならなかったから、この選択には合理性があった。この経路を生かして、儒学などの学問から生糸や木綿を作る技術まで、中国の文化を消化・吸収することができた。

もう一つの経路は長崎の出島を通じての文化移転である。出島にはオランダ人によって西洋の生活文化が移植されていたが、それを見聞できたのは一部の日本人に限られ、書物を通じて知識として広まるに留まった。それも医学や自然科学の分野に偏り、しかも一部エリートの知識に限られていた。

今、他のアジア諸国について論ずるだけの知識を持ち合わせていないが、おおむねこの時期には、西洋諸国と対峙しつつ、自らの宗教・政治・経済・社会の変質を招くことのない程度の文化移転が行われていたと考えられる。中国では日本と同様、カントン（正しくは広州）一港で、洋行と呼ばれる中国人特権商人の統制下でのみ貿易が行われていた。西洋諸国と力関係の優劣に決着をつけなければならないほど密ではない、ゆるやかな関係が続いていた。

近代における文化移転

十八世紀後半、地殻変動に匹敵する大きな変化が起きた。震源地はイギリスだった。十七世紀末以来、イギリスはインド産綿布の輸入による貿易赤字に悩んでいたが、アメリカで自生綿花が発見され、さらに紡績・紡織機械の発明・改良がこれに続いて、木綿の自給が達成されただけではなく、インドへの逆輸出まで行われるようになった。時を同じくしてインドの植民地化とインドでの中国向けアヘンの専売が始まった。十九世紀前半には、イギリスからインドへの木綿輸出が輸入を上回り、中国からの茶の輸入による貿易赤字と銀流出に悩んでいたものが、アヘンの輸出によって解消され、逆に中国からの銀流出が始まる。「運命の逆転」が起きたのである。

貿易における「西高東低」の関係はただちに国家間の関係に反映された。優位に立ったイギリスがいつまでも中国での不自由な境遇に甘んじているわけはなかった。一七九二年、北京に派遣されたマッカートニー使節への訓令には、「カントンにおけるイギリス人に対する不当な拘束を停止せしめ、ふたたびそれを復活しない保証を得ること」という一項が含まれていた。この要求はアヘン戦争の結果、一八四二年に締結された南京条約によって実現される。この条約によって香港が割譲されるとともに、付属の通商章程により広州・福州・厦門・寧波・上海の五港の開港と自由貿易が約束された。

ヨーロッパ人の世界観も変化した。ヨーロッパの歴史において、十七世紀は科学革命の時代、十八世紀は啓蒙主義の時代とされる。その過程で「神」を「理性」に置き換える「世俗化（Secularization）」が進展しつつあった。その帰結として、「文明」とは理性の支配する状態のことであり、歴史は罪に堕ちた人類を救済する神の計画の実現ではなく、野蛮から未開を経て文明に至る進歩の過程だと考えられるようになった。それを空間軸に投影することによって、キリスト教徒と異教徒の関係として考えられていた民族間の関係も世俗化され、「文明人」対「未開人」「野蛮人」の関係に読み換えられる。

ヨーロッパ諸国は「文明国」としての自負と自信を深め、他の地域の人々に対して優越感を抱くようになる。アジア、アメリカへ進出したポルトガル、スペインの植民者たちにはキリスト教の布教の義務が課されたが、啓蒙主義の時代以降、「文明化の使命」が課された。[2] かつてはアメリカ先住民のキリスト教受容の可否が論じられたが、[3] 今度は文明化可能な「未開人」と不可能な「野蛮人」の区別に関する詮議が行われる。アリストテレスの「先天的奴隷人」に換わる「野蛮人」の概念が生まれるのである。野蛮人には自己統治能力がないため、植民地にされ、文明国を「宗主国」と仰がなければならないことになる。

かくしてゆるやかな関係の時代は終わりを告げ、「西洋の衝撃」は文明化の圧力として、開港場（かいこうじょう）を窓口に政治や経済・社会の分野に浸透し、否でも応でもその変容を迫られることになる。

二〇世紀になるとまた変化が起きる。「文明化の使命」の幻想性が顕わとなり、植民地化の動機もむき出しの国家利益に変わる。これ以降を後期近代＝現代と呼ぶことができよう。第一次世界大戦後、「ヨーロッパの危機」が叫ばれ、ヨーロッパ文明の普遍性に対する自信が揺らいだ。植民地の独立も進んだ。その中にはヨーロッパ文明に挑戦し、その普遍性を否定する動きも出てくる。これがいかなる時代に向かう過渡なのか、それに答えるのは私の能力をはるかに超えている。

前期近代——近代——後期近代という時期区分は、経済史における商業資本主義——産業資本主義——帝国主義を指標とする時期区分とほぼパラレルだが、本書が扱うのは近代移行期に日本で起きた文化移転の諸相についてである。

中国の場合——日本との比較

欧米諸国の文明化戦略は軍事的・経済的な外圧と一体化していたから、アジアの各地で反発を呼び起こした。中国では「華夷秩序」という伝統的な価値観と衝突した。それは中国を中心に、中心から遠ざかるほど文化の程度が低くなるという地理観であり、中国人から見れば西洋人の方こそ「南蛮」と呼ばれる野蛮人なのであった。中国の思想的な影響下にあった日本でも事情は同じであり、西洋人を夷＝野蛮人として排斥する攘夷運動が燃え盛った。しかし文化移転の様相について見ると、中国と日本ではかなり違う。具体例を挙げてみよう。

ペリー提督が自らの使命について「特異で半ば野蛮な一国民を、文明諸国民の家族の中に組み入れる」ことだと明言しているように、欧米諸国から見れば、日本の開国も世界を文明化する戦略の一環であった。ペリー提督が、日本への贈り物として電信機と蒸気機関車を持参したことからもわかるように、欧米諸国にとってこの二つは文明化戦略の牽引車だった。電信機と蒸気機関車を具体例として、文化移転における日中の相違を見てみよう。

日本で政府の事業として東京・横浜間に電信線が架設され、電報の受付が始まったのは一八六九（明治二）年、通商条約による開港から一〇年後、ペリーが贈り物として持参した電信機を、日米交渉が行われた横浜村で実験してみせてから一五年後のことだった。

他方、中国では一八七一年、イギリス系の中国海底電信会社（China Submarine Telegraph Co.）の手でインド経由香港まで、翌年にはデンマーク系の大北電信会社（The Great Northern Telegraph Co.）の手でウラジオストック・長崎・上海・香港間に電信が開通した。日本より遅く、しかも外国企業の手になるものであった。中国政府によるものとしては、日本の台湾出兵に対する防衛策の一環として、一八七四年以降、台湾と福建で建設が開始された。本格的なものとしては、一八七九年に天津・大沽及び北塘間、一八八一年に天津・上海間に開通したのが最初である。日本の京浜間電信より一〇年遅い。

鉄道についても事情は似ている。日本政府が東京・横浜間に鉄道を建設したのは一八七二（明治五）年、開港から一三年後、ペリーが贈り物として持参した模型の蒸気車を横浜村で走らせてから一八年後のことだった。他方、中国では一八七六年、イギリス系の呉淞鉄路有限公司（Woosung Railway Co., Ltd.）が道路と偽り、無許可で上海・呉淞間に鉄道を敷設した。この鉄道は中国政府に買収され、翌年撤去された。中国政府によるものとしては一八八一年、石炭輸送のため河北省の唐山・胥各荘間に敷設された唐胥鉄道が最初であり、当初はラバが車両を牽いたが、翌年から蒸気機関車が導入された。日本よりやはり一〇年遅い。[4]

加藤祐三氏は二〇項目について比較した結果、日本が中国に先んじること二一年と結論付けておられる。[5] スタート時点を中国では南京条約が締結された一八四二年、日本では日米和親条約が締結された一八五四年とすると、その差一二年をプラスして三三年、日本のスタート時点を一八五九年の通商開始とすると、その差一七年をプラスして三八年となる。

日本の場合

アヘン戦争は中国にとっては災厄だったが、日本には幸運をもたらした。冷静な観察者の立場に立てた幕府首脳はイギリスの海軍力が強大で、戦っても日本に勝ち目がないこと、海軍の原動力に蒸気船の威力があることなどを認識することができた。その結果、欧米諸国に対しては「避戦」で臨むべきことが政策の基調となり、無謀な戦争を避けることができた。

大雑把に言えば、日本の開国・開港はアヘン戦争と南京条約の余波に他ならないが、具体的に見ると中国と日本ではかなり事情が違っていた。

第一に外圧の主体が中国では当時の超大国イギリスだったのに対して、日本では新興国アメリカだった。第二に中国では戦争の結果結ばれた条約だったため、南京条約には通商条約のみならず講和条約の側面があり、領土の割譲（その結果が植民地香港）や賠償金の支払といった懲罰条項があった。第三に日本では通商条約締結の前に和親条約が結ばれ、通商開始に先立って国交の樹立が行われた、すなわち開国と開港の二つの段階を経たことである。

どの点から見ても、日本が蒙った外圧は中国に比べて緩和されていたと言える。しかし、それは後世の目から見てのことで、当時の人々にすれば、和親条約の締結を求めて来航したペリー提督率いる大型蒸気軍艦の出現はショックだった。それがショックだったのは、蒸気船について無知だったからではなく、知識に過ぎなかったものの実物が眼前に現れたこと、しかもイギリスの軍艦が河川で用いられる小型の蒸気船だったのに対して、当時世界最大級の大型蒸気船だったからである。船体が黒く防水塗装されていたことから、人々はこれを黒船と呼んだ。「黒船渡来」は激動の幕末・維新への転換の端緒として記憶され続けた。

先述のとおり、電信機と蒸気機関車は欧米諸国にとって文明化戦略の牽引車だった。日本がこの二つを自ら進んでいち早く導入したことは、ヨーロッパ人から見て「世界史上最も驚異的な革命の一つ」であり、日本は一躍「文明化の優等生」となった。その素早さはむしろ「不気味」ですらあった。[6]

どうしてそうなったのか。いくつかの説明が試みられている。それらはいずれも幾分かずつ真実を言い当てていると思う。

第一に、周囲の民族を「教化」し続けてきたと自負する中国と違って、日本は太古以来、主として中国を通じて、外来の文化を吸収し、そのことを通じて自らの文化を発展させてきたという伝統を持っている。いわば外来文化の摂取に長けたＤＮＡを持っていた。

第二に、おそらくは外来文化摂取の経験を通じて、文化とその担い手である人間を、いわば用と体を切り離して、文化のみを摂取するという実用主義的な態度を身につけていたことである。それによって、西洋人をあいかわらず「夷」と見なし、攘夷を唱えながら、他方で、最初は軍事技術など、日本に必要だと思われる文化を貪欲に摂取することが可能となった。明治維新以降、日本が「文明化の優等生」となった後も、西洋人に対する嫌悪の念が消え去ったわけではなく、それは第二次大戦時の「鬼畜米英」にまで尾を引いていると思う。

第三に、日本でも「世俗化」が進んでいたことである。ヨーロッパでの世俗化は神の存在を否定するものではなく、神の存在を天上界に限定し、地上界を神の支配から解放するものであった。日本人も仏教や儒教によって、西洋の神に相当する超越的な理念についての知識を持っていた。しかし、江戸時代を通じて、それは宗教や学問の世界に限定され、ヨーロッパでの世俗化に類似した現象が起きていた。その結果、かつてポルトガルが持ち込もうとしたようなキリスト教的な文化ではなく、世俗的な文化としての近代の西洋文化については、抵抗なく受け入れることができた。そのことは、地上の隅々まで神の支配を認めるイスラム教の文化と対比してみればわかりやすい。

第四に、中国では文化としての「華」と地理上の中国が一体化していたのに対して、日本ではその影響を受けながらも、「華」を地理上の概念としてではなく、中国にも日本にも遍在する普遍的価値とみなす思考が生まれていたことである。この思考を西洋文化に適用することによって、西洋的なものは西洋的だから価値があるのではなく、それが普遍的な価値を体現しているかぎりで価値があるとみなすことが可能となる。

第五に、先にも述べたように、日本では開国・開港が二段階を経て行われ、外圧に対応する時間的・心理的な余裕が生じたことである。

文化移転の諸相

先述のとおり、開国・開港以降、ゆるやかな関係の時代は終わりを告げ、「西洋の衝撃」は文明化の圧力として、開港場を窓口に政治や経済・社会の分野に浸透し、否でも応でもその変容を迫られることになる。その変容の具体相について、経済や産業の分野では豊富な研究蓄積がある。産業分野の研究の一環をなす「技術の移転」についても研究が積み重ねられてきた。内田星美「経済史における技術移転」[7]は、技術の供与者と受容者について種々考察しているが、文化移転の観点から注目されるのは次の二つである。

①受容者の事業における、供与国の技師・熟練工の雇用。明治初期にさまざまな分野で見られた「御雇」がこれに当たる。

②供与国からの移住者の事業。この型式は「西欧諸国間では一般的であったが欧米と日本の間では少ない」という。

「少ない」とされる「供与国からの移住者の事業」に関して、本書では外国人居留地に着目する。幕末にアメリカなど五か国と結ばれた通商条約により、外国貿易のために横浜・長崎・函館など五港が開港された。開港場とは外国人に港と町を開く場所のことであり、外国人に開かれる町のことを外国人居留地（略して居留地）と言う。安政六年の開港から明治三十二（一八九九）年に改正新条約が発効するまでの四〇年間存続した。

居留地にやってきた欧米人は日本の風習に馴染もうとはせず、故国と同様の生活を持ち込んだ。居留地には欧米の地方都市のような市街ができあがった。彼らは日本人に技術や文化を伝えるためにやってきたのではない。しかし、江戸時代の長い孤立政策のもとで、かえって好奇心が研ぎ澄まされていた日本人にとって、居留地は珍しい西洋文化の陳列場であり、それらを貪欲に吸収した。こうして衣食住や娯楽・スポーツ、その他さまざまな分野で、居留地を媒介とする西洋文化の移転が行われた。外国人が自慢気に言っているように、居留地は「日本人に無料で欧米文明の見本」[8]を示すことになったが、それは日本人がそれを貪欲に吸収したからである。

幕末・明治初期における文化移転

本書は幕末・明治初期における西洋文化の移転に関して、①外国人による居留地への移植と②日本人による摂取について、それぞれ初発の様相を明らかにしようとするものだが、とくにこれまで研究が手薄だった①に重点を置く。この研究テーマは、これまで「事物起源」「事始め」などとして論じられてきたテーマと重なりあい、そのうちに豊富な素材を持っている。しかしそれらは「文化移転」という課題意識のもとで論じられてきたわけではないので、本書とは次のような相違がある。

そもそも「文化」とは何なのか。林武「技術の移転・変容・開発――日本の経験」[9]は技術について、「生産活動に応用された科学の原理」と定義している。本書はこれになぞらえて、文化とは「社会生活に応用された知識」あるいは「社会生活において受肉した知識」と定義する。生産活動も社会生活の一部だから、技術も文化の一部だと言うことができる。この定義にしたがうならば、単なる知識や、個人生活への応用だけでは文化と見做すことはできない。江戸時代にも長崎出島での見聞や蘭学を通じて西洋の知識がもたらされたが、それらは本書の課題に属さない。

ペリー提督率いるアメリカの日本遠征隊は贈り物として蒸気車・電信機など、当時最先端の「文明の利器」を持参した。また、条約締結交渉の間に行われた艦隊との交流を通じて、幕府の当局者は写真機を始め食肉・洋酒・パン等、欧米の文物に触れることができた。それらは瓦版などを通じて庶民にも伝達され、西洋文化への強烈な関心を喚び起こした。しかし、それらはなお知識の段階に留まっていたので、やはり本書の課題には属さない。

本書のテーマは「居留地を媒介とする文化移転」なので、他の経路によるものは含まない。幕末以降、遣外使節や留学生による海外体験によってもたらされた膨大な知識があった。それらのうちには福沢諭吉の著作などを通じて、知識に留まらず、社会生活に応用されたものもあるが本書では扱わない。また、明治初期には、政府や地方官庁によって、電信や鉄道、道路・港湾施設・上下水道など、交通や都市基盤整備の分野で技術の移転が行われた。しかし、それらは外国人技術者の雇用、いわゆる「御雇」をおもな手段として行われたので、やはり本書の課題には属さない。

このように限定しても、それでもなお扱うテーマは多すぎる。横浜・神戸・長崎など、おもな開港場にはいずれも居留地が置かれ、それぞれに特色のある文化移転が行われた。そのすべてを扱うことは私の能力を超えている。本書では対象を、最大規模を誇り、史料やテーマも豊富な横浜に限定する。それに「横浜事始め」の大半は日本最初でもあるので、ローカルな内容であっても、それによって文化移転に関する全国的な様相を推測できると考えた。他の都市については次の著作を参照されたい。

『ながさきことはじめ』（長崎文献社、一九九五年）

『神戸・横浜〝開化物語〟』（神戸市立博物館、一九九九年）

『一五〇枚の画像が語る幕末・明治の国際都市ハコダテ』（はこだて外国人居留地研究会、二〇一五年）

清水正雄『東京はじめて物語』（六花社、一九九八年）

なお、横浜居留地で最大多数を占めたのは中国人だが、本書が扱うのは基本的に西洋文化である。先述のとおり、江戸時代にも中国の文化は着々と摂取されており、新規性がなかったからであろう、中国料理などを除いて、幕末・明治には社会現象としての中国文化の移転は起きなかった。

横浜居留地を媒介とする文化移転に関する先行研究

このテーマはこれまで「横浜もののはじめ」として論じられてきた。その観点は、先述の②、すなわち日本人による摂取に主眼を置くものであり、その前提をなす①外国人による居留地への移植についての研究はきわめて不十分であった。

以下、このテーマに関する研究史をまとめておく。

多少なりとも「横浜もののはじめ」を意識して書かれた最初の文献は『横浜沿革誌』であった。著者は神奈川奉行所から引き続き神奈川県庁に勤務した太田久好、最初の体系的な横浜の年代記である。刊行年は明治二十五年、開港から前年の二十四年までを記述している。その中に「之ヲ以テ嚆矢(こうし)トス」というかたちで、「もののはじめ」に関する事項が収録されている。不正確な部分もあるが、大半はしっかりした情報源に基づく正確な記述として定評がある。

「横浜もののはじめ」には、故老の回顧談のかたちでかろうじて記録に留められたものが多い。開港五〇年祭を機に、横浜のルーツに対する関心が高まった明治四十二年、内外人の手で二つの記録がまとめられた。一つは『横浜開港側面史』、『横浜貿易新報』に連載された故老の回顧談をまとめたものである。同じ時期に横浜商業会議所が刊行した『横浜開港五十年史』を「正史」とするならば、「正史」から漏れた市井の出来事を収録した「側面史」である。もう一つは幕末以来の老舗の英字新聞社、ジャパン・ガゼット社がまとめた『ジャパン・ガゼット横浜五〇年史』(原題は *Japan Gazette, Yokohama Semi-Centennial*)、古参居留外国人の回顧談が多数収録されている。いずれも貴重な記録だが、不確かな記憶や伝聞も多く、利用にあたっては史料批判が必要である。

「横浜もののはじめ」を最初に体系的に記述したのは、横浜市役所が昭和六年から七年にかけて刊行した『横浜市史稿』、とくにその風俗編の第十一章「文明源流」であった。昭和十五年正月から七月にかけて『横浜市報』に連載された「横浜史料　横浜事物起源」も、多少新しい情報を付け加えつつ、おおむね『横浜市史稿』に依拠している。

戦後も、少しずつ新しい情報を加えつつ、基本的には『横浜市史稿』で集大成された「横浜もののはじめ」の普及版とも言うべき印刷物が出版されている。昭和三十六年に横浜市図書館が編集した『横浜もののはじめ』、横浜市市民局が昭和五十年に出版した『市民グラフ・ヨコハマ』第一四号の特集「横浜もののはじめ」など。これらによって通説が形作られた。

しかし、『横浜市史稿』に依拠した通説には誤りが多い。『横浜市史稿』は古いだけではなく、大正十二（一九二三）年の関東大震災によって大量の収集史料を焼失するという困難な状況のもとで刊行されたものであり、風俗編には率直に「本編に関しては記録・文書の類が殆ど皆無と為つてゐる今日、只伝説や見聞談、乃至数寄者の手帖・錦絵の類を本として述ぶるより外に手段が無かつたので、年月に就いても殆ど曖昧で、隔靴掻痒の感あるのは、編者の頗る遺憾に堪へない所である」と記されている。

『横浜市史稿・風俗編』がやっかいなのは、誤りが多いだけではなく、記述の根拠となる史料や情報源がほとんど記されていないので、その真偽を判定できないことである。それにもかかわらず、その普及版とも言うべき印刷物を作成した人々が、事実認定の方法など歴史研究の専門的な訓練を受けたことのない、いわば素人であったために、誤りもいっしょに普及してしまったのであった。

横浜軍陣病院に関する『横浜市史稿』の誤りに気がついた医史学研究家の中西淳朗氏は、「大横浜の市役所が、戦前とは云え、かくもミスを重ねた歴史書を発行するわけがない、と誰もが思うであろう」「どうしてもおかしい、変だと筆者は思い、『横浜市史稿』の政治篇第一巻巻頭の凡例を読んで驚いた」として、編纂主任堀田璋左右の文章を引用している[10]。

それは政治編について述べたもので、多くの史料を失ってしまったため、「編者に於ても快心の作」とは言えない、「蓋し之が完全を期するには、自由に論議するを許さるゝの相当年月を経た後代を期せねばならぬと思ふ。故に今後に希望する所は、公文其他の記録を蒐集保管しおいて、他日大成を為すの資とし、本巻を訂正完修さるゝならば、編者の欣幸これに過ぐるものはない」と記している。

中西氏は「焼けのこった史料を検討する時間もなく、そのまゝ用い出版してしまった」のは「役所のスケジュール、予算の都合等があったものと考えられる」と推測している。その後の経緯を見ると、結果論ではあるけれども、出版を断念して、「公文其他の記録」の収集から出直すべきだったと思う。

残念ながら、「他日大成を為すの資」としたいという堀田の希望は無視されてしまった。例えば戦後の昭和二十六（一九五一）年、横浜歴史年表編纂委員会の手で『横浜歴史年表』が出版されたが、そこでは『横浜市史稿・風俗編』の編者が「年月に就いても殆ど曖昧」と述べていたにも関わらず、「曖昧」な事柄まですべて確定的な事実であるかのごとく記述されてしまった。

昭和三十三年、戦後復興の節目として開港百年祭が開催され、それを機に専門家の手になる『横浜市史』の刊行が開始された。堀田が期待した「他日大成を為す」機会が訪れたと言えるかもしれない。しかし、『横浜市史』は「歴史の幹」に当たるものとして対象を経済史や政治史に絞ったので、多くが社会史や文化史の分野に属する「横浜もののはじめ」については『横浜市史稿』が無傷のまま残ってしまった。

状況が変わったのは、『横浜市史』第一期（大正期まで）の編集が完了し、その過程で収集された史料を公開する施設として、昭和五十六年に横浜開港資料館が設立されてからのことである。それによって原史料を誰でも閲覧できるようになり、通説の真偽を原史料に基づいて確かめることができるようになった。また、同館が収集した幕末期の英語の新聞によって、通説では手薄だった外国人居留地の様子が分かるようになり、外国人による居留地への文化の移植について、新しい事実が次々と明らかになった。多くの事柄が伝説の世界から歴史の領域に移されたのである。

昭和六十三年には横浜開港資料館から『横浜もののはじめ考』が出版され、通説の多くが旧説となった。その後も長らく新説と旧説のせめぎあいが続いたが、時の経過とともに確実に旧説は新説によって駆逐されつつある。『横浜もののはじめ考』の出版から約四半世紀が経った。その間に新しく発見された史料や事実もある。本書は『横浜もののはじめ考』をベースとし、外国人居留地への文化移転に焦点をあてつつ、新たな史料や事実を紹介するとともに、個別の論点についてさらに突っ込んだ解説を試みたものである。また、『横浜もののはじめ考』で触れられていないテーマについては意識的に取り上げることとした。

【凡例】

○年月日の表記――主として外国側の史料に基づく記述には西暦、日本側の史料に基づく記述には和年号を用いた。太陽暦採用以前については、西暦に続く月日は陽暦、和年号に続く月日は陰暦である。改元のあった年は新元号に統一した。

○漢字の表記――常用漢字表に掲げられている漢字はすべて表内の字体を用いた。固有名詞や史料の引用でも例外は設けず、異体字（旧字など）は用いなかった。

○複姓――「ドンケル＝クルチウス」「ノールトフーク＝ヘフト」のように表した。複姓とは二つの姓を組み合わせて一つの姓にしたもの。中国にも「司馬」「欧陽」、日本でも古代には「阿倍引田」「中臣鹿島」のような例がある。

○外国人名の原綴は巻末の索引で記した。

○参考資料――記述の根拠となった文献や史料は章ごとに番号を付して巻末に一括して掲げた。

○出典が単行本や新聞・雑誌の場合、『　』で括って表記した。それらに含まれる論文・記事、文献以外の史料は「　」で括って表記した。

○横浜版の外国人商工名鑑は『ジャパン・ディレクトリー』と表記するが、香港版と横浜版の双方にまたがる場合は単に『ディレクトリー』とした。

○カタカナ語や外国人名・会社名等の表記に当たっては、vにはヴ、長母音のaにはエーを当てた。ただし、ai、ayなどi、yを含む二重母音の場合はエイを当てた。慣用の表記がある場合はそれに従った。

第一章　横浜開港

日本の開国は中国と違って和親条約と通商条約の二段構えで行われた。日米和親条約では、漂流民の救助やアメリカ船の下田・函館二港への入港と薪水・食料の補給が取り決められた。なぜ「薪水」なのか、と言うと、現在強硬な捕鯨反対国のアメリカは、当時は最大の捕鯨国であり、太平洋で多数の捕鯨船が操業していて、船中の大鍋で鯨肉を煮詰めて鯨油を採るために、大量の薪と水を必要としたからである。

和親条約では貿易を認めていなかったので、下田と函館で認められたのは補給だけであり、補給港あるいは避難港と呼ばれる。鎖国時代にもオランダ船と中国船に対して開かれていた長崎が含まれていないのは、欧米人から「国立の監獄」と呼ばれた狭い出島に閉じ込められ、将軍に臣下の礼を尽くしながら、かろうじて貿易を認められていたオランダの轍を踏むまいとしたからである。しかし、同じ年にイギリスと結んだ同様の条約には長崎も含まれていたので、実際にはアメリカ船も入港できるようになる。これは後の条約に含まれる条項のうち、有利なものは先に条約を結んだ国に自動的に適用されるという最恵国条項に基づく。

日米和親条約第十一条に、アメリカの官吏を下田に駐在させることができるという規定がある。これに基づき、安政三（一八五六）年七月、総領事ハリスが下田に着任、翌四年江戸に出て、十二月から幕府と通商条約締結のための交渉がスタートした。同年中に条約の成文は出来ていたが、条約締結に反対する大名もおり、国論の統一を図るために朝廷の承認を取り付けようとした幕府は、翌五年正月、老中堀田正睦を京都に派遣した。これが裏目に出て、朝廷の承認を取り付けることができず、調印は宙に浮いてしまった。しかたがないのでハリスは一旦下田に戻った。

その頃、隣国の中国では、清王朝の官憲がフランス人宣教師を殺害し、また、イギリス船籍のアロー号船上で清の官憲がイギリス国旗を引き下ろした二つの事件をきっかけに英仏と清が交戦していた。いわゆるアロー号戦争である。安政五年六月十三日、米軍艦ポーハタン号が下田に入港し、英仏軍が広州を攻撃、戦況を有利に進めているという情報を伝えた。ハリスの行動は速かった。さっそくポーハタン号に乗り、柴村（現在横浜市金沢区）沖へやってきて条約調印を迫ったのである。結局、幕府は英仏連合軍の日本接近と軍事的圧力、これに対するアメリカの仲介努力、というハリスの「言葉」に屈し、六月十九日、神奈川沖に碇泊中のポーハタン号上で、朝廷の承認なしに条約に調印した。

じつはハリスと並行してオランダ代表のドンケル＝クルチウスも幕府と条約交渉を進めており、すでに成文を得ていたが、度重なる調印の延期にしびれを切らし、一旦長崎に帰る途上で日米条約が調印された。日米条約が調印されれば日蘭条約にも調印するという約束に基づき、幕府側全権委員（永井尚志、岡部長常、岩瀬忠震）は日蘭条約に署名して長崎に送付、ドンケル＝クルチウスがそれを受け取ったのが長崎帰着後の七月十日であり、この日が条約の調印日となった。

ロシアのプチャーチンは日米条約調印翌日の六月二十日、江戸内海に現れ、日蘭条約調印の翌日に当たる七月十一日、日露条約を締結した。七月四日には中国との終戦条約締結を済ませたイギリスのエルギン卿も来日、十八日に日英条約に調印した。同じく中国との条約締結を済ませたフランスのグロ男爵も八月十三日に来日、九月三日に日仏条約が締結された。これらを安政の五か国条約という。

ハリスの言葉に相違して、英仏とも軍隊を引き連れることなく平和裏に来航し、無理難題もなく、基本的には日米条約と同様の内容の条約に落ち着いた。ハリスに騙されたようにも思えるが、日米条約が先に結ばれていたので、他の国も平和裏にそれに準じたと考えることもできる。

通商条約が和親条約と決定的に違う点は貿易を認めたことである。和親条約後に結ばれた日蘭、日露追加条約にも貿易を認める規定はあるが、「会所」という役所を通じてのものであった。通商条約では内外の商人が直接取引を行う「自由貿易」が謳われている。

貿易を行うには港湾施設や貿易品を調べて関税を徴収する運上所、来日する外国商人が居住・営業するための場所を備えた港と町（開港場）が必要で、函館、神奈川、長崎、新潟、兵庫の五港がこれに当てられた。運上所は明治以降の制度になぞらえれば、税関と外務省出張所を兼ねたような役所である。外国人のために開かれる町は、後に「外国人居留地」と呼ばれるようになる。また、実際には神奈川の一部だということで横浜が、また兵庫の代わりに神戸が開港された。

ハリスは、この五港だけでは満足せず、将軍のおひざ元であり政治の中心である江戸と、「天下の台所」と呼ばれる商業の中心地、大阪をも開港場に含めるよう求めた。しかしこれには日本側が頑強に抵抗し、港は開かず町だけ、それも定住は認めず商取引のための一時的滞在だけを認めることにした。これを開市場という。しかし、実際には江戸にも大阪にも、外国人の定住を認める居留地が設けられた。また大阪は明治元（一八六八）年、開港場に変更された。

通商条約では条約締結国の領事裁判権、すなわち被告となった外国人が所属国の法律と領事法廷によって裁判を受けられる権利を認めており、開港場・開市場には領事館が設けられた。領事の役割はきわめて大きく、領事裁判をはじめ、入国・出生・結婚・死亡の管理など、外国人の人身保護に関わる事柄を管掌していた。いわば裁判所と市役所の二つの役割を兼ねていたのである。出入港、借地、内地旅行免状（外国人が開港場の周囲に設けら

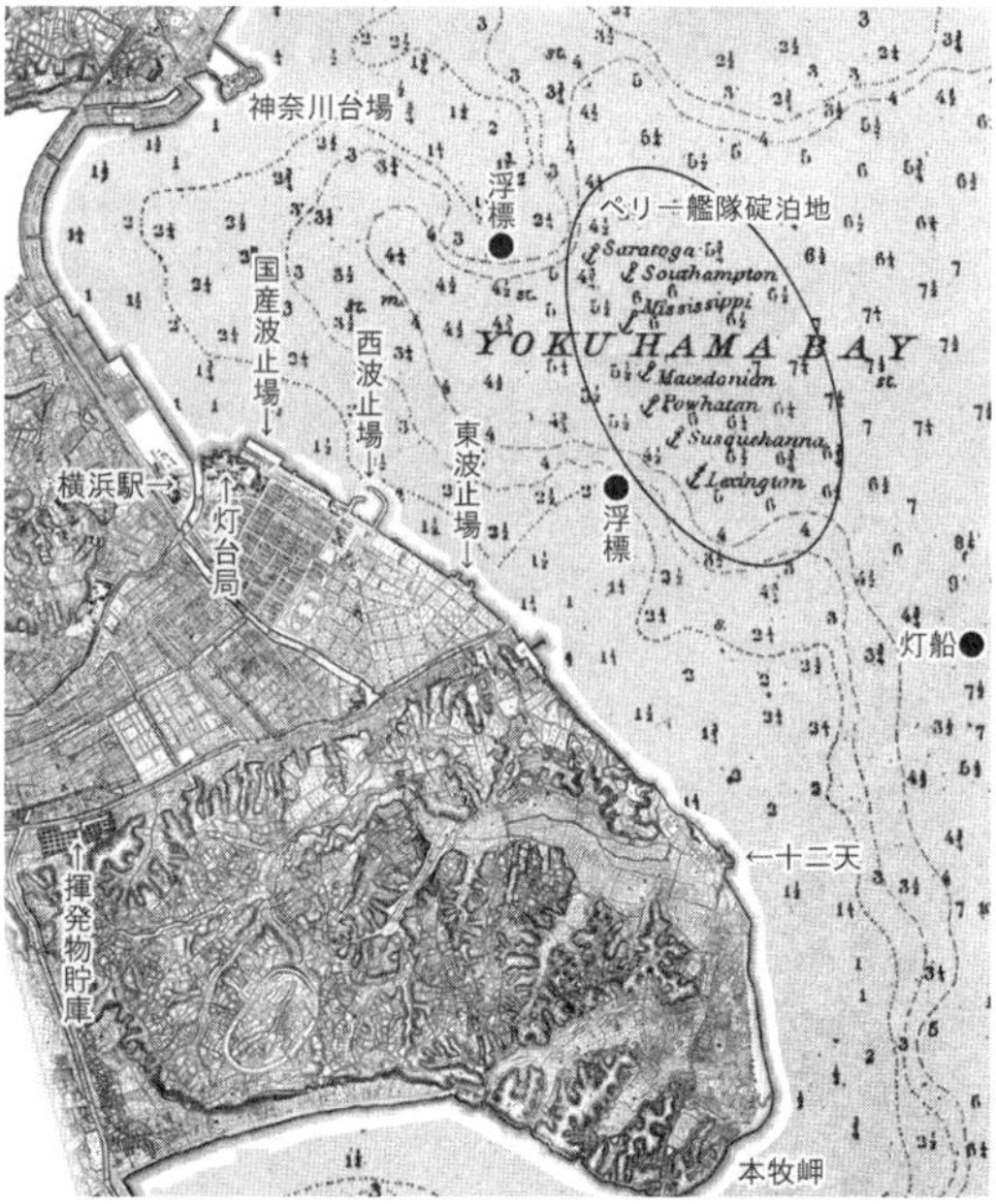

図1　神奈川と横浜
「横浜湾（Yokuhama Bay）」に臨む一湾の地。海はペリー艦隊の作成した海図（『ペリー艦隊日本遠征記』付図）、陸は「横浜実測図」（内務省地理局、明治14年）。

れた遊歩区域を越えて旅行するために必要なパスポート）などの事柄は日本側の当局者と共同で管掌した。

開港場になぜ神奈川が含まれたのか、また神奈川とは具体的にはどこのことなのか。ヒントは和親条約が横浜で調印されたのに、「神奈川条約」と呼ばれたことにあると思う。

ではなぜ和親条約は横浜で結ばれたのか。それは、なるべく江戸から遠い、浦賀のあたりで交渉したかった日本側と、なるべく江戸の近くで交渉したかったアメリカ側との妥協の産物として、沖合の水深が深く大型船の碇泊に適する横浜が注目された結果だった。それ以来、良港としての印象が日本の為政者の頭脳に刻みこまれ、開港場として横浜が選定されたのだと考えられる。

ではなぜ「横浜」ではなく「神奈川」と記されたのか。

安政四年十二月十一日、条約交渉の席上、日本全権（岩瀬忠震と井上清直）は、江戸近海に良い港があるとして、それはどこか尋ねるアメリカ総領事ハリスに、「神奈川港にこれありそうろう」と答えている。「それならば横浜村も一湾中のことだから、同じように開くべきではないか」というハリスに対し、日本全権はためらうことなく

「その通りにこれありそうろう」と答えた。

それならばなぜ最初から「横浜」と言わなかったのか。これは推測だが、「横浜」では知名度が低かったので、知名度の高い「神奈川」の名を挙げてその中に横浜も含ませたのではないだろうか。横浜で結ばれた和親条約を「神奈川条約」と呼んだのも同じ意味であろう。また、開港場を横浜に限定するよう指示した大老井伊直弼に対して、岩瀬が「神奈川」を除外することはできないと発言していることからすると、神奈川宿界隈を排除するものではなかった。いわば「一湾の地」としての神奈川＝横浜共存論で日米双方が合意したのである。

「神奈川」開港にあたり、繁華な神奈川宿を避け、横浜に限定するという方針は、井伊大老主導のもと、条約調印直後の安政五年夏ごろにはすでに幕府内で決定していたらしい。参勤交代の大名行列が行き交う東海道沿いの神奈川では、外国人との間にトラブルが予想され、辺鄙な横浜の方が取り締まりやすいと考えたからである。横浜地先は大型船の碇泊地として優れており、背後に市街地として開発しうる広大な新田地域の存在する利点もあった。

これに対してハリスは態度を硬化させ、翌年二月には、横浜は陸上交通の便が悪いとして横浜開港に反対した。神奈川＝横浜共存論は日米双方で破綻し、開港場の位置を巡って対立を抱えたまま、開港期日を迎えることになる。

一、開港場横浜の誕生

開港場横浜の建設

長崎はいうまでもなく、函館にしても、開港前からそれなりに整備された港町だったが、横浜は半農半漁の村にすぎず、一年数か月の間にゼロから整備しなければならなかった。安政五年十月下旬、外国奉行が中心となっ

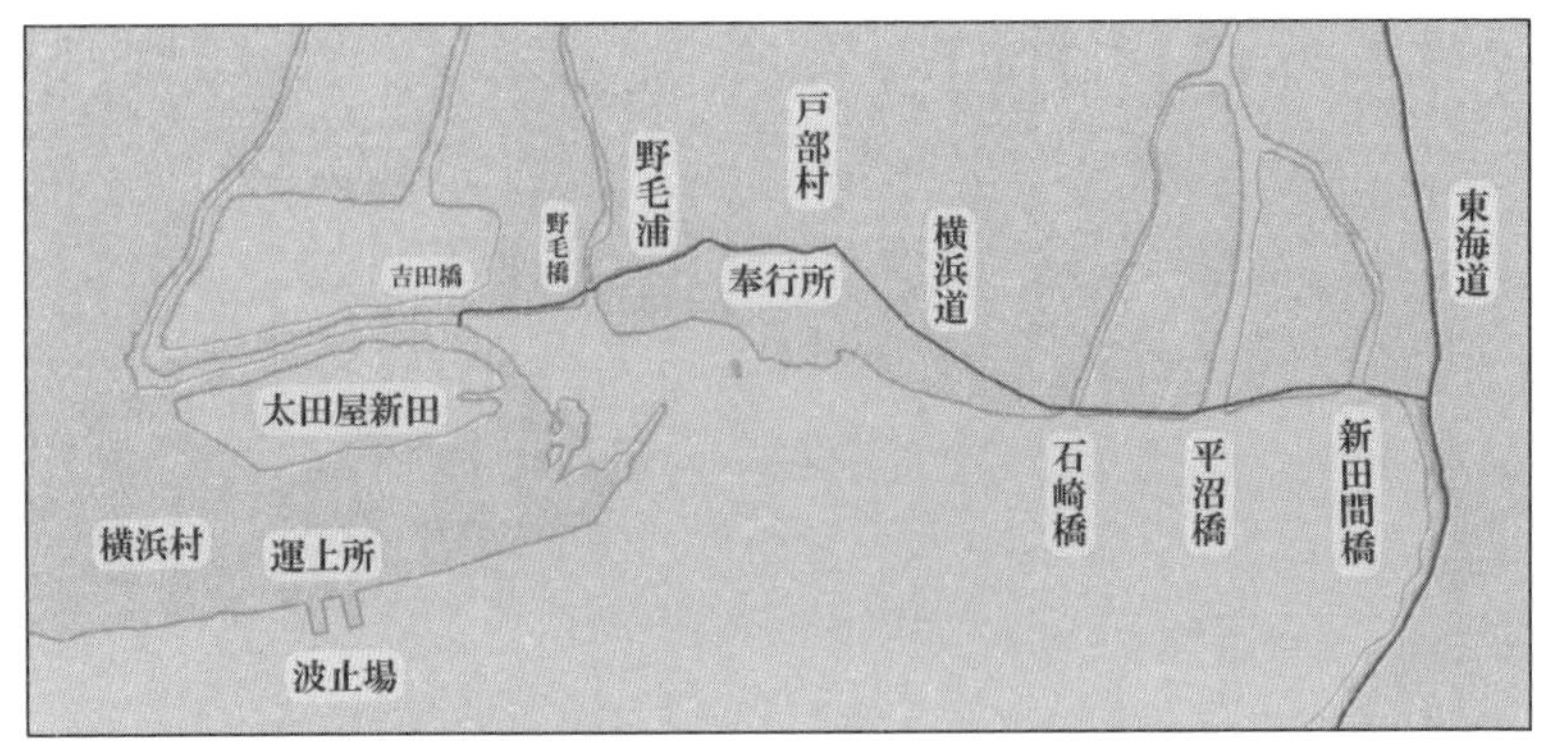

図２　開港時の開港場周辺の模式図

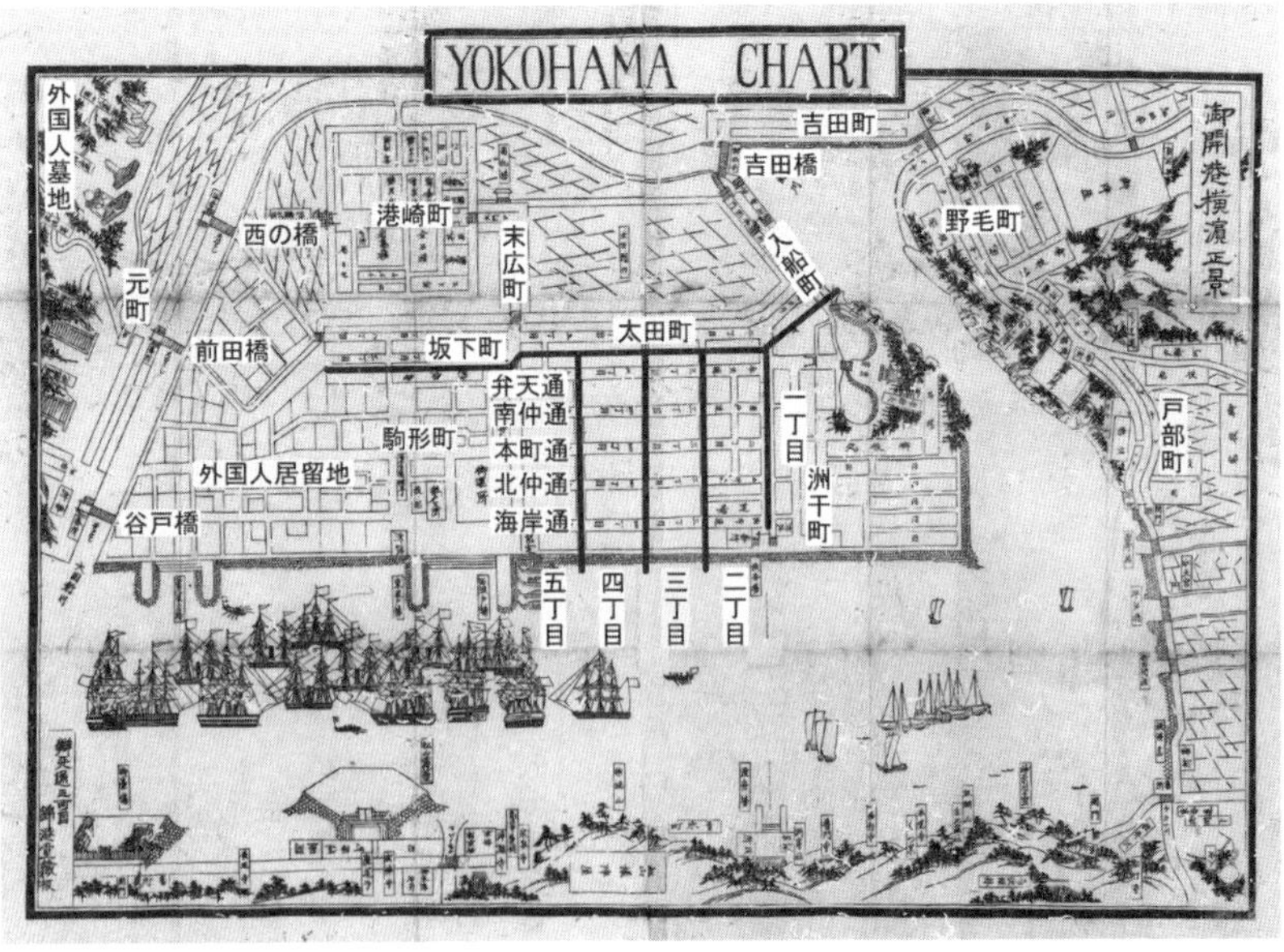

図３　幕末の横浜
「御開港横浜正景」（錦港堂刊）に本稿で言及されている場所を記入した。
横浜市中央図書館所蔵

て視察が行われ、東海道から横浜村に通ずる新道（横浜道）を開くこと、運上所を境として一方を日本人の町に、他方を外国人の町とすること、横浜村近くの戸部村に奉行所を置くことが検討された。

翌六年二月二十八日、外国奉行は波止場の位置や奉行所官舎の場所などを決定、三月九日には運上所や官舎の地ならし工事について入札が行われた。波止場の築造は武蔵国榛沢郡高島村（現在埼玉県深谷市）の名主笹井万太郎が落札した。官舎の建設は江戸の土木請負業者蔵田清右衛門が落札し、磯子村（現在横浜市磯子区）の堤磯右衛門[1]が下請工事を担当することになった。

横浜道の建設は久良岐郡太田村（現在横浜市西区・中区・南区）の勘七が請け負い、道の途中に架かる三つの橋（新田間橋・平沼橋・石崎橋）の工事は平左衛門という人物が下請工事を担当したが、資金が不足して工事がストップしてしまった。そこで急遽幕府の依頼を受けた保土ヶ谷宿本陣の当主、軽部清兵衛がピンチヒッターを務め、突貫工事で開港前日の六月一日に間に合わせたという[2]。

開港直前の五月二十二日、横浜村・太田屋新田・戸部村・野毛浦の四か村を外国奉行の管轄下に置き、直後の六月十七日には、横浜村→横浜町、太田屋新田→太田町、戸部村→戸部町、野毛浦→野毛町というように、これらをそのまま町と称することが決定された。これが開港当初の開港場横浜の範囲であり、また町名の始まりである。

横浜町は開港場の中心であり、移住商人の数も多かったので、西から東に向かって一～五丁目の小単位に分け、それぞれに名主を置いた。これを「横浜町五か町」という。横浜町一丁目内の洲干町、五丁目内の駒形町と坂下町、太田町内の入船町・末広町等、新たに形成された町並には小字に相当する小町名が与えられ、各町名主の管轄下に置かれた。『横浜沿革誌』は駒形町を「横浜における町名の始め」としているが、その意味がよくわからない。横浜町五丁目内の小町の名前が横浜町より先に付くわけがない。私が調べた範囲内では、駒形町の名前が最初に現れるのは文久元（一八六一）年春頃である。

横浜町には開港当初、本町通り・弁天通り・海辺通りの三筋、やや遅れて南北仲通りの合計五筋の街路が設けられた。これらが住居表示のために、あたかも町名のごとく使用されることはあっても、本来町名ではなく、あくまで街路名であった。

明治四（一八七一）年四月、横浜町内の測量が行われ、海辺通を元浜町と改称し、その海側に海岸通を新設した。同時に横浜町は弁天通、南仲通、本町、北仲通、元浜町、海岸通の六か町に分割された。街路に対して縦割りの一～五丁目の区分から、街路に沿った横割りの区分に変更されたのである。また丁番号が逆転され、東から西へ付け替えられた[3]。

開港記念日の始め

日米条約では函館・神奈川・長崎の開港期日は、アメリカの独立記念日に当たる七月四日（陰暦六月五日）とされていた。ハリスの愛国心の現れか、本国政府に対する点数稼ぎか、その両方だったかもしれない。オランダもこれを踏襲したが、その次のロシアが切りのいい七月一日（陰暦六月二日）に改めた。アメリカの独立とは、イギリスから見れば植民地の反乱に他ならないから、イギリスがロシアに倣ったのは当然のことだった。最後のフランスは皇帝ナポレオン三世の誕生日に当たる八月十五日にした。実際には最恵国条項により、いずれの国の船も最も早い七月一日から入港できるので、八月十五日という日付には皇帝のご機嫌取り以外の意味はない。

横浜在勤の外国奉行だった村垣淡路守範正の日記を見ると[4]、七月一日は晴、朝七時頃運上所に出勤したが、開港を記念するような行事は何もなかった。

『横浜沿革誌』と、幕末に神奈川と横浜に滞在したアメリカ人、フランシス・ホールの日記[5]によると、万延元（一八六〇）年六月一日から二日にかけて、横浜の入口に位置する洲干弁財天の神社で開港一周年を記念する祭礼が行われ、「外国人に示さんか為め男女美麗を尽し」、山車・手踊りで市街を練り歩いた。それまで八月十五日だった洲干弁財天の例祭は、以後この日に変えられたという。これが開港記念日の起源と考えられている。

明治四十二（一九〇九）年には開港五〇年祭が盛大に開催され、この時、現在も使われている浜菱の市章と森鷗外の作詞になる市歌が定められるとともに、以後陽暦を採って七月一日が記念日となった。小学校と市役所が休みとなったのは大正七（一九一八）年から。ところが、昭和三（一九二八）年旧暦に戻り、現在に至っている。開港百年祭は九九周年に当たる昭和三十三（一九五八）年にやはり盛大に開催されたが、これは百年目という計算によるのだという。

外国商船の入港第一号――ウォンダラー号

開港前日の一八五九年六月三十日（安政六年六月一日）朝、米軍艦ミシシッピー号は、アメリカの商社ハード商会に属するスクーナー型帆船、ウォンダラー号を曳航して下田を出航し、午後三時頃、横浜沖に投錨した。ミシシッピー号には公使に昇格したハリス、書記官ヒュースケン、神奈川駐在領事として赴任するドーア、領事館員として一〇年ぶりに故国の土を踏む日本人漂流民、「アメリカ彦蔵」ことジョセフ・ヒコ（浜田彦蔵）が搭乗していた。ドーアはハード商会の代理人を兼ねており、その契約社員兼領事館員にしてヒコの友人、ヴァンリードがウォンダラー号に乗っていた。[6] これが外国商船の入港第一号である。村垣範正の日記にも「商船スクーネル」（スクーナーのこと）の入港が記録されている。ただし、開港前日だったので、入港手続きは翌日行われ、運上所の台帳には「亜米利加一番船ワントル」として登録された。[7]

神奈川宿の領事館

横浜に入港したミシシッピー号から望むと、翌日が開港期日だというのに、横浜ではいたるところでまだ普請の最中だった。ハリスやドーアの目には、突貫工事で建設されつつある横浜は「第二の出島」のように見えた。

午後三時頃、ドーアとヒュースケンは運上所を訪問し、領事館の開設について交渉した。日本側はすでに「クロス・ビーチ（横浜）」に建物を用意したという。しかし、神奈川開港に固執するアメリカ側は、神奈川宿を見下ろす高台に位置する本覚寺を領事館のための建物に選定した。

七月四日、本覚寺では墓地の大木に星条旗が掲揚され、公使ハリスを始め、領事館員らはシャンペンを抜いて合衆国国歌を合唱した。湾内に碇泊する船にも旗が掲げられ、ミシシッピー号からは二一発の礼砲が轟いた。『明治事物起源』は、これを「横浜開港記念日の始」としているが、『アメリカ彦蔵自伝』には、翌年の七月四日、二回目の「独立記念日」を祝ったと記されているので、独立記念日の意味合いの方が強かったのではないだろうか。領事館の開所式を兼ねていたとも考えられる。いずれにしてもアメリカ人だけの祝賀行事であった。

三日にプリンセス・シャルロッテ号で入港したオランダ副領事ポルスブルックは、領事のために用意されたという五軒の木造家屋に案内された。彼は横浜が港として優れていることを認め、オランダ商人が横浜に居住することは妨げないが、自分は「神奈川領事」に任命されたのだからという理由で、やはり神奈川の成仏寺に領事館を開設した[8]。十月に長延寺に移る。

イギリス総領事（のち公使）オールコックと神奈川領事ヴァイスは六月二十六日、軍艦サンプソン号で品川に来航し、江戸の東禅寺に公使館を開設したのち、七月二十一日、ヴァイスが神奈川の浄滝寺に入って領事館を開設した。『横浜開港側面史』に収録されている岩崎治郎吉の回顧談によると、浄滝寺は領事の住居、つまり公邸であり、それとは別に普門寺を「コンシユル役所」として日々通勤していたという。「コンシユル」とは領事の原語Consulをカナで表記したもの、漢字では「岡士」と書く。

フランス領事代理ジョゼ・ロウレイロは横浜に居住して領事業務を行っていたが、翌一八六〇年一月三日、火災に遭い、二十三日、神奈川の慶運寺に移った。岩崎治郎吉の回顧談によると、イギリスの浄滝寺同様、これは住居であり、別に甚行寺を「コンシユル役所」とした。「東街道金川駅略図[9]」という絵図には甚行寺に「仏ミニストトル」の記入がある。文字通り受け取ると公使館になるが、神奈川に公使館があったとは考えにくい。公使館は基本的には江戸に置かれたからである。岩崎治郎吉が「コンシユル役所」と述べているほうが正確だと思う。

外国商人の開業第一号——ルイス・クニフラー

表1は開港当時の出入港船について、日本側と外国側の史料を総合して作成したもの。この表によって、開港当日の七月一日、ジームセン商会の派遣した「和蘭陀一番船シキルレル」ことシラー号が入港したことがわかる。村垣範正の日記にも、午後四時頃、オランダ商船が入港し、搭乗の荷主が領事から預かった書簡を提出したことが記されている。この荷主は二日後に家屋の借用を申し入れ、五日に交渉が成立、建物一棟と板納屋が貸与され、十六日（陰暦六月十七日）に「見世開」した。これが外国商人の開業第一号である。

シラー号に乗っていたのは誰だったのだろうか。

デュッセルドルフ出身のプロイセン人にルイス・クニフラーという人がいた。クニフラーは一八五〇年、ハンブルクのボレンハーゲン商会に入社、一八五三年、オランダ領東インド（現在のインドネシア）バタヴィアのパンデル・シュティーハウス商会に招かれ、日本開国の報に接するや、一八五九年、ブレーメン出身のギルデマイスターとともに長崎に進出してクニフラー商会を設立し、貿易開始に備えた。当時ドイツはまだ国家の統一が進んでおらず、ハンブルクやブレーメンなどハンザ同盟の都市の商人は、オランダの保護の下にアジアへ進出したのであった。

シラー号に乗っていたのがクニフラーだったことは、次の史料によって判明する。

①ギルデマイスターの一八五九年五月二十日の手紙に「クニフラーは来月半ばに神奈川に向かいます」と記されている。[10]

②『幕末外国関係文書』に、「和蘭商船シキルレル」で神奈川に赴きたいという同年六月四日付の「和蘭人キ

船種	屯数	船 長	出港	Destination	注
schr.	176	King		──────────► [8.19] 上海 Consignee : Augustine Heard & Co.	1
brig.	250	Saltzkorn		─► [8.23] 長崎 [9.3] ──────► 神奈川 Consignee : Siemssen & Co.(ca)	2
str.	500	McGregor	7.15	─► [7.19] 長崎 [7.21] ──────► [7.24] 上海 Consignee : Dent & Co.	3
brig.	266	Hille	7.28	► 長崎 ─► 神奈川 [8.14] ─────► [8.25] 上海 Consignee : Siemssen & Co.	4
str.	200	Hartman		─► [8.20] 長崎 [10.6] ──────► [10.9] 上海 Consignee : Wm. Pustau & Co.	5
bark.	492	Brown	9.17	──────────► [9.30] 上海 Consignee : Dent & Co.	
schr.	248	Petersen	10.8		
schr.	165	Williams	7.28		
ship.	500	Morrison	10.19	─► [11.2] 長崎 [12.14] ────► 香港	
bark.	303	Summerson	9.6	──────────► [9.25] 上海 Consignee : W.R. Adamson & Co.	
ship.	663	Holmes	8.3	──────────► 上海 Consignee : Jardine, Matheson & Co.	6
brig.	232	De Voz		─────► 長崎 [12._] ─────► [12.25] 上海 Consignee : Siemssen & Co.	7

3. カルタゴ号。デント商会の持船。この年上海一横浜間を５往復している。また、『村垣淡路守公務日記』には「飛脚船の由」とある。『佐賀藩海軍史』によると、安政４年、英国「タンバートン市」で建造され、元治元年、オールトとグラヴァーの手を経て長崎で佐賀藩が購入、甲子丸と命名された。明治２年、戊辰戦争に出動中、座礁・沈没した。
4. 出港の日付は、７月 21 日付ケズィック書簡（注 6, P.109）による。
5. この船には、ジャーディン・マセソン商会（のちの英一番館）のケズィックとバーバーが乗っていた。
6. 船長のホームズは、この航海の時の体験や見聞を、のちに『日本航海記』(*My Adventure in Japan*) として刊行した。邦訳は『ホームズ船長の冒険――開港前後のイギリス商社』（横浜開港資料館編、杉山伸也／ボールハチェット訳、有隣堂、1993）
7. 船長のデ・フォスは、翌万延元年２月５日 (1860 年２月 26 日)、ヘンリエッタ・ルイーゼ号の船長デッカーとともに、何者かに横浜で殺害された。当時 42 歳であった。

表１　開港直後の出入港船

Where from	入港	入港船 登録番号	船　　名	乗組
上海 [6.10] → 香港………………………… Despatched by : Augustine Heard & Co.	6.30	亜米利加一番	ワントル Wanderer	11
長崎 [6.21] →	7.1	和蘭陀　壱番	シキルレル Schiller	12
上海 [6.23] → [6.25] 長崎 [6.28] → Despatched by : Dent & Co.	7.2	英吉利　壱番	カール・デリツテ Carthage	60
上海 [6.5] → [6.8] 長崎 [6.23] → Despatched by : Dimier Brothers & Co.	7.4	和蘭陀　弐番	プリンセス・カルロツテ Princess Charlotte	12
長崎 [6.30] →	7.5	和蘭陀　三番	アタランテ Attalante	23
上海 [6.24] → Despatched by : Dent & Co.	7.5	英吉利　弐番	コウンテス・オフ・シーフイールト Countess of Seafield	18
上海 [5.13] → [5.23] 長崎 [6.30] → Despatched by : Wm. Pustau & Co.	7.10	和蘭陀　四番	ヤーコツプ・ヱン・アンナ Jacob & Anna	11
上海 [6.20] → [6.27] 長崎 [7.2] → Despatched by：Jardine, Matheson & Co.	7.13	英吉利　三番	ノラノ Nora	24
上海 → [6.23] 長崎 [6.26] →	7.17	英吉利　四番	ロクロモント Loch Lomond	33
上海 [7.11] → Despatched by : W.R. Adamson & Co.	7.24	英吉利　五番	コハイイル Koh-i-noor	12
上海 [7.17] → Despatched by : Jardine, Matheson & Co.	7.26	英吉利　六番	トロアス Troas	12
上海 [6.24] → [6.30] 長崎 [7.16] → Despatched by : Siemssen & Co.	7.26	和蘭陀　五番	キリスチアーン・ローリス Christian Louis	11

【凡例】日付は陽暦　Despatched by ＝ 船主あるいは傭船主、Consignee ＝ 荷受主、str. (steamer) は蒸気船、bark, schr.(schooner), ship, brig はいずれも帆船

【典拠】1.「堀口貞明筆記所収新港市規」(『幕末外国関係文書』24 巻 156 号)
2. *The North China Herald* の Shipping Intelligence, Nagasaki Shipping List.
3. Return of British Trade at the Port of Kanagawa, from the 1st. July, 1859 (*British Parliamentary Papers*, Japan 1, Irish University Press Area Studies Series, 1971)

【注】1.「堀口貞明筆記所収新港市規」では７月１日に入港したことになっているが、『アメリカ彦蔵自伝』によると、ウォンダラー号が横浜に入港したのは、前日の６月 30 日午後３時 30 分のことであった。『村垣淡路守公務日記』にも、この日「商船スクーネル」の入港が記録されている。条約発効前なので、７月１日に入港手続きを行ったのであろう。
2.『村垣淡路守公務日記』に、「今夕七時、和蘭商船一艘入津」とある。

ニッフレル書翰」が収録されている。[11]

③「在日オランダ領事館日誌」の冒頭部、つまり副領事ポルスブルックが神奈川に到着した七月三日の条に、「碇泊していたのはオランダのブリク船シラー号 Schiller、乗客はL・クニフラー氏」と記されている。[12]

これらの史料から、横浜にとって記念すべき開業第一号の外国商人は、クニフラーだと考えて間違いないであろう。日本人からは「キニッフレル」と呼ばれていた。[13]

一八六〇年一月三日、横浜の外国人居住区で火災が発生したが、翌日、善後策を協議するために開かれた居留民集会の参加者の中にクニフラーの名がある。[14] 火災後クニフラーは一旦長崎に撤退し、一八六一年、あらためて横浜に支店を開設、その責任者としてギルデマイスターを派遣した。日本側の記録に「蘭ギンリマシタ」として現れる人物である。二人ともオランダの保護下に来日したハンザ都市の商人であり、クニフラーは元をただせばプロイセンの出身であった。

なお、フランシス・ホールの日記の一八五九年十一月二十五日条に登場する「ドイツ系ユダヤ人（German Jew）」及び同二十九日の「ユダヤ人のK（K., the Jew）」を、編者のノートヘルファー氏はクニフラーを指すものと推定している。そうだとすればユダヤ系だった可能性もある。

クニフラーは一八六五（慶応元）年末に帰国するが、その事業はイリス商会に継承され、同社は現在も健在である。デュッセルドルフの独日センター中庭には、「独日貿易の先駆者」としてのクニフラーの記念碑が建てられている。[15]

福沢諭吉の英学事始め

福沢諭吉の回顧談『福翁自伝』に、「私が江戸に来たその翌年、すなわち安政六年、五国条約というものが発布になったので、横浜は正しく開けたばかりのところ、ソコデ私は横浜に見物に行った」という書き出しで、次のような一節がある。

当時の横浜は外国人がチラホラ来ているだけで、掘立小屋みたいな家が諸方にチョイチョイできて、外国人がそこに住まって店を出している。しかし、言葉も通じなければ看板も読めない。外国人の居住地をブラブラ歩くうちに、ドイツ人で「キニッフル」という商人の店に行き当たった。その商人はドイツ人だがオランダ語がわかる。そこで筆談によって薄い蘭英会話書を二冊買って江戸に帰ってきた。これを機会に福沢は「洋学者として英語を知らなければ迚も何にも通ずることが出来ない、この後は英語を読むより外に仕方がない」と気付き、横浜から帰った翌日、志を新たにして日夜勉学に励んだという。[16]

福沢の言う「オランダ語の分かるドイツ人、キニッフル」がクニフラーであることは明らかであろう。

奈良充浩氏は「独逸商館キニッフル（横浜居留地）の考証――福沢の英学発心記念の地」[17]という論文の中で、この出来事について「横浜開港直後、青年諭吉の横浜の一日は、蘭語から英語に諭吉を転換させ、諭吉の生涯にとり記念すべき一日であった許りでなく、日本の洋学にとっても英学にとっても重要な一日であった。更に慶応義塾にとっても日本の文明開化の上にも一大転機をもたらすものであった」と述べている。

郵便船の第一号――カルタゴ号

開港翌日の七月二日には、イギリス系巨大商社の一つ、デント商会の派遣した「イギリス一番船カール・デリツテ」ことカルタゴ（Carthage）号が入港、デント商会の代理人ジョゼ・ロウレイロが搭乗していた。この船は一八五七年にイギリスのダンバートンで建造された五百トンの蒸気船であり、この年、上海―横浜間を五往復している。四回目の寄港の時の乗客の一人が有名な宣教医のヘボンだった。半ば定期船ということができる。村垣範正の日記には「飛脚船の由」とあるので、郵便船の第一号でもあった。

『佐賀藩海軍史』によると、元治元（一八六四）年、佐賀藩が長崎でイギリス商人オールトとグラヴァーの手を経てこの船を購入し、甲子丸と改称した。明治二（一八六九）年、戊辰戦争に際して東北に出動中座礁沈没し、新政府から賞金三千両が与えられている。[18]

郵便業務を行う大型蒸気船の就航はイギリスのPO汽船会社（Peninsular & Oriental Steam Navigation Co.）が最も早く一八六四年、翌年にはフランス郵船会社（Compagnie des Messageries Maritimes）がいずれも上海―横浜間に定期航路を開設した。アメリカの太平洋郵船会社（Pacific Mail Steamship Co.）は少し遅れて一八六七（慶応三）年、サンフランシスコ―横浜―香港を結ぶ定期航路を開設した。

英一番館は第一号にあらず

七月四日にはオランダ二番船としてプリンセス・シャルロッテ号が入港、この船にはオランダ副領事ポルスブルックが乗っていた。翌日、オランダ三番船としてアタランテ号という蒸気船が入港したが、この船にはデント商会と並ぶイギリス系巨大商社、ジャーディン・マセソン商会のケズィックとバーバーが乗っていた。

村垣範正も「蘭船乗組英商人」としてこの二人に言及しており、日記には「横浜仮屋を望事、荷主のよし、跡より船来るといふ」と記されている。その言葉の通り、十三日にイギリス三番船として同社の派遣したノラ号、二十六日にはイギリス六番船としてトロアス号が入港している。

トロアス号の船長は後年、『ホームズ船長の冒険』[19]という回想録を出版した。その中でトロアス号について、「条約施行後、横浜に入港した最初のイギリス船舶」と記している。それが事実でないことは、開港当時の様子をかなり具体的に知ることができるようになった現在ならすぐにわかる。しかし、長らくこれが信じられており、ジャーディン・マセソン商会が開港一〇〇周年を記念して一九五九（昭和三十四）年に刊行した『日本における英一番館』にも「開港と同時に入港した最初の英国船トロアス号」と記されている。ホームズ船長が嘘をついたというよりも、往年の自分の冒険談を、誇張を交えて繰り返しているうちに、本人もすっかりその気になってしまったのであろう。回想録にはこのような記憶違いがあるので注意しなければならない。

ジャーディン・マセソン商会はのちに「英一番館」と呼ばれるようになるが、おそらくこの言葉に引かれて、同社を外国商館の開設第一号とする誤解が生まれた。同社の史料によると、ケズィックとバーバーはしばらく船上で生活しており、七月中には貸長屋に移るが、[20]クニフラーより先に開業したとは考えられない。

また、「外人にて初めて商館を建築せしは英一番のケスウヰツキ」[21]というように、同社を外国商館の建築第一号とする説も早くから生まれた。しかし、同社が白亜二層の社屋の建築に取りかかるのは一八六〇年一月の大火後の二月のことであり、他の商社よりとくに早かったとは考えられない。

入港船登録番号と国籍別商館番号

ジャーディン・マセソン商会はいかなる意味でも第一号ではないのに、どうして「英一番館」と呼ばれたのだろうか。結論から言うと、外国人居留地の一番地に存在したからだが、それについては後に触れる。紛らわしいことに、開港当初には外国商館は地番とは別の番号で呼ばれていた。

運上所では入港船を国籍別に登録していたが、「和蘭陀一番船商売相始申候」と言うように、日本人はその船で来航した商人のことを入港船登録番号で呼ぶことがあった。他方、各国領事館では、来日した自国民や開業した商社を登録しており、それにも番号が付けられていた。これが国籍別商館番号である。

文久元年に記された「横浜日記」[22]という史料によると、外国商館の入口には冠木門(かぶきもん)があり、「何国第幾号洋行」と記された板札が門柱に打ち付けてあったという。また、ロジャースという古参居留民の回顧談[23]によると、夜間照明の全くなかった初期の居留地では、外国商人が夜間外出する時には、ボーイが「イギリス五番」とか、「アメリカ十二番」とか、「日本の文字で商館の国籍と番号を記した提灯」を持って先導したという。国籍別商館番号は、このようなかたちで、日本人にも知られるようになったのであろう。

国籍別商館番号の英一番はトーレル、二番はデント商会、「英一番館」のジャーディン・マセソン商会は三番だった。アメリカ一番はウォルシュ・ホール商会、オランダ一番はパトウという商人だった[24]。

国籍別商館番号が何を意味するのか、じつは定かでない。少なくともそれは商社の開業の順番を示すものではない。オランダ一番はクニフラーではなく、一八六〇年四月一日に開業したパトウ、それより早く二月二十四日に開業した横浜ホテルは五番だった。アメリカ一番船で来航したヴァンリードは一四番であった。なお、イギリス一番のトーレルもオランダ一番のパトウも実はドイツ人だった。クニフラーの例も合わせて、アジア貿易では新参者のドイツ商人は、貿易の新天地としての日本に期待したらしく、素早く反応したことがわかる。

開港当初、日本人は外国商人を入港船登録番号で呼ぶことがあったので、国籍別商館番号との混同が生じた。浮世絵師五雲亭貞秀がジャーディン・マセソン商会について、『横浜土産』（五篇、文久元年五月）という著作の中で、「英国の大商人、此湊エ入船第三番、ハヾケセキ」（バーバーとケズィックのこと）と記したり、「御開港横浜大絵図二編　外国人住宅図」という鳥瞰図の中で、「御開港ノ初ヨリ外国人入船ノ番組」「黒船ノ交代ニヨリテ人カハリ番組モ亦改マルベシ」と記しているのがその例である。船の出入りのたびに商館番号が変わったのでは煩わしくてしかたがない。

生糸貿易の始まり

ジャーディン・マセソン商会が、生糸部門の担当者であるバーバーをいち早く横浜に送り込んだことにみられるように、外国商人は早くから日本の生糸に注目していた。しかし、内外貨幣の交換をめぐる混乱から、開港当初は取引が不可能だった。六月二十三日（陰暦）、外国側の要求に押されて、幕府が一分銀三個を洋銀一個と交換させる指令を出して以降、ようやく取引が始まる。

バーバーの六月二十八日付商用書簡に、「生糸については、オランダ商人らがわずかな数量にかなり高い値段をつける形で取引が始まった」という記述があるので、生糸輸出の第一号は氏名不詳のオランダ人、その時期は二十三日から二十八日の間であろう。「オランダ商人ら」にクニフラーが含まれる可能性は高いがはっきりしない。

日本側の史料では、横浜近郊芝生村（現在横浜市西区）出身の芝屋清五郎が「英人イソリキ」ことエスクリッゲに販売したのが最初とされている。史料によって日付に食い違いはあるが、六月中のことと思われる。外国商社と専属契約を結び、日本商人との仲介役を果たした中国商人のことを買弁と言うが、この取引を仲介したのは阿忠（別な史料では阿剽）という中国人であった。記録に現れる買弁の第一号である。

同じ頃、バーバーも芝屋と契約を結び、先に触れた六月二十八日付書簡に添えて見本を送っている。バーバーはさらに翌二十九日に三井平次郎、七月二日には甲州屋忠右衛門と契約している。一方の雄、デント商会のロウレイロはやや遅れ、八月に入ってから、波松という買弁を仲立ちとして、中居屋重兵衛を通じて本格的に買い付けを始めた。[25]

最初の外国人殺傷事件と外国人墓地の始まり

開港直後の一八五九年八月二十五日、横浜で最初の外国人殺傷事件が起きた。来日中のロシア使節、東シベリア総督ムラヴィヨフの随員、モフェトとソコロフが殺害されたのである。遺体は増徳院という寺院の境内に仮に埋葬された。さらに十一月五日、ジョゼ・ロウレイロの中国人使用人が殺害された。

攘夷派のサムライによる外国人殺傷事件に対して、幕府は神奈川宿や横浜へ通ずる道の要所、開港場の中心部への入口に当たる吉田橋のたもとに柵門や見張番所を設置し、警備態勢の強化に努めた。

ロシア使節は、モフェトとソコロフの埋葬に際して、幕府が追悼のための石塔を建てて永久に保護することを要求した。増徳院境内の山脚部のわずかな平地にはそれだけの施設を造る場所がなかったので、幕府は境内に隣接する宮之脇という土地の畑を買収して記念塔を建設し、翌一八六〇年十一月十九日、仮埋葬地から改葬した。こうして外国人のための墓地が確保されたが、外国人専用というわけではなかった。

その後、外国人の埋葬がしだいに増えたので、文久元(一八六一)年三月、神奈川奉行は日本人との「雑葬」は好ましくないとして、増徳院境内の丘の斜面と宮之脇を合わせて外国人専用の墓域とし、周囲を柵で囲うことを提案、七月にその方針が裁可された。こうして外国人専用の墓地としての外国人墓地が成立した。そのエリアはのちの山手九六番地、現墓域の一六、一七、二一、二二区の辺りである。[26]

二、外国人居留地の始まり

横浜最初の大火と居留地の街づくり

神奈川と横浜が「一湾の地」だと言うのは海から見てのことであって、陸から見ると、両者は一つの入江と一つの山塊によって隔てられていた。まさに陸の孤島だったのである。外国公使団は、そのような場所に開港場を設けようとする幕府の政策に、外国人を隔離することによって貿易の発展を妨げようとする意図を見てとり、猛反対した。しかし、外国商人たちの反応は別だった。かれらは、実際上の利害から判断して、波止場や運上所があり、すでに日本商人が店を構えている横浜を選んだ。

公使団が横浜に居留地を設定することを認めるまでの半年余の間、外国商人たちは、幕府が用意した貸長屋や横浜村農民から家屋を借りて仮住まいを余儀なくされていた。福沢諭吉が『福翁自伝』の中で、「掘立小屋みたいな家が諸方にチョイチョイできて、外国人がそこに住まって店を出している」と述べているような状況である。

陰暦では年末の安政六年十二月十一日、陽暦では新年早々の一八六〇年一月三日、外国人居住地でかなりの規模の火災が発生した。翌日、善後策を協議するためにケズィックを議長とする外国人居留民の集会が開かれた。

翌々日には開港場として神奈川ではなく横浜を選択すべき理由書を採択し、請願書を添えて公使団に提出した。理由書の冒頭で述べられていたのは、横浜地先の水域が船の碇泊地に適していること、神奈川の海岸は遠浅で適していないということだった。外国人殺傷事件が起きた後だったので、隔離されているほうが安全だとも述べている。[27]

公使たちは渋々請願を受け入れ、「神奈川での権利を保留しつつ」などと言いながら、横浜開港を追認することになった。かくして外国商人たちは、晴れて横浜に居住することができるようになったが、それは既成事実の事後承認といった性格のものであり、その意味であくまで「仮」の居留地にすぎなかった。これを「仮居留地」あるいは「旧居留地」という。これ以降居留地の街づくりが本格的に進められていく。

『イリス商会百年史』[28]にはその頃の様子が次のように記されている。

「若い商人たちは簡単な木造家屋の建設に着手し、たちまちのうちにズラリと家が建ち並んだ。そこでは一間で居間、寝室、倉庫兼用であり、夜ともなれば商品の側で、装填した拳銃を傍らに寝たものだった。そして日中ともなると、アメリカの山師さながらにネルのシャツを着て長靴をはき、開拓者じみた生活をしていた。」

ジャーディン・マセソン商会が白亜二層の社屋の建築に取りかかるのもこの頃であり、本建築を始める商社も現れる。

地番の始まり

居留地で街づくりが始まった矢先の一八六〇（万延元）年二月二十六日、二人のオランダ人船長が殺害された。また、三月には仮居留地が分譲しつくされた。そこで幕府は居留地の拡張と警備態勢の強化のために、八月頃にかけて、居留地の拡張予定地と山手の麓の間に堀川を開削し、堀川の西側にいた農民を東側（のちの元町）に強制的に立ち退かせ、堀川に架かる橋のたもとにも関所を設けた。その結果、開港場の中心部は四周を水で囲まれ、関門で守られることになり、「関内」の呼称が生まれた。

居留地の拡張部分、すなわち「新居留地」（あるいは「新規居留地」）は領事を通じて分譲されることになったが、フランスは単独の居留地の形成を目指し、六月二十一日、その運営のための領事館令を公布した。これを「フランス専管居留地」という。これに対抗して、イギリス、アメリカ、オランダ三国の領事は、八月に神奈川地所規則を制定し、共同居留地の形成に乗り出す。

神奈川地所規則の第四条に「境界を確定するためにその地所の番号を明確に彫付けた境界石を設立する」という規定があるので、この時三国に貸与された一八区画の土地に地番が付けられた可能性がある。長崎で一か月程後の九月二十九日にほぼ同文の長崎地所規則が調印され、十月にはそれに基づいて、新たに造成された大浦居留地に地番が付けられているからである。[29]

横浜では、翌一八六一（文久元）年六月に新居留地がさらに拡張され、八月までの間に、英米蘭三国領事によって、新居留地全体に少なくとも五二番までの地番が付けられた。これが記録の上で確かな横浜最初の地番である。正式の地券が交付された一八六二年一月二十九日（文久元年十二月三十日）までには、神奈川奉行所が新旧居留地を合わせた居留地全体の図面を作成し、統一的な地番を付けた。部分的な変更はあるものの、これがそのまま現在の山下町の地番に引き継がれている。

地番の設定にともなって、商館の呼称もこれに切り替えられていく。国籍別商館番号英一番のジャーディン・マセソン商会が英一番館と呼ばれるようになるのはその典型例だが、紛らわしいことに、古い商館番号を使い続けた商社もある。二番地のウォルシュ・ホール商会を「アメ一」と呼んだり、一七八番地のスミス・ベーカー商会を「アメ三」と呼ぶような例である。番号が若いのは老舗の印だと思われたのであろう。そのために国籍別商館番号と地番の混同も生じた。[30]『横浜貿易新報』明治四十二年十一月六日号に掲載されている田沢武兵衛の談話に、「入港順で番号を定めましたから、屋敷順にはなりませんで、とびとびの番号となりました」とあるのは、これらを入港船登録番号とも混同する三重の誤りを犯している。

『明治事物起源』によると、東京で地番が付けられた最初は明治二年十二月だというが、全国的には四年の戸籍編制法で地番の設定が義務付けられ、横浜の日本人市街でそれが実施されたのは七年のことであった。

オランダ領事館の横浜移転

外国の領事たちは神奈川の開港を主張し、横浜の開港に反対していたため、領事館を神奈川の寺院に置いていた。しかし、横浜に居住する外国商人が増え、貿易も盛んになると、それでは不便になってきた。

幕府はこの機を捉えて各国に領事館の横浜移転を促した。これに対して万延元（一八六〇）年六月、オランダが内諾の意向を示し、翌文久元（一八六一）年正月、オランダ側の設計によりヨーロッパの建築法を採用することを条件に移転を正式決定した。そこで幕府は、同年春から領事館用地として洲干弁天社続きの海面を埋め立て、文久二年三月二十九日、土地・建物をオランダ側に引き渡した。

各国領事館の横浜移転

他の国の場合、神奈川に領事館を保持したまま、横浜に出張所を設けたらしい。すでに文久元（一八六一）年中にはイギリス領事ヴァイスの住宅が横浜にあり、そこでも領事業務が行われていた。

イギリス、アメリカ、フランスの三国は領事館用地として山手地区を希望し、文久元年正月二十七日、幕府の許可を得た。しかし、領事館建設の計画は進まず、その後それらを海軍や駐屯軍のための用地に転用してしまった。

開港当時、幕府は運上所の裏手一帯にかなりの数の家屋を建設した。その多くは奉行所役人の住宅、すなわち「役宅」だったが、駒形町と名付けられた地域には、内外商人に貸与するための「御貸長屋」と呼ばれる公営住宅もあった。オランダ副領事ポルスブルックが記している「領事のために用意されたという五軒の木造家屋」もその中にあったらしい。

文久元年末の「駒形町付近の図」[31]を見ると、イギリスとフランスの領事館用地が記されている。幕府は諸外国が神奈川に領事館を設けたのちも、この地域に領事館用地を用意していたらしい。結局、オランダ以外の国はそれらを仮領事館の名目で使用することになったようである。

文久二年秋に出版された『珍事五ケ国横浜はなし』には、運上所周辺にイギリス、フランス、アメリカ三国の「コンシユル役所」が記されている。その頃には、イギリスとフランスは実際上すでに神奈川を引き払っていた。[32]『横浜開港側面史』に収録されている岩崎治郎吉の回顧談によると、アメリカ領事は神奈川の本覚寺を住居としたまま、「駒形町の御貸長屋」に役所を設け、日々船で通勤していた。そのアメリカも一八六二（文久二）年六月頃、生麦事件後の政情不安の中で、攘夷派からの攻撃の危険を理由に神奈川からの退去を求める幕府の圧力により、神奈川を引き払った。[33]

英陸軍工兵大尉ブラインが一八六三年五月十日付で作成した居留地防衛地図[34]にも、運上所裏手にイギリス、フランス、アメリカ三国の領事館が記されている。また、慶応元（一八六五）年の「御役所其外地割絵図」[35]には、プロイセンとスイスの「仮岡士所」も記されている。さらに、慶応二（一八六六）年末の大火の焼失区域図[36]にはポルトガルの領事館も記されている。フランスは同じエリアの中で場所を移動したようだが、それを含めて、これらはいずれも慶応二年末の大火で焼失してしまった。

なお、先の居留地防衛地図には、二四番地にオランダの仮領事館、四～五番地にポルトガル、三七～三八番地にプロイセンの領事館も記されている。四～五番地はデント商会の所在地であり、初代のジョゼ・ロウレイロ以来、ポルトガル領事はデント商会の社員の指定席となっていたので、社内で領事業務を行っていたのであろう。また、三〇～三一番地にフランス公使館が置かれていた時期、領事館も併置されていたことがあった。各国領事館は神奈川から横浜に移転しただけではなく、横浜でも転々と移動しているように見えるが、必ずしもそうではなくて、本館と分館といった役割の違いはあるにせよ、一つの国の領事館が同時に複数存在したこともあるのではないか。

元治元（一八六四）年に締結された横浜居留地覚書の第六条により、山手の代りに運上所の東隣の一帯が領事館用地に指定され、アメリカはいち早くその一画（現在の開港広場の辺り）に新たな領事館を設けたが、それも慶応二年の大火で旧領事館もろとも焼失してしまった。そこで明治二（一八六九）年、改めて居留地二三四番地（現在横浜情報文化センター所在地）に領事館用地を貸与された。

イギリスは運上所裏手とは別に、一八六二（文久二）年中、旧埋立居留地（旧横浜新田の造成地）の角地（一五五番地、現在神奈川県警察本部加賀町分庁舎所在地）に領事館と監獄を設けた。さらに明治二年、一七二番地（現在横浜開港資料館所在地）に新しい領事館を建設した。[37]

フランスは慶応二年、技師クリペの設計により、弁天地区（現在の北仲通五丁目界隈）に公使館を建設したが、慶応二年の大火後、領事館もその隣に新築移転した。明治八年以降、居留地内を転々としたのち、二十九年、山手居留地の谷戸橋際（現在港の見える丘公園フランス山地域の山裾）に、建築家サルダの設計になる煉瓦造りの領事館を建設した。

夜会と球灯の始め

『横浜沿革誌』に、「此年（文久三年）和蘭陀岡士館に於て内外貴顕縉紳を会し、一大祝宴を開く、此時同国の国旗を画きしもの、又は紅白の提灯数千個を門内より西柵なる国旗竿等へ点綴す、其光輝数町に赫々として会員の一層の快を感せしめたり、本邦に於て祝日宴会等に多数の球灯を点するは之を嚆矢とす」という記述がある。『横浜市史稿・風俗編』はこれを、「交際上手」な領事ポルスブルックが「移転披露」のために開催したのだとしているが、領事館が横浜に移転したのは文久二年、夜会が行われたのは文久三年だから、一年のずれがある。移転とは関係ないのではないだろうか。

スイス系シイベル・ブレンワルド商会の創業者ブレンワルドの一八六三（文久三）年九月四日の日記に、これに対応する記述がある。

「今晩はいよいよポルスブルック氏の大舞踏会だ。午前中天気が悪くなって雨が降ったので、舞踏会はだめではないかと皆心配したが、午後にはまた天気が回復し、晩には庭中に旗のストックなどが立てられ、素晴らしいイルミネーションになった。旗のストックでは主にオランダの色がとてもきれいだった。一六〇人の紳士（外交官、軍人や参加者たち）に対し婦人はたった一〇人だけで、しかもなかなか来ない人がいたので、ダンスが始められたのは一一時半になっていた。夫人の大半はイギリス人であった。僕はジャクモ夫人と最初のカドリールとポルカを踊った。[38]」

「すばらしいイルミネーション」が球灯、「旗のストック」が国旗竿のことであろう。

ブレンワルドの日記によって、夜会の行われたのが一八六三年九月四日だったことがはっきりした。領事館の移転から一年半も経っている。やはり移転とは関係ないであろう。

また、『横浜沿革誌』は、先の記述に対する注のかたちで、「翌年（元治元年）山手仏国公使館夜会のとき、此例に倣ひ、赤白青提灯を以て国旗を作り点火す」とも記している。『横浜市史稿・風俗編』はそれをさらに「山手居留地谷戸橋際に引移つて来た仏国公使館」が開催したものと誤った解釈をしている。「山手居留地谷戸橋際」に移転したのはフランスの公使館ではなく領事館、しかも明治二十九年のことである。文久三年六月、フランスは谷戸橋際の山手一八六番地に駐屯軍のための用地を獲得し、兵舎を建設した。『横浜沿革誌』はこれを公使館と誤認したのかもしれない。

第二章　ホテルとクラブの始まり

横浜の観光名所の一つに氷川丸がある。老朽化した豪華客船を海岸に固定したもので、かつてはホテルとして利用されていた。遠洋航海に従事する船は、ホテルと同じように、生活のために必要な機能をひととおり備えている。

船やホテルは、社会をコンパクトに詰めこんだノアの箱船のようなものだ。だから横浜にやって来た外国商人たちは、とりあえず船上生活で急場を凌ぐことができた。そして、船やホテルの持つ機能

表２　コロンブス号とヴィンセンス号の乗組員（人数）

役職名	英語名	コロンブス号	ヴィンセンス号
将官	admiral	1	1
副将	adjutant	1	1
士官	officer	50	25
出役	agent	3	1
医師	doctor	3	2
部屋番	steward	0	2
水夫頭	boatswain	1	1
石火矢掛	gunner	20	5
酒色預役	cook	4	4
大工	carpenter	4	3
帆縫師	sailmaker	4	3
桶師	tubmaker	1	1
鍛冶師	blacksmith	1	1
髪剃役	hairdresser	1	1
仕立師	tailor	1	0
兵士	soldiers	705	149
総計		800	200

【注】「英語名」は筆者の推定による。

【典拠】一般財団法人黒船館所蔵「異国船浦賀渡来書抜」に収録されている「弘化三丙子年閏五月二十六日アメリカ船渡来書」による。

を空間的に展開すれば、小さいながらも一つの都市が成立する。象徴的なことに、居留地の街づくりはまず元船乗りの経営するホテルの開設から始まった。

商船についての適当な資料が見当たらないので、弘化三（一八四五）年に来航したアメリカの軍艦コロンブス号とヴィンセンス号の乗組員構成を**表2**に示してみた。これから士官や石火矢掛（砲手のこと）、兵卒などの軍事要員を引算すると、商船の乗組員構成をおおよそ推測することができる。コックや部屋係など、それぞれの職能に長けた乗組員たちを動員すれば、ホテルの経営にはうってつけだったことだろう。

一、横浜ホテルとその周辺

横浜ホテルの開業広告

ロジャースの回顧談に、横浜最初のホテルはフフナーゲルが創始した「横浜」という名前のホテルだったと記されている。上海で発行されていた『ノース・チャイナ・ヘラルド』を調べてみると、一八六〇（万延元）年三月十日号に、二月二十四日付で、フフナーゲルが横浜ホテル（Yokuhama Hotel）の開業広告を出しており、「公衆の長い間の渇望に応えた」と誇らしげに述べている。「公衆が長い間渇望していた」と言うからには、これが最初のホテルであり、これ以前にホテルは存在しなかったのであろう。

以前には、クラブ・ホテルが最初だとか、横浜ホテルとは別に「竪瓦海鼠壁」のホテルや蹄鉄ホテルが存在したとか、横浜ホテルについても、経営者が、亡くなった元船長→フフナーゲル→ナツシヨウ→カブタイメンというように毎年のように変わったとか、さまざまな説が飛び交っていた。これらの旧説については、どのように考えるべきだろうか。

「もう一つのホテル」は存在したか？

『横浜沿革誌』の安政六（一八五九）年八月の条に次のような記述がある。

「同月、横浜移住人中、中居屋重兵衛なるもの銅瓦を以て美麗なる家屋を建築せり、（中略）外国人は英国商人ケスウィッキ海岸へ木造二層家を建築す、（中略）其他は本町通に寺院の如き平家一ケ所、竪瓦、海鼠壁の平家ホテル一ケ所建築成れり」

また、宣教医ヘボンの手紙[1]に引用されている一八六〇（万延元）年二月二十七日の日記に、前日二人のオランダ人船長が「横浜のホテル（the Hotel in Yokohama）」を出て散歩中殺害されたという記述がある。洞富雄氏は「横浜の初期ホテル業」[2]という論文で、この記述から横浜ホテル開業前にもう一つ別のホテルがあったと考え、それが「竪瓦海鼠壁」のホテルであろうとされた。

そこでこの事件について調べるために『ノース・チャイナ・ヘラルド』をめくっていくと、三月十日号に記事が出ていて、「二人の船長は横浜ホテル（the Yokohama Hotel）にいた友人を訪ねたのち殺害され、遺体は横浜ホテルに運ばれた」と記されている。ヘボンの言う「横浜のホテル」は横浜ホテルに他ならず、オランダ人船長殺害事件はその開業三日目に起きたことがわかる。

また、開港直後大活躍した生糸売込商、中居屋重兵衛の手控え[3]の万延元年二月五日の条に、「和蘭陀五はんの人弐人変死」という記述がある。二月五日は殺害事件当日の陽暦二月二十六日に当たる。そして「和蘭陀五はん」（＝オランダ五番）は横浜ホテルの国籍別商館番号に他ならない。

「竪瓦海鼠壁」のホテルの問題

では、『横浜沿革誌』の安政六年八月の条に記された「竪瓦海鼠壁」のホテルとは何なのだろうか。

英一番館について述べたように、「英国商人ケスウィッキ」つまりジャーディン・マセソン商会が白亜二層の社屋の建築にとりかかるのは一八六〇年二月のことである。そもそも外国代表団が神奈川開港に固執し、横浜の外国人居住地が合法的な居留地として認知されていなかった安政六年中に、外国商人たちが本建築に取りかかるはずはない。

この記述のうち、安政六年八月の出来事は中居屋重兵衛の「美麗なる家屋」だけであり、それに続く部分は、著者太田久好が補注のようなつもりで、外国人居留地側の目立つ建物に言及して、これと照応させたと考えたほうがよい。「竪瓦海鼠壁」のホテルが何を意味するか定かでないが、それが安政六年中すでに存在したと考える必要はない。

オランダ人船長は生きていた

横浜居留地で発行されていた『ジャパン・ヘラルド』の一八六二（文久二）年十月七日号に、難破したオランダ船籍の帆船ギニア号の競売記事が出ている。落札したのは「オランダ帆船ナッソウ号の元船長（Ex-Captain of the Dutch brig "Nassau"）C・J・フフナーゲル」であった。フフナーゲルは元船長、ナッソウ（＝ナツシヨウ）は人ではなく、船の名前であった。もともとはオランダ王室の旧名である。

ロジャースの先の回顧談にも、フフナーゲルは「デント商会がチャーターしたナッソウ号の元船長（late master of Dent's receiving ship, the Nassau）」と記されている。

他方、プロイセンの使節団の記録『オイレンブルク日本遠征記』に、横浜ホテルについて次のような記述がある。[4]

「われわれは、横浜の友人たちが当時でき上がったばかりの横浜ホテルにいるのを見出した。このホテルは亡くなったオランダ人の船長（das ein gewesener höllandischer Schiffs-capitän）の建てたもので、あまり設備がよいとはいえないが、彼らは満足して滞在していた。」

「友人たち」というのは、使節団に同行したザクセン商業会議所代表のシュピースと「シルク・ロード」の命名者とされる地質学者のリヒトホーフェンらである。もうおわかりのように、「亡くなった元船長」が開設したというのは、この文章の日本語訳に基づくもので、フフナーゲルが元船長だったことを知っている私たちならば、gewesener holländischer Schiffs-capitän を「オランダ人の元船長」と訳しただろう。

また、「フフナーゲル」を直訳すると「蹄鉄」になる。シュピースの著作『シュピースのプロシヤー日本遠征記』[5]の日本語訳では、フフナーゲルを普通名詞と理解して、「フフナーゲルのホテル」を「蹄鉄ホテル」と訳してしまったのだった。

横浜ホテルの創業

『オイレンブルク日本遠征記』は先の記述に続いて次のように記している。

「この旅館の建物の前部は、すでに着工され、この冬中には完成するところだった。かなり広い中庭を囲んで、三方に、一階建てのバラックの建物があるのだが、これらはみな木造である。片側には、食堂とそれに付随して撞球場と酒場があり、向い側に居間と寝室が連なっている。その背後に、中央の建物に面して立っているのが厩舎である。すべてが急拵えの板張りで、半ば日本風、半ばヨーロッパ風である。」

幕府の外交文書を集めた『続通信全覧』に収録されている一文書[6]によると、フフナーゲルは仮居留地成立時の一八六〇（万延元）年二月中、それまでの借家を買得している。それはおそらく幕府が建てた外国人用貸長屋の一部であり、「日本風」である他なかったろう。オイレンブルク一行が訪れた十月には増改築のまっ最中だったのではないだろうか。

『珍事五ケ国横浜はなし』には横浜ホテルのことが「座敷々々の美事たとうるに物なし。広間には八方に掛額あり。立四尺程にして、いつれも女のたわむれいる図なり」と記されているが、それは改築後の様子を形容したものであろう。

「横浜表御用留抄」[7]という神奈川奉行所の役人の記録に、「未（安政六年）十一月五日達す、先達て和蘭ナッソウ船売払度旨申出有之候処右船英人ロンロ（ロウレイロのことか）買受候趣に有之」という一節がある。フフナーゲルはナッソウ号を横浜で売却し、おそらく船員とともに上陸して外国人用貸長屋に住んでいた。そして仮居留地の成立と同時に、ホテルを開業したのである。その経営には元船長だけではなく、元船員たちも参加したことだろう。横浜ホテルが日本人から船の名前で呼ばれたのはそのためだと思う。

謎の人物「カブタイメン」

横浜ホテルは日本側の史料には次のように現れる。

文久元年　オランダ五番ナツシヨウ住家（「御開港横浜大絵図二編　外国人住宅図」）

〃　二年　七十番蘭　異人旅籠屋カブタイメン（『珍事五ケ国横浜はなし』）

「オランダ五番」は国籍別商館番号、「七十番」は地番を表している。

若山健二氏は歴史の専門家ではないと思うが、センスの鋭い人で、「バクーニンと函館・横浜・神奈川」[8]という論文の中で、「ナツシヨウ」が船名であることに気が付いており、「カブタイメンは人名ではなく普通名詞（たとえば『船長』に相当する英語もしくはオランダ語）と考えられないこともない」と述べている。

私もこのホテルは Captain & men of the Nassau とでも呼ばれていたのではないかと考えている。「カブタイメン」は Captain & men が訛ったものかもしれない。

弾薬倉庫船となったナッソウ号——潜水業の始まり

ナッソウ号はその後どうなったか。

ロジャースの回顧談によって、ナッソウ号はデント商会にチャーターされて横浜に来航したことが知られるが、安政六年に売却されて以降、所有者を転々としながら、貯蔵船として利用されていた。生麦事件ののち、鹿児島遠征に先立ってイギリスの軍艦が続々集結し、横浜が恐慌状態に陥っていた一八六三（文久三）年四月二十五日、イギリスは横浜に碇泊中の船について調査した。居留民を船に避難させる場合に備えたのである。その中にナッソウ号の名前があり、収容人員は「一等三〇ないし四〇名、ただし、海上航行不能」と注記されている。[9] 同じ年の十一月二十日付『ジャパン・コマーシャル・ニュース』を翻訳した『日本貿易新聞』には、この船を貯蔵船として利用している旨のオールモンド商会の広告が出ている。

一八六五（慶応元）年六月二十四日付の『ジャパン・ヘラルド』には、ナッソウ号を競売に懸ける旨のハンサード商会の広告が出ており、「船体の状態は良好」と宣伝している。これを落札したのがオランダ商人マリヌス・ノールトフーク＝ヘフトであろう。なぜなら、同年七月頃、居留民の自治組織である参事会は、居留地内での爆発物の貯蔵を禁止する条例を公布したが、その際ノールトフーク＝ヘフトが「廃船のナッソウ号」をその貯蔵のために提供して感謝されているからである。

古参居留民の一人であるイートンの回顧談によると、かれが横浜に着いたのは一八六七（慶応三）年、その時港内には二隻の廃船が碇泊していた。一隻はテップトリー号という石炭船、もう一隻がナッソウ号だった。[10] 越えて一八六九（明治二）年四月頃、戊辰戦争に際して外国商社の輸入した弾薬が大量に売れ残り、ナッソウ号に満載されていた。この頃の『ジャパン・タイムズ・オーヴァーランド・メイル』紙上には、香港の事件の例を引きながら、その爆発の危険を警告する記事がしばしば出ている。[11]

潜水業の創始者、増田万吉について次のような話が伝えられている。万吉はオランダ八番館の「ヘクト」あるいは「ヒフト」あるいは「ハイフト」のもとで働いていたが、一八六六（慶応二）年中、弾薬倉庫船の船底が腐り始めていたので潜水器具を借りて修理した。万吉は海底に沈む船とその積荷を引き上げれば巨額の利益になると思い、これを機会に潜水業を始める決心をして、「ヒフト」あるいは「ハイフト」から本格的に潜水術を学んだ。[12]

この弾薬倉庫船はナッソウ号以外には考えられない。イートンの先の回顧談によると、海岸通り八番地の土地はノールトフーク＝ヘフトの弟が所有していたが、日本を離れる際手放したという。マリヌスの弟で日本を離れたことが判明しているのはウィレムなので、万吉に潜水術を教えたオランダ八番館の館主とはウィレムのことかもしれない。万吉は明治五（一八七二）年頃潜水業を創始して斯業の開祖となるが、そのきっかけを与えたのはナッソウ号だったことになる。

さらにイートンによれば、「海運や町にとって常に危険な存在」だったナッソウ号は、使用に耐えないほど老朽化した時、海岸通り九番地の向かいに陸揚げされ、解体された。代わりにノールトフーク＝ヘフト所有のエミリー号が倉庫船として利用された。

横浜ホテルのビリヤードとバー

横浜ホテルが注目された理由の一つは、英公使オールコックを始め、シーボルト父子、亡命中のロシアの革命家バクーニン、画家のハイネやワーグマンら、多士済々の人物が投宿したことである。朝日新聞横浜支局が昭和二十九年にまとめた『黒船から百年』と題する小冊子は「〝横浜ホテル〟のころ」という一節を設け、バクーニンの投宿に触れて、「日本が迎えた社会思想家第一号」と紹介している。[13]

宿泊客に人気があったのはビリヤードとバーだった。シュピースは「此の土地にたつた一つしかない此の玉突は非常に繁昌して居た」と記している。[14]『黒船から百年』はこの玉突台について、「長崎出島のオランダ屋敷にもあったが、ここは一般人にはオフリミットの場所。公開された玉台としては、横浜ホテルのそれが日本での第一号であろう」と述べている。

表3　1864年の横浜ホテル

	経営者	業　種
直営部門	G.H. Carrier & Co.	Yokohama Billiard Saloon & Bowling Alleys
テナント部門	Vaschalde & Co. Aux Trois Frères Provencaux Ladage,Oelke & Co. H.P. Fergusson Ballard & Hogg	Restaurant of Yokohama Hotel Pastry & Confectionery Tailor Hairdressing & Shaving Saloon Auctioneer & Commission Merchant

いわゆる「大シーボルト」の長男、アレクサンダー・シーボルトによると、[15] ホテルでの「主なる生活」は、通称マコーリー男爵というジャマイカ生まれで英国籍の黒人がボーイを務める酒場に集中していた。ここには雑多な仲間が集まって、夜ともなると大時計を的に短銃の射撃練習をして楽しんでいた。それでも時計は規則的に動いていたというから、宿泊客たちの射撃の腕前はたいしたことはなかったようだ。

板橋倫行氏は「横浜ホテルの玉突台」という論文の中で、これを「日本で最初のバー」とし、「この乱雑の空気の中に『横木』に足のせて、痛飲する二人のヴァガボンド（流浪人。ドイツ生まれのハイネとロシアのバクーニンのこと…引用者）をまなかに思ひ浮べる」「横浜ホテルの夜は更けやすい」とちょっと気取った文章で記している。[16]

横浜ホテルのその後

横浜ホテルはその後どうなったろうか。『ジャパン・ヘラルド』の広告欄をたどっていくと、一八六三（文久三）年十月に一旦閉鎖され、翌年二月キャリエ商会の手で新装開店した。**表3**はそれぞれの広告から、当時のホテルの陣容を復元したものである。なかなか充実したサービス機能を備えていたことがわかる。しかし、一八六六（慶応二）年末の大火で焼失し、再建されなかった。

後述することだが、専門の食肉業者が開業する以前、最初に屠牛が行われたのは横浜ホテルだった。また、新装開店を報ずる新聞記事によると、ホテルのレストランではすでに氷が供されていた。テナント部門のうち、ファーガスンの理容室も横浜初であった。一八六四（元治元）年九月には音楽会、十月には奇術の興行が行われている。

プロの音楽家や手品師の来日第一号である。短命ながら、開港直後の居留地で、初ものづくしの舞台として光彩を放ったのであった。

一八六九（明治二）年にベイビュー・ホテルが横浜ホテルと改称され、グリーン夫人の手で経営されているが、これは全く別のホテルである。その後の推移をたどると、経営者も場所も何度か変わり、明治十一年には奇しくも横浜ホテルの故地七〇番地に移るが、十三年頃姿を消した。[17]

コーヒー・ルームとボウリング・アレイの始め

一八六二（文久二）年七月、横浜ホテルでバーを預かっていたマコーリーが八六番地でロイヤル・ブリティッシュ・ホテルを開業した。開業予告を見ると、これにはコーヒー・ルームが付いていた。[18] 十月には別棟にビリヤード・ルームとボウリング・アレイを開設している。[19]

一八六三（文久三）年末頃、六六番地に設立されたユナイテッド・サービス・クラブにもボウリング・アレイが付設され、一八六三年十二月一日にオープンした。[20]

一八六四（元治元）年五月、キャリエ商会が横浜ビリヤード・サルーン&ボウリング・アレイズをオープンした。[21] 同年二月に同商会の手で横浜ホテルが新装開店しているから、ホテル内に開設されたのだろう。港の見える丘公園フランス山地域の元町側入口近くにある「横浜ボウリング発祥の碑」は、これを記念して建てられたものだが、「発祥の碑」と言うからには、これよりも早いロイヤル・ブリティッシュ・ホテルのボウリング・アレイに言及すべきだった。横浜ホテルのボウリング・アレイは、現在知られているものでは三番目になる。

長崎ではさらに早く、長崎居留地で発行されていた『長崎シッピング・リスト&アドヴァタイザー』の一八六一（文久元）年七月六日号に、六月二十二日付でインターナショナル・ボウリング・サルーンの開業広告が出ている。この広告の日付を採って六月二十二日がボウリングの日とされている。平成二年には長崎に日本ボウリング場協会の手で「わが国ボウリング発祥の地」の記念碑が建てられた。

幕末期のその他のホテル

一八六四年、船員出身のカーティスがロイヤル・ブリティッシュ・ホテルを買収し、コマーシャル・ホテルと改称して経営していたが、一八六八（明治元）年には経営権をトムプソンに譲り、自らは一八番地でインターナショナル・ホテルを開いた。カーティスは一八六五（慶応元）年十一月以降、食肉業も兼営していた。一八六四年に「大英帝国」なる宿屋を開いたヘンリー・モスも食肉業者だった。一八六三年十一月頃、横浜ホテルの隣の七一番地でアングロ・サクソン・ホテルを開業したジョン・トーマスは、リームーン号の元主任司厨員だったが、翌年にはもう倒産したらしい。[22]

クラブ・ホテルは「日本最古のホテル」か？

かつてはクラブ・ホテルを「日本最古のホテル」とする説が信じられていた。明治四十二年十二月二十三日の朝、クラブ・ホテルから出火した火災を報じた『横浜貿易新報』（同月二十七日付）の記事の中に、「同旅館は日本に於いて最古のものなる由」という一文があるので、その淵源はかなり古い。

『明治事物起源』はこの火災に触れて、「同ホテルは、文久三年に、英国人シメッツといふ者建築して、クラブとなし、慶応二年十月の横浜大火に、幸に類焼を免れたるが、明治二年に至りて、ホテルを兼ねたるため、ホテルとしては本邦最古のものなりし」と述べている。

『横浜市史稿・風俗編』はこれに尾ひれを付けて、「シメッツ」がすでに事実上旅館営業をしていたが、明治二年、「純然たるホテル組織」に改め、「館主の英人ヴァン・ビューレン経営の下にクラブ・ホテルと命名」したと拡張解釈している。

結論から言うと、これは横浜ユナイテッド・クラブとクラブ・ホテルを混同したものである。ヴァン・ビューレンが横浜ユナイテッド・クラブの会長を務めたことはあるが、「館主の英人」ではなく、アメリカの総領事であり、それも明治十年頃のことである。「明治二年」という年がどこから出てきたのかはわからない。

二、クラブの始まり

陸海軍人クラブと横浜クラブ

『ヤング・ジャパン』によると、一八六一（文久元）年にはすでに英軍将校たちの陸海軍人クラブ（Army & Navy Club）が存在した。[23] 商人中心の「横浜クラブ」も存在した。このクラブは「イギリス人クラブ（English Club）」と呼ばれることもあり、ユナイテッド・サービス・クラブができてからは「旧クラブ」と呼ばれることもあった。

アーネスト・サトウは、横浜クラブについて、横浜でイギリスの公務員と商人の仲が悪かったことの一例として次のように述べている。

「主としてイギリスの商人からなる横浜倶楽部には、同国の公使館員と領事館員はだれ一人として入ることが許されなかった。」[24]

横浜クラブが最初どこにあったかわからないが、一八六二年夏頃には九八番地にクラブ・ハウスを持っていた。ウィリアム・ソンダースが撮影した六枚組の横浜全景写真について、十月二十五日の『ジャパン・ヘラルド』に掲載された論評記事に、「新しいクラブ・ハウス」の記述がある。この建物は、一八六三年夏に撮影され、一八六四年六月二十九日、イギリス陸軍省に送られた横浜全景写真にも写っており、「横浜クラブ」と注記されている。[25]

横浜クラブが九八番地にあったことは、次の史料からわかる。

①ピアソン夫人が出した広告によると、夫人の洋装店は横浜クラブに隣接する九七番地にあった。[26]

②カイザーの出した広告によると、その建築事務所は「イギリス人クラブ」の向かいに当たる八四番地にあった。[27]

これらの事実を先の横浜全景写真と照合すれば、その位置を九八番地に特定できる。

ユナイテッド・サービス・クラブと横浜ユナイテッド・クラブ

イギリス陸軍省に送られた横浜全景写真にはユナイテッド・サービス・クラブの注記もある。このクラブについて、『ヤング・ジャパン』には次のように書かれている。

最後には横浜ユナイテッド・クラブに発展した（merged into）ユナイテッド・サービス・クラブが、海兵隊軽騎兵隊のW・H・スミス中尉の指揮のもとに設立された。[28]

この記述は一八六三年に起きた出来事を締めくくる部分に出てくるので、同年の終わり頃に設立されたと思われるけれども、正確な時期はわからない。

ロジャースの回顧談によると、設立発起人にはスミスの他に軍艦ユーリアラス号の乗組員や領事館員のラウダーらがいた。公務員主体のクラブであり、「サービス」には公務の意味が込められていたであろう。サトウによれば、公使館員や領事館員は横浜クラブに入れなかったので、それとは別に公務員主体のクラブを作ったのだと考えられる。

クラブの建物は、ロジャースの回顧談当時クラウセンズ・ホテルがあった場所、つまり六六番地にあった。そこには一八六二年中、大きな平屋建ての建物（bungalow）ができて、ロシア人のポロウスキーが経営するレストランなどがあった。クラブはそこに設立された。その後、ボウリング場と劇場を付設する工事が行われ、一八六三年十二月一日、新しい施設のお披露目のために、アマチュア劇団の公演が行われた。[29]

一八六四年十二月十五日、ユナイテッド・サービス・クラブから出火した。延焼を食い止めることはできたが、堀川を越えて元町に飛び火し、民家の四分の三が焼失した。[30] これに対して外国側官民から総額約二千六百ドルの義捐金が寄せられた。それに対する日本側の感謝状には「六六番地のユナイテッド・サービス・クラブ」と明記されている。[31]

火災後の一八六五年中にクラブは大きな変化を遂げる。

①ユナイテッド・サービス・クラブが横浜ユナイテッド・クラブに変わった。この二つのクラブについての『ヤング・ジャパン』の記述のうち、merged into が「統合される」と訳されたために、二つのクラブは別であり、一時併存していたと考えられてきたが、「発展した」と訳すこともできる。ロジャースは同じことを grown into（成長した）と表現している。ロジャースは、商人たちが会員の多数派になったので、「サービス」の文字が落ちたのだと言っている。先に触れたように、「サービス」には公務の意味が込められていたと考えられるからである。サトウがクラブを巡る官民対立について「こうした悪感情は大英国の外交使臣が全く変わった一八六五年まで続いた」と述べているのも同じ出来事を指しているかもしれない。

②クラブを巡る官民対立が解消されれば、商人中心の横浜クラブと公務員中心のユナイテッド・サービス・クラブが併存している必要はない。ユナイテッド・サービス・クラブの横浜ユナイテッド・クラブへの変化は、両者の統合を意味すると思う。

③横浜ユナイテッド・クラブの成立は、イギリス人のクラブから多国籍のクラブへの脱皮をも意味していた。当時それは「インターナショナル・クラブ」とも呼ばれた。[32]「横浜居留地覚書」第九条の「各国士官等集会所（club-house for the united services of all nations）」も同じものを指している。

④この変化が起きた場所は八三番地だと思う。アーサー・ブレントの回顧談に「当時は非常に小さなものだっ

た横浜ユナイテッド・クラブは、本町通り八十三番地辺りの仮の建物にあった」[33]と記されているからである。クラブは新しい建物のための土地を物色していたらしい。八三番地の「仮の建物」は一八六四年十二月十五日の火災で焼け出された後の仮住まいであった。クラブの要求は「横浜居留地覚書」第九条で受け入れられ、付属の図面で「第五」と記された場所が貸与されることになった。それは運上所の背後に予定されていたが、クラブの建築委員会が検討した結果、居留地の外れに位置し、周囲に木造家屋が多くて、火災保険が掛かりすぎるので不適当ということになった。[34]その判断は賢明だった。もしここにクラブ・ハウスを建てていたら、一八六六年末の大火で類焼しただろうから。結局、ブレントが述べているように、「一八六六年の大火の前に、現在クラブ・ホテルがある海岸通り五番の新しい建物に引っ越した。」『デイリー・ジャパン・ヘラルド』に、マッケクニー商会の一八六六年八月二十七日付の賃貸広告が出ており、「最近までユナイテッド・サービス・クラブが存在した八三番地の土地と建物」と記されているので、移転は一八六六年の夏までには行われていたことがわかる。

横浜ユナイテッド・クラブの支配人は、ユナイテッド・サービス・クラブ以来のスミスだった。明治十七年、建物（五番地B）をクラブ・ホテルに譲り、十四年に閉鎖された隣のオランダ貿易会社の建物（五番地A）に移った。三十三年には、隣の四番地に建築家コンドルの設計になる新しい建物が完成して移転、五番地Aの建物はクラブ・ホテルに編入された。クラブも関東大震災で破壊されたが、モダニズム建築で名高いアントニン・レイモンドの設計によって再建された。戦時中は日本軍、戦後は占領軍に接収され、昭和二十八年、クラブに返還されたが、その後、アメリカ文化センター図書室として利用されたのち、神奈川県民ホールの建設にともなって取り壊された。[35]

ジャーマン・クラブ

横浜居留地にはジャーマン・クラブも存在した。ユナイテッド・サービス・クラブがイングリッシュ・クラブとも呼ばれたのは、これと対比してのことだろう。ドイツ名をクルプ・ゲルマニアという。

『ジャパン・ガゼット横浜五〇年史』に収録されている「ジャーマン・クラブとその関連事項」[36]によると、一八六三（文久三）年十二月二十二日、一六一番地に設立された。「確認出来る限りでは、最初の会長はオール氏」だという。クラブの建物は一八六九（明治二）年四月、一七三番地（のち二三五番地に地番変更、現在のみなとみらい線日本大通り駅三番出口の辺り）に新築移転し、ここに定着した。ドイツ人だけではなく、他の国籍の居留民も会員になることができた。

フリーメーソンの始まり

横浜ユナイテッド・クラブやジャーマン・クラブが開放的だったのに対して、閉鎖的なクラブにフリーメーソンがあった。

その起源をめぐる諸説はさておき、近代フリーメーソン発祥の地はイギリスであり、イングランド系、スコットランド系、後者から派生したアメリカ南部系などの系統があった。系統によって多少の違いはあるが、「人格円満にして、教養ある者」「経済力ある者」といった入会条件があった。入会することで世界大の人脈に連なることができる点に大きな魅力があった。

結社の目的は相互扶助と慈善であり、社会的な役割としては現在のロータリー・クラブやライオンズ・クラブと変わりはない。しかし、多少入会条件が厳しく、もったいぶった儀式やもっともらしい教養のようなものを持ち、検定による昇級制度があり、非公開を原則とする点で、いわば「選ばれた者」の団体という性格が生じ、それも魅力だったのだと思う。

日本で最初のフリーメーソンの支部は、一八六四年から一八六六年にかけて、横浜に駐屯していたイギリス陸軍第二〇連隊に存在したアイルランド系の「スフィンクス・ロッジ」だが、これは軍隊とともに移動する支部であった。居留民による最初の支部はイングランド系の「横浜ロッジ」であり、ジャーナリストのJ・R・ブラックやピアノ調律師のW・A・クレーンらによって、一八六六（慶応二）年六月二十六日に結成された。最初はバーネット商会（七二番地）の倉庫を借りて集会を開いていたが、十一月二十一日、キャロル商会（三八番地）の二階に移った。一八六九年には一七〇番地にウィットフィールド&ドーソンの建設した専用の集会所（メソニック・ホール）が完成する。

横浜には他にイングランド系の「お天道様ロッジ（O Tentosama Lodge）」や「極東ロッジ（Far East Lodge）」、スコットランド系の「東の星ロッジ（Star in the East Lodge）」ができた。アメリカ南部系は階級別になっていて、最低位の「大日本十全会（Dai Nippon Lodge of Perfection）」から最高位の「日本帝国法院会議（Grand Consistory of the Empire of Japan）」までの四つのロッジがあった。[37]

居留地の有力者には、いくつものロッジや他のクラブを掛け持ちする人もいた。イギリス人弁護士のラウダーはフリーメーソンの重鎮であるとともに横浜ユナイテッド・クラブの会長も務めた。ドイツ出身だがアメリカ国籍で、実業家でもあり音楽家でもあったカイルは、横浜のほとんどすべてのロッジの役員を兼ねるとともに、ジャーマン・クラブの会長も務めている。一八九〇年にはカイルの肝煎りで、イギリス人建築家ダイアックの設計になる新メソニック・ホールが六一番地に竣工した。ダイアックも会員であった。

非公開が原則と言っても、役員名簿などは公表されており、秘密結社だったわけではない。しかし、明治三十二（一八九九）年、改正新条約が発効し、領事裁判権が廃止されて、居留外国人にも日本の法律が容赦なく適用されることになると、とくに集会及政社法の適用を恐れて、役員名簿も公表しなくなった。その結果、フリーメーソンは非合法の存在と見なされるようになり、太平洋戦争が始まると、集会及政社法の後身である治安警察法に違反するとして弾圧の対象となった。時を同じくして、フリーメーソンを陰謀団体とするデマが流された。このデマは現在も払拭されたとは言い切れない。

日本人によるクラブの始め

『明治事物起源』の「クラブの始」は、明治六年頃の結成として勝読社の名を挙げている。正確には横浜勝読会社といい、明治五年十月十五日に通商会社を会場として発足している。発会式には神奈川県権令大江卓、同参事山東直砥を始め、港内の大商人・名士ら二四名が集まり、山東と原善三郎、高島嘉右衛門の三名が社長に選ばれた。[38]『横浜毎日新聞』の十月十一日号に設立趣意書が掲載されている。「奮然として同志と相ひ謀り、一大〔クラブ〕を創立し、世の有志の君子と戮力尽心し、以て国家に稗益有らん事を庶幾す」とかなり力が入っている。しばらくの間、休暇の折に「演舌会」などを開いていたようだが、その後活動が中断していたのを、十年に商人たちが再興し、「料理屋や応頼茶屋抔で芸妓をあげるスッチャンスッチャンの不体裁を省き、規則を厳にして、商業の手筈、外国との交易を盛んにする目論見」で活動を再開した。[39]「国家」よりも「交易」を主眼とする団体に衣替えしたらしい。最初は住吉町辺に会場を設けたが、やがて町会所が活動の中心となった。[40]

なお、『明治事物起源』は、西村勝三らが東京府に出願して、明治五年四月下旬に許可された「ナショナルクラブ」を「東京に於ける社交クラブの嚆矢」とするが、実際に結成されたかどうか定かでない。結成されなかったとすると、横浜の勝読会社が日本人による「日本最初のクラブ」の栄冠を獲得する可能性がある。

三、クラブ・ホテルとグランド・ホテル

クラブ・ホテル

明治七年頃、横浜ユナイテッド・クラブの建物の前面が改修され、ヴェランダ構造から左右に張り出しを持つ構造に変えられた。クラブで料理人をしていたフランス人ベギューと給仕長を務めていたイギリス人ハーンがこ

の建物を賃借して始めたのがクラブ・ホテルである。開業は明治十七年正月十一日。[41] クラブの宿泊部門が独立したとも考えられるが、両者は建物も経営も一応別の施設であって、一体化したことはなかった。

クラブの方は、明治十四年に閉鎖された隣のオランダ貿易会社の建物（五番地A）に移転、三十三年にはさらに隣の四番地に移転した。五番地Aの建物はクラブ・ホテルに編入され、改修のうえ、二七の客室が整備された。[42]『横浜市史稿・風俗編』はクラブ・ホテルのその後について、大正震災後も六六番地に再建されたが、昭和五年に一旦閉鎖され、元町の高宮忠之助がセンター・ホテルとして再興したと記している。しかし、これは正確ではない。確かな史料によれば、クラブ・ホテルのその後の経過は次のようなものであった。

①明治四十二年の火災後再建されたものの、株主総会の議決により、大正六年六月二十一日付で解散され、七月三十一日に競売に付された（『横浜貿易新報』六月二十四日、二十七日号）。

②関東大震災後の大正十四年二月十四日、山下町六六番地に株式会社クラブ・ホテルが設立された。取締役の中に元町の食料品製造販売業者、高宮忠二郎の名が見える（『横浜市史稿・風俗編』が「忠之助」とするのは「忠二郎」の誤りであろう）。[43] しかし、昭和五年二月二十七日、株主総会の議決により解散している（同前三月十六日号）。これを第二次クラブ・ホテルと呼ぶことにする。

③昭和八・九年版の『英文日本商工録』[44]を見ると、高宮が山下町六六番地で経営するセンター・ホテルの存在を確認できる。また、「英志と経倫、立志伝中の人、高宮忠二郎氏」と題する『横浜貿易新報』（昭和八年三月十五日号）の記事には、「夙に外人招致を祈念してクラブホテル（センターホテル前身）を建設した事は人のよく知る所」と記されている。

この記事によって、センター・ホテルが第二次クラブ・ホテルの後身と考えられていたことがわかる。しかし、第二次クラブ・ホテルと本来のクラブ・ホテルとの関係はよくわからない。常識的には、大正震災を挟み、八年の歳月を経て、別の場所に別の組織によって設立されたものを「再建」というのは無理であろう。震災後建設されたホテルニューグランドがグランド・ホテルの盛名にあやかったのと同じように、かつてのクラブ・ホテルの盛名にあやかったにすぎないのではないだろうか。

グランド・ホテル

クラブ・ホテルと並んで、明治時代の横浜を代表するホテルといえばグランド・ホテルであった。『横浜市史稿・風俗編』はグランド・ホテルについて、「明治六年九月に新築して開業」と記しているが、これは新装開店の広告を開業広告と間違えたもので、その起源はもっと古い。

これまでも度々引用しているイートンの回顧談によると、一八六七（慶応三）年当時、ホウイがホテルを開業しようとしたが、何者かに殺害されたため、未完成のままだった、その建物がグランド・ホテル旧館の前身だという。ホウイが殺害されたのは一八六九（明治二）年十二月二十七日から二十八日にかけての深夜のことであった。[45]ホウイの遺志を継いだのは、写真家ベアトら数人の共同出資者であった。グリーン夫人が賃借することを前提として建築工事が進められたが、一八七〇（明治三）年六月にはまだ完成していなかった。[46]

それはいつ完成したのだろうか。この建物は『ファー・イースト』の同年九月一日号に貼付されている「英軍兵営からの横浜港の眺め」と題する写真の中央左手に写っており、その説明文に「海岸通りの角のグランド・ホテル」と書かれている。したがって、グランド・ホテル創業の時期は、一八七〇（明治三）年六月から九月の間である。一八七〇年末現在の情報を収録する翌一八七一年の香港版ディレクトリー（Chronicle & Directory）には、二〇番地にグリーン夫人の経営するグランド・ホテルの名前が明記されている。

程なく営業が中断し、ベアトら共同出資者の手で改築されたのちの明治六年八月十六日、W・H・スミスを総支配人として新装開店した。[47]『横浜市史稿・風俗編』は『横浜毎日新聞』九月十日号に掲載されたその時の広告を開業広告と間違えたのであった。

その後どうなったか。横浜版ディレクトリーをたどると、明治十一年六月からボナ商会の所有に移り、P・ミュラウールがシェフに就任している。二十二年、フランス人建築家サルダの設計によって隣接の一八～一九番地に新館を増築するとともに株式会社組織となった。新館は翌二十三年六月三十日にオープンした[48]。

かくして横浜を代表するホテルに成長したグランド・ホテルだが、関東大震災に遭って徹底的に破壊されてしまった。昭和二年、神奈川県や横浜市の出資によって山下町一〇番地に新しいホテルがオープンし、公募の結果、グランド・ホテルの盛名にちなむホテルニューグランドという名称が選ばれた。

第三章　肉食と畜産の始まり

一八六〇（万延元）年からの数年間、外国人居留地の草創期に必要だったのは、住環境の整備と並んで食料品の供給だった。横浜は外国の商船や軍艦の寄港地であり、居留民以上に寄港船舶の需要も大きかった。居留地ではその需要に応ずるために、日本人から入手できない食肉・牛乳・西洋野菜・清涼飲料水・ビールなどを生産する必要があった。

開港直後から外国人殺傷事件や居留地襲撃の噂は絶えなかったが、一八六二（文久二）年九月の生麦事件以降、事態は急展開し、横浜には英仏艦隊が集結して、薩英戦争や下関砲撃に際しては出撃拠点となった。一八六三年七月以降、居留地防衛を名目に、英仏軍隊が山手に駐屯を開始する。駐屯軍将兵の数は慶応年間で英仏合わせて約一千人、欧米系居留民の数が五百人程度だったから、その比重の大きさがわかる。英仏軍は一八七五（明治八年）年まで駐屯を続ける。

横浜やその近辺で武力衝突は起きなかったので、駐屯軍の任務はパトロールくらいしかなく、調練の名目で四六時中スポーツに明け暮れていた。運動すれば咽喉が渇くし、空腹になる。駐屯軍の存在によって、山手に巨大な胃袋が出現した。屠牛場や牧場を始め、飲食料品の供給システムが急速に整えられるのは、山手に発生した巨大な需要と無関係ではない。この分野では、日本人が驚くほど早くから知識や技術を習得している。

一、肉食の始まり

最初の屠畜

肉食中心の欧米人が、菜食中心の日本で遭遇した最初の難問は食肉の確保であった。遠洋航海する船は乾燥肉や塩漬肉を満載していたが、いくらスパイスを利かせても新鮮な肉の味にはかなわない。規模の大きい船になると家畜を載せており、食肉処理技術をもった乗組員も乗っていた。ペリーの艦隊にも牛や羊が積まれていた。一八五四（安政元）年三月二十七日、ポーハタン号上で開催された大宴会の際、料理長が調理して幕府の役人にふるまっている。

開港後、横浜にやってきた外国人たちは「食肉飢饉」に襲われたことだろう。手に入るのは鳥肉だけで、牛といえばすべて役牛だし、豚の飼育は房総半島で始まったばかりだった。ロジャースの回顧談によると、たまりかねた数人の居留民が共同で日本人から牛を買い、おそらく多少は肥育したうえで、ヘンリー・エリス号の元船大工、イギリス人ヘンリー・クックに食肉処理を依頼し、一八六〇（万延元）年の三月か四月、オープンしたばかりの横浜ホテルで焼肉パーティーを開いた。屠畜が行われたのは厩舎、料理したのはホテルのコック、晩餐会はホテルの食堂で開かれたことだろう。牛さえ手に入れば、それを料理するのは、船乗りたちにとってはお手のものだった。本格的な食肉料理も、元船乗りたちの手で、ホテルの施設を利用して始まった。

精肉業の始まり

再びロジャースの回顧談によると、最初に食肉業を始めたのはアイスラー＆マーティンデル（Eisler &

Martindale）であった。一八六〇（万延元）年六月二十一日付でアメリカ領事が作成した借地の有資格者名簿にマーティンデルの名が見えるので、[1] 開業の時期はその頃まで遡る可能性がある。そうだとすれば、クックによる最初の屠畜から数か月後のことであった。ロジャースによると、アイスラー＆マーティンデルの後継商社であるキャメロン商会は、アメリカ十二番と呼ばれていた。そうすると、日本側の記録に、「亜十二番マンテイラ」と記されているのがマーティンデルのことであり、[2] 最初はマーティンデルの単独経営だったのかもしれない。

アイスラー＆マーティンデルはその後アイスラー商会と社名が変わり、一八六一（文久元）年頃、キャメロン商会に継承された。キャメロンが『ジャパン・ヘラルド』の一八六一年十二月十一日号に掲載した広告では、「クリスマス用に肥育した数頭の牡牛を屠畜する」と述べており、肥育の行われていたことがわかる。また、一八六二年二月八日号の広告から、豚も扱っていたことが知られる。翌一八六三年、キャメロンはその事業をヘンダーソン＆ウェストに譲渡し、自身はクックと組んでキャメロン＆クックという造船所を始めた。ヘンダーソンもキャプテンと呼ばれているので、元船長だったらしい。ヘンダーソン＆ウェストは一八六九（明治二）年まで存続した。

また、一八六一年末頃、ヘンリー・エリス号の元船長ベイリーも横浜に上陸して食肉業を始めた。同社は一八六三年、アメリカ系のボールドウィン商会（H. Baldwin & Co.）に引き継がれ、以後一八六八年にバージェス＆バーディック（Burgess & Burdick）、一八七一年にバージェス商会と社名を変えつつ、アメリカ系の食肉業者として営業を続けた。

屠牛場の始め

元治元（一八六四）年中、福井藩士が横浜に視察に来た時の記録を見ると、英仏駐屯軍の需要によって「牛肉屋」が繁昌しているという。[3] 当初食肉業者たちは、居留地の本村通りや堀川通り沿いに牛舎を設け、屠畜もそこで行っていたが、需要の増大によって手狭になり、また周囲の市街化が進むと、廃物の処理が問題となった。そこで外国側は市街地から離れた場所に公設の屠牛場を設けることを要望した。この要望は一八六四（元治元）年十二月十九日、幕府が諸外国と締結した「横浜居留地覚書」の第四条に取り入れられた。

幕府はこの約束に基づいて、山手と本牧岬の中間に位置する小港の海岸に屠牛場を建設し、慶応元（一八六五）年五月から十月にかけて、イギリス、アメリカ、オランダ、フランス、プロイセンの五か国の食肉業者に貸与した。時期によって違いはあるが、フランスのテナントは給水業や西洋瓦・煉瓦の製造で名高いジェラール、アメリカはバージェス&バーディック、オランダはカルスト商会などが貸与を受けて営業していた。

『ジャパン・ガゼット横浜五十年史』にバージェス&バーディックの社員だったウッドラフの回顧談[4]が収録されており、それによると、屠牛場には牛小屋と屠畜場と一緒に外国人職員と船頭の宿舎があった。牛市は太田村で開かれ、仕入係がそこで買い付けて「本牧」へ連れて行き、食肉は舟や荷馬車で居留地の食料品供給業者に届けられた。屠牛場の所在地は正確には北方村だが、風光明媚なことから外国人が好んで訪れた本牧十二天に隣接していたので、外国人は大雑把に「本牧」と呼んでいたようだ。

なお、公設屠牛場とは別に、その近くに私設のカービー屠牛場があった。明治元年、イギリス人カービーが自費で建造したもので、明治七年頃まで存在した。

小港屠牛場の周囲にも人家が増えてきたため、明治七年、イギリス領事が移転を申請した。これに対して神奈川県は本牧村八王子山下海岸への移転を計画したのだが、その後の経緯について、『横浜市史稿』の風俗編と政治編二で食い違った記述が見られる。前者では、八年から十二年にかけて順次移転したが、それも十五年頃までに閉鎖されたという。後者では、移転の予定はあったが、中止となり、そのまま廃業してしまったという。どちらが正しいのだろうか。以下のような理由で後者に軍配を上げるべきだと思う。

①明治十二年五月九日、神奈川県から内務省に提出された上申書に収録されている「外国人居留地外ニテ地所

貸渡候調書」[5]に八王子の屠牛場は記されていない。

②明治十四年の「横浜実測図」を見ると、小港にはまだ屠牛場の記載があるのに、八王子には何の記載もない。

③条約改正時に作成された「改正条約ニ基キ横浜外国人居留地整理ニ関スル意見書」[6]には、「明地」の項に五か国屠牛場とカービー屠牛場が記されているのに、八王子の記載はない。整理方針としては売却して民有地に編入すべきだとしている。

『横浜市史稿・風俗編』が依拠したと思われる『横浜開港五十年史』には、小港の建物を返却して八王子へ「移転」したという年月が、次のように具体的に記されている。[7]

明治八年五月　独国
同年七月　蘭国
同九年一月　米国
同十二年一月　英国

これを「移転」ではなく廃業の年月と読み替えると辻褄が合う。五か国のうち記載のないフランスは、移転計画が立てられる前の五年六月、すでに廃業して土地を返却、代りにドイツ人ドーグラスに貸与されたが、それも九年中に返却された。[8]ドイツは八年に廃業し、六月三十日に建物が入札にかけられた。[9]『横浜開港五十年史』に記されている五月は廃業の時期を示し、六月に入札が行われたのであろう。

先の「外国人居留地外ニテ地所貸渡候調書」には小港の各国屠牛場のうちイギリスのみ記載がある。『横浜開港五十年史』ではイギリスは十二年一月に「移転」とされているのに、十二年五月九日の日付を持つ調書にまだ記載があるのはおかしいと思われるかもしれない。しかし、これも一月に廃業したが五月にはまだ返還手続きが済んでいなかったと考えれば辻褄が合う。

また、『横浜開港五十年史』には、各国が土地を返還したので、条約改正が実施された明治三十二年に売却されたと記されているが、これも八王子ではなく小港と読み替えれば、「改正条約ニ基キ横浜外国人居留地整理ニ関スル意見書」の整理方針と合致する。

日本人の家畜商と食肉商の登場

食肉の需要が増大すると、屠牛場に牛を納入する日本人の家畜商が現れた。屠牛場は日本人からは「牛屋敷」と呼ばれ、入口に日本の役人が管理する関門があって、家畜商は営業税を払って納入していた。

慶応二（一八六六）年七月、弁天通り二丁目の恵比寿屋兵右衛門が牛三疋を「フレイス（プロイセンのこと）国牛屋敷」に納入した際の古文書が残されている。[10]「横浜商人録」[11]に「夷屋兵右衛門」として記録されている保土ヶ谷宿出身の商人で、万延元（一八六〇）年六月に、牛・豚・青物・粉類パンの営業許可を得ており、居留地向けの食料品供給業を営んでいたことがわかる。

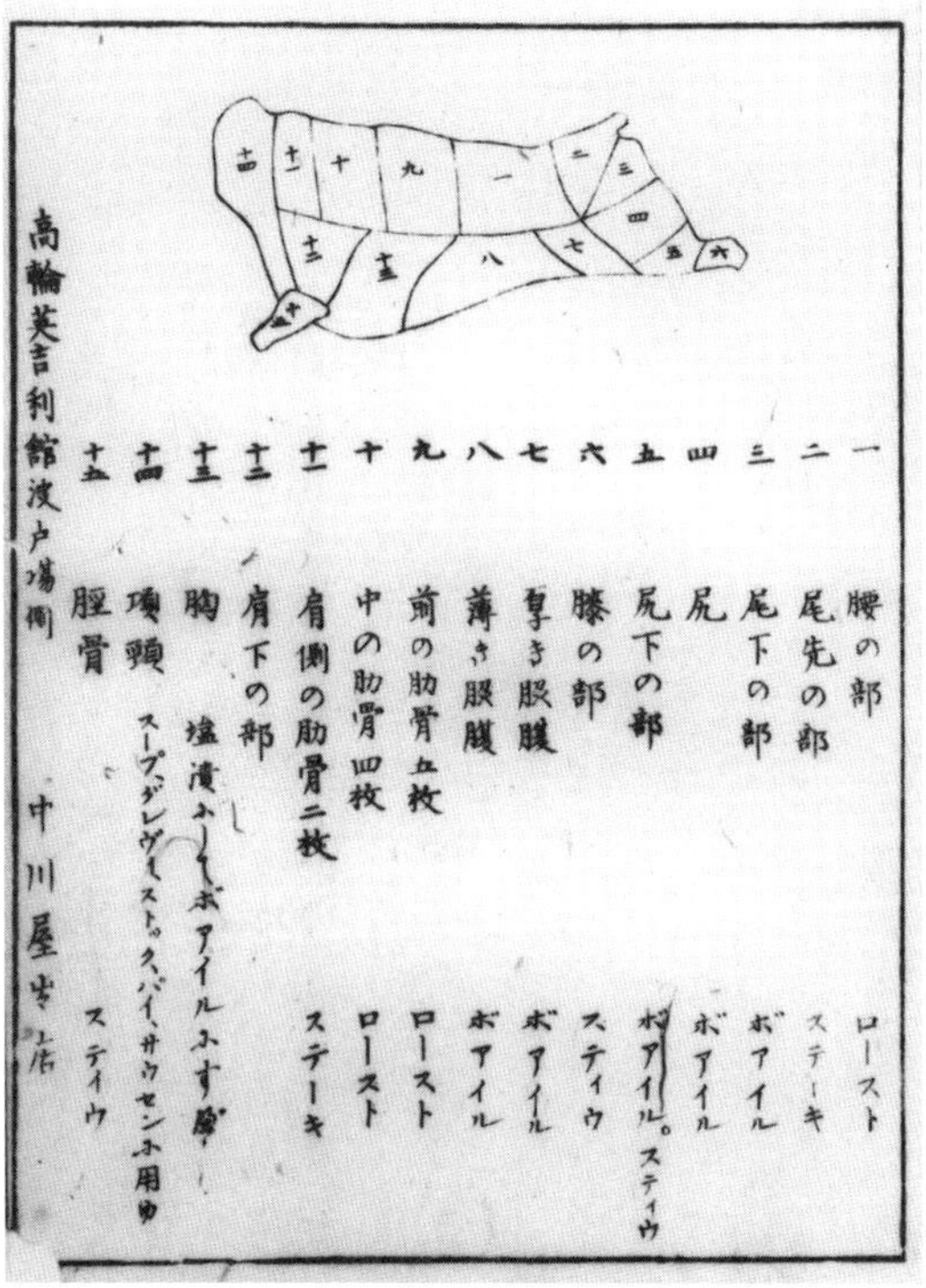

また、明治六年六月の記録によると、牛売込頭数のトップは関屋音兵衛の三八九頭、売込先ではバージェス商会の一五九頭が最も多い。次は露木清兵衛の三一頭であった。[12]音兵衛は武蔵国都筑郡二俣川村の出身で、開港以来弁

図４　中川屋の広告
『万国新聞紙』五集より。　横浜開港資料館所蔵

天通り四丁目で運送業を営んでいた。外国人からは貸馬屋の「オトビ」（Otobi）として知られていた。[13]

逆に屠牛場から食肉を仕入れて販売した人に中川嘉兵衛がいる。『万国新聞紙』第五集（慶応三年六月中旬）と第八集（十一月上旬）に、中川屋が江戸高輪のイギリス公使館近くの波止場の側に出店を開き、肉類を売り出す旨の広告を出している。これには「牛肉部分の図及ひ解」という懇切丁寧な説明が付いている。第九集（十二月下旬）にも、江戸柳原で出張販売する旨の広告を出している。

『文芸倶楽部』明治四十四年十二月号に俗仏庵の名で「牛鍋通」という記事が出ている。それによると、中川は明治元年、白金村の名主、堀越藤吉の邸内の畑の一部を借りて屠場を設けた。また、同年末、芝露月町（ろうげつ）に中川屋という牛肉店を開き、その後堀越が経営を引き継いで中川屋の暖簾を守った。

牛肉切売りの始め

「横浜商人録」を見ると、江戸品川出身の鳥問屋中川屋徳三郎が、安政六（一八五九）年九月、すでに「牛肉切売」の営業を出願している。しかし、この史料は営業を許可された業種を列記したものなので、実際に営業したかどうかはわからない。

『横浜開港側面史』に収録されている「ボーイとコック」及び「牛肉切売と鍋売」と題する回顧談では、最初に牛肉の切売りを始めたのは、元町一丁目に店を出した「鳥金」で、息子の「鳥平」こと小林平八は、アメリカ公使ハリスの通訳、ヒュースケンに雇われてコックをしていたことがあり、のちに西洋亭を開いたという。回顧談の常として正確な年代は明らかでないが、『横浜成功名誉鑑』に収録されている「邦人獣肉商の鼻祖、戸谷伊之助君」では鳥金の創業を「慶応の頃」としている。

また、戸谷伊之助の父安五郎は江戸の芝で明樽問屋をしていたが、事業に失敗し、「天保銭二枚を腹懸に投り込んで横浜に漂れ着た」、バージェス＆バーディックで働いたのち、明治三年に独立、真砂町一丁目に牛肉切売店を開いた。

牛鍋の始まり

『横浜市史稿・風俗編』の伝える「古老の談話」によると、文久二（一八六二）年、「今の住吉町五丁目か入舟町かの土手」で居酒屋をしていた伊勢熊という人が、牛鍋屋を開こうとしたが、妻が反対するので店を半分に仕切り、その片方で営業を始めたという。『横浜開港側面史』に収録されている先の「牛肉切売と鍋売」では、時期は明記せず、場所は入船町とし、「伊勢熊という人が牛肉の鍋売を始めた、珍らしいから食べてみようといつて出かける人もあつたが、気味を悪るがつて、聞いただけでゾッとするという人もありました」と述べている。

住吉町が新設されたのは明治四年七月、入船町が廃止されたのは六年五月なので、[14]「古老の談話」が伝える「今」はその頃のことになる。文久二年には住吉町はまだ存在しないので、入船町という方が正確だが、「明治四～六年当時の町名で言えば住吉町か入船町」という意味であろう。住吉町の通り（現在の入船通り）と入船町の通りが交差する場所は、のちに六本の道が交差したことから「六道の辻」と呼ばれた。伊勢熊の店はその辺りあったのではないだろうか。

『横浜市史稿・風俗編』は続けて、慶応初年、高橋音松が吉田町の堤で牛肉の串焼を始めた。その後末吉町に移り、明治元年に醤油と味噌を素にしたタレと鉄鍋の使用を創案したという。太田縄暖簾の名で知られる現役最古参の牛鍋屋である。

開港以前から魚や鳥だけではなく、「山くじら」と呼ばれる猪肉の切売りや鍋料理があった。牛肉の切売りや鍋売り・串焼きは、その手法に牛肉という新しい食材を応用したアイディア商法だった。それが驚くほど早く始まったのは、そうした前提があったからであろう。

谷頭種の豚の誕生

開港の翌年、万延元（一八六〇）年二月に出版された五雲亭貞秀の浮世絵「神名川横浜新開港図」に豚を連れた中国人が描かれている。豚を連れて来日した中国人がいたようだ。西洋種の豚もやってくる。

房総半島では古代から酪農が行われていたが、幕末には豚の飼育も始まっており、横浜開港後、横浜に向けて出荷されることもあった。上総国望陀郡高柳村（現在木更津市）の豪農、重城保も豚の飼育に取り組んでいた。慶応元年に横浜の「豚屋忠助」の来訪を受けたことや、横浜へ行って吉田新田の「ぶた屋」を訪問したことを日記に記している。[15]

横浜には房総半島からの在来種に加えて、中国種と西洋種と三種の豚がもたらされたわけだが、定着したのは西洋種の掛け合わせによってできた谷頭種の豚であった。

『大日本農会報』二三八号（明治三十四年七月）に、農科大学農学科二年生石崎芳吉の「谷頭種豚に就て」と題する調査報告が掲載されている。それによると、「谷頭種の原産地は神奈川県久良岐郡中村字八幡谷頭」（現在横浜市南区八幡町）であり、ここで慶応年間から養豚業が行われていた。その中心となった平石芳蔵は、慶応元年、北方村の佐藤長右衛門から「メリケン種」を購入、その後明治三年頃「外人ヒメイチ氏」から、四年頃には蔦屋三吉から、九年頃には某外人から、それぞれ「イギリス種」を購入し、これらを順次交配してできたのが谷頭種の豚であるという。石崎が調査した時には、平石の後継者松井浅次郎が「純粋谷頭種の唯一の供給者」として三〇余頭を飼育していた。飼養が簡単で早熟なところから広く普及した。

その後、豚の飼育は近郊農村に広がっていく。とくに高座郡で盛んになり、高座豚と呼ばれるようになる。定かではないが、横浜から伝来したという伝承があり、谷頭種がルーツの可能性もある。[16] 明治三十八年、保土ヶ谷の神奈川県立農事試験場が改良に乗り出し、昭和十年、全国肉畜博覧会で出品豚二頭が名誉一等賞を獲得したことにより、種豚としての高座豚の地位が確立した。[17] 戦後になって、生産性の高いさまざまな品種が導入され、高座豚の影は薄くなったが、味が良いので近年また評価されている。

日本人経営の屠場

中島覚の労作『神奈川県食肉屠畜場史』（昭和四十三年）によると、明治十一年九月、小港屠牛場で働いていた田村清蔵が屠場を開設した。場所は山下居留地の西の橋と吉浜橋の間、魚鳥獣青物四品市場に出店していた食肉商の要望に応じたものだった。

明治十三年四月三十日[18]には中沢源蔵らが太田村西中耕地（現在横浜市南区西中町一帯）に太田村屠獣場を開設した。二十年の『大日本農会報』（一一七〇号）によると、神奈川県全体の屠獣頭数は一一四六頭、そのうち八五％に当たる九七六頭が「横浜区外二郡連合太田村屠獣場」で屠畜されていた。「横浜区外二郡」とは横浜区と久良岐郡・橘樹郡のことである。

再び中島によると、明治十六年六月頃、田川民蔵が大岡川岸に黄金町屠場を開設した。場所は黄金町四丁目三八番地にあった。

明治二十二年六月、屠獣取締規則が制定され、屠場の位置や構造の規制が厳しくなった。太田村屠獣場を経営していた中沢らは、この規則に準拠するため、戸太村清水耕地八七五番地[19]に新しい屠場を建設し、二十四年七月一日、移転式を行った。[20]これを横浜屠獣所という。

ところで、中島によると、明治二十五年二月、中沢源蔵・倉田政吉・磯ケ谷弥助らは黄金町屠場を買収し、清水橋寄りの水田と畑地を整地して新築移転した、その場所は「南太田八百七十七番地」「南太田小学校運動場南角」、それが南太田屠場だという。

横浜屠獣所があった清水耕地八七五番地は南太田小学校の南側に当たり、清水橋とも至近距離にある。中島の言う南太田屠場と横浜屠獣所は同一だと考えるのが自然であり、そうすると黄金町屠場もここに吸収合併されたのであろう。中島の言う八七七番地はもっと東で、南太田小学校とも清水橋とも離れているし、清水耕地ではなく富士見耕地に属する。八七五番地の方が正確だと思う。

明治三十七年、横浜商業学校（現在横浜市立横浜商業高等学校）が横浜屠獣所の隣地の清水耕地に移転することになり、それにともなって横浜屠獣所は久良岐郡大岡川村北永田（現在南区）に移転した。それが永田屠場である。

明治二十九年には、川本喜之助・鈴木長助らの食肉業者十数名が発起人となり、久良岐郡戸太村平沼新田（現在西区）に平沼屠場が設立された。四十二年、平沼・永田両屠場が合併し、久良岐郡大岡川村字井戸ヶ谷（現在南区）に井戸ヶ谷屠場が設立された。経営母体を横浜屠場株式会社という。社長は飯田久松、副社長は竹内金三郎の子息慶太郎、発起人には中川喜三郎・鈴木長助・戸谷伊之助ら、市内有数の食肉商が名を連ねていた。全国的には官営が多い中で、民営を貫いた注目すべき屠畜場であった。

『横浜屠場・戸塚屠場之全貌』という文献によると、横浜屠場は当時「我国第一級」と称される近代的な施設を備えるとともに、大弓道場やテニス・コートを設けて市民大会を開催、さらに大花壇温室を設けて「四季撩乱ノ花」を絶やさず、夏には朝顔、秋には菊の大会を開催するなど、「産業ノ発達文化ノ進展」に寄与しようとする理想主義的な経営が追求されていた。

カーティスと戸塚のホテル

一八六四（元治元）年、イギリス人カーティスがロイヤル・ブリティッシュ・ホテルを買収し、コマーシャル・ホテルと改称して経営を始めた。明治元（一八六八）年、経営権をトムプソンに譲り、自らは海岸通り一八番地にインターナショナル・ホテルを開設したが、同七年に経営から退いた。ホテルは十四年、ウィンザー・ハウスと改称され、十九年に焼失、跡地にグランド・ホテル新館が建った。

カーティスはまた一八六五（慶応元）年十一月十一日の『ジャパン・ヘラルド』に食肉業開業の広告を出している。「屠牛場の始め」でも触れた「外国人居留地外ニテ地所貸渡候調書」という史料には、慶応二年十二月中、元町山手の「羊豚飼所」が「英国人コーテース」に貸与されたことが記されており、これがカーティスの飼育場だったと考えられる。

インターナショナル・ホテルの経営から退いたのち、明治八年夏には戸塚でカーティス・ハウスという茶店を開いており、[21] 翌年版の『ジャパン・ディレクトリー』では住所が戸塚になっている。十三年四月十五日には戸塚にホワイト・ホース・タヴァーン（白馬亭）というホテルを開いている。[22] その間、居留地でもジャパン・ホテル、カーティス・ホテル、馬車会社のカブ商会、横浜レストランなど、さまざまな事業に従事していた。二十八年頃にはホワイト・ホース・ファーム・ブッチャリー（白馬園精肉店」とでも訳すべきか）を経営していた。

鉄道が開通する前、横浜の居留外国人が湘南・箱根方面に行くには、人力車か馬か馬車で東海道を通るほかなかった。保土ヶ谷を過ぎると東海道最初の難所といわれた急坂の権太坂がある。イギリス人貿易商バーナードの回想録によると、それを越えて一休みしたくなる戸塚の谷合に、ポーンスフォトの経営するシェークスピア・インというホテルがあり、そこでおいしいハムやベーコンを食べることができたという。[23]

イギリス人の元俳優ポーンスフォトは明治六年に来日、根岸競馬場の近くで、最初はホース&ジョッキー、のちにシェークスピア・インという名前のホテルを経営していた。死去した際の追悼記事には、最初は戸塚、ついで根岸に住んだと記されている。『ジャパン・ディレクトリー』にホース&ジョッキーが登場するのは明治十四年版からなので、戸塚にいたのはそれより前だと思われる。[24]

同じ時期、同じ場所に二つのホテルがあったとはとても考えられない。カーティスとポーンスフォトは共同経営者だったと想像することもできる。ポーンスフォトがホテルの経営、カーティスがハムやベーコンの製造を行っていたのかもしれない。そうだとすれば、ポーンスフォトが根岸に移住したのち、カーティスの単独経営になったのだろう。しかし、ホテルの名前が白馬亭だったことは間違いないから、バーナードの回想録は、ポーンスフォト＝シェークスピア・インという後年の知識に引きずられた記憶違いだと思う。いずれにせよ、元俳優がおいしいハムやベーコンを作れるはずはない。作っていたのは食肉業者でもあったカーティスに違いない。これが鎌倉ハムのルーツとなった。

鎌倉ハムの始まり

現在知りうるかぎりでは、鎌倉ハムに関する最も古い記録は明治三十八年四月の『大日本農会報』二八五号に掲載されている「ハムの製造」だと思う。それによると、カーティスのホテルで働いていた益田直蔵がハムの製法を習得し、斎藤満平と共同で製造を始めたという。

大正三年、斎藤満平が創始した斎藤商会が博覧会で金牌を受賞したことを伝える『横浜貿易新報』（三年七月十四日）の記事によれば、満平が製造に取り組んだのは明治十五年、創業は二十年正月だという。

昭和元年正月十八日の『横浜貿易新報』には「元祖争ひをする鎌倉ハムの両家」という記事が出ている。明治十五年頃、カーティスが戸塚宿の近くでハムの製造を始め、カーティスから製法を学んだ斎藤・益田両家が十八、九年頃に「相前後」して製造を開始したが、どちらが先か元祖争いをしているというのだ。その頃にはもう確かな事実がわからなくなっていた。

正確な時期は不明だが、断片的な史料を繋ぎ合わせてみると、カーティスが戸塚でハムの製造を始めたのは明治十年代、十五年頃から近隣の益田直蔵や斎藤満平が製造に取り組み、二十年頃創業したと考えられる。その場所が鎌倉郡下柏尾村（現在横浜市戸塚区柏尾町）だったので、鎌倉ハムの呼称が生まれた。

明治二十年といえば、東海道線の戸塚駅が開業した年に当たる。また、二十年代には鎌倉郡や隣の高座郡で養豚業や養蚕製糸業が盛んになり、企業勃興期を迎えていた。鎌倉ハムの創始もそれに符節を合わせたものと言うことができる。

下柏尾村では他に斎藤角次や藤岡商会がハムを製造した。藤岡商会は岡部福蔵が斎藤平兵衛と斎藤忠次郎の資金援助を得て創業したもので、のちに岡部商会となる。玉縄村でも富岡周蔵の富岡商会がハム製造に取り組んだ。明治二十七年、養豚業が盛んだった高座郡に藤沢屠場が開設されて、原料肉が供給されたが、それだけでは足りなくなり、四十二年、井土ヶ谷に横浜屠場が開設されると、斎藤・岡部・富岡の三メーカーは共同の荷受所を設けて、横浜屠場で処理される豚肉の大半を仕入れていた。増え続ける需要に応えるため、大正十四年に戸塚屠場が開設された。

鎌倉郡の製造高の全国に対する比率を調べてみると、ハムの場合、大正四年で約七割、五年から七年にかけては約八割を占めている。国産ハムの大半が鎌倉郡で作られていたことになる。鎌倉ハムがハムの代名詞のようになった理由がよくわかる。ベーコンも大正四年で約八割、五年から七年にかけても五割を超えている。

豚肉商の登場

慶応二年の横浜大火の火元が「豚肉営業鉄五郎方」と伝えられるように、豚肉料理屋の登場も早い。当然豚肉商も存在したであろう。『神奈川県食肉屠畜場史』は「豚肉商の元祖的人物」として江戸屋和助の名を挙げている。「開港と同時」に江戸から横浜に移り、居留外国人、とくに中国人を顧客としたというのだが、正確な時期はわからない。

江戸屋と取引していた食肉商に下総国（現在千葉県）出身の高橋清吉がいた。子息の清七が請われて江戸屋を継承し、屋号を「江戸清」と改称した。やがて某ドイツ人やロシア人ヤコブ・ベルテからハムやソーセージの製法を学び、「千葉ハム」のブランドを生み出した。江戸清は創業を明治二十七年としている。[25]

江戸清で修業した人に、やはり千葉出身の大木市造がいる。マーチン・ヘルツというドイツ人から豚肉加工技術を学び、大正九年元町で独立、十二年に加工部を設けて「大木ハム」を売り出した。ヘルツと共同で「合資会社サシズ屋商会」を興したともいう。「サシズ」とはソーセージのことである。

『神奈川県食肉屠畜場史』は「江戸清とならんで古い豚肉店」として武田屋の名を挙げている。千葉出身の小手(おで)五左衛門は、慶応年間、横浜へ出てきて、出身地武射田(むざた)村の射の一字を抜いて武田屋を屋号とした。最初は質屋を営んでいたが、陳という中国人に養豚場の名義人となることを頼まれたのがきっかけで豚肉商を始めたという。『横浜市誌』に収録されている五左衛門の二男、増次郎の小伝では、明治初年の開業としている。五年開業の魚鳥獣青物四品市場にすでに豚肉商として出店していた。

五左衛門の一族は本店から第六までの武田屋を興し、ハムやベーコンも製造した。その多くは廃業を余儀なくされたが、五左衛門の孫の夫で、第二武田屋の支配人だった辻本信千代は、故郷の和歌山に帰って鳥清ハムを創始、昭和三十八年、四国の徳島ハムと合併して日本ハム株式会社となった。また、同じく五左衛門の孫の夫で第五武田屋を経営していた村井菊次郎は、昭和四年、高座豚の飼育と加工までの一貫工場を建設、鎌倉ハム村井商会を興した。

人造バターの製造

大正八年に神奈川県立農事試験場がまとめた『神奈川県に於ける養豚』に「ハム製造ノ沿革」という記事があり、ハムの製造者として、鎌倉郡の斎藤商会・益田直蔵・岡部和吉（岡部商会）・富岡商会、横浜市山下町の高橋清七・小手清三郎（武田屋本店）の他に太田町の山口八十八の名を挙げている。

山口は明治四十一年、南吉田町の田圃の中に帝国社食品工場を建設し、ハムを製造するとともに、食用にされない臓器の一部などの屠畜副生物を用いて臓器医薬品を開発、帝国臓器製薬の創業者となった。山口は人造バター（マーガリン）の製造を始めたことでも知られる。

山口の伝記[26]によると、マーガリンは明治二十年頃、居留地八一番館ベレタ商会がオーストラリアから輸入したのが最初だという。山口は当初ドイツのモーア会社のマーガリンを輸入していたカール・ローデ商会から仕入れていたが、モーア会社の関係者テンメの指導を得て、同社から輸入した半製品を精製して売り出した。やがて国産原料からの製造にも成功し、明治四十一年、帝国社食品工場の設立と同時に販売を開始した。

人造バターについても統計を調べてみると、大正六年には横浜市だけで全国の八割を生産していた。そのほとんどすべてを帝国社が生産していたものと思われる。鎌倉郡でも生産されていて、両者を合わせた神奈川県の製造高は大正四年には全国の九八％に達していた。人造バターの製造は神奈川県の独壇場だった。[27]

二、牧場の始まり

酪農の始まり

横浜の市街を取り巻く根岸や本牧の丘のあちこちに牧場があったのは、それほど昔のことではない。神奈川県が刊行した『牛乳の流通機構に関する調査』[28]によると、昭和二十九年現在、神奈川は牛乳生産量では北海道に次いで二位、乳牛頭数では北海道、長野に次いで三位であった。

大正二年版の『ジャパン・ディレクトリー』に掲載されている横浜の牧場四八の内訳をみると、根岸一三、本牧一二、北方六、南太田四、中村三となる。これを地図に落としてみると、根岸と太田の丘陵地帯、港を中心として二～四キロメートルの範囲に収まる。これが横浜の牛乳圏（Milk Ring）であった。

横浜の牛乳圏の担い手たちの出自はさまざまであった。豪農経営のタイプに属するものや、外国で修業を積んだエキスパートもいた。しかし、数のうえから言うと、既存の牧場で牧夫や配達夫として働きながら知識や技術を習得し、資金を貯えて独立した苦労人が多かった。こうした人々の伝習の起点に位置するのが、幕末・明治初期に外国人によって開設された牧場であった。[29]

最初は肉屋が牛乳を販売

浮世絵師五雲亭貞秀が著した『横浜開港見聞誌』（四編、慶応元年刊）の中の「牛屋」の絵に、「乳を取りて是をボートル（バターのこと）と名附、異人日用の食に是をつかはざるはなし」という説明が付いている。初期には、精肉を本業とする「牛屋」が、搾乳からバターの製造まで行っていたことがわかる。

『ヤング・ジャパン』にも次のような記述がある。

「外国人がこの国に出現して以来、いく年もたった後になって、やっとよい牛乳が外国人の日常の需要をみたすようになったにすぎない。手に入るわずかな牛乳も、ほとんどみなヨーロッパ人の肉屋の好意で売ってもらうわけで、その肉屋も、日本のよい牛を数頭飼っていて、お顧客（とくい）に供給するために骨を折ったのである。」[30] ロジャースが「牛乳はきわめて手に入りにくかったので、一瓶当たり一ドルした」と言っているのはその当時のことであろう（本書史料編、三〇九～一〇ページ参照）。

最初の牛乳屋──リズレーの牧場

『ヤング・ジャパン』は続けて、副産物として牛乳を提供する食肉業ではなく、「本物の牛乳屋」を始めたのはリズレーだと述べている。

リズレーが曲馬団を率いて横浜にやってきたのは一八六四（元治元）年三月、そのまま住みついてさまざまな事業に手を出した。『ヤング・ジャパン』によると、リズレーが計画した牧場の開設は居留民が待ち望んでいたものの一つであり、アメリカ領事フィッシャーや貿易商オールモンドが援助した。一八六六（慶応二）年二月二十四日、カリフォルニアから到着したアイダ・D・ロジャース号に、リズレーと一緒に六頭の牝牛とその子牛が乗っていた。四月六日付『ジャパン・タイムズ・デイリー・アドヴァタイザー』にはもう「新しい牧場」の牛乳販売広告が出ている。販売所は堀川通りの一一二番地にあった。[31]

その頃、ゲーテ座の前身ともいうべきノールトフーク＝ヘフトの劇場兼用倉庫で、バーチ夫妻の興行が行われ、人気を集めていた。夫人のピアノとオルガンの伴奏に合わせて、歌と即興のスケッチを披露するという趣向である。中でも当たり曲となったのが、牧夫の失恋を歌った「傷心のミルクマン」（The broken hearted milkman）という歌だった。[32]

図5　傷心のミルクマン
牧場を始めたリズレーと、この年バーチ夫妻が開いた歌の集いでの当たり曲の名（The broken hearted milkman）をひっかけた洒落。『ジャパン・パンチ』1866年8月号より。　横浜開港資料館所蔵

画家のワーグマンはさっそくこの出来事を取り上げ、「傷心のミルクマン」という漫画を描いて、自身が発行する『ジャパン・パンチ』の八月号に載せた。バーチ夫妻のヒット・ソングにリズレーの牧場を重ね合わせた洒落である。漫画なのでどこまで事実かわからないが、リズレーの牧場は「横浜牧場」（Yokohama Dairy）という名称で、山手のどこかにあったように読み取れる。しかし、牛の死骸を前にリズレーが泣いている絵は、失恋を歌った「傷心のミルクマン」に引っ掛けたもので、事実ではない。『ヤング・ジャパン』によると事実は逆であり、「乳牛業は、有利で、非常に有用な、見あげた事業とし

て、とんとん拍子にいった」のである。

ジェームズ&ウィルソンの横浜牧場

牧場はとんとん拍子にいっていたのに、一八六六（慶応二）年十月、リズレーは日本人曲芸師の日本帝国一座を引き連れて欧米巡業の旅に出てしまう。再び『ヤング・ジャパン』によると、その間に牧場は「他人の手に渡ってしまった」。

「他人」とは誰なのだろう。

『ジャパン・ガゼット横浜五〇年史』に収録されている「横浜の移り変わりについての興味あることなど」に、リズレーに続いて、ジェームズ&ウィルソンが「牛乳販売店を開設した」という記述がある。『デイリー・ジャパン・ヘラルド』一八六七年一月十六日号には、ジェームズ商会の名で「横浜牧場」の広告が出ている。リズレーが日本を去った直後であり、名称も「横浜牧場」なので、断定はできないが、リズレーの牧場を買収したのはジェームズ商会ではないかと思う。この商社はジェームズとウィルソンの二人と、ビール醸造で名高いコープランドが共同で経営していたもので、運送業を主な業務としていた。この年四月にコープランドが抜け、社名がジェームズ&ウィルソンに変わっている。

ジェームズ&ウィルソンの事業所は一三七番地にあった。『日本牧牛家実伝』[33]に収録されている神子治郎の伝記によると、神子は明治二年、横浜の一三七番館「ジーミース」のもとで修業したという。一三七番館とはジェームズ&ウィルソンのことであり、「ジーミース」はジェームズが訛ったものであろう。

『ジャパン・ディレクトリー』で調べると、ジェームズ&ウィルソンの事業所は、明治五年版以降、九八番地に移る。『時事新報』明治三十二年十一月十二日号掲載の「牛乳の話」に、明治元年、英国人某が九八番地で米国産の乳牛六頭を飼養して搾乳業を始めたという記述がある。時期は合わないが、場所が一致するので、ジェームズ&ウィルソンの横浜牧場のことだと思う。九八番地は市街地の真ん中だが、六頭程度なら飼養できたようだ。馬車会社が集まっていた一二三番地界隈にも近い。動物と人間が同居するエリアだったらしい。

明治十一年、ユリウス・ヘルムがジェームズ&ウィルソンの運送部門を買収し、横浜運送会社（Yokohama Drayage Co.）を設立した。ジェームズ&ウィルソンの仕事は九八番地の横浜牧場の経営だけになってしまった。『ジャパン・ディレクトリー』をたどると、横浜牧場は十三年版、ジェームズ&ウィルソンは十四年版を最後に記載が消えている。

クリフ・ハウス牧場

明治八年版以降の『ジャパン・ディレクトリー』に、根岸の「クリフ（のちクリフ・ハウス）牧場」が登場する。その最初の支配人はモルギンであった。モルギンと言えば、居留地消防隊の隊長として、明治期の横浜では名高い人物だが、来日直後、牧場の経営に従事していたことはあまり知られていない。

クリフ・ハウス牧場は、西川忠亮という日本人の名義を借りて、外国人の営業が許されない居留地外の根岸に設けられていたので、明治十二年には条約違反だとして外交問題となったが、日本政府は牛乳が居留民の健康に欠かせないことを理解して、特別に許可した[34]。

では、実際に経営していたのは誰だったのだろうか。

モルギンとともに牧場の経営に従事したジェームズ・ベイリーは、ジェームズ&ウィルソンの社員であるとともに、九八番地の横浜牧場の経営にも従事していた。モルギンに続いて牧場の支配人となったG・ライドやR・ジャフレーもジェームズ&ウィルソンの社員だった。これらの事実から、横浜牧場と同様、クリフ・ハウス牧場もジェームズ&ウィルソンが経営していたものと推測される。

先述のとおり、明治十一年、ジェームズ&ウィルソンの運送部門はユリウス・ヘルムに買収されて横浜運送

図6　根岸のクリフ・ハウス牧場
『日本絵入商人録』(明治19年) より。　横浜開港資料館所蔵

会社になるが、それと同時にクリフ・ハウス牧場の経営も弟のテオドール・ヘルムの手に移る。ジェームズ&ウィルソンが消滅したのちの十五年版『ジャパン・ディレクトリー』では、クリフ・ハウス牧場の事務所が一二四番地の横浜運送会社に置かれている。

明治十八年、ユリウス・ヘルムは横浜運送会社の経営権を手放し、テオドール・ヘルムもクリフ・ハウス牧場の経営から退いてアメリカに移住、替わって獣医のジャフレーが経営に当たった。

ウィンスタンレーの横浜牧場と山岸牧場

明治十三年、ウィンスタンレーが根岸村仲尾に「横浜牧場」を開設した[35]。同じ頃、ジェームズ&ウィルソンが廃業していること、ジェームズ&ウィルソンの社員だったウッドラフがウィンスタンレーの横浜牧場でも働いていることからみて、ジェームズ&ウィルソンの九八番地の横浜牧場とウィンスタンレーの根岸の横浜牧場との間には継承関係があるように思われる。

明治二十一年、クリフ・ハウス牧場を経営していたジャフレーが牧場で急死した。翌年、ウィンスタンレーの横浜牧場がクリフ・ハウス牧場を合併したが、二十五年の牛疫流行により、一二五頭の牛が全滅し、閉鎖を余儀なくされた。それにもめげず、ウィンスタンレーはクリフ・ハウス牧場の跡地で牧場を再建した。ウィンスタンレーは明治三十六年に死去したが、牧場は山岸茂八によって経営が続けられた。

私が子どもの頃、「お化け屋敷」と呼ばれていた不動坂上の大邸宅はクリフ・ハウス牧場や山岸牧場の跡地、家の近くにあったシェル石油の社宅はウィンスタンレーの横浜牧場の跡地であった。

中川嘉兵衛と菅生健次郎の牧場

日本人の搾乳業者第一号として、長らく前田留吉の名が挙げられてきたが、不思議なことにその牧場の存在を証明する同時代史料が存在しない。それについては「第一一章　真か？偽か？　徹底検証」の章で検討する。では、誰が最初なのだろうか。

『ジャパン・ガゼット横浜五〇年史』に収録されているバラ牧師の回顧談には、「牛乳や氷の導入および販売は、D・B・シモンズ博士と彼の使用人であった中川嘉兵衛が日本で最初に行ったものである」と記されている。

『横浜市史稿・産業編』にも、中川とシモンズの関係を物語る次のような記述がある。

中川は慶応三年、横浜に来て、一時「塵芥取人夫」をしていたが、アメリカ人医師シモンズに認められ、その傭人となった。その後、洲干の弁財天祠付近に搾乳場を設け、シモンズの許で瓶詰にして外国人に供給した。ところが、慶応二年の大火で、搾乳場の全部と飼育の乳牛二頭を焼失してしまった。見舞いに来たシモンズは、「中川は牛の丸焼ロースをつくった」と冗談をいったという。中川は北方村の天沼に移転し、菅生健次郎と組んで、イギリス駐屯軍兵舎の食糧品用達となり、中川は野菜・果物類を、菅生は牛乳を納入した。

『横浜市史稿』の風俗編や産業編には杜撰な記述が多いけれども、この部分はとくにひどい。中川が慶応三年に横浜に来て二年の大火に遭うというのは矛盾しているし、慶応二年の大火当時、シモンズは日本におらず、弁天社付近は類焼していない。では、中川とシモンズはどこで交わり、協力関係が生まれたのだろうか。両者の履歴を整理してみよう。

シモンズは一八五九（安政六）年十一月一日、アメリカのダッチ・リフォームド教会の宣教医として来日して神奈川に滞在、翌年春から横浜居留地で診療を始め、十月に病院を開業した。一八六二（文久二）年初め頃、宣教師を辞任、翌年五月、一旦日本を離れた。一八六九（明治二）年末頃再来日、以後十全医院などに勤務し、名医と謳われるようになる。[36]

本人の手記によると、中川は「横浜開港以来」太田町一丁目に居住、元治元年、氷業を出願し、失敗を繰り返しながら天然氷の採取を試みるが、それについては「中川嘉兵衛の天然氷採取」の項で述べる。氷業の出願に当たって、ヘボンとシモンズに質問し、氷が医療に欠かせないことを確信したという。シモンズと出会ったのは万延・文久年間と思われるが、その頃にはまだ事業での協力関係は生まれていなかったのではないだろうか。

『万国新聞紙』第三集（慶応三年三月）に、「元町一丁目中川嘉兵衛」の名で、パン、ビスケット、ボートル（バターのこと）の売り出し広告が出ている。同じ頃、牛肉も販売したことについては、「日本人の家畜商と食肉商の登場」の項で述べた。明治元年、元町一丁目に氷室を建設し、翌年から函館氷の出荷を始める。

中川の元町一丁目の店の隣には、明治八年までイギリス軍兵站部売店があり、「パン焼所」も設けられていた。パンやビスケットはそこで仕入れて売り出したのではないか。他方、先の『横浜市史稿・産業編』によると、中川は菅生健次郎と組んで駐屯軍兵舎の食糧品用達となり、中川は野菜・果物類を、菅生は牛乳を納入したという。明治六年、市街地化した北方村の一画に上野町が成立するが、『横浜諸会社諸商店之図』に菅生の上野町の牧場の絵が収録されている。始期は定かでないが、北方村に菅生の牧場が存在したことは間違いない。

この点に関連して、『横浜開港側面史』に坪井伴之助の興味深い回顧談が載っている。明治元（一八六八）年、病気に罹った坪井は、牛乳を飲めば壮健になると聞いて、探したところ、「北方で乳を絞り、谷戸坂で売つてい

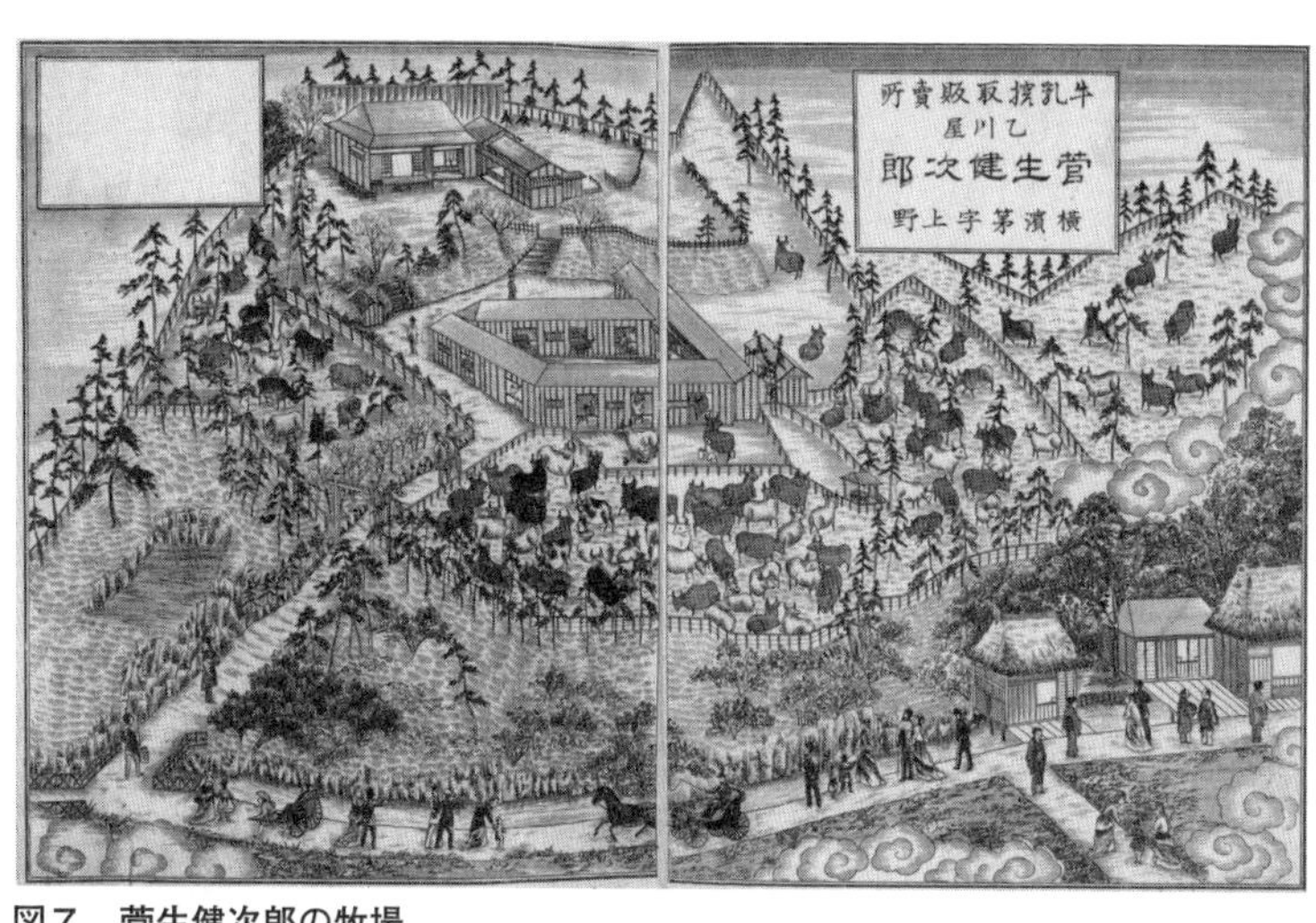

図7　菅生健次郎の牧場
『横浜諸会社諸商店之図』より。　横浜開港資料館所蔵

る家がある」のを知って買いに行った。するとこの「乳屋」は、西洋人に売るために店を開いたのであって、坪井が買いにいく以前には、「日本人に売ったことはない」と言った。[37]

元町一丁目の中川の店は谷戸坂に面してはいないが、登り口のすぐ近くにあった。明治元年に元町や北方に日本人の経営する牛乳屋や牧場が何軒もあるわけはないので、菅生の牧場の牛乳を中川の店で買ったのだと考えられる。

この推測に誤りないとすれば、明治元年には北方村に菅生の牧場があり、元町一丁目の中川の店で牛乳を売っていた。その始期は、慶応二年末の大火後、中川が元町一丁目に店を構え、駐屯軍の食糧品用達を始めた慶応三（一八六七）年に遡る可能性がある。最初から中川と菅生の共同事業だったようにも受け取れる。

そうすると、それはシモンズが日本にいなかった時期なので、氷業と同じように、搾乳業についても、アドヴァイスを受けただけのことかもしれない。しかし、シモンズの再来日後、事業でも協力関係が生まれた可能性がある。

シモンズと中川の仲立ちとなったのは、ブラウァーという興味深い人物だと思う。『ディレクトリー』を調べると、明治三年版では居留地一六番地、五年版と六年版では一〇九番地で、薬剤師のブラウァーがシモンズの下で働いていた。このブラウァーは氷業での中川のパートナーだった。五年版には一七番地と一五八番地の二箇所に横浜氷会社（Yokohama Ice Company）の事業所があり、前者の責任者は Kahei（中川嘉兵衛のこと）、後者の支配人はブラウァーであった。一五八番地の事業所は『東京日日新聞』八年九月七日号にみえる「横浜西ノ橋際の外国人氷室」に当たると思われるが、その記事によると、中川の採取した函館氷をここで貯蔵し、それが東京に運ばれてくるという。氷業と搾乳業の両方で、ブラウァーを仲立ちとして、シモンズと中川の間に協力関係があり、それがバラ牧師の回顧談の元になったのだと思う。

下岡蓮杖（れんじょう）と中沢源蔵の牧場

下岡蓮杖は営業写真のパイオニアとして名高いが、虚言癖の嫌いがあって、「ほらふき蓮杖」と呼ばれることもある。しかし、搾乳業に関しては珍しく裏付けが取れる。

蓮杖自身が『横浜開港側面史』で語るところによると、戸部の谷戸に乳牛飼育場を設けて、最盛時一八頭の牛を飼い、牛乳を太田町五丁目の角の店で売ったという。[38]「太田町五丁目の角の店」というのは馬車道の写真館のことである。

この回顧談は次の二つの史料で裏付けることができる。

①『横浜町会所日記——横浜町名主小野兵助の記録』[39]の明治四年五月十五日の条に、「写真鏡久之助より牛乳到来之事」と記されている。「久之助」は蓮杖の本名。

②『農務顛末』に、明治四年四月、蓮杖と関谷音兵衛が、英牛四疋を築地牛馬会社に売却した記録がある。[40]

『横浜市史稿・産業編』には、開業の時期は明治四、五年頃、乳牛飼育場の場所は横浜公園前と記されている。「横浜公園前」というのは蓮杖の回顧談と一致せず、疑わしい。明治四、五年頃というのは妥当だと思うが、①によって四年にはすでに営業していたことがわかる。

図８　中沢源蔵の牧場
『横浜諸会社諸商店之図』より。　神奈川県立歴史博物館所蔵

蓮杖は『横浜貿易新報』明治四十年十二月十二日号に掲載された「不運なる文明の輸入者　写真術、石版の鼻祖」という談話で、牧場の名は北辰社だったと言っている。それが事実だとすると、榎本武揚と大鳥圭介が始め、前田喜代松が経営にあたった有名な東京の牧場と同名、しかもそれより早いことになるが、とても信じられない。虚言癖が顔を出してしまったのではないだろうか。

『横浜市史稿・産業編』は続けて、明治八年、下岡牧場の牧夫であった中沢源蔵が、北方村の天沼際に搾乳場を設けたと述べている。北方村の天沼近辺は、明治六年、諏訪町になるが、先の『横浜諸会社諸商店之図』には中沢の諏訪町の牧場の絵が収録されている。中沢が明治三十五年版の『ジャパン・ディレクトリー』に掲載した広告では、明治五年の創業としている。これは中沢が下岡牧場で働き始めた時期を示しているのかもしれない。下岡蓮杖は八年頃、東京に移住しているから、それを機に独立したのであろう。中沢は九年には横須賀にも牧場を所有していたことが知られる。食肉商としても屠場の経営者としても名を残しており、畜産業界のパイオニアとして注目すべき人物であった。

なお、先述した神子治郎は、「ジーミース」すなわちジェームズ&ウィルソンの下で修業したのち、中沢の牧場で働き、諏訪町で独立、その後東京へ移ったという。横浜と東京の初期の搾乳業の接点を示す人物として興味深い。

横浜牧畜会社

中川嘉兵衛や下岡蓮杖の牧場については、いずれも回顧談によらざるをえず、どこかに不確かな要素を含んでいるが、横浜牧畜会社については確かな史料が存在する。

『神奈川県史料』(二巻)によると、明治七年四月、三浦郡秋谷村の人、若命信義を総代とする一四名の出資者によって、戸部三丁目字岸ノ台に横浜牧畜会社が創設され、六月に開業した。[41] 神奈川県から勧農授産資金の貸与を受けて資本とし、さらに有志者の出資を募ったものである。

出資者の内訳は三浦郡八、鎌倉郡三、都筑郡・高座郡・不明各一。のちの三浦郡長小川茂周、鎌倉ハムの創始者となる鎌倉郡下柏尾村の斎藤満平など、各地の有力者が集まっていた。設立目的は、和牛と洋牛を交尾させ、交尾後の牝牛を農家に預けて繁殖させることだったが、「乳汁ヲ販売スル事」も含まれていた。

『横浜毎日新聞』明治八年十一月十三日号に、七年六月から翌年六月まで、つまり創業初年度の収支決算が報告されている。事業収入四四三円余のうち一五四円余(三五%)が八年三月から六月まで四か月分の牛乳売上利益であった。搾乳業の占める割合がかなり高かったことがわかる。

明治十四年の『神奈川県統計表』には、牝牛一二三頭、牡牛九頭を所持し、同年度内に牝一二頭、牡一四頭を出生させたことが記録されている。しかし、十八年の『神奈川県統計書』には記載がなく、それまでに精算されたものと思われる。短命に終わったものの、農家との提携による繁殖と搾乳の結合という経営スタイルを生み出した点で、酪農史上注目すべき存在であった。

山手牧場――モルギンと石川要之助

クリフ牧場の初代支配人だったモルギンは、明治十八年版の『ジャパン・ディレクトリー』には山手牧場（Bluff Dairy）の経営者として登場する。それを継承したのが、青森県出身の石川要之助であった。石川家に保存されている明治十八年二月十七日付の「乳牛売渡之証」によると、要之助がモルギンから譲渡されたのは、いずれもアメリカ種の牝牛六頭と牡牛一頭、それに牛小屋と使用器具一式、代金は六百円であった。英語名はモルギンのそれを継承した'Bluff Dairy'日本語名は山手石川牛乳店、あるいは石川搾乳所という。

要之助の死後、遺族が跡を継ぎ、明治四十四年、根岸町一六六七番地に移転、平成二年、創業以来四代百五年の歴史に終止符を打った。横浜の牛乳圏を担った搾乳専業者の伝統が終焉を迎えたことを示す象徴的な出来事であった。

コンデンス・ミルク製造の始め

『横浜市史稿・産業編』によると、明治十四年、下総の種畜場で煉乳（コンデンス・ミルク）製造の見習生をしていた石川駒吉が「太田の赤門（東福寺）附近」（現在西区赤門町二丁目）に搾乳場を設け、二十七年には根岸立野山に煉乳製造所を開設した。これが横浜でのコンデンス・ミルク製造の始めだという。

大正十一年四月、青木重三郎が根岸町三〇二一番地に横浜牛乳合資会社を設立したが、石川はその共同経営者となり、横浜搾乳畜産組合評議員も務めている。『横浜市史稿・産業編』によると、青木は若い頃、中川嘉兵衛の牧場の配達夫をしていたという。

ミルクホールの始め

日本人の牛乳飲用を促進したものにミルクホールの流行があった。その第一号は明治三十五年正月元旦、「日本元祖ミルクホール」を自認する平石左源次が「新奇の妙計」として常盤町で開設した。「衛生と簡便で誰れでも這入つて自由に滋養品を摂取する」という趣向で、ビア・ホールから思いついたという。妙計は的中し、尾上町・羽衣町・戸部町・長者町・山下町に支店を出した。まねる人も多く、たちまち三〇数店に達し、平石を組長とする組合が結成された。東京では五〇〇以上の店ができたという。[42]

第四章　花と緑の国際交流

鎖国政策によって、長年外界から隔離されていた日本には、植物学にとって興味深い未知の分野があると考えられていた。長崎のオランダ商館には医師が勤務していたが、その中にはスウェーデン人のトゥーンベリのような専門の植物学者がいた。シーボルトも『日本植物誌』という大著を残している。

ペリー艦隊の任務は日本に開国を迫ることだったが、学術調査の任務も帯びており、植物採集の担当者として農学者のジェームズ・モローが乗り組んでいた。ペリー自身が植物愛好家であって、農業や植物学の分野での交流に熱心だった。アメリカから贈り物として農具や種を持参するとともに、返礼として日本の種を望んでいる。ペリーが持ち帰った日本の種子はハーヴァード大学のニューヨーク植物園で栽培された。

日本が開国されると、さっそくイギリス人のジョン・グールド・ヴィーチやロバート・フォーチュンのような専門のプラント・ハンター（植物収集家）が来日し、精力的に日本の植物を収集した。彼らはまた、日本の自然の豊かさや日本人の植物に対する関心の高さに注目している。フォーチュンは二度目に来日した一八六一（文久元）年春、横浜でもうイギリス産のイチゴが売られているのを見て驚いている。[1]

遠洋航海にとって野菜不足は深刻な問題だったので、船の上では野菜の水栽培が行われていた。開港によって横浜は生鮮野菜の供給源となる。在来の野菜や果物も供給されただろうが、やがて船上で水栽培されていた西洋野菜が陸に上がり、そこにまた新たな種子がもたらされて、本格的な農園が生まれる。

プラント・ハンターの来日

世界を股にかけて植物の種や標本を集める人々のことをプラント・ハンターという。その活動の中心に存在したのはイギリスの王立キュー植物園と園芸業者のヴィーチ商会であった。一八六〇（万延元）年七月、プロのプラント・ハンター第一号として、ヴィーチ商会の創業者の曽孫に当たるジョン・グールド・ヴィーチが長崎に来航した。

イギリスの初代駐日公使オールコックも植物愛好家だった。一八六〇年九月、富士登山の際、ヴィーチを領事館付植物学者の名目で随員に加えている。ヴィーチは期待に応え、初めて富士山の植生分布図を作成した。また、オールコックの著作『大君の都』の付録「日本の農業と樹木・植物相についての覚え書」はヴィーチの調査に基づいている。

一八六〇年十月、ロバート・フォーチュンがまず長崎、次いで神奈川に来航した。フォーチュンはフランス領事館が置かれていた神奈川の慶運寺に滞在し、領事代理のジョゼ・ロウレイロの世話になりながら、植物採集に精を出した。[2]

ジョゼ・ロウレイロもかなりの植物愛好家だったようだ。文久元（一八六一）年五月、長崎に移り、フランスとポルトガルの領事を兼任したが、そこでも花畑を造っていた。文久二年二月頃から四月にかけて長崎を訪れた長州藩の高杉晋作は、ロウレイロが自ら草木の世話をするのを目撃し、なぜ使用人に任せないで領事自身が畑仕事をするのか訝しく思い、「上に立つ者は自ら手足を働かさなければ、下の者を使いこなせない」という意味だろうと、うがった見方をしている。[3]

ロウレイロの菜園

オールコックの著作『大君の都』に、「わたしは、日本のこの地方（横浜近郊）に良質のチシャ、キクヂシャ、パセリ、数種類のキャベツとともに、ハナキャベツ、芽キャベツ、キクイモを導入することに成功した。横浜のロウレイロ氏は、わたしがイギリスから手にいれた若干の種から、ひじょうに完全にこれらの野菜ばかりの大きな菜園をつくりあげた」という記述がある。[4]

フォーチュンが、一八六一（文久元）年春、再び日本を訪れ、慶運寺に滞在した時、ジョゼ・ロウレイロは寺を引き払った後だった。ジョゼはその頃、長崎に移っている。入れ替わりにエドワード・ロウレイロがデント商会から派遣され、横浜に住んでいた。ジョゼとエドワードは兄弟だった。

オールコックがもたらした種で菜園を作ったのはエドワードであろう。『大君の都』の成立の経緯からみて、その時期は一八六一年頃のことと思われる。

ホールの庭

ジョージ・ロジャース・ホールというアメリカ人がいた。ハーヴァード大学医学部の卒業、植物研究家でもあった。一八四六年、医師として上海に渡り、そこでラッセル商会の経営に携わった。早くから日本に関心を持っていて、日米和親条約締結後の一八五六年、下田を訪れ、上海の新聞『ノース・チャイナ・ヘラルド』に探訪記を寄せている。[5]

一八五九（安政六）年、ホールはラッセル商会の代理人として横浜に来航、さっそく「ホールの庭」（Hall's Garden）を造り、日本の植物の栽培と研究を始めた。一八六〇年にフォーチュンが来日した際には、その収集品を預かり、イギリスに運ぶまでの間、栽培した。当時イギリスでは観葉植物としてアオキの人気が高かったが、その移送にも協力している。[6] ジョージ・ホールは一八六二（文久二）年一月、日本を離れ、後任のトーマス・ウォルシュが来日した。

紛らわしいことに、開港直後の横浜にはもう一人、フランシス・ホールという植物学に造詣の深いアメリカ人がいた。一八五九年十一月、牧師のS・R・ブラウン、医師のシモンズとともに、ニューヨーク・トリビューン紙通信員の資格で来日、神奈川の成仏寺に住んだ。翌一八六〇年十月、シモンズとともに横浜に移り、一八六二年四月九日、トーマス・ウォルシュと組んでウォルシュ・ホール商会を設立した。国籍別商館番号はアメリカ一番、社屋は居留地の二番地に存在した。

浮世絵師五雲亭貞秀が文久元（一八六一）年中に描いた「御開港横浜大絵図二編　外国人住宅図」の該当箇所を見ると、「アメリカ一番、シメンス・ホール住家」と記され、「植木畑」の記載がある。ジョージ・ホールが造った「ホールの庭」をフランシス・ホールが引き継いだのだと思う。同姓だが血縁関係はない。

スミスの農園

横浜の古参居留民ウィルキンは「一八六〇年代の横浜」と題する回顧談[7]で、「記憶の限りでは、最初の重要な農園はW・H・スミス中尉のものであった」と述べている。『ジャパン・ガゼット横浜五〇年史』に収録されているE・J・モスの回顧談「種々雑多な面白い思い出」にも、「西洋の野菜と果物の大部分は、スミスとベイリーによって紹介された」という記述がある。[8]

スミスは一八六二（文久二）年、公使館警備のための海兵隊軽騎兵隊中尉として来日し、現地除隊ののち居留民のためにさまざまな事業を企画・実施した。一八六三年にはユナイテッド・サービス・クラブを設立した。

ウィルキンによると、スミスの農園は初めは本町通りに面する六八番地の自宅の裏にあった。ユナイテッド・サービス・クラブが設立された六六番地に近い。クラブには食堂も付いていただろうから、クラブと農園の開設は一連の事業だったに違いない。そうだとすれば、農園の開設は一八六三年中のことであろう。

スミスは家畜も飼育していた。ブレントの回顧談「一八六〇年代の横浜」[9]には、スミスが牛や豚の飼育と野菜の栽培を行い、日本人にその方法を教えたり、種や苗を輸入してやった、という記述がある。ワーグマンが『ジャパン・パンチ』の一八六六年十月号に掲載したスミスの農園の絵があって、野菜を栽培するスミスと一緒

図９　スミスの農園
『ジャパン・パンチ』1866 年 10 月号より。　横浜開港資料館所蔵

に豚が描かれている。絵から受ける印象では、山手のように見えるが、山手が居留地に編入される前なので、山手の麓の六八番地の農場を描いたことになる。漫画だからどこまで事実かわからないが、スミスが野菜の栽培とともに家畜の飼育をしていたことの傍証にはなると思う。

慶応三（一八六七）年頃になると、スミスは養豚に力を入れるようになる。同年二月中旬に発行された『万国新聞紙』第二集に、英国産牡豚が二匹いるので、牝豚を持参すれば交配に応じるという広告を出している。明治十二年五月の神奈川県上申に添付されている「外国人居留地外ニテ地所貸渡候調書」[10]には、慶応三年五月中「英国人スミツ」へ、北方村妙香寺谷戸に「豚飼所地」を貸与した記録がある。六八番地の農場とは別に養豚場を確保したのである。

『農務顚末』には、明治六年、横浜の「スミツ」が英国から到着した羊六頭と豚二〇頭の購入を日本政府に勧めている記録がある。それ以前にも、「牝牛並豚若干頭」を納入した

ことがあったという。[11]

再びウィルキンによると、山手が居留地に編入されたのち、スミスは山手六〇〜六二番地辺りに広い土地を手に入れた。明治初期の居留地借地リスト[12]を見ると、六一番地から六三番地にかけての計一八九七坪がスミスの借地になっている。スミスはここにより規模の大きい農園を開いた。

ベイリーの農園

ウィルキンの回顧談によると、スミスに続いて農園を開いたのは、イギリス聖公会の牧師ベイリーであった。ベイリーは一八六二（文久二）年七月二十九日、イギリス領事館付牧師として横浜に赴任した。ウィルキンは続けて、運上所との面倒な交渉の末、のちの山手五二番地に当たる土地を獲得し、そこに「ベイリー農園」(Bailey's garden）を開いたと記している。山手が居留地に編入される前だったので、運上所は当初許可しなかったが、何らかの理由で特例措置として認めたらしい。

ベイリーが慶応三（一八六七）年正月に創刊した『万国新聞紙』の第一集に、ベイリー自身の広告が載っており、横浜居住の外国人の数が増えたので、アメリカやヨーロッパの野菜を作れば多くの利益になるであろうとして、依頼により種を本国から取り寄せ、栽培法を伝授する、と述べている。

百合根の輸出

ヨーロッパ人は、胡椒、木綿、砂糖、茶、コーヒーなど、自前で生産できないものを欲しがる傾向がある。それが海外進出の動機となった。百合もその一つだった。白百合は「イースター・リリー」と呼ばれるように、復活祭の装飾に欠かせないし、百合根は香水の原料にもなる。日本の開国以前にはほとんどすべてイギリス領バーミュダ島から供給されていた。それが横浜近辺の山の斜面に自生しているのを、目敏い外国人が見逃すはずはなかった。一八六一（文久元）年七月、金沢・鎌倉方面にピクニックに出かけたフォーチュンは、道端に群生している山百合を見つけ、さっそく根を採集している。

百合根輸出のパイオニアとしてクラマーとジャーメインの二人の名が伝わっている。

クラマーは一八六七（慶応三）年、ヴィーチ商会から派遣され、一八六九（明治二）年頃からクラマー商会の名で百合根や苗木、種子を輸出した。翌年、スミスが中心になって開設された山手公園を運営するパブリック・ガーデン委員会の委員長、明治四年にはスミスの農園の管理人になっている。

ジャーメインは一八六四（元治元）年、海軍曹長として横浜に派遣された。そのまま駐屯軍の一員として滞在、その後現地除隊した。最初ベイリーの農園で働いたようだが、一八六六年二月に退職、スミスが支配人を務める横浜ユナイテッド・クラブの職員になった。一八七〇年、外国人墓地の管理委員会が発足すると初代の管理人になっている。一八七二年六月、クラマーが東京に移ると、ジャーメインは墓地の管理人を辞めてスミスの農園の管理人になり、合わせて山手公園の維持費捻出のためにスミスが始めたフラワー・ショーの責任者になった。

鈴木一郎『日本ユリ根貿易の歴史』[13]によると、ジャーメインがクラマー商会の社員として、明治元年に輸出したのが「ユリ根貿易のそもそもの濫觴（らんしょう）」だという。しかし、クラマーが輸出した時には、すでにそれ以前に夥しい数の球根が輸出されており、横浜近辺では入手困難になっていたというし、ジャーメインがクラマー商会の社員だったという確証もない[14]。誰が百合根輸出を始めたのか、残念ながらはっきりしない。

明治九年、スミスが横浜を去ると、ジャーメインは再び墓地の管理人となった。以後、二十五年に死去するまでその職にあった。十六年頃から、墓地の管理人を務める傍ら、花の種子や球根・苗木の輸出入、花や果樹の販売に乗り出した。ジャーメインの遺族は四十一年頃、藤沢惣吉や甥の浅次郎と組んで、元町の代官坂にジャーメイン商会という洋花店を開いた。近郊の本牧に農園があって「ジャーメン園」とも藤沢花園とも呼ばれていた[15]。

西洋作物の導入——神奈川奉行所による試作

「武州生麦村御用留」[16]に、万延元(一八六〇)年十二月、神奈川奉行所がアメリカ麦の種を入手し、生麦・鶴見両村に命じて試作させた記録がある。翌文久元年、両村名主が収穫物を奉行所に持参している。横浜開港後、日本人が西洋種の作物を栽培した記録として最も早い。どうしてこんなに早かったのだろうか。

安政三(一八五六)年十一月、下田奉行所が下田近辺の村々の名主を通じてオランダ芋(ジャガイモのこと)の種を配布し、植付けを命じている記録がある。[17]下田は日米和親条約によって開港され、外国船が寄港していたし、アメリカ領事館が置かれていたので、外国人の需要に応えようとしたのであろう。神奈川奉行所には下田奉行所から移ってきた役人が多かったから、下田での経験が活かされたのだと思う。

また、横浜市勧業課の『横浜に於ける西洋野菜の生産並販売状況』[18]が伝える「吉田愛五郎翁の談」によると、吉田が八・九・十歳の頃、すなわち文久三(一八六三)年から慶応元(一八六五)年にかけての頃、神奈川奉行所が、吉田新田内の吉田家の分家、南家の屋敷内の畑地を西洋野菜の試作地に指定し、西洋人の監督のもとで、苺、セロリ、キャベツ、馬鈴薯、トマト等が栽培された。種苗はトランクのようなものに収納して鄭重に取り扱っていたという。

鶴見村での西洋野菜栽培

黒川荘三の手記『千草』[19]に、「明治十八年、西洋野菜作りの先覚者として戸長から賞状が送られた時の記録による」として、「文久三年三月、鶴見村の畑仲次郎が、横浜元町の八百屋某からキャベツの種子ひとにぎりを得て、翌年栽培に成功」という記述がある。根拠がしっかりした西洋野菜栽培の記録としてはこれが最も早い。

同じく『千草』に「文久三年十二月、小松原兵左衛門が、フランス領事館に当てられていた神奈川慶運寺で、領事のための野菜園を作っていた長沢屋某の依頼で、翌年からトマトの栽培を始めた」という記述がある。

フランス領事代理ジョゼ・ロウレイロが慶運寺に住み始めたのは一八六〇（万延元）年初頭、翌年春にフォーチュンが訪れた時にはすでに引き払った後だったので、長沢屋某が慶運寺で領事のための野菜園を作っていたのは万延元年中のことになる。翌年には神奈川奉行所の命令でアメリカ麦の試作が行われている。そうした下地があったので、鶴見村では西洋野菜の栽培が早くから行われるようになったのであろう。

根岸村での西洋野菜栽培

横浜近郊農村での西洋野菜の栽培については、これまで『横浜市史稿・産業編』に基づいて記述されることが多かった。何度も言うように、この文献には誤りが多いだけではなく、根拠が示されていないので、何をどこまで信用していいのかわからない。しかし、西洋野菜に関する部分については、依拠した史料が判明する。それは先にも触れた横浜市勧業課の『横浜に於ける西洋野菜の生産並販売状況』である。表題が長いので、以下「勧業課史料」と記すことにする。

勧業課史料には「清水清兵衛氏の先代辰五郎氏」といった記述が多い。清兵衛から辰五郎の事跡を聞き取って記述したのだと思う。清兵衛の手元に確かな史料が残されていればいいが、そうでないと記憶や伝聞に頼らざるをえないので、この種の文献の常として、年代についてはあまり信用できない。

勧業課史料と『横浜市史稿・産業編』を比較してみると、後者は必ずしも前者に忠実ではなく、勝手な書き変えをしている部分がある。そのことについては、そのつど触れることにする。

勧業課史料によると、根岸村の「清水清兵衛氏の先代辰五郎氏」は、文久三（一八六三）年、「カーティス氏の収穫した甘藍（きゃべつ）の株より発芽せしめて採種し栽培を始めた」、それが「同地で内地人により西洋野菜の栽培に手を染めた嚆矢」であろうという。

カーティスが来日したのは一八六四（元治元）年十月二日のことと考えられるので[20]、文久三年というのは早すぎる。スミスが西洋野菜の栽培と家畜の飼育を同時に行っていたのと同じように、カーティスが食肉業の傍ら西洋野菜の栽培を行っていたことは十分に考えられる。そうすると、それは彼が食肉業を始めた一八六五（慶応元）年には遡りうると思われる。

勧業課史料は続けて、「清水辰五郎と前後して西竹之丸近藤国三郎氏の先々代伊勢松氏が県下中郡より移住し、西洋野菜の有利なるに着目し、外人の指導を受けて、之が栽培を試み、奇利を博した」、「外人が種苗を供給し、蒔き付より肥培管理の方法に至る迄実地に指導をした」と記している。その後、根岸村での西洋野菜の栽培は近隣有志の間に広まり、伊勢松自身は明治十五年頃、二町歩に近い作付を行い、「西洋野菜専門の農業」を営むに至った。これは、国三郎から先々代伊勢松の事跡を聞き取って記述したものであろう。

スミスは日本人のために種苗を取り寄せ、栽培法を伝授したとされており、ベイリーも自ら広告の中で同様のことを謳っているので、伊勢松に種苗を提供して栽培を指導した「外人」はスミスかベイリーだったかもしれない。

なお、『横浜市史稿・産業編』は、近藤伊勢松は清水辰五郎と同じ頃に西洋野菜の栽培を始めたと記しながら、そのすぐ後で「明治の中葉」に移住してきたなどと矛盾したことを書いている。また、根岸村の宮崎留五郎が明治十二・三年頃、アスパラガス・朝鮮薊（あざみ）の栽培を始めたという、勧業課史料にない記述がある。宮崎について『横浜市誌』で調べてみると、元治元（一八六四）年の生まれなので、明治十二・三年頃には十五歳か十六歳にしかならない。十三年、宮崎家に入籍して養子になり、市会議員など公の仕事をしたことが記されているが、西洋野菜の栽培をしたとは記されていない。『横浜市史稿・産業編』の宮崎に関する記述は信用できない。

磯子村での西洋野菜栽培

勧業課史料は、磯子方面における西洋野菜栽培の開祖は中原の井野菊次郎氏の先代銀次郎氏だという。これも菊次郎から先代銀次郎の事跡を聞き取ったものであろう。さらに、年代はやや明瞭を欠くがおそらくは幕末時代で、その種は百番と称する貿易商より購入し、不老町の通りで露店を張って販売をしていたと記している。しかし、不老町が旧吉田新田一ツ目沼の埋立地に成立したのは明治七年なので、幕末ではありえない。『横浜市史稿・産業編』は「百番と称する貿易商」をバンティング商会に特定している。それが事実だとしても、同社の開業は明治十年なので、やはり幕末ではありえない。

子安村での西洋野菜栽培

勧業課史料によると、子安方面では、慶応二年、堤春吉が「外国船食料売込商人某」の手を経て、アメリカからセロリの種子を取り寄せ、近隣農家とともに栽培を始めたのが「開祖」だという。明治二年頃には、堤ら七人がセロリ、カリフラワー、ビート、ラディッシュなどを栽培していた。

また、明治に入ると、「魚類、青物の取引をなす市場」に西洋野菜取扱店ができ、そのうちの横山屋倉田政吉はフランス郵船の指定商人として、子安方面の洋菜を売り込んだ。横山屋はまた、「八番館主」とともに便船ごとにいろいろな野菜の種を取り寄せて、子安の農家に紹介した。「魚類、青物の取引をなす市場」というのは、明治五年に高島嘉右衛門が開設した魚鳥獣青物市場（四品市場会社）のことである。

『横浜成功名誉鑑』に二代目倉田政吉の小伝が載っているので、それを見ると、先代政吉は「開港当時」横浜に出てきて、最初は外国人向け食料品の行商、次いで常盤町で艦船向け洋酒食料品の売込を始めた。とくにフランスの軍艦と郵船を得意先とした。二代目はフランス語に堪能であった。「八番館」というのはフランス系のヘフト・リリエンタル商会であり、同社を通じて横山屋とフランス郵船を結ぶフレンチ・コネクションが存在したようだ。

ところが、なぜか『横浜市史稿・産業編』は、堤春吉の話に出てくる「外国船食料売込商人某」を横山屋倉田政吉のことだと勘違いしてしまったらしく、「慶応二年頃、堤春吉が横山屋倉田政吉の手を経て、アメリカからセロリ、カリフラワー、ビート、ラディッシュ等の種子を取り寄せ、栽培を始めた」と記している。堤春吉は慶応二年頃、アメリカからセロリの種、横山屋倉田政吉は明治初期、フランスから野菜の種を取り寄せたというのだから、明らかに別の話なのに混同してしまった。これも『横浜市史稿・産業編』の杜撰な記述の一例である。

トマト・ケチャップ製造の始め

『横浜市史稿・産業編』にはまた、明治五年頃、子安村の斎藤秀吉・荒井宗友・荒井吉蔵・吉田虎吉・堤千五郎・斎藤初五郎・清水与助・中山音吉らが西洋野菜の栽培法を考究し、好成績を挙げた。明治二十年の頃には栽培農家七、八十戸、栽培区域は生麦村を中心に五、六町歩あり、西洋野菜の特産地として全国から多くの人々が状況視察に訪れたという記述がある。この記述も根拠不明だが、清水与助については野菜の栽培をしていたことが確かめられる。

清水は野菜の栽培にとどまらず、居留外国人のスポーツ・クラブ、「横浜アマチュア・アスレチック協会」（横浜クリケット&アスレチック・クラブのことであろう）の料理人をしていた細貝音八から製法を学び、明治二十九年八月、トマト・ソース製造会社、清水屋を創業した。日本最初とされていたカゴメのトマト・ソース（トマト・ピューレー）製造が三十六年、ケチャップ製造が四十一年なので、それより早い。大正二年、横浜で開催された勧業共進会にトマト・ケチャップを出品、銅賞を獲得した。与助の死後も子孫によって昭和八、九年頃まで製造が続けられた。[21] 平成十九年には復刻版清水屋ケチャップが販売されて話題になった。

第五章　食生活の国際化

一八六六（慶応二）年、中国でイギリス軍兵士に支給されていた食料の記録がある。その内訳は、パン、牛肉または豚肉、野菜、茶、砂糖、ラム酒またはビール、ライムジュースであった。[1]これが洋食の基本要素だったようだ。これらのうち、肉と野菜を現地調達できるようになった経緯はすでに述べたので、それ以外の食材や飲料について調べてみよう。

人間の欲望には際限がないから、余裕が生じると、基本要素だけでは満足できず、嗜好品も要求されるようになる。それらにはコーヒーや氷、菓子などがあった。それらを提供するカフェやレストランもオープンする。

居留民や駐屯軍将兵だけではなく、寄港船舶や日本人の需要も増大すると、清涼飲料水やビールの工場生産が行われるようになる。

一、西洋料理と中華料理

内海兵吉の「和風パン屋」

「パン」はポルトガル起源の言葉で、江戸時代にも小麦粉を用いた蒸餅のようなものという知識が伝えられていた。ペリー艦隊の様子を描いた「米艦渡来紀念図」という絵巻には、黄色い丸い絵に、英語の「ブレッド」ではなく「パン」と記し、小麦粉を卵で練り、カステラのように焼いたものという説明が付いている。

そうした素地があったからか、興味深いことに、横浜で最初にパンを焼いたのは内海兵吉という日本人だった。『横浜開港側面史』に収録されている内海の談話によると、彼は開港の翌年、すなわち万延元（一八六〇）年、本牧から出てきて「お貸長屋」に住んだ。父が江戸で菓子屋をしていたので、似通った商売をしようと思ってパン屋を始めた。「焼藷釜（やきいも）のようなものでいい加減に焼いた」ので、「パンだか焼饅頭だか、何だかわけのわからない物」ができたが、「外国人の食べる物がないので」、それでもよく売れたという。[2]

ロジャースの回顧談によると、運上所裏手の「お貸長屋」の周辺には、居酒屋（sake shops）、そば屋（macaroni shops）、一膳めし屋（cheap eating houses）が密集していた。その主人の一人が、フランス軍艦ドルドーニュ号乗り組みのコックから手ほどきを受け、日本の小麦粉で「ゆでだんご」（dumpling-like loaves）のようなパンを焼き始めた。

開港直後、「お貸長屋」でパンを焼き始めた日本人が二人いたとはとても考えられないから、ロジャースのいう「日本人のパン屋」は内海のことに違いない。「焼饅頭」と「ゆで団子」と表現は違うけれども、要するに良いイースト菌が手に入らず、ふっくらしていなかったのだろう。

以前には、「万延元年、野田兵吾が本牧に日本人として初めてパン店を開業」[3]といった記述を目にしたが、『横浜開港側面史』の内海の談話と似通っており、その誤伝だと思う。

内海は富田屋の屋号で営業を続けた。明治時代になるとパンは調理の必要が無いところから軍隊に重宝がられ、海軍省から注文を受けて業績を伸ばし、明治末には「元祖食パン」の評価を確立した。

内海は明治四十年十一月二十九日に死去した。『横浜開港側面史』に収録されている談話が『横浜貿易新報』に掲載されたのは十一月二十六日だから、死の三日前のことになる。談話が残されていなければ、内海の事跡は埋もれてしまったかもしれない。

跡を継いだ角蔵は横須賀の海軍や日本郵船から受注し、神奈川県食麺麭製造業組合長も務めた。戦後も後継者が加賀製パン有限会社の社名で給食パンを焼き続けたが、昭和四十年に廃業、四代一〇五年の歴史に幕を下ろした。[4]

グッドマンの「ヨーロッパ風パン屋」

『ジャパン・ヘラルド』一八六二（文久二）年三月一日号に、二月二十一日付で、アメリカ人グッドマンが「横浜最初のヨーロッパ風パン屋（European Bakery）」の広告を出している。「ヨーロッパ風」なのは当たり前なのに、わざわざそれを強調しているのは、内海の「和風パン屋（Japanese Bakery）」を意識したからだろうか。

『デイリー・ジャパン・ヘラルド』一八六七年一月三日号に載せた広告では「一八六一年創業」を謳っている。『ジャパン・ヘラルド』創刊号に、一八六一年十一月十二日に起きた火災の記事があり、その中にグッドマンの名があるので、一八六一（文久元）年中に開業していたことが裏付けられる。同年刊行の『港益代古浜便覧』には「亜拾五番クルマン」と記されている。

グッドマンは一八六二年末、ゴールデン・ゲート・レストランの裏手に移転し、そこで注文を受け付けている。レストランの経営者ジョージは貸馬屋を兼営していたから、馬車を持っていて、グッドマンのパンの配達を請け負っていたに違いない。ゴールデン・ゲート・レストランは四九番地にあったが、『珍事五ケ国横浜は

図10　コーヒー・ハウス・ヒル
中央のコーヒー・ハウスの手前、BREADと記された荷馬車に乗っている黒人がゴールデン・ゲート・レストランのジョージと推測される。『ジャパン・パンチ』1865年9月号より。
横浜開港資料館所蔵

なし』には四九番地に「クロンボウ　リヨウジ」と記されており、ジョージは黒人であったと思われる。ワーグマンが『ジャパン・パンチ』一八六五年九月号に載せた「コーヒー・ハウス・ヒル」という絵の中央に、'Bread'と書かれた馬車に乗る黒人が描かれている。パンを配達するジョージの姿ではないだろうか。

『ジャパン・ヘラルド』一八六四年三月五日号に、「病気のため一時日本を離れるので、その間店をロバート・クラークに委せる」というグッドマンの広告が出ている。この広告では「この港で最初に開設されたパン屋」という主張を繰り返すとともに、小麦粉はヨーロッパとアメリカが供給しうる最上のものを使用し、製品は世界中のどの地域のものにも劣らず、「生命の糧」と称えられるにふさわしいと自画自賛している。相当な自信家だった。翌一八六五年一月に復帰して営業を再開したが、健康は回復していなかったらしく、同年中に死去し、横浜外国人墓地に埋葬された。

異人パン焼フランキヨ殺人事件

『ジャパン・ヘラルド』一八六二年六月七日号に、ポルトガル人フランク・ホセが「横浜に復帰した」という広告を出している。『珍事五ケ国横浜はなし』に「異人パン焼フランキヨ」と記されている人物である。文久元（一八六一）年中に出版された五雲亭貞秀の「御開港横浜大絵図二編　外国人住宅図」には、「アメリカ二十番、フランキヨ・フレイマン二人住家」とあるので、一八六一年中、一旦開業し、その後しばらく横浜を離れていたらしい。グッドマンの広告を信じるならば、ホセは欧米人二番目のパン屋になる。

店は一二六番地にあった。『日本交易新聞』一三三号によると、ホセの店にはポルトガル人のエマヌエル・ゴンサルベスの他、「蒸餅焼き」の寅吉・万吉・定吉、「蒸餅の粉末を捏る」係の久吉、小使吉右衛門、ボーイの平吉、それに玉川という女性が働いていた。[5] ここにはブラウニングというイギリス人も止宿していた。『ジャパン・コマーシャル・ニュース』一八六三年十一月二十五日号に、イギリス、フランス、イタリアの三か国語に通達した語学教師として広告を出している人物である。[6]

事件は一八六三年の年末、十二月十二日の夕方に起きた。何かトラブルがあって、立ち退きを要求されたブラウニングが、日本刀でホセとゴンサルベスに切り付けたのである。ホセは即死、手を切り落とされたゴンサルベスも二日後に死亡した。十九日付『ジャパン・ヘラルド』は、「我々の小さな社会はかつてない恐るべき悲劇によって震撼させられた」と報じている。これが外国人同士の殺人事件の第一号であった。翌年八月、香港の英国上級裁判所が下した判決は、過失致死罪による無期懲役であった。[7] 日本刀で二人も殺害したのに甘いのではないだろうか。ホセとゴンサルベスは横浜外国人墓地に埋葬されたはずだが、埋もれてしまったらしく、墓標は見当たらない。

ホセの遺産はポルトガル領事の手で競売に付された。翌年二月頃、ジョン・ダパスが同じ一二六番地で「ソルフェリーノ・ベーカリー」を開業しているので、この人が落札したと思われるが、長続きしなかった。

クラークの横浜ベーカリー

イギリス人クラークの横浜デビューは一八六四年三月、病気療養のため日本を離れたグッドマンの店を預かった時であった。クラークの開業を文久二（一八六二）年や三年とする記述も見かけるが、いずれも証拠がない。グッドマンは翌一八六五年一月に再び来日、クラークもそのまま横浜に落ち着いて、八月十二日、「横浜ベーカリー」を開業した。

クラークは明治二十四年に死去したが、[8] 未亡人のアンナ・ミヤが経営を続け、三十三年に廃業するまで、二人で通算三五年にわたってパンを焼き続けた。夫人は四十年に死去、両親に先立って死去した娘のレベッカとともに横浜外国人墓地で永眠している。

打木彦太郎の横浜ベーカリー

ウチキ・パンといえば横浜ではよく知られているが、意外に創業の経緯が明らかでない。『横浜成功名誉鑑』によると、創業者の打木彦太郎は慶応二（一八六六）年の生まれ、クラークのもとで修業し、その没後、明治二十五年に店を「継続」したという。クラークは二十四年に死去しているので年代は合うが、未亡人が店を継いだことを知っている私たちから見ると、クラークの店を「継続」したというのは事実と合わない。

他方、『横浜市誌』は、二十年三月の創業とし、「彦太郎氏外人の信認を得て、親しくその方法の伝授を受け、二十歳にしてその秘伝を会得するや、同年こゝ（元町一丁目）に開店せるもの」と記している。この記述には矛盾がない。

明治三十二年版の『ジャパン・ディレクトリー』には、H. Uchiki's の商号で広告が出ている。三十六年版以降、「横浜ベーカリー」の商号を用いている。三十三年にクラーク夫人が廃業しているので、夫人が守ってきた暖簾を絶やすまいという意図があったのかもしれない。

社名はその後、宇千喜麺麭製造所となり、富田屋と宇千喜は横浜の二大ブランドに成長した。打木は商業会議所議員や同業組合長を務め、この業界のリーダーとなった。大正四年に死去したが、後継者の手で現在も元町で営業が続けられている。

レストランと洋菓子店の始まり

横浜ホテルなどにはレストランが付属していたが、独立の店舗としては、一八六二（文久二）年十二月、アメリカ人のジョージが四九番地で開業したゴールデン・ゲート・レストランが最も早い。日本語にすれば「金門飯店」と言ったところ。ジョージが黒人であったこと、馬車を所有し、グッドマンのパンを配達していたであろうことなどはすでに述べた。ゴールデン・ゲート・リヴリー・ステーブルという貸馬屋やゴールデン・ゲート・タヴァーンという宿屋も兼営している。

レストランでは洋菓子も作っていたであろう。

一八六三年十月二十四日、「プロヴァンスの三兄弟」（Aux Trois Frères Provencaux）というレストランが開業した。[9] 翌一八六四年初頭、横浜ホテルが新装開店すると、ホテル内に移って、洋菓子専門店になった。

フランスのプロヴァンス地方出身のジャン・アルチュール、マチゥ・ウジェンヌ、サミュエルの三人の兄弟が、明治八年から三十二年にかけて、入れ替わり立ち替わり来日して経営したペィル兄弟洋菓子店（Peyre Frères）もあった。文字通り「プロヴァンスの三兄弟」だが、幕末に存在した「プロヴァンスの三兄弟」とは関係ない。時期によっては喫茶室やレストランも併設されていた。兄弟の帰国後もヴェイユが引き継いで、四十四年まで営業を続けた。[10]

居留地料理界のプロデューサー――ボナ

ボナが横浜に現れるのは一八六九年、オテル・デ・コロニー（一六四番地）内に「お菓子の城（Sweetmeat Castle）」というレストランを開き、ホテルの経営も引き継いだ。

一八七一年後半、ボナはカーティスが開いたインターナショナル・ホテル（一八番地）の共同経営者となり、このホテル内でも「お菓子の城」を開いた。一年後の一八七二年後半には八四番地でオリエンタル・ホテルを開業、一八七八年六月、グランド・ホテルを買収するまで経営を続けた。ボナが手放したオリエンタル・ホテルの建物はペィル兄弟が購入した。[11]

当時、宮内省内膳司ではフランス料理を取り入れることが検討され、明治八（一八七五）年正月二十五日、松岡立男に「西洋料理修業として横浜在留仏人ボナン方」へ出張を命じた。[12] この「ボナン方」とはオリエンタル・ホテルのことだろう。

明治七（一八七四）年頃、ペィル兄弟のうちで最初に来日した三男サミュエルは、翌年十二月十七日にペィル兄弟洋菓子店を開業するまで、オリエンタル・ホテルで働いていた。

宮内省大膳職だった村上光保がサミュエル・ペィルから洋菓子製造を習い、明治七年東京麹町で村上開新堂を開業、シュークリームを売り出した、という伝承がある。「明治七年」というのはちょっと早すぎる気もするが、オリエンタル・ホテルで働いていたサミュエルのもとで修業したのだろうか。ペィル兄弟洋菓子店で修業したとすると、時期はもっと後のことになる。

カレーライスの日本上陸

外国の商館や公館の台所では中国人や日本人が働いていた。彼らを通じて、日本人の間でもしだいに洋食が広まっていく。白米と相性の良い料理が早く広まったようだ。

岩崎次郎吉は、イギリス領事の住居となった神奈川の浄滝寺の台所で、初代領事ヴァイスの在任中、約三年間働き、エミンというフランス人のもとで料理を覚えた。ヴァイス夫妻は日本の米が大好物で、「炊きたての飯をカレーソスもかけず」、そのまま喜んで食べていたという。[13]「カレーソス」とは「カレーソース」のことであろう。逆に言えば、ヴァイス夫妻以外の領事館員はカレーソースをかけて食べていたことになる。ヴァイスの在任期間は一八五九年七月から一八六三年四月までだが、一八六二年中には浄滝寺を引き払っているので、それ以前のことである。日本国内でのカレーライスに関する最も早い記録だと思う。

もっとも、岩崎の証言は後年の回顧談だから、岩崎が言いたかったのはヴァイス夫妻は白米が好きだったということだけで、「カレーソスもかけず」はカレーが普及した時代の後知恵だと思われるかもしれない。しかし、横浜の外国人が開港直後から盛んにカレーライスを食べていたことについては別な証言もある。

ルドルフ・リンダウはドイツ人だがフランスやスイスや日本で活躍した。幕末に三度来日している。一八六一（文久元）年から翌年にかけて二度目に来日した時の見聞を『日本周航記』としてまとめた。その中の横浜に関する部分に次のような記述がある。

ヨーロッパ人は日本でも自分たちの国で食べ慣れていたもの、つまり牛・羊・鳥・狩の獲物・魚・野菜などを食べている。日本でなされている唯一特殊なヨーロッパ人の食事といえば、全ての植民者の好物であるカレーライスが、宴会の晩餐であれ、普段の食事であれ、いつも用意されるということだ。[14]

「植民者」とはアジアで生活するヨーロッパ人のことであろう。彼らの好物であるカレーライスがすでに横浜で日常的に食されているという。

明治五年、仮名垣魯文が出版した『西洋料理通』には、カレー粉を使った肉の煮込みに米を添えるカレーライスのレシピが載っている。この著作の情報源は、横浜在住のイギリス人が日本人の雇人に西洋料理を教えるために記した手控え帳だという。幕末の横浜で外国人が日常的にカレーライスを食べていたことが判明したので、少なくともカレーライスのレシピについては文字通り受け取ってよいと思う。[15]

日本人経営の西洋料理店

日本人の間でも、カレーライスだけではなく、『西洋料理通』に記されているような、さまざまな西洋料理が広まったことだろう。個々の料理についての記録はあまり残されていないが、西洋料理を「売り」にする店の存在はいくつか知られている。

①崎陽亭利助。明治二年、のちに順天堂医院の院長になる佐藤進が、ドイツに留学するために横浜に滞在中のこと、「明治二年の二三月頃、横浜の西洋料理店は、唯、崎陽亭一軒あるのみなり。随分御粗末の、今で云へば、場末の一品料理屋見たやうな店であつた」という。[16] 開業の時期ははっきりしないが、日本人経営の横浜最初の西洋料理店は崎陽亭であった。

日本人経営の最初の西洋料理店は、一八六三（文久三）年、草野丈吉が長崎で開設した良林亭とされている。[17] 長崎は西洋料理の先進地だった。「崎陽」は長崎の美称だから、横浜の崎陽亭のルーツも長崎かもしれない。

崎陽亭は馬車道にあったようだが、明治五年に火災に遭い、尾上町二丁目に移転、西洋風家作を建設し、四月二十五日に新規開店した。ところが翌年また火災に遭い、港町五丁目に移転、六年五月三日から営業を再開した。[18]

②大野谷蔵。『横浜沿革誌』に、「明治二年八月、姿見町三丁目谷蔵なるもの、西洋割烹を開業す」と記されている。『明治事物起源』によると、「谷蔵」とは長崎出身の大野谷蔵のことで、のち相生町五丁目に移ったという。このルーツも長崎のようだ。同書はさらに「開業当時の話を聞くに」として、客はスープを胸から膝にこぼしたり、ナイフで肉を食べようとして唇を切ったり、「奇談は常のことなり」という逸話を伝えている。

③開陽亭。『横浜沿革誌』には、「明治四年、駒形町代地に洋食割烹を開業するものあり、開陽亭と云ふ」という記述もある。駒形町代地とは慶応二年末の大火で焼け出された駒形町の住民に与えられた代替地で、住吉町五

丁目と相生町五丁目の中間に当たる。他方、『横浜近代史総合年表』[19]には、開陽亭は明治四年七月、高砂町一丁目にオープンしたと記されている。しかし、根拠とされる『横浜毎日新聞』の四年七月九日号がどうしても見当たらない。

『横浜毎日新聞』六年七月三十一日号によると、開陽亭は相生町五丁目に移転し、八月一日から新装開店した。しかし、どこから移転したのかは記されていない。結局、駒形町代地で開業したのか、高砂町一丁目で開業したのかはっきりしない。

なお、『横浜市史稿・風俗編』は、大野谷蔵が相生町五丁目に移って開設したのが開陽亭だと勝手な解釈をして、開陽亭の経営者を「矢張り、谷蔵であつたらしい」とするが、全く根拠がない。

④味洋亭。明治四年中、相生町六丁目にオープンした。翌年六月上旬に改築し、八月四日に新装開店した。[20]

生糸売込商野沢屋茂木商店の明治初期の記録「横浜料理業受取張り込み帖」[21]には、崎陽亭・味洋亭・日盛楼の三軒の洋食店の領収書が貼付されている。味洋亭からは「コロケツト」（コロッケのこと）を購入している。その実態はよくわからないが、明治初期の横浜には、トンカツとともに日本の「三大洋食」とされるカレーライスとコロッケが早くも登場していた。

中華料理屋の始まり

外国商人たちは、日本人との仲介役を務める買弁として、あるいはコック等の使用人として、多数の中国人を連れてきた。慶応三（一八六七）年には六六〇余人をかぞえ、すでに欧米人の数を上回っていた。明治二年には千人を超える。

独立して営業する人たちも早くから存在した。文久二（一八六二）年に出版された『珍事五ケ国横浜はなし』には、居留地の九五番地に「支那人三四人住居」の記載が見られる。また、明治元（一八六八）年の香港版ディレクトリー[22]には、八一番地に八人の中国人が記載されている。これらは、現在の中華街の本町通り側入口、朝陽門の周辺に当たる。ここから、旧横浜新田の造成・分譲が進むとともに、そこへ進出し、中華街が形成されていった。明治十年の記録では、すでに千百四十名中半ば近い約五百名が、この地域にあたる一三〇番地から一六〇番地代に集住していた[23]。

中国人のコミュニティも早くから形成された。一八六二（文久二）年、一四〇番地に中国人の信仰の対象、関帝を祀る祠が造られ、明治四年、本格的な関帝廟が建立された。正確な起源は不明だが、一三五番地には劇場と料理屋を兼ねた会芳楼が存在した。六年には関帝廟と同じ一四〇番地に、コミュニティの中心となる中華会館が建てられた[24]。

日本と清（当時の中国の王朝）とは条約を結んでいなかったので、中国人は自国政府の保護を受けることができなかったが、明治四年に日清修好条規が締結されて、正式の国交が開かれた。十一年、初代領事范錫明が就任、一四五番地に領事館が開設され、十五年、会芳楼と同じ一三五番地に移転した。ここは現在山下町公園として整備され、会芳楼にちなむ会芳亭という東屋が建てられている。

包丁を使うコック、鋏の洋裁業、剃刀の理髪業を「三把刀」といい、華僑の代表的な職業とされる。しかし、横浜の華僑はもっといろいろな職業に従事していた。先の明治元年の香港版ディレクトリーに記された八一番地居住の八人の職業を見ると、靴屋二人、製本屋二人、紳士服・塗装・銀細工・荷役各一人となっている。その他、両替・印刷・大工・籐家具製作なども多かった。

中国人のコミュニティの形成にともなって、中国人相手の中華料理屋も出現したと思われるが、意外にも記録に現れるのはかなり遅い。最も早いのは、明治三年版の『ジャパン・ディレクトリー』に登場する四九番地のウォン・チャラーと八一番地アールンの二軒のチャイニーズ・イーティング・ハウスである。その後もさほど増えていない。明治二十年の中国人商店の調査によると一番多いのは荒物業の二五軒、料理は一〇軒で四位であった。[25]

日本人相手の中華料理も早くから出現していたようだ。会芳楼の日本語のメニューが残されていて、それを見ると、汁そば・焼きそば・肉料理・饅頭・中華菓子など、現在も日本人の大好きな中華料理が揃っている。[26]

日本人経営の中華料理屋の出現も早い。『横浜毎日新聞』明治五年六月十一日号に、「清正公前　玉浦庵」の開店広告が出ていて、豚と鶏を「中華の塩梅（あんばい）」で料理して提供すると述べている。清正公とは常清寺境内にあった加藤清正を祀る社のことで、現在は伊勢佐木町と並行する福富町にあった。当時の新開地に当たる。

明治二十七年、日清戦争が始まり、多数の華僑が帰国したため、横浜在住者の数も半分以下に激減してしまう。戦後しだいに回復するが、一九〇〇年代になると、中華料理屋がにわかに増大する。もともと中華街は居留地内の日本人街でもあり、両者はほとんど同じような職業に従事していて、競争が激しかった。明治三十二年、条約改正によって居留地制度が廃止されるが、それによって日本人との競争が一層激化し、日本人を対象に中国人の特技を生かせる職業として、料理が選ばれた結果ではないだろうか。

なお、横浜の華僑には広東出身者が多かった。したがって、その料理も、戦後に至るまで、広東料理が中心だった。明治四十三年に出版された『横浜成功名誉鑑』は「有名な広東料理店」として、聘珍楼・永楽楼・遠芳楼・成昌楼の名を挙げている。

二、さまざまな飲料の始め

カフェの始め

コーヒーは開港直後から輸入されていたであろう。船舶供給業ベーカー商会が『ジャパン・ヘラルド』創刊号に一八六一年十一月十九日付で載せた広告に、すでにコーヒーが記されている。浮世絵師五雲亭貞秀もコーヒーに注目し、『横浜開港見聞誌』（五編、慶応元年）に、コーヒー豆をひく女性を描き、「横浜にて西洋諸国の婦人集まり、豆ひきを以て是をこなすの図なり」という説明を付けている。

『明治事物起源』によると、明治二十一年、東京下谷に開店した鄭永慶の可否茶館がコーヒー店の元祖だという。横浜の外国人居留地ではもちろんこれよりずっと早い。一八六三年七月にオープンしたロイヤル・ブリティッシュ・ホテルにコーヒー・ルームの付いていたことはすでに述べた。「カフェ」を名乗る独立の店は、翌一八六四年三月にルノーが開業したカフェ・デュ・アリエが最も早く、この年のうちにグラン・カフェ・デュ・ジャポンとヴィクトリア・コーヒー・ハウスもオープンしている。

一八六四年に外国人遊歩新道が開通すると、翌年二月、ミシシッピー湾（根岸湾のこと）に近い新道沿いに、さっそく「コッヒー店」の開設を出願したドイツ人がいた。また、新道の始点でも終点でもあった地蔵坂の上は、コーヒー・ハウス・ヒルと呼ばれていた。モリソンの回顧談[27]によると、山手一番地の向かい側、二二五番地の土地に喫茶店があったので、この呼称が生まれた。

『万国新聞』第一六集（明治二年三月下旬）に「横浜裁判所向　八十九番　ヱドワルズ」の広告が掲載されており、取扱品目の中に「生珈琲弁焼珈琲」がある。日本語によるコーヒーの販売広告としてはこれが最も早い。『ジャパン・タイムズ・オーヴァーランド・メイル』一八六八（明治元）年四月十八日号に広告を出しているエドワーズである。「横浜裁判所」というのは、一五五番地にあったイギリス領事法廷のことだと思う。ただし、エドワーズは飲食料品中心の雑貨商であって、コーヒーの専門店ではなかった。

また、『郵便報知新聞』明治八年正月二十三日号に、東京南槇町三番地泉水新兵衛が「今般拙店に於て横浜本町通り仏蘭西五十六番シイーキリス氏伝習大器械をもつてコヒー製造、其種及其精味を極め、且其価を廉にして、専ら此業を弘めんとす」という広告を出しており、横浜の居留地ではコーヒーの製造器械も販売されていた。「シイーキリス氏」が何者かはよくわからない。

紅茶は中国人によってもたらされたらしい。『明治事物起源』によると、明治十年頃、東京の茶商、竹内・川村らは、広東人胡秉枢を招いて紅茶製造を試みた。「外務省記録」に含まれる「私雇入表」[28]によると、巣鴨駕籠町の竹内象次郎が十年五月から六月にかけて、富士見町の川村銃四郎が六月から八月にかけて胡を雇用している。「横浜の村松」は、製茶売込商村松吉兵衛のことであろう。横浜の村松も胡を雇って、静岡県下で製造したという。

「ハンドレットワンチヤップ」の怪

最初に喫茶店を始めた日本人が誰なのかはよくわからない。『横浜の史蹟と名勝』[29]という文献によると、元町浅間山（現在元町百段公園所在地）に「英学者として名高い雨森某の妻女キン子女史」の経営する「掛け茶屋」があり、一〇一番地だったところから「ハンドレットワンチヤップ」と呼ばれた。ここを訪れて雨森から日本の国情を聞くのを楽しみとする外国人が多く、彼らが置いていく名刺を張り込んだ「ブック」があったという。

『横浜市報』に連載された「横浜事物起源（一九）サインブックの始め」[30]は、経営者を雨森信成（あめのもりのぶしげ）とし、外国人の来客を紅茶やコーヒーなどで饗応していたが、「文久二年の頃」求めに応じて喫茶店を開業したと記す。これを「わが国最初の喫茶店」とする説があるけれども、次に述べるように、時期が合わない。

雨森信成は安政五（一八五八）年、福井の生まれ、文久二年にはまだ四歳くらいにしかならない。欧米から帰国して錦と結婚したのが明治二十一年頃、雨森夫妻が浅間山で茶屋を経営していたのは事実だが、その場所は一〇一番地ではない。[31]「ハンドレットワンチヤップ」の名称は、浅間山へ昇る有名な百一段の石段にちなむものであろう。その石段のできたのが文久二年頃なので、『横浜市報』はそれを茶屋の開業時期と間違えたのだと思う。

ビア・ホールの始め

長い航海の間、禁欲生活を余儀なくされる船員たちが、寄港地で酒場に群がるのは自然なことだった。横浜ホテルにバーが付属していたことはすでに述べたが、船員相手の一杯飲屋も早くからあった。

運上所（現在神奈川県庁所在地）の裏手、駒形町のアメリカ二五番と呼ばれるショイヤーの借家は、一八六二年頃から居酒屋の亭主に又貸しされ、その数は最盛時の一八六五年にはポルトガル人五人、フランス人四人、イギリス人・アメリカ人各二人、オランダ人一人の計一四人に及んだ。オランダ総領事ポルスブルックによれば、「各国の水夫等右居酒屋にて酩酊し、最も恥辱となるへき仕方にて横浜の市街を漫歩し、其道路を通行する平和なる日本人に対して暴事を行へるは、日々往来の人の見る処なり」というありさまだった。バラ牧師も「そこではあらゆる国籍の男が酒場を営み、日曜日や祭日には説明に絶する混乱と騒ぎがみられた」と述べている。[32]

図11　駐屯軍兵士にバス社のペール・エールを売ろうとする商人
『ジャパン・パンチ』1866年1月号より。　横浜開港資料館所蔵

軍艦や駐屯軍兵舎の酒保はラム酒やワインを蓄えていたが、ビールは不足がちだった。そのために上陸した水兵は「ビールへ走った」という。『ジャパン・パンチ』の一八六六年一月号には、商人が行軍中の兵士にイギリスのバス社製ペール・エール（ビールの一種）を売ろうとして、下士官にたしなめられている絵が掲載されてい

る。

一八六五年五月一日、オランダの保護下に来日したドイツ人、自称パトウ男爵が九九番地にビア&コンサート・ホールを開設し、増大する需要に応えた。[33] ビア・ホールと明記して開かれた店としては、これが最も早い。

ラムネ製造の始まり

疲労回復効果のある糖分や炭酸ガス、ビタミンの補給源となる果汁などを混ぜた清涼飲料水は遠洋航海に欠かせない。その供給も港にとって大切な役割であった。

この章の冒頭で述べたように、イギリス軍兵士にはライムジュースが支給されていた。これはビタミンCの補給源として、遠洋航海の大敵であった壊血病の予防に効果があった。そのためイギリス海軍の兵士は「ライミーズ」（ライム野郎）というあだ名で呼ばれていた。

日本ではライムジュースよりもレモン水（レモネード）の方が普及した。夏の風物詩として定着した「ラムネ」はそれが訛ったものだという。ラムネの製造はいつ始まったのか、長崎や神戸など、地域によってさまざまな説があるけれども、『ジャパン・ヘラルド』のおかげで、幕末の横浜居留地では確かな記録がある。

一八六四（元治元）年三月二十六日、清涼飲料水製造業のファー兄弟商会（Farr Brothers & Co.）が上海から進出した。[34] 翌年、上海工場を閉鎖して横浜工場に一本化し、社名がファー商会となる。同社は『ジャパン・ヘラルド』一八六五年六月二十四日号に、「中国と日本で最初のトニック・ウォーター（香料入り飲料）製造業者」という広告を出している。製品にはトニック・ウォーターの他、レモネード、ソーダ水、ジンジャー・ビール、サーサパリラ（ユリ科の植物の根から抽出される強壮剤）入り炭酸水などがあった。[35]

『デイリー・ジャパン・ヘラルド』一八六七年一月二十三日号には、アッズという人も蒸気機械によるソーダ水製造の広告を出している。

この分野では中国人が活躍した。コック・アイはテイラーとして名高いが、『ジャパン・ヘラルド』一八六五年七月二十二日号に、ジンジャー・エール、ソーダ水、レモネードの製造販売広告を出している。また、十二月二日号に、バーン商会（Bourne & Co.）が中国人技術者の雇用とセットでソーダ水の製造機械を売り出している。また、東京都公文書館には、明治五年、千葉勝五郎がレモン水の製造技術を伝習するため、「横浜一六番アーヘル方居留馮建」を雇用する際に提出した願書が保存されている。[36] 千葉は五年五月四日に製造許可を得たが、現在五月四日は「ラムネの日」とされている。

時計商として名高いスイス人ペルゴは、明治七年、清涼飲料水の製造を始めた。その死後、同じくスイス人のミンガードが継承し、その死後も後継者が関東大震災まで通算五〇年にわたって製造を続けた。

居留地では他にハーディング商会の製造所（Yokohama Aerated Water Manufactory, 日本名は「ハーディング」をもじった羽天狗商会）、フィッシャー商会（Fischer's Aerated Water Manufactory）、薬局のノース&レーなどが製造していた。ノース&レーは一八六四年、二人の英公使館付医師ジェンキンスとウィリスが設立した横浜ディスペンサリーに起源を持つ老舗の薬局で、明治十七年からノース&レーの経営となる。ノース&レーを「清涼飲料水製造の元祖」とする説もあるが、とくに早いとは思えない。

日本人では明治九年創業とされる秋元巳之助の金線印サイダーが早く、時代は下るがラフィンが大正四年に始めた製造所（Yokohama Tansan & Aerated Water Works）の「ラフィン炭酸」もよく知られていた。

近栄洋物店といえば、横浜では名高い西洋雑貨商であった。創業者の飯島栄助は慶応元（一八六五）年、横浜に出てきて「外国人経営のラムネ製造所」で働いた後、「ギヤマン徳利（とっくり）」と呼ばれた廃品のガラス瓶を集めて売る「古徳利商」を始め、これが当たって身を立てるきっかけとなった。[37] 清涼飲料水製造所は、日本人の間にガラス瓶を普及するにあたっても、案外大きな役割を果たしたのかもしれない。

ビール醸造の始め――三つの疑問

ビールは開港直後から輸入されていたが、季節風を利用して航行する帆船に頼っていたため入荷の時期にむらがあり、海難事故もあって、「ビール飢饉」の起きることがあった。『ジャパン・ヘラルド』創刊号（一八六一年十一月二十三日）にテクスター商会の広告が載っており、ビール五〇本一〇ドルと記されている。現在の相場でどのくらいなのかわからないが、はるばる大洋を越えて運ばれてくるビールが安いわけはない。そこで、居留民のみならず、駐屯軍将兵や寄港船舶の船員たちの需要に応えるため、醸造所を設立して自給することが求められていた。

ビール醸造がいつ始まったか、以前には、明治五年にコープランドが山手天沼に開設したスプリング・ヴァレー・ブルワリーが最初であり、「天沼ビアザケ」と呼ばれたという『横浜市史稿・産業編』の記述が定説だった。昭和十二年、山手の麒麟園公園に建立された「麒麟麦酒開源記念碑」の碑文もほぼそれに従っている。しかし、その説には三つの疑問があった。

①「明治五年」という創業年の根拠が明らかでない。

②『ジャパン・ガゼット横浜五〇年史』に収められているイートンの回顧談「思い出と個人的体験」に、横浜最初のビール醸造所は山手四六番地にあり、続いてコープランドの醸造所ができたと記されている。[38] イートンはコープランドのもとで働いたことのある人なので、この証言は無視できない。

③「天沼ビアザケ」という言葉はすっかり有名になったが、じつは『横浜市史稿』以前にこの言葉が使われていた証拠はない。『横浜毎日新聞』明治五年九月二十日号に掲載されているハドソン・マルコム商会の広告に「ビヤ酒」が見えるから、ビールが「ビヤ酒」と呼ばれていたことは確かめられる。しかし、「天沼ビヤザケ」という言葉は見当たらない。後の時代の人が言い出したことを、創業当時に遡らせた後知恵の可能性もある。

平成十八年には、「日本最初のビール工場」があったとして、東京で品川県ビールが売り出され、ビール醸造のルーツをめぐる議論に新たな話題が登場した。これは明治維新後、品川県が存在していた明治二年、土佐藩邸の一画で醸造が始められたという記録に基づく。販売実績のない実験的なものだったので、日本人が設立した最初のビール工場とは言えるが、製造販売の第一号とは言えないようだ。

ローゼンフェルトのジャパン・ヨコハマ・ブルワリー

横浜最初のビール醸造所を巡る疑問は、『デイリー・ジャパン・ヘラルド』一八六九（明治二）年八月二十七日号に、ローゼンフェルトの名で、山手四六番地の「ジャパン・ブルワリー」の開業広告が掲載されていることにより、あっさり解決してしまった。これがイートンの言う「山手四六番地の醸造所」に当たる。『ヒョーゴ・ニュース』の同年十月二十四日号に広告が出ている「横浜ブルワリー」も、この醸造所のことだと考えられる。丸善株式会社に保存されているラベルには「ジャパン・ヨコハマ・ブルワリー」と記されており、これが正式の名称だったようだ。

ウィーガントの米総領事法廷での証言によると、彼はサンフランシスコでローゼンフェルトと契約を結び、一八六九年に来日した[39]。『ジャパン・タイムズ・オーヴァーランド・メイル』掲載の船客名簿を調べてみると、同年十月三十日にサンフランシスコから到着したチャイナ号の乗客にウィーガントの名が見える。これ以降、ウィーガントを技師として操業を続けたが、経営者がクラインに替わるとソリが合わず、ウィーガントは辞めてしまった。そのためか、経営が行き詰まり、廃業に追い込まれた。『ジャパン・ガゼット』一八七四年六月十五日号に、工場を競売にかける旨の広告が出ている。ビール醸造の元祖であるにもかかわらず、この醸造所が忘れられてしまったのは、短命に終わったからであろう。

コープランドのスプリング・ヴァレー・ブルワリー

イートンの先の回顧談によると、山手四六番地の醸造所に続いてコープランドのスプリング・ヴァレー・ブルワリーが、さらにノールトフーク＝ヘフトの醸造所ができたという。それを信じるならば、コープランドの醸造所は二番目ということになる。

コープランドはノルウェー南東部の海辺の町アーレンダールの生まれ、元の名をヨハン・マルティニウス・トーレセンという。ドイツ人技師のもとでビール醸造技術を学んだのちアメリカに渡り、コープランドという新しい名前と営業資金を携え、一八六四年十一月九日、横浜にやってきた。一八六六年、ジェームズ商会（ジェームズ&ウィルソンの前身）の経営に参加、翌年に独立して運送業のコープランド商会を興した。

醸造所を設立したのは何時なのか。コープランドが醸造所用地の山手一〇五、一二一～三、二四〇番地を取得したのは明治二（一八六九）年正月だが、[40] 一八六九年八月にはまだ運送業を営んでいる。[41]『ヒョーゴ・ニュース』に一八七一（明治四）年一月十六日付でスプリング・ヴァレー・ブルワリーの広告が載っているので、それ以前には開業していた。正確な日付は不明だが、明治三年中に開業したものと思われる。『横浜市史稿・産業編』がなぜ「明治五年」としたのか、結局よくわからない。

スプリング・ヴァレー・ブルワリーの全盛期は明治六年頃からの三年間ほどで、京浜間に開通した鉄道を利用して東京にも出荷され、上海にも輸出された。

ヘフト・ブルワリーとバヴァリア・ブルワリー

ウィーガントは先の証言に続いて、ジャパン・ヨコハマ・ブルワリーで九か月働いたが、クラインと衝突してやめ、ノールトフーク＝ヘフト（以下、「ヘフト」と略）の醸造所に移ったと述べている。したがって、ヘフトの醸造所も明治三年にはすでに操業していたことになる。醸造所の一画にはベルヴュー・ガーデンというビア・ホールが設けられていた。そこでは音楽家の黒人夫婦が理髪サロンを経営していて、夜ともなると夫婦のピアノやヴァイオリンの演奏を聞きながら、客たちはビールをがぶ飲みしたという。[42]

しかし、ウィーガントはヘフトとも仲違いしてしまい、この醸造所も明治八年に廃業した。一旦帰国したウィーガントは再び来日し、同年五月、廃業したばかりのヘフトの醸造所を賃借して、バヴァリア・ブルワリーを設立した。

コープランド&ウィーガントの第二次スプリング・ヴァレー・ブルワリー

バヴァリア・ブルワリーが操業を始めると、スプリング・ヴァレー・ブルワリーとの競争が激しくなり、ともに利益を減らすようになった。そこで両者は合併することになり、明治九年六月十五日、コープランド&ウィーガントを設立、コープランドを支配人、ウィーガントを醸造担当として、スプリング・ヴァレー・ブルワリーの看板で操業を続けた。

ところが、ウィーガントはコープランドとも衝突してしまう。明治十二年夏、ウィーガントはコープランドの詐欺と暴力を理由に、共同経営の解消を求めてアメリカ領事裁判所に提訴した。その結果、翌年一月、共同経営が解消され、醸造所は競売にかけられた。コープランドは自ら落札して経営を続けたが、ウィーガントが公判廷でコープランドのビールは人体に有害だと主張したのが響いて営業不振に陥り、十七年、廃業に追い込まれた。ウィーガントは初期ビール業界のパイオニアだったが、「壊し屋」でもあったようだ。

ジャパン・ブルワリーとキリン・ビール

コープランドが廃業した翌年の明治十八年、イギリス人タルボットらの手で、スプリング・ヴァレー・ブルワリーの跡地にジャパン・ブルワリーが設立された。同社のビールは総代理店となった明治屋によって、キリン・ビールの銘柄で全国に販売された。四十年には経営権が日本人に移り、社名も麒麟麦酒株式会社となる。現在のキリン・ビールの起源である。晩年は不遇だったコープランドだが、ローゼンフェルトやウィーガントの名が忘れられる一方で、キリン・ビールのルーツを作った人として記憶にとどめられることになった。

日本人のビール醸造所

ビール産業の創始者たちの中で、コープランドだけが「ビール産業の祖」と称えられることになったもう一つの理由は、日本人によるビール産業の創始に貢献したことにあると思われる。

明治八年、甲府で三ツ鱗印ビールを醸造した野口正章はコープランドから技術指導を受けたと伝えられる。新橋でコープランドの代理店を営んでいた金沢三右衛門は、十二年、コープランドの弟子の久保初太郎を技師として発酵社を設立し、桜田ビールを醸造した。浅田甚右衛門はコープランドから醸造機械を買い取り、十九年、東京中野に浅田麦酒醸造所を設立した。また、廃業後コープランドは東京本郷の磯貝和助に雇用され、テーブル・ビールを醸造した。

横浜でビール醸造を始めた日本人としては、山手に隣接する上野町の保坂森之輔が最も早い。具体的なことは不明だが、場所から見て、山手の外国人経営の醸造所の影響を受けたことは明らかだと思う。『横浜毎日新聞』明治十年五月三十日号によると、「洋酒と伯仲の味にて、其価は却て一層の安価」ということで評判になった。この年、第一回内国勧業博覧会に出品し、「醸方精良にして風味芳烈なり」として賞状を獲得しており、かなりグレードの高いものだったようだ。

明治十七年度の『神奈川県統計書』に「横浜麦酒会社」が記されている。開業は十五年四月、場所は久良岐郡太田村、資本金は一万円となっているが、詳しいことはわからない。十九年には本牧間門の出身で、山下居留地九七番地で洋酒食料品店を開いていた渋谷留五郎が大黒ビールを醸造・販売した。同じく本牧間門の豪農、渋谷伝右衛門は中谷組という醸造所を設立して中谷ペール・エールを製造し、二十三年、第三回内国勧業博覧会に出品した。

東京で桜田ビールを製造した金沢三右衛門の醸造所は、二十九年、東京麦酒株式会社となり、翌年、橘樹郡保土ヶ谷町（現在横浜市保土ヶ谷区）へ移転したが、四十年、大日本麦酒に買収され、保土ヶ谷工場では清涼飲料水やビール瓶などが製造された。現在工場の跡地付近に「ビール坂」の名が残っている。[43]

三、氷とアイスクリーム

リズレーの天津氷とアイスクリーム・サロン

天然氷の採取・販売事業は、十九世紀初頭にアメリカのニュー・イングランド地方で始まり、ボストンから各地に出荷されたので、ボストン氷と呼ばれた。開港直後の横浜にもさっそくボストン氷が輸入された。それは大西洋を越え、アフリカの喜望峰を回り、インド洋を越えて、半年がかりで運ばれてくるので、「ビール箱一つが三両」というほど高価だった。二度赤道を越えるのだから、溶けないようにするためにもたいへんな手間がかかった。

そんなに高価なものを何に使ったのか。医療や生鮮食料品の保存にも用いられたであろうが、高価なものだったので、基本的には贅沢な飲料あるいは食材だったのではないだろうか。一八六四年二月に新装開店した横浜ホテルのレストランでは氷が供されていた。[44]

そこに目をつけたのがアメリカ人リズレーだった。リズレーが曲馬団を率いて来日したのは一八六四年三月六日、そのまま住みついてさまざまな事業に手を出したが、氷業もその一つだった。

一八六五年五月四日、天津氷を満載したJ・W・シーヴァー号が入港した。リズレーは『ジャパン・ヘラルド』[45]に五月十三日付で氷の売り出し広告とアイスクリーム・サロンの開業広告を出した。氷室は堀川に面する一一二番地にあった。本村通りの一〇二番地にはリズレーの経営するロイヤル・オリンピック劇場があり、海兵隊員用の酒屋が付属していたが、それを廃止してアイスクリーム・サロンを設けた。現在、中華街の天長門がある辺りである。

あまりの多角経営に自ら音を上げたのか、八月十四日には氷業に専念することを宣言して、他の全ての施設を競売にかける。[46] しかし、一つのことに集中できないのがこの人の性格だった。今度は牧場経営に意欲を示す。十月には乳牛を調達するためにアメリカへ渡り、翌一八六六年二月、乳牛を連れて再来日した。牛乳業が軌道に載ったかと思うと、今度はまた天津に氷を取りにいった。そうかと思うと、十月には日本人曲芸師の一座を引き連れて欧米巡業の旅に出てしまう。『ヤング・ジャパン』によると、その間に牛乳業も氷業も他人の手に渡ってしまった。[47] 牛乳業がジェームズ&ウィルソンの手に渡ったらしいことについては「最初の牛乳屋──リズレーの牧場」の項で述べた。氷業が誰の手に渡ったかはわからない。結局、立ち消えになってしまったようだ。

リズレーが天津氷を輸入した一八六五年夏、居留地一六四番地にあったホテル、オテル・デ・コロニーが提供したアイスクリームやシャーベットが話題になった。アイスクリームにはコーヒー、バニラ、木いちご、桃、すぐりなどの種類があった。[48] 時期からみて、リズレーの天津氷が利用されたのではないだろうか。この頃、少なくとも居留地ではアイスクリームはすでに身近な存在になっていたようだ。

クラークとウェンナム湖の氷

リズレーの天津氷は立ち消えになったが、ボストン氷の輸入は続いていた。『ジャパン・ガゼット横浜五〇年史』に収録されているE・J・モスの「種々雑多な面白い思い出」という回顧談によると、クラークがウェンナム湖の氷（ボストン氷の一銘柄）を最初に輸入して、「氷のクラーク」と呼ばれた。[49]

一八六八年頃、バージェス&バーディックが設立され、精肉業のボールドウィン商会の業務を継承、翌年四二

表４　中川嘉兵衛の採氷事業

年次		【A説】明治４年頃の手記		【B説】製氷沿革略
和暦	西暦	採氷地等	損失額	採氷地等
文久元年	1861			駿河国富士山
2年	1862			休業
3年	1863			信濃国諏訪郡
元治元年	1864	甲州鰍ケ沢最寄之川々湖水等 富士山ノ下流ノ沼地	2,365両余	下野国日光山
慶応元年	1865	武州府中在是政村辺	550両余	陸中国南部釜石
2年	1866	上野国赤城山榛名山之下流	600両程	陸奥国津軽青森埋川
3年	1867	南部地方ノ山門	1,400両余	函館
明治元年	1868	元町１丁目に氷室造立	2,400両程	
2年	1869	箱館	1,700両余	亀田五稜郭
3年	1870	津軽青森		
4年	1871	箱館		

【典拠】香取国臣編『中川嘉兵衛翁伝』（関東出版社、1982年）

番地に移転するが、隣の四三番地には同社の氷室（Ice House）があって、クラークという人が管理していた。この人が「氷のクラーク」であろう。バージェス&バーディック（のちバージェス商会）が氷の販売をめぐって中川嘉兵衛と猛烈な商戦を繰り広げたことについては、次の項で述べる。

中川嘉兵衛の天然氷採取

リズレーが天津氷を売り出した頃、国産の天然氷の採取に取り組んでいた日本人がいた。中川嘉兵衛である。

氷と取り組んだ経緯について、困ったことに、中川自身が食い違う二つの記録を残している。**表4**はその二つを対比したものである。いったいどちらを信用したらいいのだろうか。結論から言うと、次のような理由で、A説の方を信用すべきだと思う。

①事件が起きてから時間が経たないうちに記された史料に信憑性を認めるというのが歴史学

の鉄則である。明治十八年に記されたB説は中川が採氷事業に取り組んでから約四半世紀、A説と比べても十数年のちに記されている。

②A説の記述はきわめて具体的であり、毎年の損失額まで記している。とくに初年度の記述は詳細である。記憶だけに頼ってこれだけ詳細に記述するのは不可能であり、手元に記録があったのだと思われる。

そこで主としてA説によって、中川が採氷事業と取り組んだ経緯を紹介する。

中川の言うところによると、氷は夏の暑さを凌ぎ、生鮮食料品を保存するのに役立つだけではなく、治療にも欠かせない。そのことは名医の評判の高いヘボン、シモンズ両氏に確かめた。横浜には開港以来、ボストンから多量の氷が輸入されていたが、それでは外国人の利益になるだけなので、国産の氷の販売を志した。

元治元（一八六四）年、氷業を出願、十一月十二日に許可を得て、横浜近傍の海岸に氷室を造った。甲州鰍沢（かじかざわ）近くの川や湖水、駿河大宮（現在富士宮市）奥地の富士山麓の沼地で氷を採集し、小津湊（現在地不明）から和船二艘に積んで、翌慶応元（一八六五）年二月二十九日、役所の検査を受けるため浦賀に到着した。品物が品物だけに、開封せずに検査してもらおうとしたが、聞き入れてもらえず、しかも雨に濡れてしまった。三月四日、横浜に到着したが、目減りがひどく、氷室に収納できたのは八トン余りであった。それも夏までもたず、その費用千七百十五両余、氷室の建設費六百五十両、合わせて二千三百六十五両余の損失となった。

慶応元年は武蔵国府中近くの是政村で採集したが、暖冬のため失敗、同二年には上野国赤城山・榛名山の山麓で採集を試みたが失敗、同三年には南部地方の山門で採集し、釜石港から和船に積んだが、船が遅れて失敗した。

横浜氷会社（Yokohama Ice Co.）の設立

明治元年には元町一丁目に二千四百両程を費やして、氷室を「極入念」に建設した。その頃、三人の仲間と会社を作り、外国新聞紙に「氷商会社長」の名で広告を出した。仲間の一人はジャーナリストや実業家として活躍

図 12　中川嘉兵衛の横浜氷会社
『ファー・イースト』1870 年 12 月 16 日号より。　横浜美術館所蔵

した岸田吟香であった。岸田の日記「横浜異聞」の明治二年の部分に、「元町の中川屋嘉兵衛さんは、ふるくよりこゝろやすくする人なり。氷をかこひて暑中にうる事をおもひつき、わたしもなかまになりてその事をいよいよしとげたるは此はるの事也。奥州のさむい処から氷をとりよせてくらにいれておいて、なつうる也。そのくらの二階と、みせを西洋風の家作にしたるがよほどよく出来たり」と記されている。[50]

この記事から、元町一丁目の氷室が「西洋風」だったことがわかる。『ファー・イースト』一八七〇年十二月十六日号にゲーテ座の写真が掲載されており、その右手奥、堀川の向こうに YOKOHAMA ICE CO. という看板のかかった洋風二階建の建物が写っている。その位置からしても、これが横浜氷会社の氷室に他ならない。[51]

岸田の言う「此はる」、つまり明治二年、いつも和船で失敗しているので、「すたしぎ」というイギリスの帆船をチャーターして北海道へ派遣した。函館で氷を採集したが、「賊兵」（榎本武揚の率いる旧幕府軍）から酒手と称する金銭を要求されたため、雪交じりのわずかな下げ競争になり、結局千七百両余の損失となった。

氷を積込むことしかできなかった。しかも、横浜ではバージェス&バーディックが輸入したアメリカ産の氷と値下げ競争になり、結局千七百両余の損失となった。

日米氷合戦

明治三年、中川は青森で氷を採集したが、運搬船のチャーターがうまくいかず、一塊の氷も手に入れることができなかった。他方、バージェス&バーディックはそれを後目に、ますます氷の販売に力を入れる。かくして中川との衝突が不可避となる。

中川によれば、日米氷合戦の経過は次のようなものであった。

バージェス&バーディックはアメリカのみならず、函館からも氷を取寄せ、機械製氷も買い占めてしまった（機械製氷については後で触れる）。炎暑で売れ行きが良く、品薄になったので値上げを行い、そのために横浜在住の外国人は立腹している。大口需要者の英米汽船会社や駐屯軍、イギリス海軍病院は、手付金を払ってまで、中川の会社に安価な氷の供給を期待している。他方、バージェス&バーディックは次年度に備えて、函館の柳屋藤吉と契約を結び、さらに東京に販路を拡げるべく、築地に氷室を造る準備を始めた。

明治三年の秋、友人たちは中川に氷業を断念するよう忠告した。しかし、中川は「一人の耻（はじ）は則商民一体の汚名に相当り、乍恐聊（おそれながらいささか）御国体（国家の体面）にも関係仕」と考え、何度も北海道に足を運んで、函館五稜郭の氷六百トンを氷室に収納した。翌年春、横浜へ運んで売り出そうとしたところ、バージェス商会（この年から社名が変わる）に八百トンのボストン氷が入荷、五月中旬から売り出した。確かに『横浜毎日新聞』六月十日号にはウェンナム湖の氷の売り出し広告が載っている。

両者は値下げ競争をしながら猛烈な商戦を展開する。ボストンから運ばれてくる氷が函館氷と同じ値段のはずはないのに、同じ値段で売っているのは自分の氷業を圧倒するのが狙いだとして、中川は「如何にも可憎（にくむべき）の至に候間、弥々(いよいよ)以て奮発仕り、一歩も引退かず、氷の価彼が半値段に引下げ、損益に拘らず、彼が商業を打砕き候はでは商民の一分相立がたく候間、彼に勝ち遂げ候迄何様にも粉骨勉励」した。[52]

結果は中川の勝利に帰し、彼の言葉によれば、「外氷これが為に廃亡し、社を引て本国に去る」ということになった。『東京日日新聞』（明治八年九月七日）には、「我が国の製造物産を以て、全く外国輸入を圧倒したる者は、只この氷一品あるのみ」という兵庫県令神田孝平(たかひら)の言葉が紹介されている。

しかし、バージェス商会が「社を引て本国に去る」というのは中川の誤解だった。バージェスは明治五年に死去し、横浜外国人墓地に埋葬されている。三十七歳の若さだった。『神奈川県史料』に、バージェスが病死した際、バージェス商会には多額の負債があり、「身代限(しんだいかぎり)」（破産）になったことの記録がある。中川との商戦の犠牲になったのかもしれない。[53]

「氷のクラーク」はウェンナム湖氷会社（Wenham Lake Ice Company）として独立するが、『ジャパン・ディレクトリー』明治八年版を最後に氷業から撤退したようにみえる。

ブラウァーのアイス・カンパニー・オブ・ヨコハマ

「中川嘉兵衛と菅生健次郎の牧場」の項で述べたように、明治五年版『ジャパン・ディレクトリー』を見ると、一七番地と一五八番地の二箇所に横浜氷会社の事業所があり、前者の責任者はKahei（中川嘉兵衛のこと）、後者の支配人は薬剤師のブラウァーであった。七年版以降は八八番地、八年版以降は一五八番地にもアイス・カンパニー・オブ・ヨコハマの記載があり、ブラウァーが支配人を務めていた。

一五八番地の事業所が『東京日日新聞』八年九月七日号にみえる「横浜西ノ橋際の外国人氷室」に当たること、記事によると、中川の採取した函館氷がここで貯蔵され、それが東京に運ばれていたこともすでに述べた。中川は明治四年、東京に進出し、七年頃には函館に住所を移しているので、横浜での氷の事業をブラウァーに委託していたのであろう。

明治十一年五月、ブラウァーは事務所を八六番地に移し、社名を横浜アイス・カンパニーと変えている。[54] 翌年八月、機械製氷を試みるが失敗、『ジャパン・ディレクトリー』から社名が消える。[55]

町田房造の馬車道アイス

「わが国アイスクリームの父」としてすっかり有名になった町田房造だが、確かな史料は『横浜沿革誌』の明治二年六月の条に記された、わずか六行の記述しかない。都合により、三つの段落に区切って引用する。

①馬車道通常盤町五丁目に於て、町田房造なるもの氷水店を開業す。当時は外国人稀に立寄、氷又はアイスクリームを飲用す。本邦人は之を縦覧するのみ。店主為めに当初の目的を失し、大いに損耗す。

②尚翌三年四月、伊勢山皇太神宮大祭に際し、再ひ開業せしに、頗る繁昌を極め、因て前年の失敗を恢復せりと。

③爾来陸続来客ありて、恰も専売権を得たる如く繁栄を極めたり。之を氷水店の嚆矢とす。

日本アイスクリーム協会は昭和六十二年に『あいすくりいむ物語』[56]を出版したが、その編集の過程で、町田家に伝わる伝承と出島松造に関する伝承が付け加わり、その後憶測や誤解も付け加わって、現在では次のような説が定着しつつある。疑い深いと言われるかもしれないが、これらのうち、事実とは思えない点を【コメント】として付記する。

①町田房蔵（町田家では「房蔵」と表記）は旗本納戸役平馬の長男で、十六歳の時、咸臨丸に乗り込み、サンフランシスコで新知識に触れて帰国した。

【コメント】この話は信じがたい。町田の名は咸臨丸の乗組員名簿に見当たらない。水夫には氏名の判明しない人もいるが、れっきとした旗本が名簿から漏れるはずはない。なお、この話は町田家に伝わる伝承として、

『あいすくりいむ物語』の編集経過を記した加藤護「甘味発掘あいすくりん史」[57]に記されているが、『あいすくりいむ物語』自体には記されていない。

②房蔵は勝海舟に私淑し、居を海舟邸のある赤坂氷川町に移し、前後二回渡米して、製氷業、マッチ製造などを手がけた。

③出島は万延元（一八六〇）年、アメリカに密航。明治元年に帰国し、神奈川県牧畜係、東京青山の農業試験所に勤めた。

④帰国した出島が町田にアイスクリームの製法を教えた。

【コメント】出島の自伝（未公開）によると、帰国した出島は横浜で日本人にアイスクリームの製法を教えたという。その日本人が町田だった可能性はあるが確証はない。

⑤町田のアイスクリームは一人前の値段二分（現在の価値で約八〇〇〇円）と大変高価であった。

【コメント】この話は根拠が不明。「甘味発掘あいすくりん史」は『横浜沿革誌』に基づくというが、『横浜沿革誌』にこのような記述はない。

⑥日本アイスクリーム協会は、町田がアイスクリームを製造・販売した五月九日を「アイスクリームの日」とした。

【コメント】これは単なる誤解。東京アイスクリーム協会（日本アイスクリーム協会の前身）が、昭和三十九年、アイスクリーム・シーズンとなる連休明けの五月九日に記念事業を開催し、翌年からこの日を「アイスクリームの日」とした。町田とは関係がない。横浜では昭和五十三年からこの日に「馬車道アイス」が無料配布されるようになったので、このような誤解が生じたのだと思う。

⑦明治六年、出島は東京の開拓使官園で明治天皇にアイスクリームを献上した。

【コメント】これは憶測にすぎない。この話は『郵便報知新聞』明治六年七月二十九日号に、十七日のこととして出ているが、アイスクリームを献上したのが出島だったとは記されていない。そういうわけで、新しい史料が出てきて、裏付けが取れれば別だが、現在のところ、これらを史実の仲間に入れるのは時期尚早だと思う。

ところで、町田はアイスクリーム製造に必要な牛乳と氷をどうやって手に入れたのだろうか。一つ気になる記録がある。それは『横浜開港側面史』に収録されている鈴木隣松の次のような回顧談である。

「これは明治になつてからのことですが、中川嘉平という人が馬車道の通りへ氷屋を出して、函館氷を売り出した。一杯が天保一枚というのだから、当時の相場にすれば、素晴らしく高いものだが、何しろ土用の炎天に氷を食べるというのだから、天保銭の一枚や二枚にはかえられない。」「四、五日の間は大繁昌を極めたものです。」[58]

しかし、馬車道に氷屋を出して大繁昌したのが中川だとしたら、あたかも専売権を得たかのごとく、町田が繁栄を極めたという『横浜沿革誌』の記述と矛盾する。二つの記録を矛盾なく理解する方法は、中川の函館氷を町田が売り出したと考えることではないだろうか。当時、中川は牛乳の販売も行っていた。町田のアイスクリーム販売は、中川の事業のヴァリエーションだと言っても言い過ぎではないと思う。

機械製氷の始まり

中川嘉兵衛が窮地に陥っていた明治三年、岸田吟香と連名で大隈重信に提出した「上書」[59]によると、バージェス&バーディックは、「機械にて氷製造仕候者方」の氷も買い占めてしまった。そのことは『ファー・イースト』一八七〇（明治三）年七月一日号に、「バージェス&バーディックのウェンナム湖の氷のみならず、函館氷や良質の機械製氷をも手に入れることができるようになった」とある記事によって裏付けられる。

では明治三年に機械製氷を行っていたのは誰なのだろうか。残念ながらよくわからない。敢えて推測すれば、光学や航海用機械と武器製造業のファン・リサ兄弟商会ではないかと思う。のちにストルネブリンクとともに横浜アイス・ワークスの経営に参加しているからである。

記録の判明する最初の機械製氷工場は、兄トーマスを助けて銀座煉瓦街の建設にも従事したことのあるアルバート・ウォートルスが、明治十二年、谷戸坂入口の山手一八四番地に設立したジャパン・アイス・カンパニーであった。そこは山手居留地の縁、中川の横浜氷会社に隣接する土地であった。翌十三年五月十二日から販売を開始している[60]。しかし、翌十四年四月二十八日、施設が競売にかけられ、ファン・リサとストルネブリンクが落札して、横浜アイス・ワークスの名称で操業を再開した。十六年からストルネブリンクの単独経営となる。二十九年、横浜製氷株式会社が設立されて、その経営に移り[61]、大正元年七月には経営権が日本企業の帝国冷蔵に譲渡された。

横浜アイス・ワークス以来の工場は関東大震災で倒壊したが、その後再建され、一九九九年末まで神奈川日冷山手営業所が操業を続けた。経営者は幾度か変わったものの、一二〇年にわたって機械製氷が行われてきたことになる。跡地は現在山手迎賓館という結婚式場になっていて、壁際に「機械製氷発祥の地」のプレートが設置されている。その隣の中川の横浜氷会社があった場所は、現在みなとみらい線元町・中華街駅の元町口となっている。

第六章　健康を求めて

山手の外国人墓地にあるイギリス記念碑の周囲には、夥しい数の駐屯軍将兵の墓標が集められている。それらは戦死者ではなく、保養のために香港から移動してきた病兵だった。例えば、一八六五（慶応元）年九月十七日、アドヴェンチャー号でやってきた百数十名の兵士のうち、任務に堪えうるのは三分の一と報ぜられている。[1]第一一連隊の史料を保管する史料室では、「当時の中国・日本遠征では死者や病人ばかりで、何の役にも立たなかった」と語り継がれているという。[2]

横浜の気候は香港より良かったかもしれないが、衛生状態も良かったわけではない。彼らを待っていたのは天然痘（疱瘡）とコレラと赤痢の三重苦だった。疫病で死亡する将兵も多かった。保養のためには衛生状態を改善し、医療施設を整える必要があった。それはまた商船や軍艦など、寄港船舶の乗組員のためにも必要なことであった。多数の病兵の存在は、結果的には横浜の医療・衛生環境を改善することにつながった。

「はじめに」で述べたように、『横浜市史稿』には誤りが多いが、医療についてはとくにひどい。全体としてはすぐれた研究なのに、惜しいことに、『横浜市史稿』を信用してしまったため、その部分だけ誤りを犯している著作がかなりある。そこで、本書では、しつこいと思われるかもしれないが、『横浜市史稿』の記述については徹底的に見直すこととした。

居留地の開業医たち

外国人医師の来日は早かった。開港から四か月後の一八五九（安政六）年十一月五日、上海の新聞『ノース・チャイナ・ヘラルド』に「神奈川ホスピタル」の開業広告が出ている。医師の名はダッガン、開業は十月二十四日、場所は横浜、二五〜三〇名の患者を収容できるほか、個室が六つあるという。それ以上詳しいことはわからないが、これが外国人医師の開業第一号である。

同じ頃、二人のアメリカ人宣教医が来日した。一八五九年十月十七日に来日した長老派教会のヘボンと、十一月一日に来日した改革派教会（ダッチ・リフォームド・チャーチ・イン・アメリカ）のシモンズである。

一八六〇（万延元）年五月十四日のヘボンの書簡によると、彼はその頃希望者に無料で施療していたが、そのことを記した後に、「やろうと思えば大きな医療事業をすることができるのですが、わたしはそんな事は望みません。横浜には医者で生計を営むベーツ博士とダッチ・リフォームド・ミッションのシモンズ博士がおられるから、その方々に譲って、わたしは一切治療代をことわり、できる限りのものを全部、日本人に捧げるつもりです」と述べている。[3]

ベーツ博士というのは、『ノース・チャイナ・ヘラルド』一八六〇年六月二十三日号に、寄港船舶への往診の広告を出しているベーツのことである。「御開港横浜大絵図二編　外国人住宅図」に「アメリカ十七番ヘーッ住館」とあるのがこの人の病院であり、その場所はのちの三九番地に当たる。『ジャパン・ヘラルド』一八六一年十二月二十八日号に競売業者のショイヤーが、ベーツ所有の家具一式を競売にかける旨の広告を出しているので、ベーツはその頃横浜を離れたらしい。

シモンズの場合、しばらく神奈川から横浜へ往診に出かけていたが、一八六〇年十月に借家を得て本格的に開業した。『ノース・チャイナ・ヘラルド』十月二十七日号に開業広告を出している。

ヘボンが以前シモンズの住んでいた神奈川の宗興寺で診療所を開いたのは一八六一（文久元）年四月頃で、日本人を対象とする外国人の病院としてはこれが最も早い。同年九月八日のヘボン書簡によると、約五か月の間に計三五〇〇人の患者に処方箋を書いたという。しかし、幕府の妨害にあって閉鎖を余儀なくされ、横浜への移転を決意したヘボンは、翌一八六二年二月頃、三九番地の土地を取得している。これはベーツの病院の跡地であろう。この土地に施療所や礼拝堂に用いる建物を建設し、十二月に移転した。

一八六五年六月二日には元アメリカ海軍付外科医ヴェッダーが二七番地で開業した。のちに東京大学医学部長となる三宅秀（ひいず）はヴェッダーの助手を務め、西洋医学と英語を学んだ。その後、ヴェッダーはジョセフ・ヒコの仲介で長州藩の英学校に雇用され、明治元年正月に赴任するが、これは長州藩が幕府との交戦に備え、外科医としての腕を見込んだものであった。幕府崩壊後の翌二年四月、兵庫県知事となった伊藤博文とともに神戸に移り、新設された神戸病院の支配頭に就任した。神戸病院は現在の神戸大学医学部の母体となった。[4]

ヘボンと西洋目薬

ヘボンが神奈川の宗興寺で日本人を対象に施療所を開いたことはすでに述べたが、その繁忙ぶりを伝える一八六一年五月十七日付のヘボン書簡には、「多くは眼科の患者ばかりです」と記されている。その治療の経験から、岸田吟香に製法を伝授した目薬精錡水や、同じく牧野粂七に伝授した「平文の目薬」が生まれる。

岸田吟香が明治八年に配布した「目薬精錡水功験書」というパンフレットがある。[5] それによると、岸田は元治元（一八六四）年四月、眼を病み、ヘボンの治療を受けた。それがきっかけで助手となり、『和英語林集成』の出版を手伝うことになる。また、明治八年十月二十三日の『東京日日新聞』に彼が書いた記事によると、精錡水を売り出したのは慶応二年のことであった。明治八年春、岸田は横浜から東京に移転、秋には銀座二丁目に楽善堂という「煉瓦石屋」の店舗を設け、本格的に販売するようになった。外国からの注文も多く、上海に支店を設けた。

精錡水と守田治兵衛が万能薬として売り出した宝丹は当時のヒット商品であった。そのことを伝える新聞記事を二つ紹介しよう。

『新潟新聞』明治十年四月七日号に、小学校の校舎、精錡水と宝丹の看板の三つは至る所にあり、あまりに多いので「誠とに魄消(たまげ)たり」という記事が出ている。

『読売新聞』同年十一月一日号の記事によると、西南戦争に出征した兵士の間で、「美女をさして精錡水」という洒落が流行しているという。どちらも「目の薬」なのだという。

ヘボンから目薬の製法を伝授された人にもう一人、牧野粂七がいる。牧野はヘボンのもとで長らくコックとして働いていた。明治二十五年、ヘボンは帰国に際して、粂七の労に酬いるとともに、老後の収入源となるように、点眼水の調合法を伝授した。『横浜市史稿・風俗編』に収録されている「平文の目薬由来」によると、明治二十八年二月、南吉田町の里見松泉堂がその販売を始め、大正四年には新薬を加えて改良した。

ヘボンと義足の始まり

岸田吟香は明治元(一八六八)年、ヴァンリードが創刊した『横浜新報もしほ草』の編集者となった。その第二編(閏四月十七日)に、ヘボンの名声を高めた俳優沢村田之助の手術についての記事が出ている。おそらく岸田が書いたのだろう。

慶応三(一八六七)年九月、田之助は脱疽(体の一部が死ぬ病気)に罹り、ヘボンの治療を受けた。記事には、ヘボンは「右の脚を股の処より切とりて、あとに薬をつけたり。扨そのときたのすけのたのみにて、平文の国許へ脚を注文せしが、二三日前にあつらへのあし一本あめりかより来れり。近きうちに、あしつぎに、田之助よこはまへきたるべし」と記されている。

また、『明治事物起源』には、手術の行われたのは慶応三年九月十五日、「コロロホルムを少し嗅がせおき、煙草二服許の間に手術を終り、跡始末も済む」「これ、邦人、コロロホルム（麻薬）を嗅ぎて、外科手術を受けし始なるべし」と記されている。

義足を装着した田之助は、明治元年五月、横浜の下田座でお礼興行を行い、大評判となった。兄の訥升らを含む豪華な大一座で、「大幟、積樽、万灯、連ね提灯が飾られ、また附近一帯の商家の店先には、掛行灯や、贔屓客より贈られた幟が立ちならび華やかなものであつた」と伝えられている。[6]

しかし、『横浜市史稿・風俗編』によると、病状はさらに悪化し、再度ヘボンの手で「左脚と手指の左二本、右三本を切断」した。その模様を描いた浮世絵師楊洲周延の肉筆画には、[7]左足を切断したのは明治二年末のことで、時に二五歳だったと記されている。

この出来事についてはいくつか誤伝がある。

その一。伊藤保二『開港時代文化伝来史話』[8]には、最初「左足」、次いで「右足」を切断したと記されている。これは単純ミスだと思う。

その二。『横浜市史稿・風俗編』には、田之助の希望で「魔酔剤を用ゐず」手術を行い、「一同其豪気を驚嘆せざるものは無つたと云ふ」と記されているが、麻酔なしとは常識的に考えられない。高谷道男氏はその著『ドクトル・ヘボン』[9]の中で、「平文先生のようなアメリカ名医が魔酔剤を用いないとは考えられず、『明治事物起源』にある通りコロロホルムを用いたと云うのが正しいと思う」と述べている。

もっとも、『明治事物起源』が「邦人、コロロホルム（麻薬）を嗅ぎて、外科手術を受けし始なるべし」とするのは誤りで、それ以前にもあった。『伊東玄朴伝』によると、伊東は文久元（一八六一）年六月三日、江戸でクロロホルムを用いて足の切断手術を行っている。[10]

図13　フランス之名医足病療治
歌川重政（三代広重）画。慶応二年三月刊。
横浜開港資料館所蔵

その三。「フランス之名医足病療治」と題する錦絵は、『横浜市史稿・風俗編』が「米国名医ヘボン博士が名優沢村田之助の脱疽治療を描いたもの」として口絵に掲載したので、誤解が広まってしまったが、浮世絵に記された改印から手術より前の慶応二年三月に発行されたことが明らかであり、この出来事とは関係がない。絵師の名も重政となっており、重政は手術が行われる前の同三年三月までには三代歌川広重を襲名しているからである。

ジェンキンスと横浜ホスピタル

ヘボンやシモンズの盛名に隠れて見逃されがちだが、医療の歴史の上からは、公共的な総合病院の果たした役割のほうが大きいと思う。その最初は、一八六三（文久三）年四月、居留地の八八番地にオープンした横浜ホスピタルであった。治療に当たったのは元英公使館付医師のジェンキンス、プロイセン領事フォン・ブラントが管理委員会議長を務め、居留民の献金によって一八六六（慶応二）年末頃まで維持された。弁天地区に新たな敷地を確保して日本人の治療に当たる計画も立てられ、神奈川奉行から好意的な反応を得たらしいが、残念ながらこの計画は実現しなかった。[11]

ジェンキンスの後輩に当たる英公使館付医師ウィリスが、一八六四年八月二十六日付で兄ジョージに宛てた手紙によると、ジェンキンスの患者は「ひとりではさばき切れないほど」多かった。[12] また、『ヤング・ジャパン』

によると、ジェンキンスは無報酬で働き、医薬品は香港の病院船から供給され、寄付金も多かったが、それでも収入は支出に見合わなかったという。[13]

横浜ホスピタルは短命ではあったが、オランダ海軍病院とともに、横浜各国病院（ゼネラル・ホスピタル）の源の一つとなったものとして、もっと注目されてもよいと思う。

薬局の始め

一八六四（元治元）年三月頃、ハリスが居留地八一番地で横浜メディカル・ホールを開業した。[14] これが外国人経営の薬局第一号であった。しかし、翌年には廃業しており、長続きしなかった。

薬局開設の動きはそれ以前からあった。ジェンキンスは薬剤師の資格も持っており、一八六三年末、公使館で同僚だったウィリスと組んで、薬局の開設を計画した。その頃、ウィリスは兄ジョージに宛てて、「現在、まだ横浜には薬局がありません」と書き送っている。[15] ジョージがイギリス側代理人の役割を果たして準備が進められ、香港ディスペンサリーにいたポルトガル人の薬剤師コラドが来日する運びとなったが、到着が遅れ、一八六四年五月二十八日、九六番地で横浜ディスペンサリーを開業した。その間、横浜メディカル・ホールに先を越されてしまったのだった。

コラドの来日が遅れたのは、もともと乗り気でなかったかららしい。数か月後には妻子に会いたいと言って香港に戻ってしまった。薬局はしばらく休業状態となったが、十月一日、上海で薬剤師をしていたイギリス人ハートレーが来日し、穴を埋めてくれた。翌一八六五年初頭にはジョージが斡旋したドウが到着し、経営が軌道に載る。その後、明治八年にノース&トンプソン、十七年にはノース&レーと、経営者と名前を変えながら、横浜居留地の代表的な薬局の一つとして大正十年頃まで存続した。

横浜ディスペンサリーを辞めたハートレーは独立し、五一番地で薬局を開いた。薬品のみならず、洋書の輸入、生糸や茶の輸出から運送業にまで手を拡げたが、明治十年から翌年にかけて、アヘンの輸入をめぐって日本政府と紛争を惹き起こし、日本を離れた。[16]

各国疱瘡病院と海軍病院

イギリス軍の多数の病兵が横浜に送り込まれたことについてはすでに述べた。イギリスは元治元（一八六四）年夏、アメリカに貸与された領事館用の山手の土地を又借して、陸軍病院（屯所附病院ともいう）を設けた。慶応三（一八六七）年正月、アメリカが土地の返還を求めたので、同年四月、別に山手八三番地（現在双葉学園所在地）に土地を得て移転した。[17]この病院は駐屯軍の規模縮小にともない、また別に海軍病院が設立されたこともあって、明治四年に廃止され、十二月に土地が返還された。

横浜にやってきた兵士たちを待ち構えていたのが、天然痘（疱瘡）とコレラと赤痢の三重苦だったことはすでに述べた。とくに天然痘が猛威をふるった。そこでイギリスは元治元年九月、海軍の付属病院として、山手の額坂上（のちの山手七六番地）に疱瘡病院（Small Pox Hospital）を設け、ウィリスが治療に当たった。[18]これが「わが国最初の伝染病予防隔離病院」であった。[19]

外国側は「海陸軍病者其他疱瘡病人」のための医療機関の整備について日本側の負担を求め、元治元年十一月に締結された「横浜居留地覚書」第二条で幕府に約束させた。疱瘡病院については、翌慶応元（一八六五）年五月、英公使パークスが幕府に申請して、イギリスの疱瘡病院を覚書の規程に該当する各国軍共用の疱瘡病院とした。

海軍病院はフランスが早く、領事館用地として取得した居留地九番地に、一八六四年六月中にはすでに建設を始めている。[20]「横浜居留地覚書」締結以前のことであり、その条項とは関わりなく設置されたのだが、明治五年に覚書に基づく海軍病院として追認された。

オランダ海軍病院は、一八六六（慶応二）年六月十日、のちの山手八二番地Ｂに当たる海軍物置所地所の一部に設けられた。[21]

イギリス海軍病院は明治元（一八六八）年十一月、山手一六一番地に開設された。駐屯軍が撤退した後、明治八年九月にキャンプ跡地の一一四番地、一一五番地、一八九番地の三区画に移転した。現在イギリス館や大仏次郎記念館、港の見える丘公園のある一帯である。

なお、『横浜市史稿・政治編三』には、イギリス海軍病院について、わけの分からないことが書かれているので要注意。同書によると、一六一番地の土地は「病院建設の為めに貸渡したものであるにも拘らず、英国は之を他の目的に使用してゐた」と言うのだが、根拠不明。この時期の『ディレクトリー』にも地図にも、この土地はイギリス海軍病院と記されているし、『ディレクトリー』には担当医師の名前も記されているので、病院として使用されていたのは確かだと思う。また、一一四番地等三区画に病院ができた年を「明治十二年」としているが、これは正式な土地の「特別貸渡証券」（使用目的を限定した地券）が交付された年であって、実際には明治八年に貸与されているので、この年すでに病院はできていたと思う。

アメリカは明治三年十二月、山手九九番地に設置した。[22] 港の見える丘公園と外国人墓地の間、地方気象台やブラフ99ガーデンのある一帯である。ドイツ海軍病院は山手四〇番地（現在元街小学校所在地）に明治十一年六月一日、開院している。[23]

中華同済病院と清国避病院

文久二（一八六二）年、旧埋立居留地（元横浜新田）の一画、一三五番地に中華同済病院ができた。公共的な病院としては横浜ホスピタルより早い。同じ年に一四〇番地にできた関帝を祀る祠（関帝廟の起源）とともに、この二つの場所と施設は中国人のコミュニティの核となった。[24]

明治十年、コレラが流行したので、中華会館総代が中国人のための伝染病院用地の借用を申請した。そこで神奈川県は、十四年、久良岐郡中村字山田（現在南区中村四丁目）の土地を同済病院に貸与、九月二十日に建設工事が始まった。この病院は同済病院の分院だが、日本人からは清国避病院と呼ばれた。関東大震災で被災し、再建されなかった。[25]

西洋歯科医学の伝来

一八六五（慶応元）年十月、上海からアメリカ人歯科医師イーストラックが来日し、九日から翌年五月二日まで一〇八番地で診療を行った。これが歯科医師の来日第一号であった。その頃、先述のヴェッダーが一〇八番地に移転しているから、[26]ヴェッダーの診療所の一室を借りて診察に当たったのであろう。イーストラックは一八六〇（万延元）年五月、香港に渡り、上海へも往診に出向いていた。一八六五年頃から上海を中心に活動するようになる。[27]

宣教師S・R・ブラウンの甥にウィンという歯科医がいた。ウィンは一八六七（慶応三）年一月に来日し、香港と行き来しながら、イーストラックと同じく、一〇八番地のヴェッダーの診療所を借りて診療に従事した。[28]この間、『万国新聞紙』の第一集（慶応三年正月中旬）から第五集（同六月中旬）に「口中一切療治仕候　一〇八番ウヰン」という広告を出している。

一八六八（明治元）年頃、イーストラックとウィンは上海で診療所を共同で経営するようになり、時期は不明だが、横浜居留地一六番地にも出張所を設けて、明治元年中にイーストラック、ついでウィンが診療に当たった。『ジャパン・ウィークリー・メイル』一八七〇年六月四日号に「イーストラック&ウィン」の名でウィンが広告を出している。

イーストラックはその後ドイツへ移住、一旦香港に戻ったのち、日本を終生の地と定め、明治十六年二月二十一日、再々度来日して横浜居留地六六番地で開業した。十八年頃東京へ移り、二十年二月二十六日に死去、東京青山墓地に葬られた。

ところで、イーストラックは多くの史料にEastlackの綴りで記されているが、『開国歯科医人伝』[29]に写真が掲載されている名刺や学位証書ではEastlackeとなっており、この方が正式の綴りだと思う。しかし、明治十七年版『ジャパン・ディレクトリー』のアルファベット順名簿にはEastlakeと記されている。この頃、「東湖」（=East Lake）の号を持つ長男フランクが来日したことと関係があるかもしれない。しかし、その後もEastlackeと記されることもあり、なんとも紛らわしい。「語学の天才」と呼ばれたフランクは語学教育の分野で活躍した。それとともに「イーストレーキ」の名が広く知られるようになり、父も「イーストレーキ」と呼ばれるようになるが、本書では「イーストラック」を用いた。

『開国歯科医人伝』によると、イーストラックが二度目に来日した明治元年七月、長谷川保兵衛が助手となり、香港やドイツにも同行した。長谷川は明治八年十月五日に帰国し、東京で開業した。イーストラックがドイツから香港に移った際には、長谷川門下の安藤二蔵が香港に渡って助手を務めた。明治十二年頃のこととされる。安藤はイーストラックとともに横浜に移り、弁天通六丁目一〇六番地で開業したが、惜しくも早世した。横浜では、やはり長谷川門下の佐藤重がイーストラックの助手を務め、のちに東京で開業している。[30]

横浜各国病院（ゼネラル・ホスピタル）

一八六六（慶応二）年末に横浜ホスピタルが閉鎖されたのち、その代わりの役割を果たしたのは山手のオランダ病院であった。

一八六五年五月、ともに元オランダ軍艦付医師のメイエルとヨングが四一番地で開業した。[31] 両医師は一八六六年からオランダ海軍病院にも勤務するようになる。慶応三（一八六七）年三月下旬発行の『万国新聞紙』第三集に両医師が出した広告によると、この頃オランダ海軍病院は「各国一般の病院」に改組され、「各国貴賤」の区別なく診療することになった。邦文広告を出していること自体、日本人も診療の対象としていたことを示している。

『デイリー・ジャパン・ヘラルド』一八六七年三月三十日号には、山手の「ゼネラル・ホスピタル」で、患者用の食堂に備えられていたビリヤードの球が盗まれた、という両医師の広告が掲載されており、「各国一般の病院」は英語では「ゼネラル・ホスピタル」と呼ばれていたことがわかる。

欧米人にとって唯一の公共病院の役割を果たしていたオランダ病院だが、横浜ホスピタル同様経営難に陥り、閉鎖されようとしていた。そこで、一八六七年末、ウィルキンを中心とする居留民の間から公共的な病院を維持しようとする運動が起こった。そのための第一案はオランダ病院を医師・建物ごと借用する、つまりオランダの出費を居留民が肩代わりするというもの、第二案は横浜ホスピタルを再建するというものであった。翌一八六八（明治元）年一月六日、領事や居留民の参加する会議で第一案が採択され、横浜各国病院（Yokohama General Hospital）が発足する。[32]

『内外新報』一八号（明治元年閏四月二十二日）に、ウィルキンの出した「横浜病院」の広告が掲載されている。それを見ると、入院患者には一等一日四ドルから三等一ドル半までの区別があり、日本人・中国人・マレー人は一律一ドルであった。通称を山手病院（Bluff Hospital）といい、領事団の監督のもと、居留民の代表で構成される委員会と多くの医師が運営に当たった。

横浜各国病院の土地は、一旦オランダが日本政府に返還し、明治二（一八六九）年二月一日、改めて領事団に貸与、四年四月十一日付で特別貸渡証券が交付された。創立時の横浜各国病院を担ったメイエルは一八六九年八月に死去し、後任にイギリス人ダリストンが就任した。

一八六九年中には新しい病棟の建設が進められ、翌一八七〇年二月に完成した。それには天然痘（疱瘡）病棟が含まれていて、一八六九年の年次報告のタイトルは「横浜各国及び疱瘡病院（The Yokohama General and Small Pox Hospitals）」となっている。[33] 一八七〇年中の患者数は四〇三名、一番多いのはイギリス人の一三五名、日本人も二三名いる。等級別では三等の二一八名が多く、無料（Charity）も五九名いる。[34]

細かいことながら、『横浜開港五十年史』[35]は、土地が領事団ではなく、「蘭医」ダリストンに貸与されたと記しているが、土地が貸与されたのはダリストン就任以前のことなので、それはありえない。ダリストンを「蘭医」とするのも誤りである。メイエルとの混同かもしれない。隣のオランダ海軍物置所増地（八二番地A）も横浜各国病院用地に編入されるが、『横浜開港五十年史』がそれを明治十一年十月に認可されたと記しているのも根拠不明。条約改正時に日本政府が実施した調査では、その時期は不明とされている。[36]『横浜市史稿・政治編三』は『横浜開港五十年史』の誤りを引き写すとともに、横浜各国病院の起源をイギリスの屯所附病院とするなど、さらに誤りを重ねているので要注意。

ダリストンの死後、アメリカ人エルドリッジやイギリス人ウィーラー、同じくイギリス人で考古学やアイヌの研究でも知られるマンロー、フランス人メクル、石浦徳太郎ら、名立たる医師たちが運営に当たった。

横浜各国病院は関東大震災で被災したのち、中村町唐沢の各国伝染病院跡地に移転し、大正十四年九月三十日に新築落成、[37] 昭和十二年、旧地を含む山手八一、八二番地に戻った。第二次大戦中の十七年、敵国財産に指定されたため、翌年、日本法人としての財団法人横浜一般病院が設立され、診療を継続した。十九年、山手の病院は横須賀海軍病院に貸与され、横浜一般病院は相生町に移転した。戦後の二十一年、国際親善病院と名称変更、平成二年、泉区西が岡に移転して、現在の国際親善総合病院となった。

他方、山手の病院は一時連合国軍に接収されたのち、在日外国人の手に戻り、二十五年から山手病院（ブラフ・ホスピタル）が正式名称となる。しかし、外国企業の東京移転、横浜居住外国人の減少などによって経営難となり、五十七年に閉鎖された。現在、同じ場所にブラフ・クリニックという病院ができている。

各国伝染病院

明治十年、コレラが流行したが、各国疱瘡病院は施設が老朽化したうえに、周囲に住宅が立て込んできたため、それに対応することができなかった。そこで新たな伝染病院の建設が課題となった。翌十一年七月、久良岐郡中村字中居台（現在南区唐沢）に用地が無償貸与され、そこに各国疱瘡病院と横浜各国病院内の天然痘病棟が移転し、軍人も一般人も、天然痘もコレラも扱う各国伝染病院となった。[38] 英語ではInfectious Ward、日本語では外国人避病院という。関東大震災で被災したのち再建されず、跡地は同じく被災した横浜各国病院の再建用地として利用された。

横浜軍陣病院

戊辰戦争では、刀や槍ではなく、近代的な銃器が使用されたため、銃器による傷の治療に習熟している外国人医師の治療が求められた。そこで新政府は明治元（一八六八）年閏四月十七日、横浜の野毛町林光寺下にあった修文館に軍陣病院を設け、ともに英公使館付医師であったウィリスとシッドールに治療を要請した。修文館とは神奈川奉行所役人の子弟のための漢学稽古所として設けられていた施設である。一時は患者を収容しきれなくなり、太田陣屋も利用された。十月、東京下谷の津藩邸跡に移転、拡充されて東京府大病院となった。医学校も併設され、東京大学医学部及び付属病院の源流の一つとなった。

軍陣病院での治療の様子について、『横浜沿革誌』（明治元年四月条）は次のように記している。

「負傷者中、或は腕、或は足部を切断する等、之を聞知するもの戦慄せしが、当時、看護婦人は頗る勤勉、病者を慰する等、其効著しと賞賛せらる。」

軍陣病院が横浜に存在したのはわずかな期間だったが、「西洋外科医学の優秀性を立証」[39] するものとして、日本人に強い印象を与えた。また、看護活動の重要性を認識させる機会となった。外国人医師の指導のもとで日本人が運営した病院としても注目される。

横浜に軍陣病院を設けたのは新政府側だけではなかった。幕府側も明治元年正月中旬から二月末にかけて弁天地区にあった語学所（幕府が設置した英語とフランス語の学校）に軍陣病院を設けた。ここには負傷した新撰組隊士などが榎本武揚の率いる幕府軍艦で移送され、フランス人医師から治療を受けた[40]。『横浜沿革誌』が「房・総両国の戦争に負傷せし官兵数十名上陸し、弁天元語学所を仮病院とし、英国医士ウイリスを招聘し治療す」と記しているのは、幕府の病院と新政府の病院を混同したもの、『横浜市史稿・政治編三』も同『風俗編』もこの混同をそのまま引き写しているので要注意[41]。

横浜十全医院——日本人による公共的総合病院の最初

外国側は横浜各国病院などの医療施設を整え、日本人の患者も受け入れていた。ヘボンのように日本人の治療に当たる開業医もいた。神奈川県としては、そのような事態は甚だ不本意であった。このままでは日本人が外国側に懐（なつ）いてしまい、外国側もそれを意図している様子が見える、ことに「僧にて医業を兼ね、御国人も療治致し候者」（ヘボンのこと）は人々をキリスト教に引き入れようとしているのではないか。そこで県は明治三年八月、横浜に病院を設立すべきことを政府に訴えた[42]。これを機に日本人の手になる公共的な総合病院設立の動きが始まり、十全医院に結実する。

十全医院設立の経過を『神奈川県史料・五巻』によって整理すると次のようになる。

①明治四年四月中、県は布達を出し、寄付金を募集して、中村山上に病院を建てようと計画したが、実現しなかった。

②八月中、「元弁天」に「市中共立仮病院」が設立され、九月一日に開業した。

③五年七月、太田町六丁目に移転、九月に開院した。

④三井八郎右衛門ら、おもだった商人二〇名から六千六百円の献金が寄せられ、六年五月三日、県は彼らに賞誉の銀盃を与えた。

⑤六年九月一日から九年八月三十一日まで、常勤医師としてシモンズを雇用する契約が結ばれた。

⑥野毛山にあった修文館が花咲町の高島学校へ移転したので、六年十二月、修文館の跡へ病院を移した。現在老松中学校のある場所である。

⑦七年二月、十全医院と命名された。

概略は以上の通りだが、いくつかの異説があるので、話が細かくなるけれども、詳しく述べることにする。

①仮病院の設立主体について。このことに関する確かな史料は、明治四年八月二十日に出された県布達しかない。この布達は『神奈川県史料・五巻』に収録されているが、『横浜毎日新聞』（八月二十一日）にも掲載されている。

布達によれば、病院設立の主体は神奈川県であり、野毛山上に設立されるが、建物ができるまでの間、元弁天に仮病院を設け、九月一日より開業する。治療に当たるのは、早矢仕有的（はやしゆうてき）、波多潜哉、シモンズだとされている。先述のとおり、三年八月、県はすでに病院設立の必要性を訴えていた。仮病院設立の主体が県であったことを疑う理由は何もない。

ところが『横浜開港五十年史』（下巻、二七〇ページ）は、県ではなく、早矢仕有的等が北仲通に仮病院を建設したのだという。しかし、その根拠は示されていない。また、『横浜市史稿・風俗編』は四年八月の県布達と『横浜開港五十年史』の説を折衷するかのように、早矢仕等が県に働きかけた結果、設立されたのだとしているが、やはり根拠は示されていない。

②仮病院の太田町六丁目への移転について。野毛山上に建物ができるまでの仮病院がさらにまた仮の場所に移

るのは不自然であり、何か理由があったに違いない。しかし、『神奈川県史料』によると、「旧記散逸」して詳しいことはわからない。

『横浜開港五十年史』は、仮病院は設立後間もなく焼失し、「横浜には一の病院なかりし」という事態になったので、県権令大江卓が「盛んに病院の必要を説き」、五年七月、太田町六丁目に仮病院を設立したと記している。太田町へは移転したのではなく、仮病院が焼失したので、新たに建設されたのだという。しかし、その根拠は示されていない。

仮病院設立直後の四年九月二十七日、病院内に仮種痘所が設けられたが、六日後の十月三日に焼失してしまった。『横浜開港五十年史』は仮病院と仮種痘所を混同した可能性がある。『神奈川県史料』の病院に関する部分は明治七年にまとめられており、仮病院の設立から数年しか経っていない。それが火災に遭ったのならば、そのように記されたはずだと思う。『横浜町会所日記』（九七ページ）によると、仮病院から出火したが「壱軒焼」だけで鎮火したという。焼失したのは仮病院の全体ではなく、仮種痘所が置かれていた建物だけだったのではないか。

なお、仮病院設立の経緯について、『横浜市史稿・風俗編』は三つの誤りを犯している。第一に、仮病院の開院を八月二十日としているが、それは明治四年の布達の引用に当たって、なぜか「来る九月朔日より」を落としてしまったので、布達の日付を開院の日付と間違えてしまったのである。第二に、この日付を元弁天の第一次仮病院ではなく、第二次仮病院の設立としている。第三に、第二次仮病院の場所を「相生町六丁目とも、太田町六丁目とも云ふ」と記しているが、六年三月の大火後の区画整理により、太田町六丁目の町名が相生町六丁目に変わったのであって、両者は同じ場所である。『横浜毎日新聞』七年二月二十日号には、「相生町六丁目、元横浜医院の地」を競売にかける旨の県布達が掲載されている。

③病院の名称について。十全医院という正式名称が付く前は、名前も仮称であり、一般には「横浜病院」あるいは「横浜医院」と呼ばれていた。

「横浜病院」と呼ばれていた例。明治五年十月付で配布された「横浜病院規則」という刷物が存在する。六年五月の献金者への賞書、同年八月二十一日付『横浜毎日新聞』への投書にも「横浜病院」とある。

「横浜医院」と呼ばれていた例。シモンズの雇用契約書の第一条、先の相生町六丁目の土地の競売記事には「横浜医院」と記されている。

シモンズの雇用契約書の第一条には「横浜医院」と記されているのに、契約書のタイトルは「横浜市中共立病院ノ為雇入候米国人セメンス氏ト取結ヒシ条約」となっており、「横浜市中共立病院」とも呼ばれていた。県権令大江卓の文部省への六年九月一日付報告書にも「市中共立病院」、同じく大江卓のシモンズの雇用に関する同年五月二十七日付大蔵省宛伺には「市中病院」という呼称が見える。これらはこの病院の独特の運営形態に着目した呼び方だと思う。

ところが、『横浜市史稿・風俗編』は、名称が「横浜市中病院」→「横浜共立病院」→「十全医院」と変わったと記している。ここには一つの事物には一つの名称しかないという硬直した考え方があるのではないか。こういう硬直した考え方では、一つのリンゴが、青森のリンゴ→赤いリンゴ→丸いリンゴ→おいしいリンゴというように次々と名称を変えることになってしまう。

④シモンズの雇用について。仮病院創立時の四年八月二十日付県布達によって、シモンズが当初から週一回出勤していたことがわかる。五年十月の「横浜病院規則」では日曜を除く毎日勤務することになっていた。正式な雇用契約締結以前に、実際には常勤医師としてすでに働き始めていたことがわかる。なお、『横浜市史稿・風俗編』がシモンズについて、「東京大学南校御雇医師」としているのは大学東校の誤り。ただし、大学東校がシモンズの雇用を決定したことは事実だが、実際に勤務したかどうかは、研究者の間で意見が分かれている。荒井保男『ドクトル・シモンズ――横浜医学の源流を求めて』[43]が勤務したと推測しているのに対して、小玉順三『幕末・明治の外国人医師たち』[44]は勤務しなかったと考えている。

⑤病院の運営形態について。『横浜市史稿・政治編三』は、十全医院と命名したのち、「爾来神奈川県庁の管理に属した」と記しているが、この病院は最初から県の管理下にあった。ただし、県立あるいは県営というような単純なものではなかった。十全医院の敷地・建物は共有物であった。共有物とは貿易商が負担する歩合金（売上金の千分の五）の積立金で購入した土地や建物のことを言う。六年五月に区番組制が制定されて以降、県の行政単位である第一区が管理していたが、その運用には貿易商の発言権が大きかった。シモンズの雇用を申請したのは第一区副区長の高島小八郎と第一区一番組戸長兼病院掛の島田豊寛であり、雇用契約書には高島が署名し、県権令大江卓がそれを保証するかたちをとっている。

病院の運営には県庁から千葉鉄蔵が病院掛として関与するとともに、会計掛として島田豊寛の他に、渡辺福三郎らの有力商人が名を連ねていた。文字通り「市中共立病院」であり、官民共立の病院であった。領事団の監督のもと、居留民の代表による委員会が運営していた横浜各国病院が参考とされたかもしれない。また、先の「横浜病院規則」によると、「有志ノ商民ヨリ寄附シタル救助金」によって「貧民ハ無代」とされており、社会福祉事業としても先駆的なものであった。これも横浜各国病院で貧しい人には無料で診療が行われていたことを参考にしたかもしれない。

⑥十全医院のその後。「官民共立」というと聞こえがいいが、トラブルが起きることもあった。共有物の運用の主体は官なのか民なのか、民とは貿易商のことなのか、市民全体のことなのか。明治二十年代になると、こうした矛盾が顕になり、共有物事件と呼ばれる訴訟に発展する。詳しいことは省略するが、[45]結果的には、明治二十二年四月に横浜市が成立して以降、共有物の大半は順次横浜市の財産となった。十全医院も二十四年三月、横浜市に移管された。

明治二十二年、初代日本人院長として広瀬佐太郎が就任、三十一年三月には看護婦養成所が開設された。[46]関東大震災で類焼したが、震災後は浦舟町に再建され、昭和十九年、横浜市立医学専門学校付属十全病院となり、現在の横浜市立大学附属病院に継承されている。

種痘の強制実施

一七九六年、イギリスの医師ジェンナーが牛の天然痘である牛痘の膿を人に接種して軽度の天然痘を起こさせ、免疫を得る牛痘法を考案した。この牛痘法は嘉永二（一八四九）年、オランダ人医師モーニッケによって長崎にもたらされ、蘭方医の手で各地に伝えられた。安政五（一八五八）年には江戸に「お玉が池種痘所」が設立された。

神奈川宿の医師、佐藤汶栖が記録した「金川日記」の安政三年九月八日条に、本多良斎が隣家の子に種痘をしたという記述がある。[47] 横浜開港資料館には「種痘医本多良斎」による明治十三年の種痘済証が保存されており、[48] 本多は早くから種痘に取り組んだ医師だったようだ。

また、生麦村（現在鶴見区）の名主家に伝わる「関口日記」には、安政五年四月十二日、神奈川宿の高橋という医師が「植疱瘡」に来たという記事を始めとして、「植疱瘡」についての記事がいくつか見られる。[49] この頃には横浜近辺でも種痘がある程度普及していたことがわかる。しかし、少数の医師の努力だけでは天然痘の流行を抑えることはできなかった。

先述のとおり、外国側はいち早く疱瘡病院を設立して患者を隔離し、感染の予防に努めたが、それだけでは日本人からの感染を防ぐことはできなかった。そこで神奈川県は種痘の強制実施に踏み切るのだが、それには二つの背景があった。一つは、三年四月二十四日、政府が「種痘方規則」を布告して、各府藩県に種痘の実施を促したことである。神奈川県の場合にはもう一つ、英海軍付医師ニュートンの働きかけが大きかった。ニュートンは英公使パークスを通じて公使団と外務省に働きかけ、外務省を通じて県を動かしたのであった。

県は明治三年十一月十五日付で布達を出し、生後七五日以降の天然痘未発症の小児全員を対象に、ニュートンと早矢仕有的、松山不苦庵の三名の医師により、横浜は吉原町会所、神奈川は元本陣石井源左衛門宅、川崎は元本陣田中兵庫宅で、官費による種痘を実施することにした。

この点に関して、『横浜市史稿・風俗編』には三つも誤りがあるので要注意。一つはニュートンを「県庁御雇」としている点。ニュートンは英海軍付医師の身分のまま、パークス公使の配慮によって県のために働いたのであって、県に雇用された事実はない。第二に、ニュートンとともに種痘に当たった日本人医師を松山棟庵としている点。棟庵と不苦庵は別人である。ニュートンは慶応三（一八六七）年、吉原町会所で梅毒の治療を始めたが、不苦庵はその助手を務め、種痘の実施にあたっても行動を共にしたのであった。第三に、「是れ実に我国に於て官設に係る種痘所開設の嚆矢」としている点。幕末の万延元（一八六〇）年十月、「お玉が池種痘所」の後身として、すでに幕府による官立の種痘所が設立されている。[50] 神奈川県の種痘事業のうち日本最初と言えるのは、全額官費による強制実施という点である。

県は種痘の強制実施を決定したが、パークスから見るとそれではまだ不十分だった。十一月十八日付で外務省に宛てて、疱瘡病院を建設すること、家ごとに検査して、罹患者を病院に収容すべきことを要請した。また、ニュートンの意見を容れて、県と公使団に働きかけ、十一月二十二日、イギリス領事館で横浜在住の外国人医師と知県事井関盛艮（もりとめ）の出席する会議を開催、席上井関は徹底的な種痘の実施を約束した。

これを受けて県は同年十二月、三つのケースに即して患者を隔離する対策を立てた。一つは「居宅奥深」に隔離すること、家が狭い場合は郊外の親類などに隔離すること、身寄りのないものは「神奈川宿元本陣石井源左衛門・程ケ谷宿本陣苅部清兵衛方」に設置された「仮病院」に隔離することである。この頃、ニュートンは日本人医師とともに、「管下十里部内ヲ巡回」し、各所に出張所を設けて官費による種痘を実施した。

元本陣に設けられた「仮病院」は病院の名に値するものではなく、利用者もほとんどなかった。そこで県は中村山上に伝染病院を兼ねた病院を建設する計画を立て、四年四月二十日付で寄付金を募る布達を出した。しかし、先述の通り、寄付金が集まらなかったらしく、計画は実現しなかった。イギリス領事館での会議の席上、井関は「病院建設についても困難はなかろう」と述べているが、[51]その見通しは甘かったようだ。

中村山上に病院が建設されなかったので、四年九月二十七日から、元弁天の仮病院で種痘を実施することになった。ところが、この「横浜町仮種痘所」は六日後の十月三日に焼失してしまったため、「元弁天浅岡琳斎宅」に移し、十一日から種痘を再開した。

なお、県下全域では同年九月十九日から、「駅村寄場組合」ごとに、官費ではなく、受益者負担により、その地で種痘免状を所持する医師が種痘を実施することとした。翌五年四月には「種痘規則」を公布し、徹底を図った。第五則に種痘を受けた子どもに公布する「鑑札」の規定があるが、これは種痘済証の起源をなすものだと思う。

十全医院の事業が軌道に乗ると、種痘も十全医院とシモンズが中心となる。七年七月に先の規則を改定し、第一大区の住民には主として十全医院で種痘を実施すること、そうでない場合も「種痘済ノ証券」の発行は十全医院で管理することとした。また、同年十二月二十八日には、シモンズの建言により、県全体を対象とする「新立種痘所定規」を定め、翌八年二月一日から実施することとした。それによると、十全医院を種痘本局とし、一大区ごとに種痘医師一〜三名を置き、各小区を分担して実施することとされている。なお、『横浜市史稿・風俗編』がこの「定規」の制定を明治十年と記しているのは誤り。[52]

避病院の始まり

明治十年、コレラが流行し、当時避病院と呼ばれた隔離病院の設置が避けられないものとなった。そこで県は九月十九日、太田村字西中耕地（現在南区三春台、太田小学校付近）に太田避病院を設置した。東京で避病院が設置されたのは十月三日なので、わずかに早く、これが「日本で最初に設けられた避病院」であった。[53]ついで二十一日までに富岡村字小クツモ（現在富岡総合公園所在地）に富岡避病院を設置し、船中及び旅行中の患者を受け入れた。

『横浜市史稿・政治編三』は避病院についても間違えている。四年四月二十日の県布達を根拠に、中村山上に避病院が設立され、「これが横浜に於ける避病院の嚆矢であつた」と記しているが、この記述は二重に間違っている。先述の通り、これは伝染病院を兼ねた総合病院設立の計画であった。しかも、実現されることなく終わったのである。

これらの避病院は流行が収まるとともに一旦閉院となったが、十二年にまたコレラが流行した。そこで県は八月四日、太田避病院に代えて、旧吉田新田内和泉町（現在南区浦舟町四丁目、横浜市立大学附属市民総合医療センター所在地）に和泉町避病院を設置するとともに、神奈川と戸部にも避病院を設置した。前者は神奈川伝染病院（現在神奈川区三ツ沢上町）、後者は戸太町伝染病院（現在西区境之谷）と呼ばれることになる。

これら避病院は十全医院の付属であった。二十四年四月、十全医院とともに避病院も横浜市に移管された。三十三年、万治病院と改称、翌年、神奈川と戸太町の伝染病院はそれぞれ第一分院、第二分院となった。三十八年に十全医院から独立、大正十一年、滝頭町字扇ヶ谷（現在磯子区滝頭一丁目）に移転したが、翌年関東大震災で被災、昭和四年に再建された。平成四年、閉院となり、現在跡地に横浜市立脳血管医療センターが設置されている。

第七章　おしゃれの季節

開港直後、横浜にやってきた外国商人の多くは独身男性であった。開港から約四か月後の一八五九（安政六）年十月三十一日、アメリカ領事はハートフォード号の乗組員のために歓迎舞踏会を開き、アメリカ人全員を招待したが、女性は宣教師の家族ら四人だけだった。[1] 彼らの初期の生活について、『イリス商会百年史』は「アメリカの山師さながらにネルのシャツを着て長靴をはき、開拓者じみた生活をしていた」と形容している。[2] そんな彼らにとって、衣服は既製品で十分だったろうし、クリーニング屋がいれば用は足りたことだろう。

貿易が発展し、居留民の数が増えるにしたがって、女性の数も増えた。女性が増えれば男性もお洒落をするようになる。『シュピースのプロシヤー日本遠征記』が引用する一八六二（文久二）年二月の日付を持つ書簡は、その頃の様子を次のように描写している。

「目下海岸には、立派な波止場が作られてあるが、着飾つた婦人達が、毎晩此処をぶらぶら逍遥するのが見受られる。此処はまるで、小巴里のやうになつて居る。紳士達は最早ピカピカした革の靴を穿き、光沢のある革の手袋を嵌めて、歩き廻はつて居る。また、高いカラーも手袋も用ひずに、大きな上着を附けて、ブカブカの長靴を穿いて、フランネルのシャツを着た一八六〇年（万延元年）以来の、古い居留民にでも出会つたり等すれば、彼等はひどく鼻を顰めるであらう。」[3]

しかし、「夜会と球灯の始め」の項で述べたように、一八六三年九月四日にオランダ領事館で開かれた夜会でも、男性一六〇人に対して女性はわずか一〇人だった。まだまだ女性の数は少なかった。

状況を変化させたものに、駐屯軍将兵の妻子の来住があった。一八六三年七月以降、居留地防衛を名目に英仏軍隊が山手に駐屯するが、やがて将兵の家族も来日する。一八六五（慶応元）年九月十七日、横浜に来航したアドヴェンチャー号には、イギリス陸軍第一一連隊の兵士一五一名、第二〇連隊の兵士二四名とともに、女性五九名、子ども約一〇〇名が乗っていた。これ以降多くの女性が兵士とともに横浜で生活した。一八七一（明治四）年八月八日、横浜から撤退した第一〇連隊七八八名のうちには、士官の妻六名、士官の子女一〇名、兵士の妻四一名、兵士の子女八九名、総数一四六名の女性が含まれていた。[4]

この時期、服飾や装身を始め、あらゆる面で西洋的な生活文化の発展がみられたのも、山手に発生した巨大な需要と無関係ではない。

最初は雑貨商が洋服を販売

開港後、最初に洋服を持ち込んだのは雑貨商であった。『横浜成功名誉鑑』の「経歴古き洋服商　増田幾蔵君」の項に、[5]「蘭人バータゲなるもの支那人源陸春と共に来浜して洋服業を始めた」という記述がある。この「蘭人バータゲ」に該当する人物は、国籍別商館番号オランダ三番P・J・バッテケ以外に見当たらない。一八六〇（万延元）年一月三日、横浜の外国人居住区で発生した火災の善後策を協議するため、翌四日に開かれた集会の参加者の中に名が見えるので、[6]一八五九年中には来日していた。

『ジャパン・ヘラルド』創刊号（一八六一年十一月二十三日）を見ると、オランダ人のストイト、アメリカ人のフリーマンとベーカーの広告に、諸雑貨の一つとして衣服（Clothing）が記されている。バッテケも洋服業に特化していたわけではなく、雑貨商として洋服も扱っていたのであろう。たまたま記録が残っただけで、バッテケが最初かどうかはわからない。

外国人衣類仕洗張

「横浜商人録」[7]を見ると、営業種目に「異人衣類仕立洗濯」や「異人衣類洗濯」が見える。中でも開港前の安政六年三月五日、青木屋忠七が出願した「外国人衣類仕洗張」が群を抜いて早い。元町から山手に登る谷戸坂の途中にある「クリーニング発祥の地」の記念碑は青木屋忠七を「西洋洗濯業」の最初としているが、本当だろうか。開港以前、まだ外国人が来日する前に、西洋式洗濯の知識や技術を持ち合わせていただろうか。「洗張」の対象が「外国人衣類」というだけでは西洋式かどうかわからないし、出願しただけでは実際に営業したかどうかもわからない。

それにしても、こんな早い時期にどうして外国人の需要を見越すことができたのか、また、どうして洗濯ではなく洗張だったのか。その答えは下田にあるようだ。

一八五六（安政三）年八月二十一日、日米和親条約によって開港された下田に総領事としてハリスが着任した際、裁縫師や料理人として五人の中国人をともなっていた。同年十一月、日魯通好条約の批准書交換のため、ロシア軍艦オリヴュザ号が入港した時には、日本人はリンネル（亜麻の繊維を原料とした織物）の洗濯法を知らないから、自分の雇用している洗濯夫に洗わせましょうと申し出ている。[8]五人の中国人のうちの誰かであろう。しかし、同じ頃（安政三年九月）、下田奉行所が商人に「異人之衣類洗張」の仕事を発注しているので、[9]中国人の洗濯夫には洗張はできなかったらしい。

そんな情報が横浜に伝わることはあっただろうか。

下田に寄港する外国船の船員には船中欠乏品に限って購入が認められており、そのために欠乏所と呼ばれるバザーのような施設が設けられた。貿易と言えるほどの規模ではないが、外国人の需要を知る窓口の役割を果たした。欠乏所に出店する商人のことを欠乏品売込人という。安政六年三月、横浜に出店を希望した下田商人の中には、総代の綿屋吉兵衛と浦賀屋幸助を始め、何人かの欠乏品売込人が含まれていた。もともと下田・浦賀・神奈川の間には廻船による人と物と情報の流通があったこともあり、これら下田商人を通じて、かなり早い時期から、しかも正確に下田情報が伝えられたものと思われる。

西洋洗濯業の始まり――渡辺善兵衛

「横浜商人録」によって、文久元（一八六一）年から二年にかけて、油屋市太郎や平野屋惣次郎ら六名が「異人衣類洗濯」を出願していることがわかる。これも洗濯の対象が「異人衣類」だというだけでは西洋式かどうかわからないし、実際に営業したかどうかもわからない。また、洗濯業に特化していたわけでもない。しかし、この頃、「異人衣類洗濯」の需要が増していたであろうことは推測される。

「横浜商人録」に収録されているのは横浜町（旧横浜村）の商人だけだが、この需要に応えたのは太田町（旧太田屋新田）の商人、渡辺善兵衛であった。『横浜開港側面史』の「鈴木隣松翁談」によると、熊本の人渡辺善兵衛は、長崎での経験を生かし、太田町八丁目でなかなか「大仕掛け」に洗濯屋を始めた、これが「洗濯屋の真の皮切り」だという。[10] 当時の太田町八丁目は現在の加賀町警察署北側から大桟橋通りにかけての辺りである。

渡辺はロジャースの回顧談にも「太田町八丁目の日本人最初の洗濯屋」として登場する。店の前を流れる小川の中に大きな丸い石があり、外国人の衣類をそれに叩きつけて洗濯したという。文久二年秋に出版された『珍事五ケ国横浜はなし』に登場する太田町八丁目の「異人の洗濯屋」も善兵衛のことと思われるので、開業の時期は文久年間に遡り、先の油屋市太郎らとほぼ同じ時期になる。

渡辺の場合も「西洋式」と明記した記録があるわけではない。しかし、これを最初の「西洋洗濯業」と考えるとのできる理由が二つある。一つは、「鈴木隣松翁談」で「長崎にいて多少心得がある」とされている点。長崎出島のオランダ商館には洗濯場が設けられていて日本人が働いていたから、そこで働いたことがあるか、あるいは働いたことのある人から話を聞いていたかもしれない。第二に、ロジャースの回顧談に、丸い石に衣類を叩きつけて洗濯したと記されている点。これについてはもう少し詳しく説明しよう。

「西洋洗濯業」の実態は次のようなものであった。大雑把に言えば、洗濯、洗張り、皺伸ばしの三つの工程からなる。洗濯はさらに、①夜行われる下洗い。②朝行われるポンコツ。これは四斗樽の上に丸い石を置いて、布類をそれに叩きつける作業で、男の仕事だった。ポンコツ節という労働歌が伝わっている。③手洗い。これは山形の刻みがある「ザラ板」という洗濯板を使って洗うもので、女の仕事だった。[11] ザラ板節という労働歌が伝わっている。ロジャースの回顧談から、渡辺がすでに西洋洗濯業の一工程であるポンコツを行っていたことがわかる。

脇沢金次郎と小島庄助

西洋洗濯業のパイオニアの一人で、最も成功した人に脇沢金次郎がいる。『横浜成功名誉鑑』によると、脇沢は信州の出身で、慶応元（一八六五）年、横浜に出て来て、「今の境町辺」（当時の太田町六丁目）で洗濯業を始めた。翌年の慶応大火で類焼するが、「委托の品物」を井戸に入れて避難したので被害が出ず、顧客の外国人の信用を得たという。

脇沢は大正四年正月七日に死去したが、直後の十五日、『横浜民報』は「立志伝中の人、脇沢翁伝」を掲載した。それによると、脇沢は慶応三年、兄の岡沢直次郎とともに元町一丁目で、清水屋の屋号で洗濯業を営んだという。慶応の大火で焼け出された後、元町に移ったのだと思う。「鈴木隣松翁談」に、英国第二〇連隊が駐屯を始めた頃、脇沢が谷戸坂で洗濯屋を開業し、連隊の洗濯物を一手に引き受けたと記されているのは、元町に移った後の様子であろう。

洗濯業で成功した脇沢は不動産業にも進出、長年県会議員・市会議員を務め、自由党系のいわゆる地主派の重鎮として活躍した。

古参の洗濯屋にもう一人、小島庄助がいる。小島自身が語るところによると、もとは外国人に雇用されていたが、元町五丁目二〇一番地で洗濯業を始めようと思って、脇沢金次郎に相談すると大いに賛同したので、元治元（一八六四）年夏頃、二人でほとんど同時に開業したという。[12]『横浜市史稿・風俗編』の小島に関する記述も情報源は同じであろう。しかし、小島が脇沢と同時に開業したとすると、元治元年というのは早すぎる。年代については誤りがあるようだ。

西洋洗濯屋の東京進出

明治元（一八六八）年五月二十一日発行の『公私雑報』一四号に、[13]洗濯屋与兵衛という人が「横浜住人にて西洋流洗濯渡世仕候処、此度江戸表へ出張見世取り建、渡世相始め候」という広告を出している。「西洋流」を自認する最初の広告であること、また、横浜で生まれた西洋洗濯業の東京進出を示している点で注目される。

スミス中尉の横浜ウォッシング・エスタブリッシュメント

イギリス駐屯軍将兵の中には、高温多湿の香港へ戻るよりも、除隊して横浜に定住するのを選ぶ人もいた。彼らによって居留地社会に新たな要素が注入される。「公共心の権化」（Public Spirited）の異名を持つ元海兵隊員スミス中尉はその典型例であった。スミスは矢継ぎ早にさまざまな事業を企画・実施したが、一八六五年十一月には居留地一三一番地で横浜ウォッシング・エスタブリッシュメントという洗濯所を開設し、五か条の規則を発表した。例えば「依頼主は午前八時までに衣類を持参し、午後五時に受取証と交換すること。ただし、雨の日はこの限りにあらず」という規則があり、ワンデー・サービス（即日仕上げ）が行われていたことがわかる。作業監

図14　横浜ウォッシング・エスタブリッシュメントの開業
中央で指図をしているのがスミス。右手から走り寄っている帽子に頬髯の人物は写真家のベアト。右下隅にワーグマン自身が描かれている。『ジャパン・パンチ』1865年9月号より。
横浜開港資料館所蔵

督には二人のイギリス人女性があたり、収益は慈善事業に寄付されることになっていた。[14]

ワーグマンが『ジャパン・パンチ』一八六五年九月号に掲載した洗濯所の絵には Washing and Mangling の看板が描かれている。Mangling はローラーによる艶出し仕上げのこと、日本の洗張りに相当する。顧客は駐屯軍将兵、作業監督はその夫人であったろう。

謎のフランス人ドンバル

明治十年代くらいのものと思われる「横浜有名西洋洗濯鏡」というクリーニング業者の番付がある。[15] 外国人が顧客だったのであろう、住所を見ると、圧倒的多数が元町から北方にかけての山手の麓に集中している。年寄に小島庄助、勧進元に脇沢金治郎、欄外に（France）dombar の名がみえる。「クリーニング発祥の地」の記念碑には「フランス人ドンバル氏、斯業の技術指導および普及発展に貢献された」と記されているが、本当だろうか。

『ジャパン・ディレクトリー』を調べると、該当しそうな人物に、明治十年版以降、山手居留地七四番地居住の F. Domballe というフランス人がいる。しかし、職業はわからない。さらに調べていくと、二十八年版以降、神戸に移住、職業はパン、ぶどう酒、食料品の販売となっている。

沢護氏が神戸在住のポール・ドンバル氏を訪ねて直接質問したところ、父のフェリックス・ドンバルは横浜でクリーニング業を営んでいたことがあるという。[16] してみると、「横浜有名西洋洗濯鏡」に記されたdombarはやはりこの人のことらしい。

江戸清の経営者、高橋清七に豚肉加工技術を教えたロシア人ヤコブ・ベルテや、同じく大木市造に教えたドイツ人マーチン・ヘルツなど、もののはじめに関しては、外国人社会では無名の人物が大きな役割を果たしている。ドンバルもそのような人だったのだろう。横浜での内外人の交流の豊かさを物語る事実だとも言える。

ドレスメーカーの始め

初期の居留地社会では圧倒的に男性の方が多かったが、意外にもテイラーより先にドレスメーカーが開業している。上海にサムエル・クリフトンという衣料商がおり、夫人は帽子製作業（Millinery）を営んでいた。一八六三（文久三）年十一月七日、クリフトン横浜店の支配人として、ピアソン夫人が帽子製作、服飾品・衣料品販売の店を開いた。[17] 場所は居留地九七番地、夫はP O汽船の砲手であった。ピアソン夫人が洋服仕立を行っていたことを明記した史料はなく、厳密には洋装店と言うべきだが、服飾史の研究家中山千代氏はそれがドレスメーカーの初期的形態であったと推定している。[18]

しかし、女性洋装店の開業は時期尚早だったようだ。すでに述べたように、一八六三年九月四日にオランダ領事館で開かれた夜会では、男性一六〇人に対して女性はわずか一〇人だった。そのような状況では女性専門店の経営は成り立たなかっただろう。クリフトン横浜店は一八六六（慶応二）年に倒産し、四月九日、在庫品や備品が競売にかけられた。[19]

ところが、その間に状況は変わっていた。変化をもたらしたのは、イギリス軍将兵の妻子の来住だった。これもすでに述べたことだが、一八六五（慶応元）年九月以降、多くの女性が兵士とともに横浜で生活した。その需要に応じるためだろう、同年十二月にはブラウネル夫人とミス・ステーブルズが帽子製作とともにドレスメーカーの看板を掲げて共同で開業した。[20] ドレスメーカーを自認する店の第一号である。

クリフトン横浜店を預かっていたピアソン夫人も一〇八番地で独立し、慶応三（一八六七）年五月下旬の『万国新聞紙』第四集に、「百八番ピールソン」の名で衣服や書物・文房具の販売広告を出している。翌年マッケクニーがピアソン夫人の下から独立し、明治四年にはマッケクニー商会で働いていたロッキャー夫人が独立している。ロッキャー夫人の夫はイギリス領事館の警官であった。

ドレスメーカーは当時の居留地では女性が活躍できる数少ない分野の一つだった。明治四年には「道路屋」こと神奈川県の外国人居留地道路下水修造差配方トーマス・デーヴィスの夫人エレンが開業した。翌年に開業したエリザ・ヴィンセントの夫ヘンリーは元イギリス陸軍第二〇連隊第二大隊の兵士、現地除隊後イギリス領事館付属監獄の看守を務めていた。[21] 明治十年開業のホッジス夫人の夫ジョージは元イギリス公使付騎馬護衛兵で、その後イギリス領事法廷案内係を務め、ヴィンセントの同僚だった。

テイラーの始め

横浜に進出した最初の本格的なテイラーはドイツ系のラダージ・オエルケ商会（Ladage, Oelke & Co.）、ハンブルクに本店があり、香港と上海に支店を置いていた。横浜店の開業は一八六三（文久三）年十二月、六日から注文を受け付けている。[22] 店の場所は最初四一番地にあったようだが、四八番地を経て、一八六四（元治元）年八月には横浜ホテル内に移った。一八六八（明治元）年版の『ディレクトリー』以降、五三番地に定着する。

ロトムント・ウィルマン商会（Rothmund, Willmann & Co.）の開業年月は明らかでないが、少なくとも一八六七（慶応三）年一月には存在していた。[23] その社員として来日したブラントは、その後横浜の小池和助、東京の曲木平蔵、森村組に招かれ、裁縫技術を伝授している。一八六七年四月には「シェークスピア」という名のテイラーも八一番地で開業した。[24]

明治時代に最も知名度の高かったローマンは、ラダージ・オエルケ商会上海店支配人を経て来日、明治五年に神戸で開業し、同年十月、西村勝三に招かれて東京へ移った。[25]明治七年に横浜の居留地七〇番地で開業、パートナーのキュッフマイスターもラダージ・オエルケ商会横浜店の副支配人だった。三年後の十年にローマンの単独経営となる。十八年に日本を去るが、商会は後継者の手で四十二年まで営業が続けられた。

中国人の洋裁業者

上海や香港には早い時期から洋裁技術を身につけた中国人がおり、鋏を使う洋裁業は包丁のコック、剃刀の理髪業とともに「三把刀」と呼ばれて、華僑の代表的な職業となった。来日した西洋人の中には洋裁技術を身につけた中国人をともなう人がいた。先に述べたハリスがそうだし、バッテケが連れてきた源陸春もそのような中国人であったと思われる。やがて独立営業者も現れる。

最も早いのは香港から進出した「英国式テイラー」コック・アイであった。『ジャパン・ヘラルド』一八六四(元治元)年四月十六日号に開業広告を出している。場所は現在の中華街大通り中ほどに当たる一四七番地、中国名を均昌洋服店という。『ディレクトリー』をみると、明治三年版では現在の中華街東門(朝陽門)に近い八〇番地に移り、大正七年版まで存在を確認できる。同業者中の最長記録である。店主の名を譚有発といい、広東省三水県の出身、孫文が横浜で興中会を組織した時には会員になった。辛亥革命が起きて中華民国が成立したのち横浜の店を閉じて帰国、南京に洋裁店を開いた。[26]

中国人のテイラー、ドレスメーカーの数は、明治二十年代後半から増大し、大正七年版の『ジャパン・ディレクトリー』に記録されている三九店でピークに達する。[27]

日本人の洋裁業者

蜂屋十助が文久二（一八六二）年に「異人衣類仕裁（したて）洗濯」を出願したことが「横浜商人録」に記録されている。これは洗濯とセットになっており、繕い程度のもので、本格的な洋裁ではなかったろう。くどいようだが、出願しただけでは実際に営業したかどうかわからない。

日本人最初の本格的な洋裁業者については二人の候補がいるが、年代があいまいで、どちらが先か断定できない。

その一人、増田文吉は先に紹介した『横浜成功名誉鑑』の「経歴古き洋服商　増田幾蔵君」の項に登場する。保土ヶ谷岩間の出身で、「蘭人バータゲ」の下に職工数名とともに入店し、技術習得の後独立、「恐らく我洋服裁縫師の鼻祖であらふ」という。

もう一人の沢野辰五郎は『横浜開港側面史』で自ら次のように語っている。

安政六年夏の頃、神奈川宿の本陣鈴木の会所から、宿内の仕立屋・足袋屋に対し、ヘボン、ブラウンらアメリカ人宣教師が滞在していた成仏寺に職人一名を差し出せという達しがあった。若い足袋職人であった辰五郎が応募し、宣教師「ブラオン夫人」のもとで、寝台用の布団を縫う仕事から始めた。目が悪い夫人のためにその後も勤めることになり、夫人から技術を伝授されて、足袋職人から洋服屋に転じ、「店も張らねば弟子も取らず、全く一本立ち」の一人親方で通した。[28]

ブラウン夫人の来日は、一八五九（安政六）年十二月であり、「安政六年夏の頃」というのは記憶違いであろう。この回顧談からは、沢野が足袋職人から洋服屋に転じたのが何時なのかわからない。なお、この回顧談に尾ヒレがついて、ブラウン夫人を「我国最初のドレスメーカー」とする説が生まれたが、それについては「第一一章　真か？偽か？　徹底検証」の章で述べることにする。

増田文吉や沢野辰五郎との前後関係は不明だが、大谷金次郎は明治元年四月の開業とされる。文久三年、西洋人のもとで修業を始め、横浜で西洋服裁縫店大和屋を創業した。三年、海軍練習艦竜驤の制服を考案、四年、東京芝口二丁目に進出した。十三年にはフランスに渡り、パリのブーシェー紳士服店で修業した。[29]

『横浜成功名誉鑑』にはもう二人、古参の洋裁業者が記録されている。

江戸出身の関清吉は横浜に来て足袋職人となったが、慶応元（一八六六）年、「ラウジー商会」に入社、さらに「ブラウン氏」に師事して洋裁技術を学び、明治三年、馬車道で開業、のち太田町に移り、関屋と称した。「ラウジー商会」はラダージ・オエルケ商会、「ブラウン氏」はロトムント・ウィルマン商会のブラントに該当するのではないだろうか。

また、甲州出身の小谷国松は生糸商だったが、最初は副業で洋裁業を始め、明治三年に洋裁を専業とした。店は弁天通りにあり、屋号を森田屋という。関屋と森田屋は「二大洋服舗」と称された。

『横浜市誌』は「日本最古の洋服店」として竹本梅吉の名を挙げている。明治初年、「ローマン氏」の下で技術を学び、数年後に独立した。「ローマン氏」はローマン商会のことであろう。そうだとすると、ローマンが横浜で開業したのは明治七年なので、それより後のことになる。「日本最古」ではないにしても、古参の一人には違いない

ファーガスンのヘアー・ドレッシング・サロン

理容室のトレード・マークの赤・白・青は動脈・リンパ液・静脈を示している。これはかつてヨーロッパで、理髪師が整髪だけではなく、鬱血した人の血を抜く刺絡を行っていたことに由来している。長崎出島のオランダ商館では理髪師は医務職員とされていたし、遠洋航海をする船には欠かせない存在だった。開港後横浜にやってきた外国船には理髪師が乗り込んでいただろうし、最初は船の上で営業していたかもしれない。やがて上陸して店を構える人が現れる。

横浜ホテルが一八六四（元治元）年に新装開店し、レストランや洋菓子店を誘致してテナント部門を充実させたことについてはすでに述べた。ラダージ・オエルケ商会も横浜ホテル内に移った。理容室がオープンしたのもその一環であった。

『ジャパン・ヘラルド』一八六四年三月五日号にヘアー・ドレッシング&シェーヴィング・サロンの開業広告が出ている。「経験豊富なヨーロッパ人理髪師」の経営だというが、名前は記されていない。これがプロの理髪師の開業第一号である。翌一八六五年十月十四日号に、理髪師のファーガスンが横浜ホテルから写真家パーカーの五一番地のスタジオ跡に移転したという広告を出しているので、「経験豊富なヨーロッパ人理髪師」とはファーガスンのことであろう。

一八六四年六月には、香港の「パリジャン・サロン」にいたユージエールも開業している。[30]

日本人理容師の登場

『時事新報』明治三十一年八月七日号と十四日号に「理髪の沿革」と題する記事が出ている。それによると、開港後、日本人の結髪師たちは入港する外国船に「一挺の剃刀」を持って出入りし、船員の顔を剃って「存外の金儲け」をしていた。中でも小倉虎吉・原徳之助・松本定吉・竹原五郎吉など七、八名は時勢を察し、外国船で西洋理髪師を見習ってハサミの使い方を覚え、明治一、二年頃、「今の百四十八番館即ち俚俗支那屋敷に散髪床」を開いた。これが「横浜に於ける日本人散髪業の嚆矢」だという。小倉と松本は横浜で、他は東京に移って仕事を続けた。竹原は東京の結髪師の間で奪い合いになったという。

『横浜市史稿・風俗編』は、例によって根拠不明だが、小倉の開業の時期を明治二年、場所を「百四十八番アコン宅の階下」としている。明治三年版の『ディレクトリー』を見ると、一四七番地と一四八番地（現在の中華街大通り中程）で各三名の中国人が営業していた。職業の内訳は塗装・大工各二名、建築請負・港湾荷役各一名であった。アコンに該当しそうな人物に、一四八番地ではなく一四七番地に店を構えるAh Quamという塗装業者がいた。一四七番地と一四八番地の両方が「支那屋敷」と呼ばれ、小倉は一四八番地で開業したが、六名の中国人の代表格としてAh Quamがアコンとして記憶されたのではないだろうか。

なお、『日本帝国理髪歴史誉之栞』[31]という文献によると、小倉は明治二年三月、神奈川県庁に斬髪師の鑑札を出願、もっぱら外国人を対象とすることで許可されたという。『横浜市史稿・風俗編』が小倉の開業の時期を明治二年とするのも、同じ情報源に基づくのかもしれない。

断髪令が出たのは明治四年八月九日、西洋理髪業が広まるのはこれ以降であろう。この年十一月二十四日の『横浜毎日新聞』には、さっそく「外国人より伝習仕、流行の西洋風薙髪撫附（ちはつなでつけ）等相始候」という「洲干町ふぢどこ」の広告が出ている。それ以前には、小倉らの客はもっぱら外国人だった。松本の場合はその後も外国人を顧客としていた。店は山下居留地八一番地（現在中華街東門の近く）にあり、温浴室と冷浴室も付いていた。中区の妙香寺境内に「元祖西洋理髪師松本定吉之墓」がある。

古参の理髪師として他に二人の名が伝えられている。一人は富岡浅次郎と言い、『横浜市史稿・風俗編』は、富岡が桜木町に「西洋髪刈所」を開業した、これを「横浜に於ける理髪業の嚆矢」とする「古老の説話」があることを伝えている。しかし、開業年は定かでない。

もう一人は『横浜成功名誉鑑』の「高等理髪店・柴垣久太郎君」に登場する柴垣栄吉。開港と同時に横浜に来て、文久二（一八六二）年に開店したという。最初から西洋理髪業を営んでいたのではなく、他の理髪師同様、古来の結髪業から洋風の散髪業に転じたのだが、その時期は明治二～四年頃と伝えられる。

製靴業の始め——レマルシャン

洋靴の製造といえば、明治初年に軍隊用の靴の製造を始めた西村勝三の伊勢勝製靴工場が名高いが、横浜の外国人居留地ではもっと早かった。

横浜で最初に製靴業を始めたのはオランダ人のレマルシャンであった。『ジャパン・ヘラルド』の一八六五（慶応元）年四月二十二日号に、四一番地で十八日に開業した旨の広告を出している。その後、場所は転々とするが、明治五年版の『ディレクトリー』まで横浜に記載がある。

レマルシャンの来日については、文久元（一八六一）年とする伝承があるけれども、裏付けが取れない。早すぎるのではないだろうか。

「外務省記録」の「外国人雇入鑑」を見ると、レマルシャンは明治三年七月から一年間、高知藩に雇用されている。六年四月一日からは六か月間、西村勝三が東京の入舟町で経営する伊勢勝製靴工場で教習にあたった。『西村勝三翁伝』[32]では少し違っていて、五年三月から教習を受けたと記されている。正式な雇用契約が結ばれる前、実質的に教習を受けることもありえたと思う。

レマルシャンは明治六年、磯村寿と結婚して日本に帰化し、八年、芝田村町で開店、十五年には銀座尾張町二丁目にレマルシャン製靴所を新築し、社交界の婦人や政府高官の靴を作って繁盛したという。子息の磯村半次郎も靴作りの名人として知られた[33]。

細かな詮索になるが、『ディレクトリー』を調べると、レマルシャンの住所は明治十年版から十二年版まで尾張町二丁目一六番地、一年の空白を置いて十四年版から十七年版まで同一五番地となっている。他方、「外務省記録」の「外国人雇入鑑」と「私雇入表」によると、九年六月から十二年六月まで、尾張町二丁目一六番地の鈴木光成に雇用されている。九年から十二年まで一六番地で鈴木といっしょに仕事をし、その後一五番地に自分の店を開いたのではないだろうか。

レマルシャンは明治十七年二月一日死去、東京青山墓地に埋葬された。鈴木の方は明治二十二年の『日本紳士録・東京横浜之部』[34]に「靴製造職　神田区三河町一丁目一番地」と記されているので、レマルシャンから学んだ技術を活かして製靴業を続けたことがわかる。

なお、富田仁『横浜フランス物語』には、レマルシャンについて「横浜の舞田橋通りに支店を出すなど、繁昌した」[35]と記されている。舞田橋は前田橋の誤りだと思われるが、そこにレマルシャンが支店を出した事実はない。

潘浩とルボスキー

『西村勝三翁伝』によると、伊勢勝製靴工場の創設は明治三年三月十五日、当初は香港で製靴業に従事していたことのある中国人「潘浩」を横浜から教師に雇ったという。「外務省記録」の「外国人雇入鑑」に記録されている「履製造方　清国人潘灝」がこの人に当たる。雇用期間は三年十一月から一か年であった。明治元年の香港版ディレクトリーには靴職人としてAh Wa, Ge Chong, Wa Singの三人の中国人が記されている。潘浩もそうした人たちの一人であったろう。

『西村勝三翁伝』には明治三年十月に製革工場を設け、「初は横浜在留の独逸人にして本牧村に工場を有せる製革業者ボスケに託して諸般の指導を受けしが、後には同人を招聘して工場専属の技師と為し、五年に至り漸く軍靴の甲革を製造し得るに至れり」とも記されている。「ボスケ」はルボスキーに該当すると思われるが、具体的なことはよくわからない。以下、推測を交えて、わかる範囲のことを記す。

ルボスキーは明治四年四月から翌五年六月まで、製革技師として和歌山藩に雇用されていた。[36]したがって、『西村勝三翁伝』が三年十月に製革工場を設けた当初からルボスキーの指導を受けたように記しているのも、五年に軍靴の甲革の製造に成功したと記しているのも早すぎる。

明治十二年五月九日、神奈川県から内務省に提出された上申書に「外国人居留地外ニテ地所貸渡候調書」が収録されている。[37]その中に五年七月、北方村梅田で「独逸人キニーフル」に皮類製所の用地を貸与したことが記されている。キニーフルはクニフラー商会、北方村梅田は小港屠牛場の所在地を指している。

『ディレクトリー』を見ると、明治九年版から十三年版までルボスキーの住所が本牧になっている。「屠牛場の始め」の項で述べたように、屠牛場の所在地は正確には北方村だが、外国人は大雑把に「本牧」と呼んでいた。『西村勝三翁伝』にある本牧村の工場はクニフラー商会の皮類製所であり、その経営に当たっていたのがルボスキーなのだと思う。

そうすると『西村勝三翁伝』の「ボスケ」を横浜から招いたとする記述と前後関係が矛盾する。ルボスキーは和歌山藩を解雇になった明治五年以降、西村の工場で指導に当たり、九年頃から横浜のクニフラー商会の工場で働くようになったのではないだろうか。

ルボスキーは十三年八月から十五年頃まで、東京の佃島監獄内の製革場で収容者に製革技術を教えた。その後横浜に戻ってジャーマン・クラブの支配人を務めたのち、二十二年頃から東京の築地居留地で洋酒商を営んだ。日本女性と結婚し、三十年九月二十二日死去、青山墓地に埋葬された。

第八章　娯楽とスポーツ

生麦事件ののち、一八六三（文久三）年になると、横浜には多数の外国軍艦が集結するようになった。軍艦には乗組員による劇団や楽団があった。ブラックは『ヤング・ジャパン』の中で、当時の様子を次のように述べている。

「いつでも二十隻から二十四隻にのぼる軍艦からなる連合艦隊がいることで、横浜は比較的活気がある。劇場の興行が、フランス軍とイギリス軍の両方でかかっている。」[1]

また、一八六三年七月以降、山手に英仏軍隊が駐屯するようになるが、先述のとおり、横浜やその近辺で武力衝突は起きなかったので、任務としてはパトロールくらいしかなく、調練の名目で四六時中スポーツに明け暮れていた。病兵の健康回復の意味もあっただろう。娯楽やスポーツの多くは、外国軍艦や駐屯軍によって初めて横浜居留地にもたらされた。将兵と居留民の交流も盛んに行われ、スポーツ団体やアマチュア劇団が誕生する。

世界からも日本人社会からも隔離された小宇宙で、多くの国籍の人々が生活していた横浜の外国人居留地では、社交のためにも心身の健康維持のためにも、スポーツや娯楽が特別な意味をもっていた。西洋のスポーツには居留地にもたらされ、そこから日本人の間に伝わったものが多い。

一、洋式競馬の始まり

最初の競馬会——一八六〇年九月一日

海外でドイツ人が最初に作るのは道路、フランス人はカフェ、イギリス人は競馬場と言った人がいる。旧説では、横浜で最初に競馬会が開かれたのは、開港から約三年後の一八六二（文久二）年五月一～二日のこととされてきた。遅すぎるのではないか、と思っていたら、はたしてもっと早い記録が発見された。

フランシス・ホールの日記[2]によると、開港から一年と少し後の一八六〇（万延元）年九月一日、西洋人による日本で最初の競馬会が開かれた。当時、外国人居留地と山手の麓の日本人居住区（現在の元町）を分かつ運河（堀川）が開削されていたが、それが完成するかしないかの頃、山手の近くの砂地に半マイルのコースが設けられた。ホームストレッチ（最後の直線コース）は豊かな野菜畑で覆われた山手の起伏のある丘で区切られていた。その反対側には平坦な野菜畑と横浜の町が続いていた。それは「絵画的な光景」だったとホールは記している。観客席は外国人でいっぱいになった。多数の馬が出走したが、尻込みしたり、あらぬ方角に走り出す馬もいた。イギリス領事館の通訳ブレックマンは馬から振り落とされてしまった。しかし、さいわい怪我人もなく、愉快な催しだった。[3]

この競馬会についての詳しい記録は残されなかったようだが、記憶は生き続けた。それから約一〇年後、一八七二（明治五）年三月二十三日の『ジャパン・ウィークリー・メイル』に掲載された「横浜とその変化」という回想録に次のような記述がある。

一八六〇年九月頃、多くの人々が世界の各地から集まり、居留地社会は大きく成長した。堀川の向こうに馬蹄形のコースが設けられて、最初の競馬会が開かれた。詳しいことは不明だが、楽しい催しだったに違いない。

ホールはその場所を「山手の近く」と記しているが、堀川が完成したのちのことなので、ここでは「堀川の向こう」になっている。現在の元町である。また、「馬蹄形のコース」はホールの言う「半マイルのコース」に対応するであろう。

記憶はさらに生き続けた。それから四〇年後の大正元（一九一二）年七月に発行された英文の小冊子「日本レース・クラブ小史」（*The Nippon Race Club 1862-1912*）に次の一文がある。

一八六一（文久元）年の春、当時本村と呼ばれた現在の元町において、競馬が初めて開催された。しかし、円形馬場で正式に競馬をするようになったのは現在中華街として知られている場所で、一八六二年五月一日と二日に開催された。

「一八六一年の春」というのは記憶違いだが、最初の競馬が「現在の元町」で行われたこと、馬場が円形でなかったことは正しく語り継がれていた。

弁天社裏の競馬は『横浜市史稿・風俗編』の作り話

「日本レース・クラブ小史」は、最初の競馬に続く「正式な競馬」は一八六二年五月、「現在中華街として知られている場所」で行われたと記している。ところが『横浜市史稿・風俗編』は、文久元（一八六一）年中、洲干弁天社裏西海岸で外国人が競馬を行ったという異説を記している。それを真に受けて、その場所こそが「日本の西洋式競馬の発祥地」だと主張した人もいる。しかし、『横浜沿革誌』の関連箇所と照合すると、作り話に過ぎないことがわかる。

まず『横浜市史稿・風俗編』の記述を三つの部分に区切って引用する。

①文久元年中、洲干弁天社裏西海岸を埋立て、馬場及び馬見所を新設し、幕府の役人達が此所で馬術を練習し、折々競馬を開催した。

②外国人も亦、此馬場を利用して馬術を練習し、競馬を行つて居たが、忽ち移住民家の為めに地域が狭くなつたので、居留地方面に馬場を設置する要望が起り、折から英国人が本国に於ける国家的遊戯として奨励しつゝある競馬場設立を計画する議も生じて居たので、之が気運は促されて居たのであつた。

③此施設と前後して、大岡川の後方横浜新田の堤塘に沿ひ、沼地を埋立て幅六間の道路敷を築造した。即ち此所を非公式の馬場として居たが、文久二年の夏頃、周囲数町に亙る楕円形の馬場を設け、同十月、番組を定めて各国人連合の競馬会を開催した。これが横浜に於ける洋式競馬の元祖であつて、後年の日本競馬倶楽部設立の前提を為し、我国に於ける競馬の創始であつた。

これを『横浜沿革誌』の関連箇所と照合してみよう。

①弁天社裏、西海岸へ馬場及馬見場を新築し、役々馬術を習練す。――「文久元年此年春」の条。ここには「役々馬術を習練す」、つまり幕府の役人が馬術を練習したと書かれているだけなのに、『横浜市史稿』は「折々競馬を開催した」と書き加えている。

②慶応二年、仏人、此地に於て騎兵を伝習す。――①に対する注。「仏人」とは幕府が招聘したフランス人の軍事顧問のこと。『横浜市史稿』はこの部分を「外国人も亦、此馬場を利用して馬術を練習し、競馬を行つて居た」という別の文章に書き変えている。作文上不都合な「慶応二年」を無視して、フランス軍事顧問による騎兵の伝習を外国人による馬術の練習と競馬に書き変えている。

③横浜居留地内、横浜新田堤塘に沿ふて、其幅員凡六間を増築し、之を競馬場とし、外国人、時々競馬を催したり、之を競馬の嚆矢とす。――安政六年八月条に懸けられた「外国人は英国商人ケスウィッキ云々」に始まる一節に対する注。つまり『横浜沿革誌』では①と③は別の事柄として別の箇所に記されている。

『横浜市史稿』は①と③を一連の出来事とするため、②の部分で、『横浜沿革誌』にはない「忽ち移住民家の為めに地域が狭くなつたので、居留地方面に馬場を設置する要望が起り」以下の文章を勝手に書き加えたのだが、民有地（当時の「町並地」）ではなく、官有地（当時の「御用地」）である馬場が「移住民家」で狭くなるはずはない。なお、『横浜市史稿』が文久二年十月の競馬会を「横浜に於ける洋式競馬の元祖」としているのも誤りだが、これについてはのちに述べる。

一八六二年春の競馬会

「日本レース・クラブ小史」が円形馬場で正式に行われたと言っている一八六二年五月一〜二日の競馬会については、同年四月二十六日の『ジャパン・ヘラルド』にプログラムと規則が大きく掲載されている。世話役はオランダ総領事ポルスブルックやアメリカ商人ショイヤーら六名、審判はジャーディン・マセソン商会のイギリス人ガワーであった。コースは居留地に編入されながらまだ空地だった旧埋立居留地、『横浜沿革誌』の言う「横浜新田堤塘」に沿う道路敷、「日本レース・クラブ小史」の言う「現在中華街として知られている場所」であった。

興味深いことに、このプログラムを日本語に翻訳した「よこはまかけのり、はるのもようし」という木版の印刷物がある。なかなか名訳だと思うので、その一部を紹介しよう。

後に貴婦人財嚢（ざいのう）競争という堅苦しい名称になるレディーズ・パース（Ladies' purse）は「をんなどちのえんめいぶくろ」と訳されている。「えんめいぶくろ」（延命袋）とは、宝がぎっしり詰まった錦の袋のことで、ここではヘソクリでいっぱいに脹らんだ財布を意味している。競馬を観戦にきた婦人たちから寄付を募り、優勝者に賞金として与えるもので、早坂昇治氏の「競馬発祥地と初期の競馬番組に関する考察」[4]によると、「競馬史上では、賞金体系が出来あがるきっかけを作ったレース」だという。同じく撫恤（ぶじゅつ）競争という名称になるコンソレーション・スクラムブル（Consolation scramble）は「おもひはらし」と訳されている。敗者復活戦のことである。

「はつのひ」（一日目のこと）の終わりに「つけていふ」として、「にほんのひとびとも、こゝろざしあるものハ、ミぎのかけのり、すみてのち、きたりきそふべし、たゝし、はなぜにを、こふことなし」、末尾に「もとめによつて、なほまろ、やくす」とあることからみて、世話役たちが、日本人の参加を促すために発行したのであろう。「はなぜに」とはエントリー料のことである。「なほまろ」が何者なのか不明、実際に日本人の参加があったかどうかも不明。

図 15　春の競馬会に題材を採った漫画
『ジャパン・パンチ』1862 年 5 月号より。　一般財団法人黒船館所蔵

このプログラムと日本語訳は『横浜もののはじめ考』に全文が掲載されているので、現在ではよく知られるようになった。ところが、この後の『ジャパン・ヘラルド』には失われた号が多く、レースの結果を記したものがない。また先のホールの日記にも記載がない。そこで本多仁礼士氏は「娯楽移入窓口としての横浜居留地・開港場横浜」[5]という論文の中で、延期・中止された可能性もあり、「ひょっとしたら五月一日・二日のレースは実施されなかったのかもしれない」と慎重な姿勢を示している。

そこで改めて検討してみた結果、この競馬会は実際に開催されたと思う。『ヤング・ジャパン』の一八六二年五月頃の部分に「競馬」という小見出しで次のような記述がある。[6]

居留地内では、公衆の娯楽は、どんな種類でも、まだ珍しかった。しかし、東洋では、外国人が集まれば、かならず定期の競馬大会が行われた。一八六二（文久二）年に新しく埋め立てられた沼の居留地に競馬場が設けられた。これは、手に入る土地のうちでは、最良だった。英国とオランダ領事の要請で、神奈川奉行は地所の一区画に柵をめぐらし、二日間のレースの準備を許可した。周囲は約四分の三マイルあった。賞金は、現在と比べると、頃あいだった。

また、立川健治氏は『文明開化に馬券は舞う』という著作の中で、同じ頃、ワーグマンが創刊した風刺雑誌『ジャパン・パンチ』に春の競馬会に題材を採った漫画が掲載されていることに注目している。[7]

一八六二年六月以降、早くも秋の競馬会開催に向けて準備が行われた。その過程で掲載された八月二十三日の『ジャパン・ヘラルド』の記事に、「この前の競馬会」(last meeting) という表現がある。これも春の競馬会が開催されたことの証拠になると思う。

一八六二年秋の競馬会

春の競馬会の直後、領事団は早くも秋の競馬会に向けて、神奈川奉行から旧埋立居留地を使用する許可を取り付け、その運営のためにレース・コミッティ (Yokohama Race Committee) を組織するよう居留民に呼びかけた。これを受けて六月二十三日に会議が開かれた。議長を務めたのは、一八六〇年の競馬を日記に書きとめたホールだった。八月にはこれを母体に横浜レーシング・クラブが組織された。これが日本中央競馬会の源流の一つである日本レース・クラブの淵源となった。

その間にも旧埋立居留地にはボチボチ建物が建ち始めていた。ロジャースの回顧談によると、一番早かったのは堀川沿いの一一七番地に建った食肉業のキャメロン商会、二番目は一つ飛んで一一五番地に建ったクックの造船所、次はその間の一一六番地に建った食肉業のベイリー商会であった。これらは競馬のコースを設ける際には邪魔になる。八月二十三日の『ジャパン・ヘラルド』は、これらの建物を避けるとコースが狭くなってしまうとして、コースをその外側に設けることを主張している。そうするとこれらの建物はコースの内側に取り込まれ、コースを横切らなければ出入りできなくなってしまう。競馬好きもここまでくると行き過ぎではないだろうか。神奈川奉行が許可した柵はもちろん三軒の建物を避けてその内側に設けられた。

秋の競馬会は十月一日と二日に開催された。ロジャースの回顧談によると、グランド・スタンドはのちの一四三番地の辺りに設けられた。マコーリー男爵が飲食物の屋台を出したが、そこで喧嘩が起きたという。競馬会終了後、イギリス公使館で開かれた夕食会でも喧嘩が起きた。生麦事件への対応をめぐって、イギリス外交団や居留民の間に生れた不協和音が、こんなところで爆発したのではないかと立川氏は考察している。

イギリス公使館員だったアーネスト・サトウがこの競馬会を観戦していて、その様子を日記に書きとめている。サトウが「良いレース」だと思ったのは、馬場を三周してから、さらに直線コースを走る横浜ダービーだった。このレースではバタヴィアという名の馬が終始リードを続け、おまけに一周余計に廻ってしまった[8]。

ところが『ヤング・ジャパン』には、騎手はくたくたになっていたので、手綱を引いて馬を止まらせないうちに、バタヴィアはさらに二回りもした、と記されている。余計に一周回ったのか、二周回ったのか、今となっては知る由もないが、この競馬会はバタヴィアの活躍によって強く印象付けられたのだった。この馬は当時フフナーゲルの所有する日本馬で、その後も活躍した。

『ジャパン・ヘラルド』十一月八日号には、このレースの収支決算書が掲載されており、コースの造成とグランド・スタンドの建設にはフライが当たったこと、この時も日本語版プログラムが印刷され、そのために七ドル支出されたことがわかる。残念ながら現存しないが「よこはまかけのり、あきのもようし」も発行されたらしい。

山手の練兵場での競馬会

賑々しく開催された秋の競馬会だったが、その馬場は所詮仮設であり、土地が次々と借地希望者に貸し渡されて建設工事が始まったため会場を失い、このクラブによる競馬会はこれが最初にして最後となった。しかし、恒久的な競馬場を求める声は高まる一方だった。そこで外国代表団は元治元（一八六四）年に幕府と締結した「横浜居留地覚書」第一条に、外国人のために競馬場を設置すべき旨の条項を盛り込んだ。場所は吉田新田一ツ目沼が予定されていた。しかし、政情不安が続き、着工に至らなかった。

その間、イギリス駐屯軍の南陣営（現在外国人墓地の東側一帯）にあった練兵場で、駐屯軍将校の主催するギャリソン・レース（駐屯軍競馬）が行われた。一回目は一八六五年二月二十二日、二回目は四月六日に開催された。二回目のレースでは横浜ユナイテッド・クラブとジャーマン・クラブの会員にもエントリー資格が与えられ、横浜のすべての外国人女性が観戦した。それだけではなく、日本人士官による神奈川カップというレースが組まれた。その様子を描いたワーグマンの絵が『絵入りロンドン・ニュース』七月八日号に掲載されている。

図 16　山手練兵場での競馬会
日本人士官による神奈川カップ・レース。『絵入りロンドン・ニュース』1865 年 7 月 8 日号より。　横浜開港資料館所蔵

射撃場での競馬会

一八六五年春、根岸村字立野にイギリス軍のための射撃場が設けられた。場所は現在のJR山手駅から大和町商店街にかけての一帯、日本人はこれを鉄砲場と呼んだ。さっそくここもギャリソン・レースに利用され、八月十六～十七日、[9] 十二月六日、翌一八六六年三月二十七日、五月八日、十二月九日と立て続けに五回も競馬会が開かれた。

これらはあいかわらず駐屯軍主催の競馬会に居留民も参加するものだったが、その間にもクラブ再建に向けての気運が高まり、一八六六年六月十九〜二十日には居留民の組織する横浜レース・コミッティ主催の競馬会が開かれた。「観客数はこれまでの開催のなかで最大」と伝えられている。

根岸の競馬場

クラブ再建に向けての気運が高まった背景には、一八六六年春から恒久的な競馬場を建設する計画が進み始めたことがあった。幕府は埋め立ての費用がかさむ吉田新田一ツ目沼の代りに外国人遊歩新道に沿う根岸村の高台に建設する計画を立て、外国側もこれを了承した。

工事は一八六六年八月中に始まり、十二月には竣工した。イギリス軍も工事に協力し、自らも駐屯軍競馬で活躍したボンド大尉が監督した。[10] グランド・スタンドの設計に当たったのはウィットフィールド&ドーソンであった。かくして居留民待望の「恒久的なコース」が完成したのである。日本最初の本格的な洋式競馬場であった。日本人はこれを「馬駆け場」と呼んでいた。

場所は居留地から離れていたが、周囲の田園地帯の向こうに風光明媚で知られた根岸湾を見渡すことができ、その先に房総半島や三浦半島、さらに富士山まで望むことができた。イギリスで一番美しいグッドウッド競馬場より美しいと言われた。

根岸競馬場の建設工事と並行して、その運営の受け皿となるクラブの結成が準備された。一八六六年七月三日、横浜レース・コミッティの呼びかけにより、ギャリソン・レースの担い手であった陸海軍将校、横浜ユナイテッド・クラブとジャーマン・クラブの会員が主体となって横浜レース・クラブが設立され、競馬場の使用権を獲得した。このクラブによって根岸で最初に競馬会が開催されたのは、翌一八六七年一月十一〜十二日のことであった。[11] 春まで待っていられなかったようだ。

日本レース・クラブの誕生

横浜レース・クラブはイギリス人中心であり、優秀な中国馬を輸入して、ギャンブル性の強い競馬を追求する傾向があった。それに反感を持つ人々も多く、反対派は、競馬は日本馬の運動能力の向上（当時「馬匹改良」と言われた）に寄与すべきだと主張し、明治九年十月三日、日本人にも門戸を開いた多国籍の団体として横浜レーシング・アソシエーションを結成した。以後、翌年秋までの三シーズンにわたって、両団体が別々に競馬会を開いた。

二団体による分裂開催は、両者、とくに横浜レース・クラブにとって不利だった。そこで統合の気運が高まり、横浜レース・クラブが横浜レーシング・アソシエーションに歩み寄るかたちで統合が図られ、十一年二月二十六日、新たに横浜ジョッキー・クラブが結成された。これには政府高官など、日本人官員の加入が認められた。

明治十三年四月、競馬場の管理権が日本政府に回収されるとともに、日本人を含む日本レース・クラブが新たに組織された。日本名を日本競馬会社という。内外の「貴顕紳士」の団体となることを目指し、会頭はイギリス公使、役員は内外同数とし、日本側では皇族や政府高官が会員となった。六月七〜九日に開催された最初の競馬会には多数の政府首脳が観戦に訪れ、天皇からも賞品の寄贈があって、それを競う天皇賞典レースが組まれた。これがのちの天皇賞のルーツとなった。

日本レース・クラブの結成にともない、競馬場の敷地の借地料を従来の年間一五〇〇ドルから半額に減額する優遇措置が取られた。十七年十二月、神奈川県令沖守固とクラブの代表、西郷従道及びカークウッドとの間で、改めて競馬場の貸借契約が結ばれている。明治天皇は十四年五月十日を始めとして、計一三回ここを訪れた。[12]

根岸の競馬場はゴルフにも利用された。明治三十九年十一月二十二日、根岸競馬場内にゴルフ・リンクがオープン、[13]ここをホーム・コースにニッポン・レース・クラブ・ゴルフィング・アソシエーションが設立された。神戸では横浜より早く、この三年前、六甲山にコースが開設されている。

根岸競馬場も関東大震災で被災したが、J・H・モーガンの設計で立派なスタンドが再建された。長らく日本の競馬界をリードしてきた根岸競馬場だが、昭和十八年からは日本海軍、敗戦後の二十二年からは米軍の管理下に置かれた。四十四年、スタンド以外の土地が返還され、横浜市の根岸森林公園と日本中央競馬会の根岸競馬記念公苑として整備された。五十二年には競馬記念公苑内に「馬の博物館」が建設された。五十七年、スタンドも返還され、現在その一部（一等馬見所）が保存されている。

二、劇場の始まり

幕末の仮劇場とエンターテイナーたち

西洋の演劇や音楽も軍艦の乗組員や駐屯軍将兵によって横浜居留地にもたらされた。一八六二（文久二）年九月二十六日の『絵入りロンドン・ニュース』には、七月九日にイギリス軍艦ペルセウス号上で催された、乗組員による演劇と音楽の催しの様子が挿絵付きで紹介されている。

『ジャパン・ヘラルド』の九月十二日号には、ユーリアラス号のバンドが十四日に海岸通りで演奏会を開く旨の広告が出ている。イギリス軍の旗艦として鹿児島に遠征し、帰還したばかりだった。最後の曲目「鹿児島」はオリジナル・ナンバーであろう。フランスのアフリカ猟歩兵第三大隊のバンドも十七日に海岸通りで演奏会を開く旨の広告を出している。

九月二十六日には横浜ホテルで病院基金募集のためのアマチュア音楽会が開かれ、来浜したばかりのプロのピアニストのシップとヴァイオリニストのロビオが賛助出演した。この二人はその後キングドンの倉庫でも演奏会を開いている。

十月には、やはり横浜ホテルで、ワシントン・D・シモンズが奇術の興行をしている。プロの手品師の来日第一号である。『ジャパン・コマーシャル・ニュース』の翻訳筆写新聞、『日本貿易新聞』十月二十七日号に「弄珠者(てつまつかい)ワシントンテシンモンスの掲張(ひきふだ)」と題して、英文広告の翻訳が収録されている。

その頃、六六番地にあった建物にユナイテッド・サービス・クラブが設立され、劇場を付設する工事が行われた。十二月一日、新しい施設のお披露目のために、アマチュア劇団の公演が行われている。[14]

図17　ペルセウス号乗組員による演劇と音楽の催し
『絵入りロンドン・ニュース』1863年9月26日号より。
神奈川県立歴史博物館所蔵

J・R・ブラックは日本ではジャーナリストとして名高いが、来日前にはプロのテノール歌手だった。来日直前の一八六四年六月、上海のロイヤル・オリンピック劇場で「さよなら独唱会」を開いている。その後、ピアノ伴奏を務めたチゾムとともに来日し、八月から九月にかけて、居留地五三番地に止宿しながら隣の倉庫でミニ・コンサートを開いた。

初回の八月二十二日には、「涙とほほえみ（Smiles and Tears）」と題して計一四曲を熱唱した。入場料は指定席三ドル、自由席二ドルであった。二十九日に行われた二回目の公演では、蝶の舞（Butterfly Trick）の曲芸で知られる「アサキチサン」と競演している。これが「最初で最後」のはずだったが、好評につき九月十三日には手品師の隅田川浪五郎と十八歳の娘小まん、十五歳で綱渡りの息子コナミを出演させ、十九日には浪五郎とアサキチサンを共演させた。[15]

アサキチサンは独楽廻しの松井源水らとヨーロッパへ渡った浅之助と考えられている。小まんは正しくは浪五郎の妻とわ、コナミはとわの弟で養子の松五郎である。一八六六年十二月、源水らはロンドンへ、浪五郎一家はリズレーらと日本帝国一座のメンバーとしてニューヨークへ渡った。日本人芸人の海外公演第一号であった。[16]

駐屯軍将兵のアマチュア演劇もユナイテッド・サービス・クラブなどで盛んに行われた。一八六五年二月十日には、三二番地のロウレイロの倉庫で、英軍兵士によるギャリソン・アマチュア・シアトリカルズの演劇が行われたが、この倉庫はアマチュア劇場とも呼ばれていた。

翌一八六六年四月、ノールトフーク＝ヘフトが六八番地に劇場兼用倉庫を建てた。ゲーテ座の前身ともいうべき施設である。最初の興行はバーチ夫妻の「休暇旅行――ヨーロッパの旅」と題するもので、四月三十日から五月二十二日にかけて行われた。ジオラマをバックに、夫人のピアノとオルガンの伴奏に合わせて、歌と即興のスケッチを披露するというものである。五月三十日にはバーチ夫妻送別の夕べが開かれ、居留民が音楽と演劇を披露した。[17]

リズレーのロイヤル・オリンピック劇場

一八六四年三月、かつて曲芸で世界に名を轟かせたことのあるリズレーが、一〇人の座員と八頭の馬で構成される曲馬団を率いて来浜、二十八日から五月まで興行した。外国サーカス団の日本興行第一号であった。日本人はこれを「異人曲馬」と称し、錦絵にも描かれている。四月二日には「大成功につき毎晩値下げ興行」の広告を出しているが、『ヤング・ジャパン』によると、実際は「大失敗」だった。

リズレーはそのまま住みつき、居留地一〇二番地でフライイング・ホース・タヴァーンという宿屋を開業した。日本語にすれば「天馬屋旅館」と言ったところ。五月二十一日には体操教室・乗馬教室・射撃場の開業広告を出し、十一月五日、乗馬教室をアンフィシアター（円形劇場）という劇場に改装した。独立した西洋劇場としてはこれが第一号である。翌一八六五年一月、ロイヤル・オリンピック劇場と改称した。上海の同名の劇場の盛名にあやかったのだろう。

一月三十日、ここでイギリス砲兵隊アマチュア劇団の公演が行われた。幕間には第二〇連隊第二大隊軍楽隊の演奏も行われた。七月一日、ホテルと雑貨店を併設し、すべてをひっくるめてパヴィリオンと称するが、八月十四日、氷業に専念することを宣言し、それらを競売にかけてしまう。ホテルには買い手がついて、ホワイト夫人の経営するオテル・ド・パリになるが、劇場には買い手がつかなかったのか、あるいは居留地唯一の劇場が無くなるのを惜しんだ人たちが勧めたのか、九月二十九日、イギリス公使パークス、フランス公使ロッシュ、アメリカ代理公使ポートマンらの後援を得て、華々しく再開した。興行第一弾は、すでにおなじみのアサキチサンの蝶の舞、小まんの独楽回し、隅田川浪五郎の手品だった。[18]

図 18　横浜異人曲馬
歌川芳虎画。元治元年３月刊。
横浜開港資料館所蔵

ところが、リズレーは翌一八六六年十月、日本人の海外渡航の禁止が解けるやいなや、「ヘンクツ」こと米領事館員バンクスとともに、足芸の浜碇(はまいかり)定吉や手品の隅田川浪五郎、独楽回しの松井菊次郎らによって構成される日本帝国一座を引き連れて、欧米巡業の旅に出かけてしまった。劇場がその後どうなったかはさだかでない。[19]

中国劇場

中国人のコミュニティの中心の一つだった

会芳楼は料理屋と劇場を兼ねていた。その起源は定かでないが、明治三年版の『ジャパン・ディレクトリー』にはすでに中国劇場（Chinese Theatre）として記載されている。また、一八七〇（明治三）年九月二十八日には欧米人のアマチュア劇団がここを利用している。[20]

大正七年、居留地九七番地に同志劇場が建てられたが、これは会芳楼の後身と考えられている。関東大震災で被災後、跡地に和親劇場が建設された。[21]

本町通りゲーテ座

駐屯軍将兵や居留民のアマチュア劇団は倉庫などを借りて活動していた。ノールトフーク＝ヘフトの六八番地の倉庫もそのために使われていた。クルプ・ゲルマニアや中国劇場も利用されたが、いずれも手狭だった。そこで一八六九（明治二）年末、劇場建設が計画され、資金集めが始まった。

この計画は、ノールトフーク＝ヘフトが六八番地の倉庫を改築し、アマチュア劇団に貸すことで実現した。劇場の名前は「ゲイエティ・シアター（Gaiety Theatre）」、一八七〇年十二月六日に開場した。"Gaiety"は英語で陽気とか快活を意味する。これがいわゆる「本町通りゲーテ座」である。今も名高いアイルランドの首都ダブリンのゲイエティ・シアターの開設より一年早い。

柿落（こけら）としはアマチュア劇団による「可愛い坊や」と「アラディン」であった。一八七二年頃にはすでに日本初のガス灯による舞台照明が行われていた。同年末に、パブリック・ホールと改称され、その運営にあたるパブリック・ホール委員会が組織された。

山手ゲーテ座

明治十四年、手狭になった本町通りゲーテ座の替わりに、新しい劇場を建設しようという運動が起きた。準備委員会が組織され、翌年末に有限責任会社横浜パブリック・ホール・アソシエーションが発足する。しかし、資金がなかなか集まらず、山手二五六～七番地にサルダの設計になる新しい劇場が完成したのは十八年春、四月十八日にオープンした。柿落(こけら)としは、セミプロの音楽家カイルの指揮する横浜アマチュア管弦楽団の演奏会であった。ロッシーニの「セビリアの理髪師」序曲や、ブラームスの「ハンガリー舞曲」第二番など、五曲を演奏している。

明治四十一年七月、新たに資本金三万円のファーイースタン・パブリック・ホール株式会社が発足し、建物を改修、名前をゲーテ座に戻した。ゲーテ座は居留外国人のための劇場だったが、日本人にも西洋演劇を学ぶ機会を提供した。坪内逍遥・北村透谷・小山内薫・佐佐木信綱・芥川竜之助・大仏次郎らが観劇したことが知られている。

関東大震災の結果、山手ゲーテ座も倒壊して再建されず、その存在は忘れられてしまった。一九八〇年、服飾関係の資料を展示する岩崎博物館が設立された際、敷地の一部がゲーテ座の跡地にまたがっていたことから、一階に設けられたホールは山手ゲーテ座と名付けられた。博物館の手前左手角に「ゲーテ座跡」の案内板が立っている。[22]

三、水上スポーツの始まり

最初の水上スポーツ大会

一八六三（文久三）年十月五～六日、軍人が中心となり、居留民も参加して、グランド・ヨコハマ・インターナショナル・レガッタという大げさな名前のボート競技が開催された。インターナショナルと銘打ったのはイギリス軍とフランス軍が共同で開催したからであろう。

初日は競漕、二日目は帆走のプログラムであった。公使団や婦人のためのスタンドが設けられ、日本人も多数見物した。[23]『ヤング・ジャパン』はこれを「多くのこうした催し物のはしり」と述べている。横浜ではそのとおりだが、長崎ではもっと早く、二年前の一八六一年九月二十六日、すでに長崎レガッタが開催されていた。[24]

ボートとカヌー

ボート・レースの主体は当初軍人だったが、一八六五年には居留民を主体とする競技も行われている。[25]やがていくつかの競技団体が生まれ、次のような経過を経て、明治八年までに横浜アマチュア・ローウィング・クラブ（YARC）に統合される。

明治四年、横浜ローウィング・クラブと日本ローウィング・クラブが組織され、両者を含めたレガッタ委員会があった。『ジャパン・ガゼット横浜五〇年史』によると、前者が会員数を二五人に限定していたので後者が結成されたが、その後制限を撤廃し、後者を吸収したのだという。前者の名称は、翌五年には横浜アマチュア・ローウィング・クラブ（YARC）に変わっている。後者も六年にはジムナスティック&ローウィング・アソシエーションに変わっており、翌七年のレガッタでは両者の対抗戦が行われていないことからみて、それ以前に吸収されたらしい。これらとは別に横浜レガッタ・クラブも存在したが、八年四月に解散し、YARCに合流した。[26]

カヌー・レースもレガッタに含まれていたが、明治六年五月頃、横浜カヌー・クラブ（YCC）が設立され、[27]根岸湾一帯でクルーズ（巡洋航海）を楽しんだ。富岡（金沢区）にベース・キャンプを設けていたらしい。『ジャパン・ガゼット横浜五〇年史』の中の「よき時代の補足説明」には、カヌー・クラブは「毎日曜日に金沢や富岡でセイリングを楽しみ、あまり転覆した事もなく、また大きな事故もなかった」と記されている。[28]

『明治事物起源』や『横浜市史稿・風俗編』は、慶応二（一八六六）年、フランス波止場隣にボートハウスができたと記しているが、これは海水浴ボートを競艇庫と間違えたもの、そのことについては「海水浴ボートをボートハウスと混同——Bathe と Barge」の項で述べる。それでは、YARCのボートハウスは、正しくはいつどこに設けられたのだろうか。

『ジャパン・ガゼット横浜五〇年史』によると、YARCの最初のボートハウスは海岸通り十一番地にあり、フランス波止場周辺を転々としたのち、税関と三菱汽船会社の中間辺りに移った[29]。しかし、明治十三年正月頃、土地の所有者である三菱汽船会社の要求で立ち退きを迫られ、この年のうちにフランス波止場へ移転した[30]。『ジャパン・パンチ』同年九月号の「ボートハウスのオープン」と題する絵は、この出来事を取り上げたものである。地所は「競船会小船置所」として十二月十六日付で貸与され[31]、翌年三月二十四日、正式にオープンした[32]。

図19　新しいボート・ハウスのオープン
『ジャパン・パンチ』1880年9月号より。　横浜開港資料館所蔵

おもしろいことに、明治三十五年十二月、ボートハウスで卓球（ピンポン）のトーナメント戦が行われている[33]。冬の間、施設を有効利用するためだろうか。この年にはイギリスでピンポン協会が設立され、また日本に卓球が伝わった年ともされているから、きわめて早い例の一つだと言える。

国際ボート・レース

ボート競技は日本人の間でもしだいに盛んになった。明治十八年十一月三日、YARCのレガッタに初めて東京大学の学生が招かれたが、大学チームは川で練習しているので海では奮わず、対抗戦では横浜チームが勝利を収めた。[34] 大学チームを編成したのは、東京大学予備門のイギリス人教師で、「日本における近代スポーツの父」と称されるストレンジであった。[35]

翌十九年三月、東京大学は帝国大学に改組され、その下に法・医・工・文・理の五つの分科大学が置かれた。同年十月二十二日[36]に行われたYARCの競技会に、大学の三つのボート・チームが招かれ、第六レースで三者が競走した。『東京帝国大学漕艇部五十年史』はこの三チームを「帝大の三学部と医学部及び工部大学」と記しているが、正確には法文理（旧開成学校）の混成チームと医科大学・工科大学の計三つのチームであろう。結果は大接戦の末、工科大学の勝利となった。この競技会ではYARCと大学チームの対抗戦は組まれなかった。

ところが『明治事物起源』によると、十九年十一月三日、横浜チームと「三学部」からなる大学チームの対抗戦が行われ、大学チームは最初「其の勢頗る見事」だったが、途中で三番のクラッチが破損したため、負けてしまったという。『横浜市史稿・風俗編』では逆になっていて、最初は横浜チームが「勢ひ頗る猛烈」だったが、途中でクラッチが壊れてしまい、大学チームの勝利となった、これが「国際競漕の最初」だという。しかし、十一月三日にレガッタが行われたことは、当時の新聞にも『東京帝国大学漕艇部五十年史』にも記されておらず、「三学部」が何を意味するかもよくわからない。真偽のほどは不明だが、これが「国際競漕の最初」でないことは確かだ。

海水浴ボート――水泳競技の始まり

日本語の海水浴にも英語の Bathe にも、水浴と水泳の二つの意味がある。ここではスポーツとしての水泳について述べる。

横浜居留地での水泳競技はフランス波止場の沖合に設置された海水浴ボート（Bathing Boat）で始まった。それは海の家が浮かんでいるようなもので、一八六五年の春から夏にかけて、トーマス・S・スミスが設置した。開

表5　短艇ハウスと海水浴ボート

	短艇ハウス	海水浴ボート
開業年	慶応2（1866）年	1865（慶応元）年
開業期間	5月から10月まで	5月1日から10月1日まで
使用料	一夏12ドル	1シーズン12ドル
値下げ	一夏10ドル	1シーズン10ドル

業期間は五月一日から十月一日まで、使用料は一シーズン一二ドル、一か月五ドル、波止場から送迎用ボートが出ていた。八月五日には会員による「横浜最初の水泳大会」が行われた。翌年には婦人専用の更衣室も設けられている。[37]

一八六七年にはボートの新しい所有者となったマーチャントがスウィミング・クラブを組織し、四月十三日に会員による水泳大会を開催した。海水浴ボートの百ヤード先に別のボートを浮かべ、往復する競技である。五月には料金を一シーズン一〇ドル、一か月三ドルに値下げしている。[38]

海水浴ボートをボートハウスと混同――BatheとBarge

『明治事物起源』に「短艇ハウスの始」として、次のような記述がある。

慶応二（一八六六）年、「横浜市山下町十二番地海岸通り」に開かれた「バアージ」と称するものがあり、「一夏一人の費用十二弗なりし。翌年は十弗に下げて多くの会員を集め端艇や快走艇をおきて、競漕並に遊泳の場所とし、毎年五月より十月まで紳士の遊び場所となせり。」

『横浜市史稿・風俗編』もこれを「艇庫の始」としている。

『明治事物起源』の短艇ハウスの記述をスミスとマーチャントの海水浴ボートと比べてみると、**表5**のように、開業年が一年ずれているのを除き、細かい点まで一致している。『明治事物起源』は海水浴ボートをボートハウスと間違えたのだと思う。海水浴を意味するBatheをボート競技に用いられるBargeと混同したのだろう。

『ボート百年』という文献には、バージ・クラブができたと記されているが、これは海水浴ボートをボートハウスと間違えたのみならず、スウィミング・クラブをボート・クラブとも間違えたもの。[39]

国際競泳大会

水泳の愛好家とボートの愛好家は重なり合っていたようで、水泳競技もＹＡＲＣの手で行われるようになる。ボート・レースの例でもわかるように、ＹＡＲＣは日本人チームと積極的に対抗試合を行った。

東京浜町河岸で水府流（水戸藩に伝わる古式泳法）太田派の水練場を開いていた太田捨蔵の門弟たちが、ＹＡＲＣに競泳の対抗戦を申し入れ、明治三十一年八月十三日に実現した。会場はフランス波止場前のＹＡＲＣ水泳場、箱船を浮かべてスタート台とし、沖合に浮標を置いて百ヤードの目標とした。ＹＡＲＣ側は海水パンツ、太田派はふんどしのいでたち、結果はみごと太田派の勝利となった。翌三十二年八月十二日には太田派の本拠地、隅田川でリターン・マッチが行われたが、再び太田派の勝利に終わっている。[40] ＹＡＲＣはアマチュア、太田派はセミプロだから当然と言えば当然の結果だった。

ヨット・レース

ヨット・レースはボート・レースに付属して行われていたが、そのうち独立するようになった。一八六七年五月二十四日、ヴィクトリア祭（イギリスのヴィクトリア女王の誕生日）の行事の一つとして、ＰＯ汽船会社の肝煎りで帆走競技が企画されたが、[41] その後も組織的なものにはならず、あいかわらずボート・レースに付属して行われていた。

『ジャパン・ガゼット横浜五〇年史』のオーストン談話「横浜におけるヨット遊び」によると、明治十九年、ＹＡＲＣの春季レガッタの際に行われたヨット・レース以降盛んになり、同年十一月三十日に横浜セイリング・

クラブが組織された。[42] 初代理事にはウィットフィールドやオーストンが選ばれた。
明治二十九年、競走だけではなくクルージングを楽しむ人々も含めた幅広い組織に改組され、名前も横浜ヨット・クラブに変わった。この年には、逆に参加資格を制限して、小型ヨット中心の競技を行う団体としてモスキート・ヨット・クラブも組織され、富岡にクラブ・ハウスを設けた。ただし、その会員は横浜ヨット・クラブを脱退したわけではなく、両方のクラブに属していた。

横浜を代表するヨットマンにラフィンがいる。オーストンによるとラフィンの所有するメアリー号は「ラフィンの誇りであり、かつ横浜の誇り」でもあった。明治三十一年七月四日に行われたレースは、オーストンのゴールデン・ハインド号とラフィンのメアリー号が台風の中でデッドヒートを展開する名勝負となり、ゴールデン・ハインド号が勝利した。

四、球技と陸上競技の始まり

球技の始まり――クリケット

球技には無数の種類があるが、大雑把に言えば、ボールを手で扱うものと足で扱うものに分かれる。イギリスで最も人気が高いスポーツは、前者はクリケット、後者はサッカーである。クリケットはボールをバットで打つ競技で、野球に似ている。日本では野球が盛んになったため、クリケットはあまりなじみがないけれども、世界的にはサッカーに次ぐ二番目の競技人口を誇っているという。

横浜で最初に行われた球技もクリケットだった。一八六三年春、イギリスは生麦事件の犯人の処罰と賠償金の支払いを求めて日本側に最後通告を発し、横浜に軍艦を集結した。八月には鹿児島に向けて出航し、薩英戦争が起こる。その直前の六月か七月頃、束の間の時間を利用して、軍艦の乗組員と居留民がクリケットの試合を楽しんだ。場所はまだ空き地だった旧埋立居留地、緊迫した情勢下だったので、水兵がグラウンドを取り囲み、選手も拳銃を携えてプレーした。[43]

その後も駐屯軍や寄港軍艦の乗組員たちはクリケットをしていたらしい。一八六四年中、イギリスの陸軍と海軍の対抗戦が行われ、二試合とも海軍が勝利を収めた。[44] やがて居留民によるクラブができるのだが、それにはモリソンの果した役割が大きかった。

香港と上海のイギリス人は、インターポート・マッチと呼ばれるクリケットの対抗試合をしていた。一八六六年に上海チームは香港チームに大敗、翌年雪辱を果した。モリソンはこれに参加して以来、クリケットが病みつきになってしまった。

一八六七年一月、モリソンは横浜にやってくる。来日当時、横浜にはクリケットのクラブもグラウンドもなかった。たまたま横浜に上海でモリソンのチームメートだったプライスの弟のアーネストがいたので、二人が中心になって横浜クリケット・クラブ（ＹＣＣ）を結成し、後に新埋立居留地と呼ばれることになる造成地の一画、二六五番地（現在横浜中央病院の辺り）にグラウンドを設けた。一八六八年中のことである。六〇ヤード四方の土地を整地して芝を植えたが、外野の辺りには石や藪が残っていた。もとは沼地だったのでスワンプ（沼地）・グラウンドと呼ばれた。[45]

条件は悪かったが、それでも一八六九年から一八七一年にかけて、このグラウンドでＹＣＣとイギリス駐屯軍第一〇連隊の将校チームとの好ゲームが行われた。一八六九年六月と一八七一年五月のゲームの記録が残っており、いずれもＹＣＣが勝利を収めている。[46]

一八六六年末の大火後に結ばれた「横浜居留地改造及競馬場墓地等約書」の第一条により、焼失した遊郭の跡地に公園（現在の横浜公園。以下、慣用により「横浜公園」と記す）を造成することになった。ＹＣＣはこれを絶好の機会と捉え、そこに新しいグラウンドを設ける計画を立てた。明治三（一八七〇）年中には日本側の了解を取り付け、それを受けて土木技師ブラントンが公園の北側約半分をグラウンドとする設計図を作った。しかし、アメリカ公使が、クリケットはもっぱらイギリス人のスポーツなのに大きすぎるとクレームを付けたため、公園中央に当初の三分の一程度に縮小したグラウンドを設ける第二次案に修正された。当時まだ南北戦争の余波が収まらず、アメリカとイギリスは犬猿の仲だった。その煽りを受けたのだった。

グラウンドは明治五年にクラブに使用が許可された。クラブは日本側と話し合いが整うのを待たずに芝生を植え始め、六月に完了して費用の半額を日本側に要求した。[47] 条件の悪いスワンプ・グラウンドで我慢していただけに、素晴らしいグラウンドを得た喜びは理解できるが、傍若無人の誇りは免れない。

「横浜居留地改造及競馬場墓地等約書」の第一条では、横浜公園の維持管理の方法について、日本側と領事団が協議して決めることになっていた。結論が出るまで使用料は徴収されず、無料で利用できたが、その代わり、一部の団体が排他的に使用したり、恒久的な施設を建てることはできない建前だった。ＹＣＣは芝生しか所有できないはずだったのに、明治八年頃、ちゃっかりパヴィリオンと称する平屋建てのクラブ・ハウスを建てた。[48]

結局、日本側と領事団との協議は整わず、明治十一年になって、「横浜居留地改造及競馬場墓地等約書」の第一条を破棄し、神奈川県が維持管理することになった。これを受けて、ＹＣＣに年間五四〇ドルの使用料で、クリケット・グラウンドの地券証が交付された。ＹＣＣにとっては負担が生じたが、既得権が保証されることにもなった。[49]

陸上競技の始まり——横浜フィールド・スポーツ

『ジャパン・ヘラルド』一八六二年九月十九日号に、「横浜フィールド・スポーツ」の開催予告が掲載されている。イギリス軍のプライス中尉が呼びかけ人になり、軍人と居留民に参加を呼び掛けたものである。二十六日号では十月七〜八日に開催されるだろうと報ぜられている。これが実施されていれば、横浜最初の本格的な陸上競技大会となるはずだったが、実施された様子がない。おそらく開催が遅れているうちに、十月十四日、フランス軍のカミュ中尉が殺害された井土ヶ谷事件にぶつかり、中止されたのではないだろうか。

そういうわけで、翌一八六四年五月五〜六日に開かれた競技会が横浜最初の本格的な陸上競技大会となった。主催はイギリス陸軍第二〇連隊分遣隊を中心とする陸海軍人と居留民、フランス軍も優勝カップを提供して協力した。会場は旧埋立居留地の一画、イギリス領事館付属監獄のグラウンドであった。

『ジャパン・ヘラルド』には、四月十六日号に予告が、五月七日号に結果が出ている。徒競走、高跳び、棒高跳び、ハンマー投げ、三段跳びなど、今日と変わらない種目と並んで、クリケット・ボール投げ、重装備行軍競争、眼隠し徒競走、片足跳び競走、サック・レース（麻袋に両足を入れて跳ぶ競争）といった競技もある。

呼び物は二日目の第五試合と第六試合、前者は一マイル長距離走であった。『ジャパン・ヘラルド』によると、第二〇連隊のブラウント大尉がラスト・スパートで鹿のように素晴らしい走りを見せて優勝した。「今大会で最高のレース」だった。後者の一五〇ヤード・ハードル走には英公使オールコック夫人が「ジャパン・チャンピオン・カップ」を寄贈した。優勝者はアーガス号乗組みのフラワーズ、アスピノール・コーンズ商会のコープが健闘して二位に入った。意外な優勝者には、幅跳びで一位になった英公使館付医師ウィリスがいる。[50]

大会直後の五月二十八日、英海兵隊が到着、七月九日には第二〇連隊第二大隊の本隊、八月にはベルーチーズ（Beloochees）と呼ばれるインド人歩兵部隊が到着し、居留地防衛とともに下関戦争（長州藩による外国船砲撃に対する報復）に備えた。下関戦争が終わると余裕が生じたのだろう、彼らも盛んに陸上競技を行った。十月二十八日、ベルーチーズが海岸通りで競技会を開いた。これには陸上競技だけではなく水泳や綱渡りのような余興的な性格の強い種目も含まれていた。[51]十一月十七日には、海兵隊のサザー中佐らによって、山手の練兵場で競技会が開かれ、居留民は観客として招かれた。試合終了後、将校集会所で舞踏会が開かれている。男性の居留民にとっては、女性の参加する舞踏会のほうが、競技会より楽しかったかもしれない。

ライフル射撃

元治元（一八六四）年十月、イギリス公使は自国軍隊のために射撃場を設けることを要求した。幕府はこれを受け容れて、翌慶応元年三月、根岸村字立野に射撃場用地を貸与した。『ヤング・ジャパン』はこれを「東洋における最良の小銃射撃場の一つ」と評価している。[52] 弾道は現在の大和町商店街、着弾地は現在の立野小学校の辺りにあった。日本人はこれを鉄砲場とも角打場とも呼んだ。

イギリス側は射撃場を設ければ日本軍の役にも立つと言って、土地を無料で借りていた。その手前もあったのだろう、自国軍隊のためだけではなく、居留民や日本人の利用にも開放する方針を採った。さすがに国民皆兵の国スイスの人々が素早く反応して、この年のうちにスイス・ライフル・クラブ（正式には Société suisse de tir）を結成した。これはスイス人だけのクラブだったので、一八六五年十月二十二日、これとは別に多国籍の横浜ライフル・アソシエーションが組織された。十一月八日、根岸の射撃場で最初の競技会を開き、以後毎週水曜の午後に開催することになった。[53]

横浜ライフル・アソシエーションを結成したのは居留民だが、競技には駐屯軍の将兵も参加した。とくに英軍第二〇連隊のマスケット銃の教官ハリス中尉が熱心だった。ハリス中尉が本国のウィンブルドン協会（全英ライフル協会）に団体の誕生を報告したところ、協会から賞品の銀メダルが贈られた。[54]

明治三（一八七〇）年三月、スイス領事の申請により射撃場に玉見所が付設され、四年十二月から日本軍も使用するようになった。[55] 五年十月十五〜六日に行われたスイス・ライフル・クラブの競技会には村田銃の創案で名高い村田経芳が参加し、三種目ですべて最高点をマークしている。[56] イギリス軍が明治八年に撤退したのにともない、翌九年、射撃場の土地は日本政府に返還されたが、射撃場は存続し、引き続きスイス・ライフル・クラブや横浜ライフル・アソシエーションに使用が認められた。

横浜放鳥射撃会

民間人の日本人には、射撃は上流階級の間で狩猟として普及した。明治二十一年五月三十日、横浜放鳥射撃会の発起人総会が開かれ、会長に有島武、副会長に吉田健三、幹事に矢野祐義が選ばれた。会長の有島武は横浜税関長で、有島武郎、生馬、里見弴の芸術家三兄弟の父。副会長の吉田健三は元ジャーディン・マセソン商会番頭の実業家で、のちの首相吉田茂の義父。幹事の矢野祐義は弁護士、のち横浜弁護士会長、市会議員。七月十五日に第一回大会を開催した。[57]

「横浜放鳥射撃会規則」[58]によると、事務所は弁天通六丁目の矢野祐義方、射撃場は橘樹郡鶴見村字二見台（現在鶴見区総持寺裏）、毎年春秋二回の懸賞大会を開くことになっていた。唯一の外国人として画家のワーグマンが発起人に名を列ねている。

陸上競技クラブ

居留民による陸上競技クラブ結成の動きは、すでに一八六九年に始まっており、資金集めや競技場の場所探しが行われた。[59]一八七一年十月十一日、神戸チーム（Kobe Athletic and Regatta Club）と対抗戦が行われた。横浜にもクラブがあったボート競技は互角の戦いだったが、陸上競技は横浜チームの惨敗に終わった。[60]雪辱のためにもクラブの結成が望まれていた。一年後の一八七二年十二月、競馬場で陸上競技大会が開かれ、その成功を受けて、クラブ結成の気運が一気に高まった。[61]競技場をどこに設けるかが問題だった。選択肢は造成中の横浜公園か、射撃場か、そのどちらかだった。結局、射撃場が選ばれるのだが、それを左右したのは相談を受けたイギリス領事ロバートソンの意見だった。

ロバートソンの考えは、横浜公園の運営には領事団が関与しているので調整が面倒なうえ、「公の遊園（public

garden)」とされているので、一つの団体のためにトラックを柵で囲ったり、更衣室などの施設を設けることはむずかしい。イギリス軍に貸与されている射撃場ならば、そのような面倒はないというものだった。[62]

一八七二(明治五)年十二月二十六日、射撃場に競技場を設けることを前提にクラブが結成された。アマチュア・アスレチック・アソシエーション・オブ・ヨコハマが正式名称だが、横浜アマチュア・アスレチック・アソシエーション(YAAA)と記される場合もあり、ここでは慣用にしたがってYAAAの略称を用いる。

これを受けてロバートソンが射撃場の東側を陸上競技場のために拡張することを日本側に要請、明治六年六月に日本政府が許可し、[63]七月二十八日に許可書がYAAAに交付された。[64]かくして十一月十五日、射撃場に設けられたトラックで最初の競技会が開催された。[65]

難産の末に誕生したYAAAだが、その前途は順風満帆というわけにはいかなかった。問題の一つは熱心な会員がいるものの、競技会の出場者が少なかったこと、もう一つは、射撃場はもともと水田だったので地盤が悪く、しかも居留地から離れていることだった。明治七年四月には早くも横浜公園に移転できないかどうか、検討が始まっている。[66]

転機が訪れたのは明治十三年だった。三月十三日、YAAAからの要請を受けたYCCはクリケット・グラウンドの周りにトラックを設けることを承認した。[67]両方のクラブに入っている人も多く、競技会が同じ日に重なった時など、射撃場では遠くて掛け持ちできないから、というのが理由の一つだった。「そこまでするか」と言いたいくらいのスポーツ好きが何人もいたようだ。

「タイミング良く」というと変だが、この年の秋の競技会の直前、十月の台風で射撃場のグラウンドは大きな被害を受け、修復にかなりの費用が見込まれた。そこで秋の競技会はクリケット・グラウンドで行うこととし、また出場者を増やすために他のクラブのメンバーにも参加を呼びかけて、十一月六日に開催された。しかし、当日は悪天候のため、成功とは言えなかった。[68]

こうした経緯を受けて、十二月十六日の総会で、クラブを解散し、基金や財産はYCCに寄贈、土地は日本政府に返却することが決議された。[69] 翌年版の『ジャパン・ディレクトリー』からYAAAの記載が消える。ではクラブは解散したのかというと、案外そうでもなくて、実質的にはYCCに吸収されながら、そこに間借りするような形で、名目上は明治十七年のスポーツ団体の大合併まで存続したように見える。[70]

野球の始まり

野球は横浜と東京のアメリカ人の間で同時並行的に盛んになった。野球を始めたのは、横浜では領事館員や居留民と寄港軍艦の乗組員、東京では開成学校や英語学校のアメリカ人教師と学生であった。

スコアの判明する最初の試合は、一八七一（明治四）年九月三十日、横浜の居留民とアメリカ軍艦コロラド号の水兵の間で行われた。場所はYCCのスワンプ・グラウンド、結果はコロラド号チームが一四対二で大勝した。[71] コロラド号は太平洋横断定期航路の第一号船として名高い太平洋郵船の貨客船だが、この時は朝鮮遠征のため海軍に徴用されていた。この年の十月には野球クラブ結成の動きが伝えられ、翌一八七二年四月にも軍艦アラスカ号乗組員と居留民との試合が報じられているが、クラブの結成には至らなかった。[72]

時を同じくして東京でも野球が始まっていた。開成学校がまだ第一大学区第一番中学だった明治五年、教師のウィルソンが学生に教えた事例が知られている。七年以降、アメリカ留学中に野球を覚えた来原（くるはら）彦太郎（のち木戸孝允嗣子孝正）、大久保利通の長男利和と次男牧野伸顕らが帰国して開成学校に入学し、いよいよ盛んになった。[73]

明治九年は日本の野球史にとって記念すべき年になった。横浜の一住民が『ニューヨーク・クリッパーズ』というアメリカのローカル紙に投稿した記事のおかげで、記念すべき五試合すべての出場者とスコアが判明する。[74]

最初の試合は初夏の頃、東京で横浜・東京混成の外国人チームと開成学校の学生チームが対戦した。東京からは開成学校のウィルソンや英語学校のマジェット、横浜からは総領事ヴァン・ビューレンや副総領事デニソン、宣教医ヘボン博士の子息サムエルなどが参加したが、ヴァン・ビューレンがアンパイアを務めたので人数が足りなくなり、センター抜きの八人で対戦した。それでも外国人チームが三四対一一で勝利を収めている。寄稿者は学生たちはさらに指導を受ければ良いプレイヤーになるだろうと慰めている。これが記録に残る最初の国際野球試合となった。

外国人チームのピッチャーはヘボン、キャッチャーはデニソンだった。彼らは汽車の最終便で横浜へ帰らなければならなかったので、試合は七イニングで行われた。学生チームでは万能選手と語り伝えられる本山正久がサード、小柄ながら左利きのキャッチャーとして知られた石藤豊太がこの試合ではファーストで出場していた。

外国の人とベースを競はれし、雄々しき姿今も忍ばる

これは石藤の喜寿を記念し、弟子が外国人チームとの試合当時の師を偲んで詠んだ「駄句[75]」。

第二試合は九月二日、横浜のクリケット・グラウンドで、横浜・東京混成の外国人チームとテネシー号など三隻のアメリカ軍艦選抜チームの間で行われ、女性のための観客席を設けたり、テネシー号の軍楽隊を招くなどして試合を盛り上げた。当日は好天に恵まれ、約二〇〇人の外国人、四〜五〇〇人の日本人が見物に押しかけた。試合は白熱のシーソーゲームとなり、九回裏に軍艦チームが同点に追いついて延長戦に突入、一〇回表横浜・東京混成チームが四点獲得、その裏の攻撃を一点に押さえ、二九対二六で勝利を収めた。この時の勝利投手もヘボンだった[76]。

第三試合は十月十四日、東京の開成学校で横浜と東京の外国人チームの対抗戦が行われ、東京が二七対一九で勝利した。この試合には英語学校のイギリス人教師ストレンジがレフトで出場している。横浜チームのヘボンは敗戦投手となった。

横浜では試合を重ねるごとにクラブ結成の気運が高まった。問題はクリケット・グラウンドを利用できる保証を得ることだった。そこで野球愛好家の代表はＹＣＣに利用を申し入れた。ＹＣＣは十月十二日に会議を開き、

野球クラブが二〇名以上の会員を確保し、ＹＣＣに一定金額の寄付金を納めることを条件に申し入れを受け入れた。

かくして明治九年十月二十日、三五名の会員で横浜ベース・ボール・クラブ（ＹＢＢＣ）が発足した。[77]『ジャパン・ディレクトリー』には十年版から記載があり、会長は工部省電信寮御雇のストーン、キャプテンは副総領事デニソンであった。十四年版以降、ヘボンが会長になっている。

ＹＢＢＣ結成大会翌日の二十一日、さっそく横浜で東京チームとのリターン・マッチが行われたが、二三対一三で返り討ちに遭い、初陣を飾ることはできなかった。この試合ではヴァン・ビューレンが敗戦投手となった。このままでは終われない横浜チームは、アメリカ軍艦ヤンチック号乗組員から援軍を得て、十月二十八日、横浜で東京チームと対戦、「三度目の正直」でようやく勝利を収めた。この試合ではヘボンが勝利投手に返り咲いた。この試合をもってこの年のシーズンは終わりとなった。『ニューヨーク・クリッパーズ』への投稿者によると、ＹＢＢＣの会員は四〇名以上、東京のクラブも三〇名を超えたという。

この年の半ば過ぎ、アメリカで機関車製造法を学ぶかたわら、野球を覚えた平岡熈（ひろし）が帰国、さっそく三崎町（現在東京都千代田区）の練兵場にグラウンドを設け、社会人や学生の同好者と野球を始めた。[78]平岡は十一年頃、新橋の鉄道局に勤務し、同僚たちと新橋クラブという日本最初の社会人野球チームを作るのだが、その前身と言える。明治九年には外国人チーム、学生チーム、社会人チームの原型が出揃ったことになる。

明治十年、ＹＢＢＣは約束通り、二五ドルの寄付金をＹＣＣに納めた。翌年、ＹＣＣは日本政府からクリケット・グラウンドの地券証を交付され、使用料を納めることになったが、おそらくその結果であろう、この年から寄付金というようなあいまいな名目ではなく、一シーズン二五ドルの使用料を納めるようになった。翌年には七五ドル、一八八一年からは九五ドルを納めている。[79]

ＹＢＢＣはクリケット・グラウンドを使用する以上、ＹＣＣに依存せざるをえなかった。また、明治十四年のシーズンの対戦相手は一〇試合中五試合がＹＣＣ、四試合がアメリカ海軍だった。[80] したがって、十七年のスポーツ団体の大合併に賛成し、合流したのは自然な成り行きだった。

ラケット・ゲーム

ラケット・ゲームは二人の選手がラケットを持って壁にボールを打ち合う室内競技で、現在のスカッシュと似ているが、ルールや道具が少し違う。

ラケット・ゲームはイギリス陸軍第二〇連隊の将兵の間で人気があったらしい。第二〇連隊が横浜に駐屯を始めた一八六四年中、さっそくラケット・コート建設のために資金集めが行われた。翌一八六五年九月にコートで試合が行われているので、その頃にはすでに建設されていた。十月二日、出資者の最初の年次総会が予定され、そこで過去一年間の会計報告が行われることになっていた。おそらくその前後にクラブが結成されたのだろう。[81]『ディレクトリー』によると、名誉幹事は第二〇連隊のブラウント大尉、コートとクラブ・ハウスは居留地一二七番地にあった。

ラケット・コート・クラブの中心メンバーでもあったモリソンは、回顧談の中で大意次のように述べている。ラケット・コートは最初中華街の中にあり、のちクラブ・ホテルの裏に移った。イギリス軍がいた時代には、ラケット・コートはたいへん人気があったが、軍隊が撤退して会員は減少傾向になった。ローン・テニスが始まると、費用もあまりかからず、女性も楽しめるようになったので、ラケット・コートはさびれてついに閉鎖となった。[82]

中華街の中にあったというのが居留地一二七番地のコート、一八七一（明治四）年八月十六日、開設行事として居留民と海軍の試合が行われた「新しいラケット・コート」[83]がクラブ・ホテル裏のコートのことだと思う。クラブは明治九年頃まで存続した。

テニスの始まり

一八七四（明治七）年、イギリスのウィングフィールドが近代テニスに近いかたちのゲームを考案した。コートが中央でくびれていたり、ネットの高さもコートの広さも自由だったことなど、今日のテニスとは違っていた。一つの箱にラケットとネットとボールを納めて持ち運べるのが売り物で、ラケット・ゲームのように専用の建物を作らなくても、場所さえあればどこでも楽しめる利点があった。

ウィングフィールドの考案したローン・テニスはリアル・タイムで横浜居留地に伝わった。とくに女性の間で人気が高まった。明治九年三月二日に開かれたＹＣＣの年次総会の記事から、ローン・テニス・クラブがクリケット・グラウンドをしばしば利用していたことがわかる。十月十二日の臨時総会の記録には、テニス・クラブがグラウンドを週に三日利用していると記されている。[84]ローン・テニスは山手公園でも行われていた。同年六月十七日の『ジャパン・ウィークリー・メイル』にその様子が詳しく描かれている。

「習慣になっているお茶の時間の後、大勢のプレーヤーや観客が山手公園に集まってくるのを見るのは、実に楽しいことだ。ローンテニス・コートへ通じる斜面で、試合が終わった人やこれから試合に入る競技者たちがベンチの周囲に集まり、ベンチでは観客たちが試合をみていた。他方、プレーヤーたちは活気にあふれて運動を楽しんでいた。」[85]

これらの記事から、この頃にはすでにクラブが組織され、かなり盛んになっていたことがわかる。『ジャパン・ディレクトリー』には、十年版以降、ローン・テニス・クラブが記載されている。会長はジョンストン夫人、夫はイギリス系フィンドレー・リチャードソン商会の社員であった。

一八七七（明治十）年、ウィンブルドンのオール・イングランド・クロッケー・クラブにローン・テニスが取り入れられ、クロッケー&ローン・テニス・クラブと改称された。ここで規則やコート、ボールなどがほぼ現在のかたちに改良され、七月に最初の全英選手権大会が開催された。横浜のクラブはさっそくそれを取り入れ、クラブの名称もレディズ・ローン・テニス＆クロッケー・クラブ（ＬＬＴ＆ＣＣ）と定めた。テニスをクロッケーの前に持ってきた点で、少なくとも名称に関しては本国のクラブの先を行っていた。

これより先の一八七〇年六月四日、山手公園がオープンした。その土地は「横浜居留地改造及競馬場墓地等約書」第一〇条に基づいて、外国側の要望に応え、妙香寺付近の土地を割いて山手二三〇番地とし、領事団に貸与したものであった。外国側ではＷ・Ｈ・スミスらが委員会を組織して資金を集め、開園にこぎつけた。しかし、維持費の捻出が困難となり、借地料を支払えなかった。

そこでイギリス公使パークスの斡旋により、「横浜居留地改造及競馬場墓地等約書」第一〇条を破棄し、土地を日本政府に一旦返したうえで、地代を値下げし、公園の維持管理に責任を持つことを条件に、ＬＬＴ＆ＣＣに貸与することになった。これを受けて、明治十一年七月一日、婦女弄鞠（ろうきゅう）会（ＬＬＴ＆ＣＣのこと）に土地の貸渡券証が交付された。同じ年、横浜公園でも領事団の関与が排除され、神奈川県から直接ＹＣＣにクリケット・グラウンドの地券証が交付されているが、日本側としては同等に対処したものであった。[86]

ＬＬＴ＆ＣＣの伝統を受け継ぐ横浜インターナショナル・テニス・コミュニティ（ＹＩＴＣ）は土地の貸渡券証が交付された明治十一年をクラブの正式の発足の時点としている。当時の会長は居留地の名物医師であり、スポーツマンとしても知られたウィーラーの夫人メアリー、十六年まで六期連続会長を務めた。

どうしてテニスは女性に人気があったのだろうか。当時イギリスでは「男女分権」といって、家の外は男の世界、家の中は女の世界とされていた。したがって、戸外で行うスポーツはほとんど男性のものであり、女性は観客として招かれるにすぎなかった。現在の日本の平均的な住宅事情ではとても考えられないのだが、当時の山手の外国人住宅にはテニス・コートを作るだけの十分な広さの庭があって、女性たちはそこで普段着のままテニスを楽しむことができた。文字どおり「庭球」であり、やがてテニス好きの女性たちが集まってクラブを作ったのだった。

イギリス本国では一八八二年、ウィンブルドンのクラブの名称からクロッケーが落ち、ローン・テニス・クラブとなった。横浜のクラブも几帳面にこれに合わせ、一八八五年頃、名称をレディズ・ローン・テニス・クラブに改めた。当時の規則書が残されていて、第四条を見ると、男性も名誉会員になることができた。[87]もっとも、横浜公園のテニス・コートもYCCやその後身のYC&ACによって維持されていたから、男性はそちらでプレーすることもできた。しかし、なんといってもテニスは男女がいっしょにプレーできる混合ダブルスに特色があったから、男性にとっても山手公園のコートは魅力的な場所だった。

イギリスのクラブは一八八九年、クロッケー・ファンの意見が通って、さらに名称が変わり、オール・イングランド・ローン・テニス&クロッケー・クラブとなった。横浜のクラブは再び几帳面にこれに倣い、一九〇〇年頃、レディズ・ローン・テニス&クロッケー・クラブに戻った。

LLT&CCは第二次大戦後、一時コートを占領軍に接収され、中断した時期はあったが、一九五二年に復活、一九六四年、日本人会員を含む横浜インターナショナル・テニス・クラブに改組され、一九八二年、現在の社団法人ヨコハマ・インターナショナル・テニス・コミュニテイ(YITC)となった。一九七八年、LLT&CC創設百周年を記念して「日本庭球発祥之地」の碑、一九九八年には百二十周年を記念して「横浜山手・テニス発祥記念館」が建設された。

女性中心のスポーツ団体には他にレディズ・ホッケー・クラブもあった。明治三十五年正月二日、クリケット・グラウンドで行われた試合の模様が報じられており、翌年正月八日の試合を報じる記事に「レディズ・ホッケー・クラブ」の見出しが付いている。ただし、試合は男女混成チームで行われていた。[88]

フットボールの始まり

フットボールもイギリス軍将兵によってもたらされた。薩英戦争の直前、一八六三年の六月か七月頃、束の間の時間を利用して、軍艦の乗組員と居留民がクリケットを楽しんだことはすでに述べたが、その頃フットボールも行われたらしい。[89]

下関戦争が終わってイギリス軍の山手駐屯が本格的に始まり、一八六四年の終わり頃に練兵場が整備されると、将兵はそこでさまざまなスポーツを行った。一八六七年一月に来日したモリソンは、そこで陸上競技やクリケットとともにフットボールが行われていたのを目撃している。[90]

一八六六年一月二十六日、ラケット・コートのクラブ・ハウスで、イギリス陸軍第二〇連隊のブラウント大尉らの軍人と居留民が、フット・ボール・クラブを設立するための会合を開いた。このことは当日の『ジャパン・タイムズ』の記事から明らかなのだが、疑問が二つある。

一つはクラブが実際に結成されたのかどうかという疑問。というのも、同じ頃、同じブラウント大尉が中心になって結成されたラケット・コート・クラブがきちんと『ディレクトリー』に掲載されているのに、フット・ボール・クラブは掲載されていないのである。

もう一つの疑問は、ここでいうフット・ボールとは現在のラグビーに近いものなのか、サッカーに近いものなのかということ。判断材料は乏しいのだが、次の史料から考えてみよう。

一八七二（明治五）年、東京のチームから「横浜フットボール・クラブ」に試合の申し入れがあり、十二月七日に横浜で対戦することになった。[91]

明治六年、フットボール・シーズンの第三試合がイングランド対スコットランド・アイルランド連合軍の間で行われた。これはプレイヤーを出身地別に二つのチームに分けて行ったのである。結果は引き分けだった。この試合の模様はイギリスの新聞『グラフィック』に掲載され、プレイヤーの一人、アベルの描いた絵が添えられている。その絵によって、この試合はラグビーだったことがわかる。また、絵には横浜フットボール・クラブを示す「ＹＦＣ」の旗が描かれている。[92]

その年の十二月十七日、イギリス領事館員と軍人からなる公務員チームと居留民チームの試合がクリケット・グラウンドで行われた。結果はこの年四回目の引き分けだった。出場者が双方一五人だったことからみて、この試合もラグビーだったと考えられる。[93]

以上のことから、影は薄いものの、クラブは存在し、ラグビー、あるいはそれに近いフットボールの行われていたことがわかる。今のところ、現在のサッカーに近いフットボールが行われたことを示す史料はない。

明治七年十一月十九日、横浜フット・ボール・アソシエーション（ＹＦＢＡ）が設立された。[94] 設立メンバーは前年のフットボールで活躍した人々とだいたい重なっている。つまり、ＹＦＣと別にＹＦＢＡが設立されたのではなく、再組織されたものであった。これは推測だが、ＹＦＣが名ばかりだったのに対して、実体のともなったクラブが設立されたということでないだろうか。なお、この後も英字新聞の記事にはＹＦＣと記される場合もあるが、設立総会の記事から見ても、また『ジャパン・ディレクトリー』の記載から見ても、ＹＦＢＡが正式名称だった。

ＹＦＢＡが取り組んだことの一つはアソシエーソン・フットボール（以下、慣用によりサッカーと記す）の導入だった。クラブ名に「アソシエーソン」を採用したのもそのことと関係があるかもしれない。クラブ結成直後

図 20　横浜で行われたフットボール
『グラフィック』1874 年 4 月 18 日号より。　横浜開港資料館所蔵

の明治八年正月十四日に行われた長老組（横浜在住三年以上）と若手組の試合は、一一人制であることとゴール・キーパーの記載があることから、サッカー・ルールで行われたことがわかる。[95]横浜でサッカーが行われたことを示す最初の記録である。ではＹＦＢＡはサッカー専門のクラブだったのかというと、そうでもなかった。十三年十二月四日に行われた試合は、「タッチダウン」という表現から見て、明かにラグビーであった。[96]どちらかと言えばラグビーが主流だったようだが、そのことについては「ＹＣ＆ＡＣと国際フットボール試合」の項で改めて述べる。

ＹＦＢＡが取り組んだもう一つの課題は、グラウンドを安定的に確保することだった。そのため明治九年初頭、ＹＣＣにクリケット・グラウンドの利用について協力を要請、ＹＣＣは三月二日の総会で対応を協議した。[97]結局、この問題は、ＹＢＢＣ同様、ＹＣＣに使用料を納めることで解決された。明治十年から三〇ドル、十二年からは四五ドル支払っている。

明治十三年十一月二十七日、ＹＦＢＡの「オープニング・マッチ」が行われた。対戦相手はイギリス軍艦コムス号チームだった。[98]『横浜スポーツ草創史』はこの試合が「オープニング・マッチ」とされていることから、この時ＹＦＢＡが創設されたと推定しているが、[99]これはシーズン最初の試合のことだと思う。

横浜クリケット&アスレチック・クラブの成立

ＹＣＣとＹＦＢＡとＹＡＡには重複して加入しているスポーツ愛好家が何人もいた。ＹＡＡは実際上ＹＣＣに吸収されていたし、ＹＦＢＡとＹＢＢＣはＹＣＣに使用料を払ってクリケット・グラウンドを利用していたから、彼らの間で、いっそのこと合同した方が合理的なのではないかというアイディアが生れても不思議はなかった。明治十七年、ＹＦＢＡはＹＣＣにスポーツ団体の合同（amalgamation）を提案した。これを受けて四月七日、ＹＣＣの臨時総会が開かれ、この提案を受け入れること、ＹＢＢＣも合同に賛成していること、新たな団体の名称を横浜クリケット&アスレチック・クラブ（YC&AC）とすることが確認された。[100] YAAAもこれを機に正式に新団体に合流した。「団結こそ力なり（union is force）」が合同のスローガンだった。

YC&ACが最初に取り組んだのはグラウンドの拡張と新しいパヴィリオンの建設だった。新しいパヴィリオンは二階部分を増設するかたちで明治十七年中に完成した。[101] グラウンドについては、同年七月十日、日本政府から改めてYC&ACに特別貸渡券証が交付された。[102] 日本側の記録では「弄鞠競力会場」と記されている。「弄鞠」がクリケット、「競力」がアスレチックの訳語であろう。

YC&ACの会員数は一八九〇年代後半くらいから二〇〇人を超えるようになった。これは横浜二世の増加によるものだと思う。フットボールの試合でも二一歳以下や「横浜生まれ」チームが登場している。同じ頃、日本人の間ではクリケット・グラウンドの返還を求め、横浜公園全体を市民に開放すべきだという声が高まった。しかし、政府は急激な変化を避け、明治三十二年の条約改正時も、公園内のグラウンド以外の部分の管理は横浜市に移管されたが、グラウンドの管理方法は変えなかった。[103]

明治四十二年、クリケット・グラウンドの管理が神奈川県から横浜市に移管された。これを機に横浜市はかねてから要望の強かった公園整備に乗り出した。そこで周布公平県知事はYC&ACにグラウンドの使用契約を更新しないことを伝え、十月二十九日を期限に返還を求めた。[104] やむをえずYC&ACは移転先を探し、根岸の高台（現在中区矢口台）に新しい土地を確保した。それに合わせてクラブは日本の法律に基づく法人に改組され、名称も横浜カントリー&アスレチック・クラブと改称された。クリケットより幅の広い、野外スポーツ全般をカバーする名称にしたのだが、略称はどちらもYC&ACなので、昔を懐かしむ会員にも配慮したのではないかと思う。新団体は大正元年七月四日に登記され、翌年三月三十一日に最初の年次総会が開かれた。[105]

YC&ACと国際野球試合

アメリカ人教師によって開成学校や英語学校に伝えられた野球は、開成学校予科と英語学校が合併した東京大学予備門、その後身の第一高等学校（いわゆる一高）に引き継がれた。明治二十三年、一高に名投手福島金馬が現れた。アメリカ留学から帰った堀尾次郎にカーブを伝授されたのが秘訣だという。三十七年頃まで一高時代が続く。早慶時代がこれに続いた。

全盛期の二十九年五月二十三日、一高チームはＹＣ＆ＡＣと対戦し、二九対四で大勝した。[106]六月五日にリターン・マッチが行われ、やはり一高が三二対九で大勝している。仲介者は一高教師のメーソン、会場はいずれも横浜公園のクリケット・グラウンドであった。リターン・マッチには、横浜商業学校（現在の横浜商業高等学校、いわゆるＹ校）の生徒が大挙して一高の応援に駆けつけた。大勝した一高は、一本のバットと二個のボールをプレゼントし、これがＹ校で野球熱が高まるきっかけになったという。[107]ＹＣ＆ＡＣとしてはこれで引き下がるわけにはいかなかった。アメリカ軍艦オリンピア号から援軍を得て、七月四日、三回目の対戦を行い、激戦の末一四対一二で雪辱を果した。かつてＹＢＣのキャプテンだったデニソンが当時外務省顧問を務めており、この試合に銀杯を贈って感謝されている。[108]

『横浜市史稿・風俗編』はこれを「我国に於ける野球国際競技の始め」とするが、明治二十九年ではいくらなんでも遅すぎる。野球の項で述べたように、現在では、早くも明治九年に外国人チームと開成学校の学生チームが対戦したことが知られている。明治二十九年の試合は「最初の国際試合」ではなかったが、横浜にとって記念すべき試合ではあった。全国に野球が広まるきっかけともなった。

ＹＣ＆ＡＣと国際フットボール試合

ＹＦＢＡがＹＣ＆ＡＣに統合されたのち、フットボールはどのように行われていたのだろうか。

明治十九年十二月二十二日、ＹＣ＆ＡＣ会員のうちフットボール愛好者が集まり、翌年のシーズンの計画について話し合った。席上、サッカー・ルールの採用が決定された。逆に言えば、それまではラグビー・ルールが基本だったことになる。二十年正月五日、シーズン最初の試合がサッカー・ルールで行われたが、ラグビー・ルールに慣れていた選手には多少のミスが見られたという。二十八年にはアメリカ軍艦オリンピア号チームと「アメリカン・ラグビー」も行っている。横浜チームは敗北したが、それもそのはず、このルールは始めての体験だった。[109]やがてラグビーとサッカーは分化し、チームも分かれるようになった。

「クラークの横浜ベーカリー」の項で述べたように、横浜ベーカリーと言えば、横浜の居留民にはなじみの深いパン屋だった。経営者のロバート・クラークの子息エドワードは横浜のヴィクトリア・パブリック・スクールで学んだのち、イギリスのケンブリッジ大学に留学した。明治三十二年に帰国したが、パン屋は継がず、慶応大学の教師となった。夫の死後も暖簾を守り続けてきた未亡人のアンナ・ミヤが、その頃、夫妻で通算三五年に及ぶ営業に終止符を打ったのも、そのことと関係があるかもしれない。

慶応大学に就職したクラークは友人の田中銀之助の協力を得て、イギリスで覚えたラグビーを学生に教えた。田中は「天下の糸平」として知られた横浜の生糸売込商田中平八の孫で、ヴィクトリア・パブリック・スクール在学中クラークと知り合い、自身もケンブリッジ大学に留学した。

クラークと田中に育てられた慶応チームは明治三十四年十二月七日、横浜に遠征、YC&ACと対戦し、五対三五で大敗した。以後毎年のように対抗戦が行われ、四十一年十一月十四日、第一一回戦で初勝利を挙げるまで、体力で劣る慶応チームは連戦連敗だった。[110]

YC&ACのサッカー・チームの方は、明治三十七年二月六日、東京高等師範学校（いわゆる高師）の学生チームを迎えて対戦している。のちに「サッカーの宗家」と称されるようになる高師チームだが、初めのうちはなかなか上達しなかった。そこで「方今我が邦に於て此の技の牛耳を取れるもの、横浜アマチュア倶楽部を置きて他に求む可からず」と考え、「実地戦闘の術を究めずんばフットボールの事遂に語るに足らず」「勝たば隆々の名を博し、敗るも恥にあらず、況んや志気を鼓舞し、将来発展の資となること鮮少にあらざるに於てをや」という意気込みでYC&ACに対戦を申し入れたのである。結果は九対〇でYC&ACの勝利に終わった。[111] この後、毎年のように対戦し、四十一年の第五回戦で初めて勝利するまで、高師の敗北が続いた。

YC&ACはこの頃、横浜二世の活躍で戦力が強化されていたので、ラグビーでもサッカーでも日本の学生チームは歯が立たなかったのだが、これらの試合が「将来発展の資」となったことは疑いない。

スケートの始まり

文久二（一八六二）年秋に出版された『珍事五ケ国横浜はなし』の外国人の生活振りに触れた部分に次のような記述がある。

「冬は厚氷の上にて、足陳といふ事あり。是は体をかためる為なりとぞ。但し沓のそこにすじ金あり。腕組して、体を浮して五六間より七八間程両足を揃て走るなり。猶途中にてとまるもあり。途中より廻りて又此方へ帰るもあり。是則ちよろけてころばぬ術なり。」

厚氷の上で筋金のある沓で滑るのだから、これはスケートに違いない。それをなぜ「足陳」と言うのか、またその目的が「体をかためるため」というのはよくわからないけれども。では、外国人たちはどこでスケートをしていたのだろうか。『ジャパン・ガゼット横浜五〇年史』の中の「よき時代の補足説明」に次のように記されている。

石川の崖下（現在JR石川町駅近くの山手の麓）に仮のスケート場ができたが、砂利や砂が崖から氷の上に落ちてくるのでダメになった。少しあとに、射撃場の麓にある水田がスケート場になり、つい最近まで毎冬開かれた。[112]

石川の崖下でスケートが行われていた頃の様子を、ワーグマンが絵と文章にまとめ、一八六五年一月七日、『絵入りロンドン・ニュース』に送っている。次はその大意。

図 21　石川の崖下でのスケート
川の向こうは吉田新田。遠方に富士山。『絵入りロンドン・ニュース』1865 年 1 月 7 日号より。　横浜開港資料館所蔵

毎朝六時、早起きのイギリス人が氷の張った場所にやってくる。陽が上り、富士山をバラ色に染める頃、スミス中尉の用意してくれた温かいコーヒーと食べ物を摂る。その様子を日本人たちは物珍しげに眺めている。[113]

一八六六年の冬にはスケーティング・クラブとクラブのスケート場が存在していた。[114] しかし、クラブのその後の消息はわからない。石川の崖下のスケート場がダメになるのと同時に立ち消えになってしまったのではないだろうか。

一八七二（明治五）年の冬、意外なことからスケート熱が再燃した。前年中、「横浜居留地改造及競馬場墓地等約書」に基づいて、堀川の拡幅と浚渫が行われることになり、流れを堰き止めるために二つのダムが築かれた。そのダムの間に氷が張ってスケートができたのだ。[115] 先の「よき時代の補足説明」は次のように記している。

運河（堀川のこと）でスケートができるなど、普通誰も思わないが、事実であった。ある冬、運河の浚渫と清掃が行われ、二か所にダムが作られた。このダムの間の海水を汲み出したら、真水と雨水がたまって氷が張り、しばらくの間昼も夜もスケートが楽しめた。

再燃したスケート熱を受け止めたのは結成間もないYAAAだった。一八七二年十二月二十日、射撃場の運動場の近くにスケート・リンクを設けることを決定した。その決定に基づいて、一八七四年一月、一八〇ドルの費

用でスケート・リンクを作ったが、運悪く、想定外の暖冬で使い物にならなかった。しかもスケート・リンクを作ることが一部の会員だけで決められたことに批判が出て、同年二月二十四日に開かれた総会で、スケート・リンクを作るために足場や日除けのマットを購入したのは無駄遣いだとして、その売却が決定された。[116]

ＹＡＡＡが捨てた旗を拾ったのは、おそらくそれを見ていた射撃場周辺の日本人農民だった。明治九年正月十九日の『横浜毎日新聞』に、「当港根岸村字立野にて、青木安兵衛といふものが氷スベリの場をこしらへ、十日から初める積りでありましたが、時候の加減でいよいよ十六日から開らくと申ます」という記事が出ている。

翌十年正月二十日の『ジャパン・ウィークリー・メイル』には、「射撃場の端の運動場のそばに小さなリンクが作られたが、小さすぎるだけでなく手入れも悪い。外国人がきちんと維持しているし、農民たち（some of the farmers）にとっても投資に見合う収入があるのに、問題は彼らが大きい立派なリンクを作ろうとしないことにある」という記事が出ている。外国人たちは「狭い」とか「手入れが悪い」とか文句を言いながらも、これを利用していたようだ。

明治十二年正月四日の『ジャパン・ウィークリー・メイル』には、数週間前にスケーティング・クラブの組織されたことが報告されている。この年は小石混じりの射撃場脇の水田の代りに、再び石川の崖下が選ばれ、そこに長さ一〇〇、幅三〇ヤードのリンクが設けられた。しかし、その後射撃場脇の水田のリンクも改良されたらしい。明治十六〜十七年冬のクラブの会計報告によると、「青木」に計一二五円が支払われている。[117] この「青木」は青木安兵衛かその一族のことであり、彼らが射撃場脇の水田にリンクを設けてクラブに貸していたのだと思う。

「よき時代の補足説明」には「射撃場の麓にある水田がスケート場になり、つい最近まで毎冬開かれた」と記されている。「最近」とは『ジャパン・ガゼット横浜五〇年史』が出版された明治四十二年直前のことである。翌四十三年、射撃場跡地は民間に売却され、宅地開発が進んだので、長年外国人に親しまれてきたスケート・リンクにも終止符が打たれた。その開発地は現在大和町商店街になっている。

第九章　横浜の洋学

英語に対する関心を高めたのは、ペリー提督率いるアメリカの黒船艦隊の来航であった。当時「あめりかことは」という単語集のような一枚刷りの瓦版が出回っており、「めてたい事をきんぱ」「うれしい事をさんちよろ」に始まるものと、「て丶おやの事をおらんへーと云」「は丶おやの事をめらんへーと云」に始まるものと二つのタイプがあった。内容はまったくデタラメだが、まだ実際に外国人に接する機会がなかったのでしかたがない。

実際に外国語に接する機会が訪れたのは、やはり開港後であり、英語が主流であった。貿易、外交など、さまざまな分野で英語が必要とされ、その需要に応じるため、最初は簡単な単語集、やがて会話書や辞書が出版された。この分野で活躍したのは、蘭学の素養のある日本人や、将来の布教に備えて熱心に日本語を勉強したキリスト教の宣教師たちであった。

一、洋学の始まり

英語独習書としての単語集

開港後、ペリー来航時と同じように、「異国言葉」と題する一枚刷りの瓦版が出回った。「日の事をぞん」(zon)「つきの事をまあん」(maan) などというように、最初は英語ではなく、日本人になじみの深いオランダ語であった。

やがてかなりレベルの高い英語の単語集が出版された。江戸の宝善堂が出版したもので、『商貼外和通韻便宝』(内題は『和英接言』)といい、序文の日付は万延元(一八六〇)年二月、日本文字は「幕末の三筆」の一人、書家の巻菱湖(まきりょうこ)、「洋書調所改」となっている。欧文文字は「コンシユルフローヱンド」というオランダ人の手になるというが、この人物の正体は不明。坂本竜馬が組織し、海運と貿易に従事した土佐の海援隊が、竜馬の死後出版した『和英通韻以呂波便覧』(明治元年三月序)は本書の海賊版だが、現在ではこの方がよく知られている。

翌文久元(一八六一)年正月には、神奈川奉行所の通詞、石橋助十郎(政方)が『英語箋』を出版した。これには簡単な会話集が添えられている。

開港直後から、新開港地である横浜を紹介する平易な案内記が出版され、それにも単語集が添えられていた。最も早いのは文久元(一八六一)年の『港益代古浜便覧(こうえきよこはま)』、元治元(一八六四)年の『西洋横はまみやげ』あたりから比較的正確になる。末尾に「異国言并蘭文字」として、「おもふ　トウシン」(to think)「物書　トウライト」(to write) などと記されており、ようやく英語らしくなった。他方、「うりかいはたん(売買破談)をぺけ」などという国籍不明の言葉も見えている。一説によるとマレー語の pergi が原語だという。また、「やすみ日をどんたく」(zondag) はオランダ語が訛ったもので、ここから「半ドン」(土曜日)「ヨイドン」(日曜日の前夜) といった和洋折衷の言葉も生まれた。

会話書と横浜言葉

日本最初の日英会話書は、アメリカから帰国した日本人漂流民、ジョン(中浜)万次郎が安政六(一八五九)年に出版した『英米対話捷径』とされる。横浜での第一号はヴァンリードが弁天通り五丁目の師岡屋伊兵衛（日新堂）から出版した『商用会話』であった。一八六一（文久元）年十二月二十八日の『ジャパン・ヘラルド』第六号に出版広告、八号に書評が掲載されている。著者のヴァンリードは、ジョン万次郎同様、アメリカから帰国した日本人漂流民、ジョセフ・ヒコのアメリカ以来の友人で、来日前から日本語を学んでいた。発刊の辞によると、日本人と外国人の間の商取引を円滑にするために出版したという。翌一八六二年には『和英商話』と表題を変えて再版されている。

キリシタン禁制下に来日したキリスト教の宣教師たちは、将来の布教に備え、日本人と付き合うにも、聖書を翻訳するにも、まず日本語の学習が必要だと考えた。その成果は早くも一八六三（文久三）年、S・R・ブラウンが出版した『日英会話篇』となって現れた。上海で長老派教会が経営する美華書院から出版したもの。『日英会話篇』について、明治・大正期の商業英語の第一人者、勝俣銓吉郎は「明治以前の会話書中の白眉であるばかりでなく、また明治時代否大正の今日の会話書と比較して翻訳振に於て殆ど遜色がない」と高く評価している。[1]

さらに、ブラウンは明治八（一八七五）年、トマス・プレンダガストの教授法を日本語と英語に応用した『プレンダガストのマスタリー・システム』を著し、横浜のウェットモア商会から出版した。語句を入れ換えながら繰り返し発音させ、発音と同時に文法を教えるもので、この方法は今日も活用されている。[2]

これらの会話書で英語を学んだ人も多かっただろうが、日常的には「とにかく用が足りればいい」という程度の英語も使われていた。それらを「ピジン（pidgin）・イングリッシュ」と言う。「ビジネス（business）・イングリッシュ」が訛った言葉で、人力車夫が使うという意味で「車屋英語」とも呼ばれた。「ねだん（値段）きくをはまち」（How much ?）といった具合に、耳から入った英語をそのまま言いやすく発音したものである。

「ピジン・ジャパニーズ」も存在した。You→Oh my（おまえ）、Bad→Worry（悪い）、Church→Oh terror（お寺）というように、日本語を発音の似た英語に置き換えたもの。ホモコ僧正（Homoco＝横浜郊外の本牧（ほんもく）のこと）

という筆名の著者がそれらをまとめた『横浜方言集』[3]が出版されている。

ヘボンの『和英語林集成』

ヘボンもブラウン同様、来日以来、日本語の学習に励んだ。『和英語林集成』はその成果を集大成したもの。原稿は慶応二（一八六六）年七月に完成したが、日本では印刷がむずかしかったので、九月十日、助手の岸田吟香とともに上海へ渡り、『日英会話篇』同様、美華書院で印刷した。ひらがなとカタカナは吟香が版下を書いて活字を鋳造した。表題も吟香が考えた。最初は「詞林（＝四厘）集成」だったのを、一厘値上げして「語林（＝五厘）集成」に変えた、と日記に書いている。ウォルシュ・ホール商会のウォルシュが資金を援助し、翌年四月に完成、横浜のキャロル商会から販売された。一八六七年七月十九日の『デイリー・ジャパン・ヘラルド』に書評が出ている。

文化十一（一八一四）年、長崎のオランダ語通詞、本木庄左衛門（正栄）らが、出島のオランダ商館長ブロムホフから教授を受けて編集した『諳厄利亜語林大成』以来、いくつかの英語辞書が出版されている。とくに、万延元（一八六〇）年の遣米使節に随行した福沢諭吉とジョン万次郎が持ち帰った『ウェブスター辞書』を基に堀達之助らが編集し、文久二（一八六二）年、幕府の洋書調所が出版した『英和対訳袖珍辞書』は、金属活字と木版を併用した本格的なものであり、一般にはこれが「我国最初の英和辞典」とされている。したがって『和英語林集成』が日本最初の英語辞典というわけではないが、本格的な和英辞典としては最初のものであった。日本語を横組で記した最初の辞書でもあった。

明治五（一八七二）年に奥野昌綱の協力で再版、十九年には高橋五郎の協力で丸善から第三版が出た。その時の版権二千ドルは明治学院に寄贈され、その資金で学生の寄宿舎としてヘボン館が建設された。四十三年には九版に達した。縮刷版や偽版も出版されるなど、明治時代を通して広く活用された。日常用語が多数収録されていることや、再版のたびに増補されているので、日本語の歴史を研究する上でも貴重だと言われている。ヘボンは二十五年に帰国し、四十四年九月二十一日に病没した。奇しくも同じ日の同じ時刻に、ヘボン館が焼失した。

ブラックは『ヤング・ジャパン』の中で『和英語林集成』の功績に触れ、「アメリカの光栄」は、日本を開国に導いたペリーやハリスよりも、「国民の一人ヘボンが、誰にも増して日本人に知識の門戸を開き、そして遠い国から日本へ来た人々に日本語を修得しやすくした、という事実に認められよう」と絶賛している。

ヘボン式ローマ字

ヘボンは日本語をアルファベットで表記するのに試行錯誤を重ねた。『和英語林集成』の各版で少しずつ違っている。明治十八年に、ローマ字の研究と普及のために「ローマ字会」が設立され、会員の矢田部良吉が『和英語林集成』を参考に『羅馬字早学び』を著した。ヘボンはその趣旨に賛同して第三版にそれを取り入れた。これがヘボン式ローマ字と呼ばれるようになる。四十一年にはローマ字ひろめ会が修正ヘボン式を採用して、標準式と称した。

ヘボン式は英語の発音を基に日本語を表そうとしたものであった。それに対して田中館愛橘(たなかだてあいきつ)らは日本語の五〇音表を基とする表記法を考案した。昭和十二年、これが内閣訓令第三号で官庁用に採用されたことから、訓令式と呼ばれる。

日本語の音を異なる言語の文字で表すのだから、いずれにしても完全なものではないが、ヘボン式の方が外国語となじみやすいことは確かだ。訓令式では外国人に通じないため、駅名や道路名のローマ字表記は現在もヘボン式を基本としている。小学校で訓令式を教えてから中学校で英語を教えるので、英単語を訓令式で読んだり、綴ったりしてしまう弊害もある。今後もヘボン式が廃れることはないと思う。

発音記号とイラスト付の英和辞書

明治六年、明治維新直後、ともに神奈川裁判所（のちの県庁）の通訳官を務めたことのある柴田昌吉と子安峻が横浜の日就社から『附音挿図英和字彙』を出版した。横浜の生糸売込商、田中平八が資金援助し、印刷機と活字を上海から取り寄せて印刷した。「附音」とはウェブスター式発音記号が付いていることを、「挿図」とはイラストが付いていることを意味している。通称「日就社辞典」として広く利用され、「明治二〇年代の末まで英和辞書界に君臨」したと言われる。[4]

ウェブスター式発音記号付きの辞書の第一号は、明治四年の『大正増補和訳英辞林』。これは薩摩藩士の高橋新吉・前田献吉・前田正名が『英和対訳袖珍辞書』を翻刻した『改正増補和訳英辞書』（通称『薩摩辞書』）の増補版で、『英和対訳袖珍辞書』を編集した堀達之助の長男孝之が協力した。『附音挿図英和字彙』は発音記号付きとしてはわずかに遅れたが、イラスト付きの英和辞書としては日本最初だと言える。

宣教師ゴーブルの英語塾

宣教師たちが日本人と接する方法の一つは英語を教えることだった。日本人を対象に最初に英語塾を開いたのは、バプテスト派宣教師のゴーブルであった。一八六二年初頭、神奈川から横浜居留地一一〇番地に移ったゴーブルは、隣接する一〇六番地で日本人対象の英語塾を開いた。エリザ夫人も中国人相手の夜間クラスを開講している。職業人対象の夜学の語学塾はこれが最初であった。布教の意図もあったであろうが、自給宣教師だったので収入を得る必要もあった。アメリカの南北戦争で寄付金が届かなくなっており、ゴーブルは靴直しや大工仕事、エリザも洋裁で生活費を稼がなければならなかった。[5]

ヘボン塾とバラ学校

ヘボンは自給宣教師ではなく、生活費はミッション（宣教団体）本部によって保証されていた。英語塾を開いたのには別のきっかけがあった。それは意外にも神奈川奉行からの要請だった。一八六二年十月頃、神奈川から横浜へ移転する直前のヘボンに、幕府の委託生九名に幾何と化学を教えてほしいという依頼があった。その中には大村益次郎（当時の村田蔵六）や原田一道、沼間守一がいた。教えてみると、学生たちはすでに蘭学を通じて相当な知識を持っていたので、英語の教授に絞ったという。横浜移転後も授業は続けられたが、翌年三月、生麦事件の処理をめぐって世情が不安定になり、学生たちもそれぞれの仕事につくために去っていった。

ゴーブル夫人もそうだが、英語教育の分野では宣教師の夫人たちが活躍した。ヘボン夫人クララはペンシルベニア州のノリスタウン・アカデミーで教えた経験があった。一八六一年六月二十二日付のヘボンの手紙によると、その頃、クララは二人の少年に英語を教え始めていた。

クララの英語塾は一八六三年末頃から本格的なものになった。十一月、まず林桃三郎（のち董）がクララから英語を習い始めた。ヘボン研究の第一人者、高谷道男氏はここにヘボン塾の起源を求めている。[6]翌年には仙台藩の高橋是清、鈴木六三郎、大村大三郎の三人が入塾している。林はのち外相に、高橋は首相になっている。三井物産会社を創立した益田孝、東京大学医学部長となった三宅秀もここで学んだ。

ヘボン夫妻は一八七二年十月から翌年十一月まで、一時アメリカに帰国した。横浜に戻ってしばらく経った明治七年正月、クララがヘボン塾を再開、生徒はたちまち増えて四〇～五〇名くらいになった。

明治八年九月、ヘボンは聖書の日本語訳に精力を注ぐため、男子学生たちを長老派教会の宣教師、ジョン・バラに委ねた。バラはちょうど修文館を退職した直後のことだった。これ以降ヘボン塾の男子部はバラ学校と呼ばれるようになる。女子部は引き続きクララが担当していたが、翌九年四月、体調不良を理由に閉鎖され、一三年に及ぶ歴史に幕を下ろした。[7]

バラ学校は明治十三年、築地に移って築地大学校となり、十六年に先志学校と合併して東京一致英和学校、さらに二十年に東京一致神学校とともに白金に移って明治学院となった。明治学院はクララがヘボン塾を始めた一八六三年を開校の年としている。

キダー塾とフェリス英和女学校

一八六九（明治二）年八月二十七日、再来日したS・R・ブラウンとともに、オランダ改革派の女性宣教師としてキダーが来日した。キダーは一八七〇（明治三）年九月二十一日からヘボン塾で男子四人、女子三人のクラスを受け持つようになった。翌年九月には、女生徒のみ一二名のクラスに改組された。女生徒のみの英語塾はこれが最も早い。十一月、ヘボン夫妻は『和英語林集成』第二版の出版のため上海へ渡ったが、キダーは留守宅を借りて授業を続けた。やがてキダー塾の声価は高まり、神奈川県権令大江卓の夫人も生徒になった。翌一八七二年七月にヘボンが帰国した際、大江の世話で野毛山の県官舎の一画に教室を得て独立した。

キダー塾は明治七年十月、山手一七八番地に土地を得て校舎を新築し、翌八年六月一日、開校式が行われた。校名は改革派教会伝道局の初代総主事にちなんで、アイザック・フェリス・セミナリー（日本名は布恵利須英和女学校）と名づけられた。その後身のフェリス女学院は、キダーがヘボン塾でクラスを持ち始めた一八七〇年九月二十一日を創立の日としている。

神奈川奉行所の通訳と英学所

外国奉行から分化した神奈川奉行は、その出先としての役割をもっており、現在の税関に当たる仕事とともに、外務省出張所のような仕事もしていた。そのどちらでも通訳の働きが欠かせなかった。その役割を果したのは、石橋助十郎を筆頭に太田源三郎、子安鉄五郎（峻）、佐波銀次郎（通任）といった人々であり、外国奉行翻訳方から派遣された。石橋は長崎の元オランダ語通訳、太田は元中国語通訳であった。

やがて神奈川奉行所は自前で通訳を養成するために英学所を開設する。万延元（一八六〇）年末、米公使ハリスと老中安藤対馬守との話し合いで、英学所の設置が決定されており、それが発端となった。翌文久元（一八六一）年十月中、運上所裏手の官舎の一軒を使用し、通訳のうち「熟達之者」を教師として学習が始められた。『横浜沿革誌』によると、「熟達之者」とは石橋助十郎や太田源三郎らであった。石橋の著作『英語箋』などがテキストに用いられたのではないだろうか。

一八六三年七月頃からブラウンらの宣教師たちが教育に参加するようになり、『日英会話篇』も教科書として使用された。かなり本格的に教育が行われるようになったようだが、宣教師たちとまだ正式契約は結ばれていなかったらしい。というのも、翌元治元（一八六四）年五月中、ヘボンが「学校はわたしが幕府の役人に勧めて始められたものですが、最近になってやっと承認され、学校が設立されることになりました」[8]と述べているからである。ブラウンも同じように「横浜の奉行が江戸幕府の了解のもとに、やっと通訳者養成の学校を開始」[9]したと述べている。

「承認」とか「了解」と言っているのは、ヘボンやブラウンと正式に契約が締結され、その契約の中で彼らの学校経営についての考え方が取り入れられたこと、それを幕府が承認したことを意味するのではないだろうか。改革派のジェームズ・バラ、長老派のタムソンの両宣教師も教師として招かれたほか、ヘボン夫人クララも教えた。

キリシタン禁制下でキリスト教の宣教師が幕府の設立した学校の教師に招かれるというのもおかしな話だが、「博識之聞え有之候米人」という奉行の言葉が本音を伝えていると思う。ヘボンの場合ヘボン塾での実績があり、ブラウンについても、弟子の井深梶之助が「凡ての点に就いて世に稀なる良教師」と言っている。[10]奉行所の役人たちもそれを認める柔軟性を持っていたのではないだろうか。

米代理公使ポートマンの強力な勧めがあって、一八六六年初頭には英学所拡張の動きがあった。[11] しかし、前年設立された仏語学所を母体に、英語もフランス語も含めた語学所を弁天地区に建設する計画が進行中だったこと、その間に幕府の態度がしだいにフランス寄りになったことなどのため実現されなかった。むしろ多くの上級生たちが、おそらく長州戦争のための軍務に動員されてしまい、九月には宣教師たちも引き上げてしまった。こうして開店休業状態のまま、同年末の大火で焼失した。再建を模索する動きもあったが、幕府が崩壊する中で陽の目を見ることなく、短命ながらユニークな歴史を閉じたのだった。[12]

神奈川県庁の通訳官

明治維新後、神奈川奉行所の仕事は神奈川裁判所（県庁の前身）に引き継がれた。初期には外国奉行の仕事を引き継いだ外国官（外務省の前身）と重なり合う部分があり、通訳の果たす役割は依然として大きかった。明治四年十月、神奈川・兵庫・長崎など、開港場を持つ県にかぎり、特別な職制として訳官の制度が設けられ、十年まで存続した。

神奈川県の通訳官には何幸五（かこうご）や蔡慎吾、林道三郎など、長崎の「平民」に出自を持つ人が多い。長崎の港や町の運営に携わっていた町民身分の人たちのことで、地役人とも呼ばれていた。何は明治六年、外交文書の対訳本『和英対訳書牘（しょとく）類例』を横浜活版社から刊行している。林は「支那人聴訟断獄等」について居留地取締長官と相談すべきことと されており、中国語の通訳だと思う。居留地で最大人口を擁していたのは中国人だったから、中国語の担当者も多かったことだろう。

星亭は少年期を横浜で過ごし、英学所で英語を学んだ。明治四年、県知事に就任した陸奥宗光の推薦で通訳に登用され、啓行堂（二四三ページ参照）の塾頭や横浜税関長も務めた。後に自由党の有力者となったことはよく知られている。横浜時代の仕事に『偉績叢輯伝』の出版がある。「西洋各国の文明開化、何人が導きしか、一覧して之を知るへし。都て開化の君子、此書を坐右に供へ、我開化を導き給はん事を希望す」という出版広告が、六年正月四日の『横浜毎日新聞』に出ている。

榊原保太郎は「静岡県下農」の出身、四五歳にして従事試補席通弁官という低い地位からスタートし、順調に昇進して、十三年には外事課長に就任した苦労人だった。

内外人の語学塾

明治時代になると、日本人を含め、さまざまな人が語学塾を開くようになる。第一号は中屋徳兵衛の中徳社中、四年正月に開校した。中屋徳兵衛とは、幕末にヘボン塾で学んだ益田孝のこと、後に三井物産会社を設立する。しかし、益田孝の場合は例外に近く、明治時代になっても語学塾には外国人経営のものが多かった。英語が中心だが、フランス語を教えるところもあった。オランダ改革派教会牧師ウォルフ夫妻のように、幕末と同様、宣教師の開いたものもあるが、それだけではなく、さまざまな職種の人が語学塾を開いている。

明治四年七月開業のサンデマンは灯台寮の御雇外国人、五年五月開業のホッジス夫人は当時の記録に「船員宿経営」とあるが、夫のジョージは長年イギリス領事館付属監獄の警官を務めた人物で、当人も七年三月から英語教授を始めている。

ホッジスの同僚にパーマーという人がおり、監獄の看守をしていた。明治九年、清水次郎長こと山本長五郎は清水と横浜の間に廻船業を興して、静岡茶の輸出を盛んにしようと思い、しばしば横浜を訪れていた。そのためには若者に英語を学ばせる必要があると考え、パーマーを清水に招いて英語塾を開いた。斡旋したのはあんパンで名高い木村屋の二代目英三郎とも、横浜の妓楼神風楼の主人山口粂蔵とも言われる。ただし、残念ながらこの英語塾は半年ほどしか続かなかった。[13]

職業人対象の夜間授業もあった。六年正月開業のヴァーナムはのちにフレーザー・ファーリー&ヴァーナムという商社を興す人物であり、当時はウォルシュ・ホール商会に勤務していた。同年七月開業のフランク・エドワーズは「商業の暇を以て」と自ら述べており、教えるほうも職業人のサイド・ワークだった。エドワーズの本業はアメリカ領事館員だったから、「商業」というのも変だが、おそらくbusinessを直訳したのだろう。

なお、『横浜市史稿・教育編』には、明治初年開設の「横尾東作の英語塾」があり、福島安正はその出身と記されている。『横尾東作翁伝』[14]を見ると、横尾は明治四年、東京の早稲田に北門社という英語塾を開いており、福島はその学生であった。翌年、横浜の修文館の教授に就任するが、横浜で英語塾を開いたとは記されていない。『横浜市史稿・教育編』の記述は何かの間違いだと思う。

通訳業と翻訳業の始まり

外交の分野では神奈川奉行所の通訳たちが活躍したが、商取引の分野では民間人も活躍した。

横山孫一郎は上州川俣村の出身、土木建築業塩野屋を開業した祖父と前後して横浜に出てきた。最初品川忠道に外国語を習い、さらにいわゆる大シーボルトの長男で、英公使館員だったアレクサンダー・シーボルトと「語学の交換」をしたというユニークな経歴の持主。『横浜開港側面史』に収録されている鈴木隣松翁談によると、「通弁として当時でも名高い人」の一人だった。[15] 高島嘉右衛門は横山を一年間千両で雇い、まずアメリカ人建築家ブリジェンスと懇意になり、さらに英公使パークスと交渉して、山手のイギリス公使館建築工事を受注したという。[16] 画家の高橋由一もワーグマンに弟子入りする際、横山に通訳を頼んでいる。[17]

鈴木隣松翁談は、横山の他に「生粋の英語の通弁」として、渡辺牧太、富永冬樹、鳴門義民、清水異之助、戸田勤吾、川路寛堂らの名を挙げている。富永は後に述べる矢野二郎の兄、川路は仏語伝習所の第一期生だから、フランス語の通訳だったかもしれない。また、当時の通訳が「商売上の用語に暗かつた証拠」として、T. Cloths＝天竺金巾を「テイ羅紗」、Turkey Reds＝紅金巾を「トルコ好み赤色」、Victoria Lawns＝寒冷紗を「皇后好み薄絹」と訳した、といった笑い話を伝えている。[18]

横浜にはさまざまな国籍の外国人が集まっていたから、外国人相互の通訳も必要だった。一八六三年にはブラウニングというイギリス人が、英語の他フランス語・イタリア語の語学教師として広告を出している。この人物は止宿先のパン屋の経営者、ポルトガル人フランク・ホセを殺害する事件を惹き起こすが、巻き添えで手を切り落とされた店員、エマヌエル・ゴンサルベスの瀕死の床での証言を通訳したのはジラール神父であった。[19]

これらの通訳は会話の仲介も文書の翻訳もしたと思うが、その実態はよくわからない。明治時代になると、新聞広告を通じて、その一端がわかるようになる。一番早いのは、明治四年六月十日の『横浜毎日新聞』に広告を出した中屋徳兵衛こと益田孝らの訳文堂、「外国との約定書を訳正し、以て御国商人の為後害を防がんと欲す」と謳っている。『明治事物起源』は、「依頼に応じて、洋文翻訳をやる所は、明治五年秋に始れり」として、『新聞雑誌』五九号（五年八月）に掲載された、東京雉子町三十番地翻訳所の「報告」を紹介しているが、それより一年以上早い。

五年四月には矢野二郎と先の横山孫一郎が、通商会社の洋風社屋の二階に事務所を構えて訳文社を開設した。その広告文では、悪しき外国人に欺かれたり、相手に非がなくとも「不行届」のため損失を蒙る人が多いので、語学力のみならず、「西洋諸国の情体」や「商用取引の法則」に関する知識を備えなければならないと述べている。単なる翻訳業というより、外国商人に対抗する「商権回復」のための啓発活動としても意識されていたようだ。

矢野は幕臣の出身、森山多吉郎のもとで英語を学び、文久元年、外国奉行所の通訳官に就任、神奈川運上所で修業ののち、同三年には遣欧使節に随行してヨーロッパに渡った。帰国後騎兵伝習隊に配属されるが、明治維新の際辞職し、横浜の外国商人の通訳として生計を立てた。明治四年、アメリカ領事館の通訳に採用されている。その翌年、訳文社を開業したのである。先述のとおり、富永はその兄、妹のゑゐ（栄）は益田孝の妻だった。

島田三郎編『矢野二郎伝』[20]に収録されている「馬越恭平演説の一節」によると、矢野の翻訳業は大当たりし、三万両の財産をこしらえたが、商業教育のために蕩尽してしまったという。話半分としても、「近代的商業教育の祖」とされる矢野にふさわしい逸話だと言える。

矢野はその後外交官としてアメリカへ渡り、帰国後はわが国最初の商業学校「商法講習所」の運営に携わり、高等商業学校に発展させた。その後身にあたる一橋大学の構内に、初代校長としての矢野の銅像がある。

パートナーの横山は明治元年頃、スイス総領事館の通訳をしていた。訳文社で働いたのち、大倉組や帝国ホテルの創業に携わり、国際ビジネスマンとして名をなした。[21]

二、洋学校の始まり

私立学校の始まり――同文社

全国的に見ると、最初に私塾から私立学校に脱皮したのは慶応義塾であった。芝新銭座に移転した直後の明治元年四月、「芝新銭座慶応義塾之記」を公表し、個人ではなく「会社」が運営することを宣言した。義塾とはイギリスのパブリック・スクールの訳語だという。明治初期の私立学校は大なり小なり慶応義塾の影響を受けており、洋学を教える中等学校という特徴をもっていた。

横浜で最初にできた私立学校は川村敬三の同文社、明治三年、太田町五丁目に開校した。川村は元幕臣、慶応三年三月、横浜へ派遣される予定だった英語伝習生三七人のうちに名前がある。戊辰戦争の時には彰義隊の頭だったが、恭順派だったので戦闘には加わらず、戦後横浜に出てきた。『スペリングブック直訳』という明治四年の著作がある。おそらく同文社の教科書として編集されたのだろう。元新撰組隊士で、自由党の闘士として横浜市会議員などを務めた川村三郎は義弟に当たる。田中平八の娘婿でもあった。[22]

教科書の出版などを行う金港堂という本屋の経営者に金森平三郎という人がいた。横浜医院の会計方や金穀相場会所頭取も務める有力者だった。その金森が太田町六丁目に西洋造り三層の建物を建てた。五年六月、川村はその建物を借りて同文社を移した。川村の「学友なる英亜の学士等」の応援も得て、生徒数は百余名を数えた[23]。『日本教育史資料』には、学科は洋学と算術、隆盛年代は五年、教師三名、生徒百名と記されている。同文社は最初は私塾のようなものだったかもしれないが、ここに至って私立学校と呼べるものになったのではないか。しかし、直後の八月に啓行堂と合併した。

なお、川村は四年八月、住吉町三丁目に出張所を設けて、「英語稽古」や「英仏約定書並手紙類等翻訳」を行っている[24]。住吉町にあった三番小学同文学舎はこれと関係があるかもしれない。

横浜市学校＝高島学校

同文社より少し遅いものの、より規模が大きく、より明瞭に慶応義塾の影響を受けて設立された私立学校に横浜市学校がある。高島嘉右衛門が自費で設立したので高島学校の通称で知られている。

高島が神奈川県に提出した明治四年七月の「学校設立に付建白願書」と八月九日の「仮学校取建方奉願上候」によると、「平民結社」により、六、七歳以上の男女を貧富の別なく対象とする学校であった。初等・中等学校とともに、「貧民の子」のための夜学や日曜学校も想定されていた。県に一万坪の土地を提供してもらい、千人の児童を収容できるほどの建物を建てるのが理想だったが、すぐには無理なので、まずは自分の自由になるガス会社敷地の一部に建設することとした。その意味で、それは本来あるべき姿からすれば「仮学校」であった。

設立主体は「結社」が望ましいが、まず高島が自費で建設し、その後有志を募り、維持費には富豪からの寄付金を当てる。さらに寄付金や官からの助成金を積み立て、その利息で第二・第三の学校を建設する。その意味で高島学校は「横浜市学校第一校」であった。

このような理想と構想のもとで、明治四年七月起工、十一月末に竣工し、横浜町学校社中の名で「横浜町学校之記」[25]を公表、十二月十九日、横浜市学校として開校した。名称は同じ時期に開校した中津市学校に合わせたのかもしれない。中津市学校は慶応義塾の影響のもとで、福沢諭吉の故郷中津に設立されたもの、四年十一月に「中津市学校之記」を公表した。[26]「中津市学校之記」と「横浜町学校之記」はともに「芝新銭座慶応義塾之記」から理念を汲み取った双子のような文献だが、中津市学校が平民にも開かれていたとはいえ、旧藩士の子弟をおもな対象とする学校だったのに対して、横浜市学校の方がより純粋に市民のための学校であった。なお、福沢の意を受けて、両方の学校の設立に関わった人物に小幡篤次郎がいる。

横浜市学校は二つの部分から成っていた。伊勢山下の第一市学校は地所八〇〇坪、建坪二五〇坪、古写真で見ると、洋風二階建ての立派な建物だった。第一市学校には建坪五九坪半の幼学校が付設されていた。その土地は伊勢山の下、野毛町地先海面の埋立地で、ガス会社の敷地の一部であり、明治五年中に町名が付いて花咲町五丁目に属した。教師には福沢諭吉と外国人が予定されていた。福沢は出講の要請を受けたものの、自らは赴かず、弟子の小幡らを派遣した。

入船町の第二市学校（仮校舎）は地所二〇〇坪、建坪一五〇坪、フランス語とドイツ語の授業が予定されていた。明治六年中、入船町が廃止されたのにともない、港町五丁目に属した。

明治五年八月、高島に銀杯を授与するに当たって神奈川県が大蔵省に宛てた文書に「其身居住地内及野毛町拝借地」に学校を建てたとあるが、高島の自邸は入船町にあったから、「其身居住地内」が第二市学校、「野毛町拝借地」が第一市学校の敷地を指している。高島が学校を手放すことを申し出た同年十月の時点で、第二市学校はなお「湊町仮市学校」と呼ばれており、第一市学校＝「伊勢山下市学校」の方が主体だった。

明治四年十二月、外国人教師の第一号としてスイス人カデルリが雇用された。カデルリは折しも南校（開成学校の前身）を満期解雇になったところで、英語・フランス語・ドイツ語・数学を担当した。五年五月、英語・フランス語・数学・地理学の教師としてドイツ人カスペルス、翌六月には米国長老派教会宣教師のジョン・バラを雇用した。バラは高島学校の看板教師となった。

高島によれば、開校から半年ほどのうちに二〇〇名の生徒が集まった。生徒は集まったが資金は集まらなかった。五年二月、岡田平蔵と伊勢屋（西村）勝三から書籍などの寄贈があった。[27]岡田は井上馨・益田孝とともに岡田組（三井物産のルーツ）を設立したことで、西村は軍靴の製造などで知られる。岡田も西村も、高島同様、政商的な色彩の強い実業家だった。横浜商人の主流をなす貿易商からの資金援助は得られなかった。官からの助成も得られなかった。高島は三万円の初期投資に加えて、月謝だけでは運営費が不足するため、毎月二〇〇円の出費を余儀なくされた。

同じ時期、もともと官立だった修文館が変化しつつあった。名称が啓行堂に変わり、有力商人から献金が寄せられ、新たな校舎の建設も計画されていた。高島には、待ち望んでいた「第二町学校」が生まれつつあるように思われた。[28]五年八月には啓行堂を「横浜人民共立の学舎」とする方針が示され、同文社と合併した。時を同じくして、県が大蔵省に高島へ授賞を申請しているのは、高島への誘い水だったようだ。十月十九日、高島への銀杯授与が決まり、これに呼応するかのように、十月二十一日、高島は学校を県庁へ「差し上げたい」と申し出た。

「差し上げる」というと無償のように聞こえるが、そうではなかった。高島にすれば、大金を投じて建設した学校を銀杯のみと交換に手放すわけにはいかなかった。学校が高島の手を離れる六年十一月までの約一年間、水面下で交渉が行われていたのであろう。この間、高島学校と啓行堂（六年正月、修文館の名称に戻る）の二つの「町学校」が併存していた。六年六月、高島は自分の「町学校」を藍榭堂、付属の幼学校を登槐舎と名付けた。手放す段になって名前を付けるのも変な気がするが、高島としては「第二町学校」である啓行堂（修文館）と区別するためであったろう。

ところで、高島が学校を県庁へ「差し上げた」とすると、それは私立から官立になってしまったのだろうか。

そうではない。文部省への高島の報告書によれば、それは「区内人民」へ譲渡したのであり、その代償として「区内人民」から一万円を受け取ったという。この場合の「区」は区番組制の下での「神奈川県第一区」を指している。したがってそれは第一区の共有物となった。そのことについては、次の修文館の項目でも述べることにする。

高島学校は短命ではあったが、時代の要請に応え、洋学中心の中等教育施設として人材育成に貢献した。そこで学んだ人たちの全貌は不明だが、著名人には外務大臣になった本野一郎、植物学者の宮部金吾（北海道帝国大学教授）、日本石油会社を設立した内藤久寛、横浜で活躍した人に増田製糖所を設立した増田増蔵、日本郵船横浜支店長になった永井久一郎（作家永井荷風の父）、加賀町警察署（居留地警察署の後身）の署長となった碇山晋らの名前が知られる。都筑馨六（けいろく）（外交官、枢密顧問官）のように、引き続き修文館で学んだ人もいる。短い期間ながら、多感で知識欲旺盛な時期に、ともに学んだ人たちの間には深い絆が生まれたようだ。明治四十四年四月八日、高島の八〇歳の祝賀を兼ねて、元高島学校同窓会春季総会が高島邸で開かれている[29][30]。

公立学校の始まり――市中共立修文館

幕末の官立学校に始まる修文館は、民営化の過程で同文社や高島学校を合併し、官立でも私立でもない、公立としか言いようがないユニークな学校になった。その過程は複雑なうえ、異説が混入してわかりにくい。異説が混入したのは、史料批判が不十分なためだと思う。

歴史の研究にそれほど面倒な方法は必要ないが、基づく史料の価値を評価すること、すなわち史料批判だけは欠かせない。

①一次史料――事件からあまり時間を置かず、主観を交えずに記録された史料。修文館について言うと、「続通信全覧」[31]や「神奈川県史料」[32]、当時の新聞報道がこれに当たる。

②二次史料――後世編集された文献。不確かな記憶や伝聞、執筆者の主観が混じっていることが多い。修文館についての異説はもっぱら二次史料から生まれている。それは『横浜沿革誌』に萌し、『横浜開港五十年史』で姿を現し、『横浜市史稿・教育編』で広まった。

明治二十年前後に編集・出版された『日本教育史資料』は①と②の中間くらいに評価されると思う。

歴史学の常識からすれば、①を基本として研究すべきであって、②は無視するか、せいぜい参照するくらいにすべきなのに、従来の多くの研究では、この当たり前なことが行われず、価値の異なる史料を同列に扱ったために真偽を判別できず、判断を停止して、「いろいろな説がある」で終わってしまった例が多い。以下の記述は①に基づくが、混乱を正す意味で、異説にも触れる。①と『日本教育史資料』との間にズレがある場合には①を優先させる。

慶応元年二月、神奈川奉行所の役宅の一部を利用して、奉行所役人に漢学を教授するための「文学仮稽古所」が設けられた。八月頃には野毛町に役人の宿舎を兼ねた「文学所」が設置され、二年七月、修文館と命名された。

【異説】『横浜沿革誌』は慶応二年正月に文学所を建築したと記しているが根拠不明。

「横浜軍陣病院」の項で述べたように、戊辰戦争の際、修文館の建物は官軍側の軍陣病院に利用され、軍陣病院は明治元年十月十七日、東京に移転し、東京府大病院となった。翌十一月、さっそく修文館で漢学の授業が再開され、程なく太田村警衛隊屯所内に移転、二年正月、旧修文館には洋学所が開設された。

【異説】『横浜開港五十年史』は修文館の再興を明治二年十一月とするが根拠不明。また、「旧英学校」で英語とフランス語を教授したと言うが、「旧英学校」が何を意味するか不明。

明治二年五月、二つの学校（太田村警衛隊屯所内の修文館と旧修文館の洋学所）を修文館の名称で弁天旧武術稽古所に統合し、「皇漢洋三学」の学校としたが、しだいに洋学に重点が移っていく。三年二月、外国人教師の雇用を決定、幕末の英学所で実績のあるS・R・ブラウンに決まり、六月に赴任した。この年十月制定の規則を見ると、生徒として主に県庁役人の子弟が想定されているが、「農工商の子弟」にも開放されていたことがわかる。

明治四年八月、陸奥宗光が県知事に、その推薦で星亨が館長となった。この二人の下で、修文館は民営化、英学校への純化を進めるとともに、新たな校舎の建築が計画される。民営化に向けて、文部省から「星亨私塾」という名目で免許状を取得し、運営経費は生徒の謝金を基本としつつ、不足分には「市費」を当てることとしたが、ブラウンの給料はなお官費から支給されており、「一種公私混淆」の状態であった。「市費」は「市中積立五厘金」あるいは「市中歩合積金」とも呼ばれ、「十全医院」の項で述べたように、貿易商が負担する歩合金（売上金の千分の五）の積立金のことである。四年十一月、官学校及び漢学校の印象が強い修文館の名称をやめて、英学校に純化することとし、翌五年正月に啓行堂と名付けられた。

病院建設の際と同じように、県は有力商人に献金を呼びかけたのではないだろうか。商人たちは「市学校」を盛大にする機会と捉え、五年六月、為替会社頭取三井八郎右衛門の一五〇〇両を筆頭に、同社の役員たちから合計四〇〇〇両の献金が寄せられた。県はこれに応え、八月、「横浜人民共立の学舎」とすることを決定し、同文社を合併するとともに、高島学校とも合併に向けた交渉を始めた。この間の六月、星が陸奥と一緒に大蔵省に異動となり、同文社との合併後、川村敬三が社長となった。六年正月二十七日、野毛山（現在老松中学校所在地）に新たな校舎が完成、修文館の名称に戻り、二月一日に新規開校した。

【異説】『横浜開港五十年史』は、五年八月、「星亨等の経営に成れる、私立同文社」と合併したと記しているが、これは星亨と川村敬三を取り違えたものだと思う。この時期すでに星は大蔵省に移っている。また、『横浜沿革誌』は、六年正月、相生町六丁目角の西洋造三層の建物に「横浜市学校」が設置され、外国教師三名を雇用して通弁・商業の二科を置き、川村敬三が同校取締を務めたと記している。これは修文館と同文社を混同したものである。

次のような史料が存在するので、野毛山に新校舎ができる前、啓行堂の校舎は何度か変わっているようなのだが、詳しいことはわからない。

①五年七月十九日頃、県は船内で虐待されていた疑いのあるマリア・ルス号の清国人船客二三〇人を保護し、「弁天の啓行堂跡」に止宿させた。[33]この頃、すでに一度移転していたことがわかる。

②ブラウンの一八七二（明治五）年九月二十八日の手紙に、二、三日中に「わたしの学校」は新校舎に移動すると記されている。[34]

『横浜沿革誌』によると、五年八月、弁天官舎を伊勢山に移転し、跡地を海軍省用地とした。同じ頃、仮病院も弁天地区から太田町に移転している。この時期、弁天地区ではかなり大規模な土地利用の変更が行われたらしい。啓行堂の移転もその一環だと思われるけれども、校舎が弁天地区の外に移転したのならば、病院の場合と同じように記録されただろうから、弁天地区内で移転したのではないだろうか。

明治六年七月十六日の『横浜毎日新聞』に修文館で行われた試験の受験者が掲載されている。そのおかげで、ここで学んでいた人たちのことがわかる。第一級にはプロテスタント教会の指導者となる井深梶之助、第二級には高島学校から移った都筑馨六、第三級には元桑名藩知事松平定教と家臣の駒井重格（しげただ）、第四級にはのちに横浜市長となる荒川義太郎がいる。これらの人々はいずれも成績が「抜群の者」に名を連ねている。最年少は第三級の益田英作（九歳）、益田孝の末弟で、ヨーロッパやアメリカ遊学後、三井物産に入社、後年は兄孝とともに茶人として知られた。

翌八月、契約期限満了によりブラウンが退職すると、井深や松平、駒井らも行動をともにした。ジェームズ・バラの生徒だった奥野昌綱、植村正久らも合流してブラウン塾が形成され、明治学院の源流の一つとなった。

看板教師を失った修文館は生徒が減少し、十月には「衰微も亦極る」という状態になった。おそらくそれが高島学校との合併交渉を後押しすることになったのだろう、十一月八日、合併が実現し、修文館は花咲町の高島学校の校舎に移転、野毛山の元修文館の建物には病院が移転した。ジョン・バラは高島学校から引き続き修文館でも教鞭を執り、ブラウンに替わって看板教師となった。ところが、翌七年正月十四日、修文館は火災により全焼、[35]一時元修文館（当時病院）に間借りし、その正面右手前の土地に新たな校舎を建設して、十月に新規開校した。

ところで、高島学校について『神奈川県史料』は九千円で県庁へ「買い上げた」、資金には「賦金」を当てたと記しており、高島が「区内人民」へ譲渡して一万円を受け取ったと言うのと食い違っている。このことをどう考えるべきだろうか。二つの事実から考えてみよう。

六年十一月十一日、県から第一区副区長と一番組戸長宛に、修文館を高島学校と合併し、「市中共立修文館」と称する旨の達が出ている。御膳立てをしたのは県だが、第一区が関与する学校であったことがわかる。高島が「区内人民」に譲渡したと言っているのも不自然ではない。

修文館の敷地・建物は師範学校に継承されるが、それは十全医院同様「共有物」であった。この事実から推測すれば、『神奈川県史料』が言う「賦金」の実態は歩合積立金だった可能性が高い。三井八郎右衛門らの献金も歩合積立金に組み込まれたかもしれない。『神奈川県史料』が言う九千円と、高島が言う一万円の差が何を意味するかはよくわからない。

修文館は県が関与はするが、基本的には十全医院同様「市中共立」であり、公立と言うべき性格の学校だった。病院や学校などの公共施設が貿易商の負担する歩合金や献金によって設立・運営されるというのは、貿易によって成長を遂げた横浜にふさわしい出来事ではあったが、のちに共有物の帰属をめぐる争い（共有物事件）が起こる遠因ともなった。

明治九年六月二十八日、修文館は校舎を師範学校に譲り、七月十五日に廃止、ユニークな歴史に終止符を打った。

県立師範学校の始まり

師範学校の起源は明治六年七月、横浜二番小学如春学舎に教員の伝習所が設けられたことに始まる。翌七年五月、県内四中学区にそれぞれ教員養成所が設けられた。第七中学区に属する横浜には第四教員養成所が置かれ、「番外啓行堂」と称された。如春学舎内の教員養成所に啓行堂の名称が与えられたのか、それとも別に校舎が設けられたのか、はっきりしない。弁天地区の旧啓行堂の建物が利用された可能性もあるが、修文館とは関係がない。ところが、『横浜市史稿・教育編』はこれを混同して、教員養成所としての啓行堂が「修文館内に置かれた」と記したために、いくつかの文献で混乱が生じているので要注意。

明治七年九月二十一日、啓行堂は神奈川県師範学校と改称された。県立の師範学校はこれが日本初であった。翌八年二月九日、他の三つの教員養成所も師範学校になったのにともない、旧啓行堂の師範学校は第一号神奈川県師範学校となった。七月には一番小学壮行学舎、二番小学如春学舎、三番小学同文学舎が合併して一番小学横浜学校となり、翌九年四月七月、新校舎が落成するとともに、それを師範学校とし、小学校はその付属となった。六月、修文館の建物に移転し、八月には第一〜第三号の師範学校を合併して神奈川県横浜師範学校となり、十二年五月、神奈川県師範学校となった。前述のとおり、修文館から引き継いだ土地・建物は共有物だが、師範学校の運営主体は神奈川県、という官民共存の存在だった。[36]

第一〇章　幕末・明治のヴェンチャー企業

開港場は外国貿易のために設けられたのだから、主役が貿易商社なのは当然だが、貿易が発展し、居留外国人の数が増えると、彼らの生活を支える職業も必要になる。衣食住のうち衣と食についてはすでに述べたので、ここではおもに住のための建築や港湾機能を維持するための船舶修理・造船を取り上げる。

食と同様、この分野でも船乗りの果たした役割が大きかった。幕末・明治初期は世界的に蒸気船が普及する時期に当たっており、それも帆走・汽走両用の木鉄交造船から鉄製汽船へ、その材質も練鉄から鋼鉄へと変わりつつあった。それに応じて造船技術も木工から鉄工へと中心を移していく。外洋船には木工や鉄工の技術者が乗り組んでいた。彼らの中には、陸に上がってその技術を活かし、居留地の街づくりや造船に貢献する人々がいた。居留地の造船所や鉄工所は、小蒸気船やボート、ヨットを建造するかたわら、故障した船の部品を修理したり、同じものを作ってまるごと交換したりすることによって、本格的なドックが存在しない時代に、横浜の港湾機能の重要な部分を担っていた。

明治元年十一月十九日（一八六九年一月一日）、延期されていた東京開市が行われ、築地に外国人居留地が設けられると、東京・横浜間の交通の必要性が増した。内外人の経営による小蒸気船や乗合馬車の運行が始まる。小蒸気船や馬車の製造には、居留地の技術者たちの木工・鉄工の技術が活かされた。幕末・明治初期には、西洋の知識や技術を習得した日本人による、日本人を顧客とするビジネスも始まる。

一、街と港を支える

擬洋風建築の始まり

一八五九（安政六）年十二月、「最初の屠畜」の項でも登場した船大工のクックが元船員のオランダ人フライと共同経営の契約を結び、翌年二月頃、フライ&クックを設立した。フライはおもに家屋の建築、クックはボートやヨットの建造を受け持った。日本人はフライのことを「オランダ船大工」、クックのことを「英国人船大工コック」と呼んでいた。フライ&クックは三〇〜三五人の日本人職工を天保銭八枚の日当で雇い、フライのもとには大工頭幸兵衛、クックのもとには和助がいて彼らを統括していた。[1]

フライ&クックが設立された一八六〇年二月と言えば、外国公使団が横浜での居留地建設を承認し、建築ラッシュが始まった時期に当たる。そのため施工が期日に間に合わないほどの注文があった。実際に仕事をしたのは大工頭幸兵衛以下の日本人職工だから、フライは外国人の注文主の意向と日本人職工の技術を組み合わせるコーディネーターの役割を果たしたのではないだろうか。寺院のような建物本体に、洋風の長窓とヴェランダの付いた、いわゆる「擬洋風建築」は彼らの手で建てられたに違いない。

居留地建築家の登場

最初期の居留地の建物は木造か、木造に漆喰を塗った程度のものであり、船大工出身者で用は足りただろうが、木骨石貼りや海鼠（なまこ）壁の建物が主流になると、別のタイプの技術者が必要となる。それが「なんでも屋」のような土木建築技師（Engineer Architect）であった。

独立営業者として横浜に現れた最初の土木技師は、一八六四（元治元）年二月一日、一四五番地に事務所を構えたシリングフォード&ローウェルであった。共同経営を解消した同年十二月三十一日以降、シリングフォードは土木建築技師を名乗るようになる。土木技師と抱き合わせとはいえ、建築家の名乗りを挙げた最初の人物である。一八六六（慶応二）年以降は薩摩藩鹿児島紡績所の建設やウォートルスとともに銀座煉瓦街の建設工事に従事した。[2]

一八六六年に竣工した横浜のフランス公使館の建築工事を監督したフランス人クリペは、本格的な実測図である「横浜絵図面」の製作者でもあり、やはり土木建築技師の系譜に属する技術者であろう。

一八六四年中に来日したパトリック・ドールは、日本人としては最初期の建築家林忠恕（ただひろ）の育ての親として知られる。中国では灯台の建設や沈没軍船の引き上げで有名だったので、やはり土木建築技師の系譜に属する。一八六六年三月二十五日、不幸にもミシシッピー・ベイ（根岸湾）を望む外国人遊歩新道脇の林で、首吊り自殺を遂げた。神経症と借財が原因といわれている。私が小学生の頃、外国人遊歩新道の一部だった不動坂の上から真下に降りる細い坂道は「首吊り坂」と呼ばれていた。ドールの自殺事件の遠い残響なのではないかと思う。

土地の測量や兵舎の建設、野戦築城などに従事する軍事技術者も、土木建築技師と同様の性格を持っている。例えば、イギリスの陸軍工兵隊に属するブライン大尉は、兵舎の他、一八六三年十月に竣工したクライスト・チャーチの設計に当たっている。明治時代に活躍したイギリス人居留地建築家ダイアックも、かつて香港の陸軍工兵隊に属していた。スイス使節団の一員として来日した砲兵中尉イワン・カイザーは、日本・スイス条約調印の翌日に当たる一八六四年二月七日、さっそく横浜居留地八四番地に事務所を開設し、一八六六年十一月からは新聞広告で建築家を名乗るようになった。[3]

居留地最初の本格的な建築家と目されるのは、一八六五年三月に来日したブリジェンスである。来日前、サンフランシスコで砲台築造に従事したというから、やはり軍事技術者の前歴を持っていた。居留地の本格的な整備が始まるのと時を同じくして、外国商館の建築に、日本人大工棟梁たちの手で、壁面に瓦を張り付け、目地を漆喰で固める海鼠（なまこ）壁の手法が導入されたと思われるが、それを本格的な洋風建築に応用したのは、ブリジェンスの設計により、一八六七年末に竣工した横浜山手のイギリス公使館が最初と考えられている。海鼠壁の手法は、一八六九（明治二）年、東京開市に合わせて、清水喜助と組んで建設した築地ホテル館にも、より大規模に応用されている。

次にブリジェンスが試みたのは、木造の骨組みの壁面に石を張り付ける「木骨外壁石積み」の手法だった。それは煉瓦や石によって建物を組み立てる組積造（そせきぞう）の技術を知らない日本人大工に馴染みやすい手法だったし、耐火性が増し、石の壁面によって屋根の荷重を支えることができ、より本格的な西洋建築の外観を整えることができる。

ブリジェンスによる木骨外壁石積みの建築として最も名高いのは、鉄道開通に先立ち、一八七一年に、東京の新橋駅と同じデザインで建てられた横浜駅（現在桜木町駅所在地）であり、次いで一八七三年に横浜税関（のち県庁舎に転用）、翌一八七四年には時計塔で親しまれた横浜町会所（現在横浜市開港記念会館所在地）を建設した。現在これらは横浜の「明治初期三大洋風建築」と呼ばれている。[4]

造船所の始まり

フライ&クックの共同経営者、クックの方はボートやヨットの建造を受け持った。クックはそうとう頑固な性格だったらしく、頻繁に裁判で争っている。さっそく共同経営者のフライを相手に裁判を起こし、共同経営を解消したのちの一八六三（文久三）年、キャメロンと組んで、一一五番地にキャメロン&クックという造船所を開設した。一八六七（慶応三）年、共同経営を解消してクックの単独経営となり、最盛時の一八八三（明治十六）年には日本人職工が一二〇人もいた。

アレクサンダー・クラークの「横浜の移り変わりについての興味あることなど」という回顧談によると、「在日外国人によって建造された最初の船」はパール号という帆船で、ジャーディン・マセソン商会が発注し、キャメロン&クックが建造した。また、アザラシやカワウソの猟師がこの造船所から多くの帆船を購入した。[5]

居留地の葬祭業

クックとコンビを解消したのち、フライは船や家屋の製作を続けたが、その傍ら一八六七年から葬祭業を始めた。横浜で最初に霊柩馬車を走らせたのはフライだったろう。一八六八（明治元）年四月には開港直後の神戸に移住し、神戸の造船業の草分けとなった。しかし、一八七二年二月二日、病気のため事業の前途に絶望し、不幸にもピストル自殺を遂げた。[6]

フライに替わって居留地で葬儀を仕切ったのはデンマーク人スチボルトであった。もとは上海や長崎で建築業を営んでいた。横浜にやってきたのは一八七三（明治六）年、一八七五年頃から葬祭業を兼ねるようになり、やがてそれが本業になった。霊柩馬車を備え、山手の外国人墓地で多くの墓石の設計・製作に当たった。自らも外国人墓地に眠っている。[7]

鉄工所の始まり

フライ&クックも鍛冶（blacksmith）を営業種目の一つに挙げていたが、船大工出身なので、あくまで木工が中心だった。鉄工所の第一号は、「居留地建築家の登場」の項でも挙げた一八六四（元治元）年二月一日開業のシリングフォード&ローウェルであった。シリングフォードが土木建築技師だったのに対して、ローウェルは機械技師であり、共同経営を解消した後、『ジャパン・ヘラルド』一八六五年四月一日号に掲載したローウェル商会の開業広告には、営業種目として、鍛冶の他に、ボイラー製造、銅工、鉛管工を挙げている。場所はかつてフライ&クックの造船所があった六九番地であった。専業の金属加工業としてはこれが第一号だが、ほどなく倒産してしまい、一八六七年に資産が競売に付されている。

一八六六年十一月二十九日、同じ六九番地でウィットフィールド&ドーソンの横浜鉄工所（横浜アイアン・ワークス）が稼動を始めており、ローウェルの工場を継承したものと考えられる。ウィットフィールドも土木建築技師の系譜に属するが、ヨット製作の名手でもあった。[8]

明治十四（一八八一）年、一六一番地でクリーク・サイド・エンジン・ワークスを設立したアメリカ人キルドイルは、しだいに業務を拡張し、二十年には横浜鉄工所を統合して、株式会社組織の横浜エンジン&アイアン・ワークスに改組した。三十九年にはピーターソン・エンジニアリング・カンパニーも合併して堀川通りの鉄工所街を制覇し、四十年頃には日本人職工五百人を擁するほどになった。発祥の地が居留地の角地なので、日本人からは「角屋敷」と呼ばれていた。しかし、大正五（一九一六）年に経営権が内田造船所に譲渡されている。[9]

明治四十一年、滝頭（現在磯子区）に禅馬鉄工所（バブコック・ウィルコックス日本支社）が設立されるが、これには技師ブリトンが日本人職工とともに「角屋敷」から移って創業に尽力した。[10]

製帆業の始まり

食肉や氷の販売で知られるバージェス&バーディックは、明治四年にバージェス商会と社名を変えるが、その元社員で、九年にエクスチェンジ・マーケットという両替店を開業したコリアーは、食肉業や船舶供給業を兼営するとともに、エセル号というヨットを所有するヨット・マンでもあった。コリアーのもとで働いていた人物に、横浜のヨット・マンとして名高いラフィンがいる。渡辺清司の「ヨット茶のみ話」によると、[11]ラフィンは大型帆船の船員として日本へ渡航中、暴風雨にあって難破し、横浜にたどりついて「コレア商会」（コリアー経営の商社）

に入社したのち、これを継承した。

水野佐太郎は「コレア商会」の輸入する船舶用の帆布やロープを扱っていたが、ヨットの設計やセールの製作に明るいラフィンから手ほどきを受けて、梅ヶ枝町に製帆工場を設立し、「我国に於けるヨットセール製作の元祖」となった。弟子の浅田徳次郎も、真砂町に浅田製帆所を開設したという。

もっとも、居留地ではもっとずっと早く、一八六四年すでにバーンとコーマックがそれぞれ製帆業を始めている。[12] **表2**（四二ページ）からわかるように、外洋船には帆縫師が乗り組んでおり、彼らも船上勤務の経験者だった可能性が高い。

給水業の始まり——ジェラールの実像

船舶給水は港の重要な機能の一つである。目に留まったもので最も早いのは、『ジャパン・ヘラルド』一八六一年十二月二十一号に載っているコナーの広告で、寄港船舶の船長に向かって、「良質で新鮮な水」をPRしている。

横浜の中心部には良い水源が少なく、とくに埋立地は井戸水に塩分が混じってしまって、防火用水にしかならない。しかし、周囲の丘陵地帯からは良質の水が得られた。フランス人ジェラールは船舶供給業を営んでいただけあって、早くからそこに目を付け、一八六六（慶応二）年五月、ファン・デル・ポルダーと共同で、「新鮮な湧き水」の売込広告を出している。[13]

ジェラールが給水業と西洋瓦・煉瓦の製造業を営んだことはよく知られている。かつては元町公園でジェラールの刻印のある瓦のかけらを拾うことができた。名前が知られていないながら、経歴のはっきりしない人物がいると「謎の」という形容詞がつき、一旦「謎の人物」とされると、そこにおもしろおかしい話が集められて、どんどん虚像のふくらんでいくことがある。飛鳥田一雄元横浜市長の『素人談義　三人ジェラール』[14]という著作は、

「素人談義」と謙遜しているわりにはよく調査されており、さまざまな虚像を検討し直して、実像に迫ろうとした労作だが、その飛鳥田氏が想像したジェラールの晩年は次のようなものだった。

「孤独の職人が、たいして財産を残したと思えずに、やがて七十歳を過ぎた年頃でフランスへ一人さびしく帰っていった。」

他方、沢護氏は想像を抑制して、「アルフレッド・ジェラール——横浜に於ける水屋・瓦屋の魁」[15]という論文を次のように締めくくっている。

「一体、アルフレッド・ジェラールはどこで生まれ、どこで死んだのか。せめてどちらかでも判明すれば、彼の追求は大きく前進するはずなのだが……」

ジェラールの実像へ至る第一の扉は、横浜開港資料館の調査チームによって開かれた。謎を解く鍵は、一九九二年、「明治のコスモポリス——横浜の外国人居留地」という展示の準備のために、神奈川県立文化資料館（当時。現在は県立公文書館）で、県庁各課文書中の知事官房外務係文書に含まれる「永代借地権ニ関スル書類」を調査中に発見された。その中に、昭和二年正月十四日、ジェラールの遺産相続人シャルトンが山手七七番地の永代借地権を横浜市へ売却した際の書類が含まれており、シャルトンの権利を証明するための添付書類の中にジェラールの遺言状が綴りこまれていたのだった。それによって、ジェラールは一九一五年三月十九日、母国フランスのランス市で死亡した事実が判明した。

この記録をたよりにランス市役所に問い合わせたところ、ジェラールは一八三七年三月二十三日、パン屋の息子としてランス市に生まれ、晩年は金利生活者として故郷で悠々自適の生活を送ったらしいことがわかった。[16]

第二の扉はエスマン夫妻の来日によって開かれた。一九八七年、ランス市のサンレミ美術館で「館蔵日本の武具」という展示会が開かれた。日本美術を研究していたシュザンヌ・エスマン氏はその展示品の多くを寄贈したジェラールに関心を抱き、調査していたのだった。夫妻の仲介で提供された「ジェラール・コレクション目録」

によれば、ジェラールは仏像・能面・刀剣・陶器・木版画・古銭など約二千五百点を美術館に寄付していた。提供された資料の中にはデュポンという人の「ランスの博愛家、アルフレッド・ジェラール」という一文も含まれていた。それによると、晩年のジェラールは蔵書家として知られ、遺産相続人となった秘書のシャルトンとともに農業技術に関する本を集めていた。それらは遺言によって設立された農業サークルに引き継がれ、活用されているという。資料の中にはジェラールの胸像や墓の写真もあった。墓の前には大きな鳥居が建っていた。わかってみれば、謎めいたところなど何もない、海外で成功して故郷に錦を飾った一人の実業家だった。[17]

これ以降、何人もの研究者がランス市郊外のジェラールの墓を訪れるようになった。墓石には「文久三亥年八月九日横浜入来、明治十一年七月一日横浜出立」と刻まれている。[18] これでジェラールの生没年、来日・離日の日付がすべて明らかになった。離日の日付については、一八七八年七月一日、サンフランシスコへ向かう太平洋郵船シティ・オブ・ペキン号の乗客名簿に見えるのが、ジェラールの日本での最後の足跡だろうとした沢氏の推測がズバリ的中した。

来日したジェラールは山下居留地一六八番地（のち一八七番地に地番変更）で食肉など食料品の船舶供給業を営んだ。小港に設けられた屠牛場のうち、フランスのテナントを引き受けていたことについてはすでに述べた。

ジェラールは明治元（一八六八）年十二月、中村字池ノ谷戸に水源を獲得し、[19] ここから居留地一八八番地の事務所まで、パイプを埋設して給水した。[20]『ファー・イースト』一八七〇（明治三）年八月一日号によると、「ジェラールが最近、一マイルほど離れた水源からパイプを敷き終わった」というので、パイプによる給水は明治三年夏から始まったことがわかる。[21] 一八七七年十月二十四日、『ジャパン・ガゼット』と『エコー・デュ・ジャポン』の両方に「丘の湧き水」の販売広告が出ている。それは「石川の水源から鉄製パイプによって引いた新鮮な湧き水」だという。中村は石川中村とも呼ばれる。「石川の水源」と「中村字池ノ谷戸の水源」が同一であることは疑う余地がない。

中村字池ノ谷戸は居留地外だったが、のちに山手居留地の飛び地二〇二番地となった。関東大震災後の昭和三年、池ノ谷戸を通る根岸新道が開削され、この地一帯は打越と呼ばれるようになる。ジェラールの水源は「打越の霊泉」に名残を留めており、現在も冷水が湧き出ていて、タクシーの運転手さんたちが、手を洗ったり、汗を拭いたりするのに利用している。

ジェラールは山手七七番地にも水源を獲得し、近くの堀川までパイプを埋設して、そこから小船で沖合いの船に給水を行った。[22]『ジャパン・ガゼット』と『エコー・デュ・ジャポン』にはこちらの広告も出ていて、「花崗岩製の貯水槽によって不純物を防いだ最上の清水を船まで格安で配達する」と謳っている。その跡地は「水屋敷跡」と呼ばれ、付近一帯は元町公園として整備されている。公園の手前には煉瓦造の「ジェラール水屋敷地下貯水槽」（国登録有形文化財）が現存しており、見学できるようになっている。ただしこれは蒸気機関用であり、山裾にもう一つ上部貯水槽があって、それが給水用だったと考えられている。

ジェラールの帰国後、事業はガローに引き継がれた。大正十一年、日本人の経営するジェラール給水株式会社が山手の水源を利用して操業を始め、関東大震災の時には被災者への給水に貢献した。

西洋瓦と煉瓦製造の始め

ジェラールは山手七七番地に西洋瓦・煉瓦製造工場を建てる。その時期は定かでないが、最古の瓦銘が「一八七三年」（明治六年）なので、その頃のことと考えられている。最初からかどうか不明だが、少なくとも一八七五年には Steam Tile Manufactory の看板を掲げ、蒸気機関による機械生産をセールス・ポイントにしていた。西洋瓦は日本の桟瓦と違って、瓦を固定するための土が不要なので、屋根が軽くなる利点があり、ジェラールの事業はしだいに軌道に乗っていった。ジェラールの帰国後もレイノーによって経営が続けられた。

明治十五年十二月、ドゥヴェーズが工場の新たな経営者になり、その手で設備の更新が図られた。『東京横浜毎日新聞』明治十八年十一月二十日号に、「煉瓦、瓦、陶管製造所に属する道具器械一切」の競売広告が出ているのは、設備の更新にともない、不要になった古い機械を売りに出したものであろう。十九年出版の『日本絵入商人録』に掲載された工場の外観と内部の絵は、この「第二期工場」のお披露目の意味を持つものと考えられる。[23]

この工場はいつまで続いたのだろうか。次の史料によって考えてみよう。

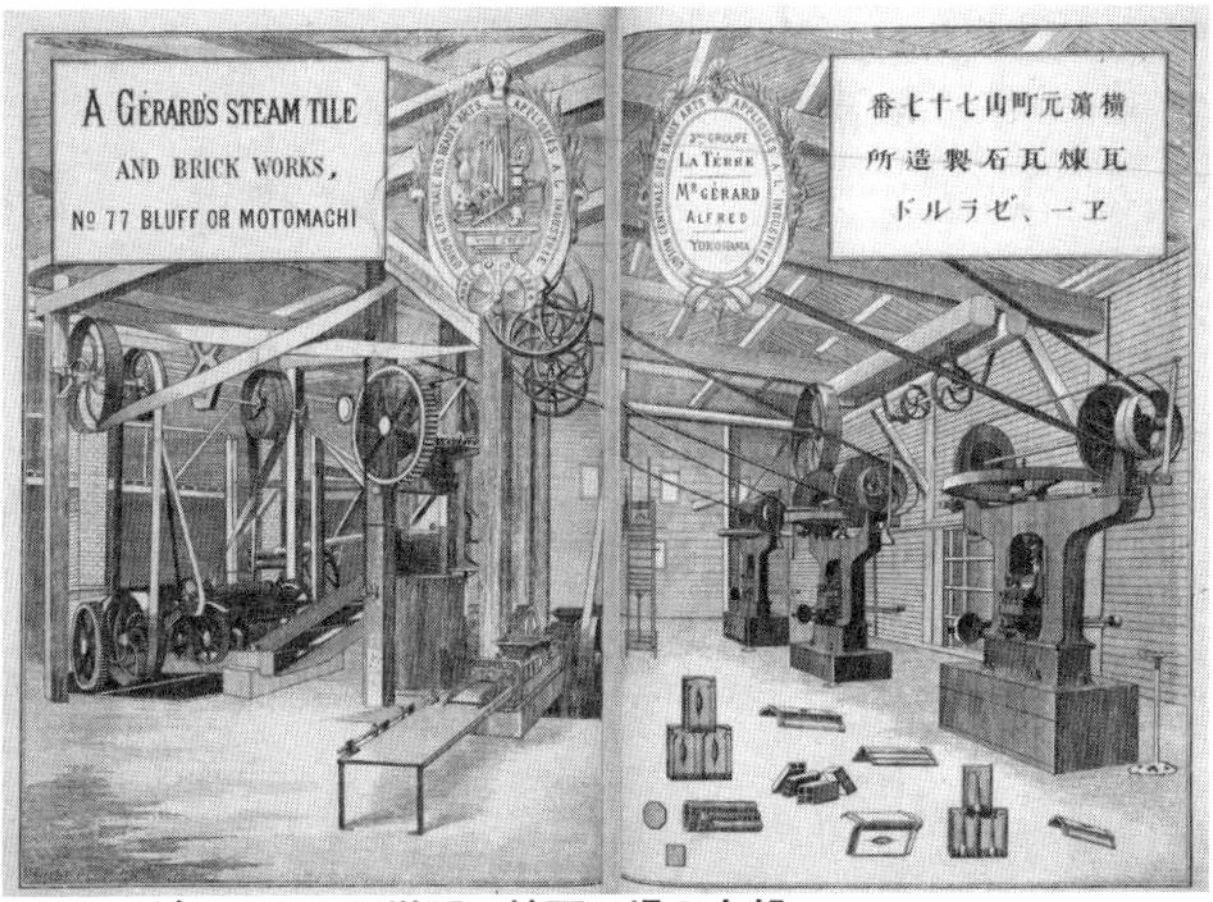

図22　ジェラール西洋瓦・煉瓦工場の内部
『日本絵入商人録』（明治19年）より。　横浜開港資料館所蔵

①『横浜貿易新報』明治四十年四月二十一日号に、「仏国人エー、ジエラール氏の煉瓦製造場は創業以来四十年に達せるが、近来煉瓦の需要益々増加し来りたるにより、今回仏国より最新式の器械（一人一日三千本を製し得るもの）を取寄せ大に業務を拡張したり」という記事が出ている。

②同じ年の七月十日号には、「ルイ、シュゾール」の名で、一日西洋瓦五千枚の製造力を持つ機械製瓦工場の売却広告が出ている。

③同紙の四十二年十一月八日号に掲載された田沢武兵衛の談話によると、[24]ジェラールの煉瓦も瓦も売れ行きが悪く、「遂には止めて了ひました」という。四十二年にはすでに操業していなかったのである。

これらの史料を矛盾なく理解するには、四十年四月の業務拡張は不発に終わったか、あるいはその投資が仇となって営業不能に陥ったか、そのどちらかだと考える他ないであろう。そうだとすれば、②は工場の清算にともなうものであろう。

②の売却広告を出している「ルイ、シュゾール」とは何者なのだろうか。前項で触れた永代借地権抹消関係の書類によると、ジェラールの遺産の横浜での管財人は、山下町八〇番地で委託販売業を営むルイ・スゾールであった。工場の売却広告を出した「ルイ、シュゾール」と同一人物であることはいうまでもない。八〇番地には雑居ビルがあり、スゾールはそこに事務所を構えていたのだが、八〇番地と言えばカトリック教会の横浜天主堂があった場所である。このことに注目すると、ジェラールの工場は操業を停止したのち、「仏人の牧師が残務を委任され、工場施設を売却」[25]したという奇妙な言い伝えが活きてくる。天主堂のある八〇番地にいたスゾールを「仏人の牧師」と勘違いした人がいたのだろう。ジェラールの工場は明治四十年中に操業を停止し、施設はスゾールによって売却され、敷地の永代借地権はその後もスゾールが管理していたと考えられる。

工場跡地には大正九年、作家の谷崎潤一郎が脚本部顧問を務めたことで名高い映画会社、大正活映の撮影所ができた。十一年、ジェラール給水株式会社が設立されるが、そのことについてはすでに述べた。

関東大震災後の復興の過程で、旧居留地での外国人の借地権の遺物である永代借地権の回収が積極的に進められ、ジェラールの工場跡地も横浜市が買収した。その時の書類が残されていたおかげで、ジェラールの実像が判明したのだった。借地権回収後、横浜市青年連合団の提案により、ここに湧水を利用したプールが建設され、昭和五年六月一日にオープンするとともに、周囲一帯は公園として整備された。それが現在の元町公園である。

現在、工場の中庭に当たるプール前の小公園はせせらぎ広場として整備されている。入口に保存・公開されている「ジェラール水屋敷地下貯水槽」の煉瓦壁は工場の遺構と考えられている。プールの管理棟はジェラール瓦で葺かれていて、その前に資料の展示パネルが設置されている。

日本人による西洋瓦と煉瓦製造の始まり

明治八年八月二十八日の『横浜毎日新聞』に、ジェラールの瓦について、日本の土でできているのに、それを日本人が高く買わなければならないのは残念だ、日本人も真似できるのに、「負ぬ気の瓦師」がいないのは困ったものだ、という意見が掲載されている。西洋瓦が日本人の間で注目され始めるとともに、その国産化の機運が現れてきたことを示している。「負ぬ気の瓦師」はすぐに現れた。十年の内国勧業博覧会に、田村三五郎・植松金蔵・明智伊之助・小川利右衛門・加藤嘉七といった人たちが西洋瓦を出品している。十三年にはジェラール瓦の販売代理人レイノーが「偽ジェラール瓦に注意」の新聞広告を出した。[26]

日本人による煉瓦の製造も始まる。明治二十一年十月、横浜の相生町四丁目六八番地に横浜煉瓦製造会社が設立された。社長の田中平八、発起人の原善三郎はともに大生糸売込商である。工場は橘樹郡御幸村（現在川崎市幸区）にあった。その二年前から増山侊三郎が経営していた工場を母胎に、ホフマン窯と呼ばれる大規模な円形の焼成窯を新設したものであった。この会社は二十六年に解散するが、工場は増山が継承し、三十一年以降、御幸煉瓦製造所として操業を続けた。[27]

二、街を結ぶ

馬車道の造成

開港直後、横浜に馬車を持ち込んだ外交官たちがいた。一八六〇（万延元）年初頭には、オランダ副領事ポルスブルックが、横浜と領事館の置かれていた神奈川の長延寺との間を馬車で往復するのが目撃されている。ポルスブルックはやがて川崎まで足を伸ばし、さらに馬車で江戸へ行く許可を求めたが幕府に拒否されている。[28]

一八六四（元治元）年、横浜近郊の根岸と本牧の丘をめぐる外国人遊歩新道が開通した。外国人の足を東海道から遠ざけ、トラブルの発生を防ぐのが狙いだった。翌年には拡幅工事が行われて馬車も通れるようになった。ブラックの『ヤング・ジャパン』によると、これがきっかけで多くの人が馬車を所有するようになった。これが最初の馬車道だが、日本人からそう呼ばれていたかどうかはわからない。

慶応二年の大火後、幕府は諸外国と「横浜居留地改造及競馬場墓地等約書」(慶応約書)を締結した。焼失した関内中央部には中央大通り(現在の日本大通り)が造られることになり、再開発の対象となった。そのため住民は元の居住地に家屋を再建することを禁じられ、太田屋新田西部地区の埋立地に代替地を与えられた。

慶応約書の第二条で、外国側の要求により、幅六〇フィートの三つの道を整備することが約束された。第一は西波止場からフランス領事館にかけての海岸に、第二はフランス公使館から吉田橋にかけて直線に、第三は吉田橋から派大岡川の土手に沿って西の橋まで。このことを本国外務省に報告したイギリス公使パークスの公信によると、それは「商業活動を活発にし、居留民に運動や保養の便宜を与えるべき馬車道(carriage road)」であり、関内を取り巻く環状道路として計画されたものであった。[29] 第一と第三は拡幅される道だが、第二は太田屋新田西部地区の埋立地に新しく造成される道であり、それが今日の馬車道となった。

馬車道の造成について、『横浜沿革誌』には次のように記されている。

①慶応三年三月、慶応大火で焼け出された住民に太田屋新田沼地に代地が貸与された。

②住民は自費で沼地を埋め立てた。

③その後、吉田橋の北を埋め立てて焼失した港崎遊郭の代地としたが、各国公使から「該代地は遠隔不便に付、埋立地の本町より一直線に馬車道を開通せられん事」の要望があったので、やむを得ず埋立計画を変更し、馬車道を開設した。

『横浜市史稿・風俗編』が「慶応三年三月、本町から吉田橋に通ずる馬車通行路が竣成し、此懐しい名が今に存在して居る」と記しているのは、『横浜沿革誌』の①と③を短絡させたものだと思うけども、慶応三年三月に「竣成」というのは正確ではない。

『横浜市史稿・風俗編』は論外として、『横浜沿革誌』の記述にもいくつか問題がある。

太田町組頭として埋立事業に関わった井上小左衛門の記録によると、最初の計画案に馬車道はなかった。慶応約書の締結を受け、慶応三年二月に作成された実施計画案には「馬車道巾拾間」と明記されている。馬車道の造成にともなう計画案の手直しは九月頃まで行われているので、その竣工は早く見積もっても慶応三年秋であろう。[30]『横浜沿革誌』の③の記述だと、馬車道の造成は外国人が新しい遊郭に通う便宜のためだったかのようだが、そういうことはない。パークスの言葉を信じるならば、それは関内を取り巻く環状道路の一部だった。

貸馬屋と馬車会社の始まり

居留地では貸馬屋や馬車会社も営業を始める。貸馬屋というのは、水兵や水夫、旅行者に馬を貸す商売で、馬車も所有していた。ガイドや馭者の斡旋、馬の売買の仲介、馬具の販売もしていた。一番早い貸馬屋は一八六二年のフォーズ・リヴァリー・ステーブル（Ford's Livery Stable）だが、一年も続かなかったようで、実態はよくわからない。翌一八六三年には前年にゴールデン・ゲート・レストランを開業したジョージが貸馬屋を兼営している。

一八六五年一月十七日、ランガンが横浜リヴァリー・ステーブルを開業した。ランガン商会は東京高輪の英国公使館の公信の運搬も請け負っており、その馬車便は「エド・メイル」と呼ばれていた。所在地は当初居留地一二四番地、翌年一二三番地に移る。一八六八年にはジョージのゴールデン・ゲート・リヴァリー・ステーブルも同じ一二三番地に移ってきた。この一画は「馬車屋街」とも言うべき馬車会社の密集地になった。

馬車会社には他にサザランド商会とカブ商会があった。サザランド商会の実態は定かでないが、自身は一八六七（慶応三）年の創業としている。京浜間の郵便配達業務を行っていたらしく、「サザランド切手」が残されている。

カブ商会は一八五四年頃、フリーマン・カブらによってゴールド・ラッシュに沸くオーストラリアで設立された。この会社の道路マネージャーをしていた人にホイト三兄弟の一人、ヘンリーがいた。一八六二年、兄弟はニュージーランドに進出して馬車会社を設立、一八六八（明治元）年、自社所有のアルビオン号に馬車ごと積んで来日し、六月十六日横浜に到着、カブ商会の看板を掲げて営業を開始した。ホイト兄弟はオーストラリアのカブ商会同様、日本でも金山と港を馬車で結ぼうと考えた。しかし、日本のエル・ドラド（黄金郷）である佐渡と横浜を馬車で結ぶことには無理があり、この計画は実現しなかった。

一八六九年から二、三年の間に、馬車屋街にはめまぐるしい変化が起こる。

①一八六九年頃、ランガン商会は一二二番地に移転したが、一八七二年頃には消滅した。同社はこの頃経営が悪化しており、鉄道馬車敷設の計画も頓挫して、廃業に追い込まれたらしい。

②同じ頃、ゴールデン・ゲート・リヴァリー・ステーブルは、獣医のジャフレーの手に渡った。

③一八七一年、ゴールデン・ゲート・リヴァリー・ステーブルを手放したジョージが一二二番地にジョージ&ホーンベックという新しい馬車会社を設立した。しかし、一年も続かなかった。

ジョージ&ホーンベックの廃業によって、馬車屋街に残ったのはジャフレーだけになったが、一八八〇（明治十三）年十二月二十日、ジャフレーの馬車屋から出火して周囲を焼き払った。ジャフレーは二七七番地に移転し、一〇年以上にわたって存在した居留地の馬車屋街は消滅してしまった。

ジャフレーの他には、一八七〇年から一八八一年にかけて、一三七番地にペキノ商会というフランス系の馬車会社があった。

京浜間蒸気船の始まり

一八六九年一月一日（明治元年十一月十九日）から、外国人に東京での商取引を認める「開市」が実施され、築地が外国貿易のために開放されることになった。幕府は宿場を保護するため船による旅客輸送を禁止していたが、開市に備え、一八六七(慶応三)年十一月二十六日、「江戸と横浜の間引船荷物運送船並に外国人乗合船を設くる規則」を制定して禁止を解いた。これを受けて蒸気船による京浜間の旅客輸送が始まる。

最も早いのは稲川丸で、明治元(一八六八)年二月九日、江戸池之端の伊藤次兵衛と小網町の松坂屋弥兵衛が江戸の永代橋と神奈川・横浜間に就航させた。稲川丸はアメリカ人ヴァンリードから購入したものだったが、支払いが滞ったため、八月に神奈川府が負債ごと購入し、横浜は岸田吟香、東京は松坂屋弥兵衛に委託して運航を再開した。その際、東京の船着場は築地の鉄砲洲に変更された。[31] 三年六月には岸田吟香に売却され、その単独事業となったが、五年に鉄道が開通すると営業不振になり、北海道に転売された。

『横浜市史稿・風俗編』にはこれと異なる説が記されていて、かつてはその方が通説だった。それによると、稲川丸は横浜弁天通り三丁目の旅籠渡世鹿島屋亀吉と江戸小網町の回漕問屋松坂屋弥兵衛がヴァンリードから購入したもので、慶応三(一八六七)年十月、京浜間に就航させたものだという。例によって根拠は不明だが、少なくとも「慶応三年十月」というのは誤りであろう。その時期にはまだ船による旅客輸送の禁止が解かれていなかったのだから。

稲川丸に続いて、多くの内外人が京浜間に蒸気船を就航させた。東京開市から五年の鉄道開通までがピークだった。日本人経営のものでは横浜の船主による弘明丸、東京の船主によるホタルなど。外国人経営のものではホイト兄弟商会のカナガワとシティ・オブ・エド、J・アルマンドのオーヘン丸とキンサツ丸など。

弘明丸はもと横浜丸といい、明治二年十月、横須賀製鉄所で建造された。横浜海岸通り五丁目の鈴木保兵衛、水町屋久兵衛、山城屋和助がこれを買い取り、弘明丸と改称して、三年七月から京浜間で運航を開始した。

シティ・オブ・エド号の汽缶破裂事件

シティ・オブ・エド号はアメリカ国籍のホイト兄弟商会の所有、末弟のジョージが管理していた。船のボイラーは上海製、ロバートソンとハウルズが、横浜のルーシー商会が経営するバルカン鉄工所（Vulcan Foundry）で船に設置した。その後、ハウルズ＆ブラック経営のノヴェルティ鉄工所（Novelty Iron Works）が保守点検を行っていた。機関士はガーガンだったが、事情によりカナガワ号の機関士のキャッシディが代行していた。

事故は一八七〇（明治三）年八月一日の午後三時四十七分に起きた。横浜へ戻るため、東京築地の波止場を出航しようとしたシティ・オブ・エド号の汽缶が破裂して多数の死傷者が出たのである。乗員・乗客の総数は記録によって一定しないが、最も多い数字は『東京市史稿』に記されている一七三人、[32]収容人員一五〇人程度の船だったから超満員の状態だった。日本人の即死者は一一人、負傷者のうち重傷の六二人がのちに死亡した。外国人の死者は五名、一名は機関士のキャッシディ、四名がコーンズ牧師の家族であった。

この船の保守点検を行っていたノヴェルティ鉄工所の経営者の一人、ブラックが乗り合わせていて負傷したが、その意見では、ボイラー内の水量が不足していたために空焚き状態になって破裂したという。そうだとすればキャッシディの初歩的なミスが事故の原因だったことになる。船長のクラウニンシールドはオネイダ号沈没事件の四人の生存者の一人であり、この時も海に投げ出されて無事だった。[33]

なお、『横浜市史稿・風俗編』に、「米国人シテーフコト」の小蒸気船が汽缶破裂事件を起こした、という奇妙な記述がある。どうみても「シティ・オブ・エド」を読み間違えたものとしか思えない。

外国人による京浜間乗合馬車の始まり

東京開市に合わせて、陸上交通路の整備も進められた。『横浜沿革誌』によると、明治二年三月、吉田橋北詰から石崎までの野毛浦海面が帯状に埋め立てられた。四月には弁天社が羽衣町に移転し、本町通りから神奈川に直行する道路が開かれて、神奈川まで馬車で行ける平坦な道が整備され、これも馬車道と呼ばれた。この馬車道は現在の大江橋（桜木町駅の前）の辺りで大岡川を渡っていた。

このビジネス・チャンスをめがけて各社が京浜間乗合馬車の運行に乗り出す。明治二年二月下旬発行の『万国新聞』十五集には、ランガン商会とゴールデン・ゲート・リヴァリー・ステーブルの二社が、横浜と東京の築地居留地の間に乗合馬車を運行する旨の広告を出している。前者は赤地に黒い馬の絵、後者は赤字に白い馬の絵を描いた旗を掲げて競い合った。

佐渡と横浜を馬車で結ぶのが不可能だと知って意気消沈していたカブ商会のホイト兄弟もそのチャンスに飛びついた。一八六九年十一月から乗合馬車の運行を計画し、オーストラリアから駁者としてラザフォードを招いた。篠原宏『明治の郵便・鉄道馬車』[34]にクレーンの出した広告が掲載されている。それによると、東京の築地ホテル表門向かいにクレーン（日本名鶴吉）の管理する馬車の発着所があり、横浜のカブ商会との間で郵便配達業務を行っていた。アルビオン号の同乗者の中にクレーンがいる。Craneは鶴を意味するので「鶴吉」を名乗ったのであろう。写真家及びピアノ調律師として知られるウィリアム・クレーンの一四人兄弟の一人かもしれない。

サザランド商会も参入した。一八七一年一月二十三日付で『ジャパン・ウィークリー・メイル』に出した広告では、一日二便、東京に馬車を仕立てると述べている。

日本人による京浜間乗合馬車――成駒屋

日本人もチャンスを逃さなかった。『横浜沿革誌』によると、明治二年二月に新浜町川名幸左衛門・弁天通り二丁目下岡久之助（蓮杖）・綿屋喜八・綿屋仁兵衛・同三丁目三浦屋秀次郎・植木屋与七・三洲屋松五郎・南仲通り五丁目金太郎の八名、三月には中山譲治も乗合馬車営業を出願した。神奈川県は共同事業とすることを条件に許可したので、彼らは成駒屋という馬車会社を設立し、五月から営業を開始した。四年頃の商人番付「大港光商君」には「馬車　成駒屋久之助」の記載があるので、蓮杖が組合の代表格だったようだ。八名の出願者のうち金太郎は植木屋与七の店支配人であったから、対等な立場の出資者の一人というよりは庶務担当のような立場にあったのではないか。

成駒屋の営業所は馬車道の吉田橋際にあった。当初の計画では、東京側の発着所は日本橋に設ける予定で、神奈川県からはその許可を得ていた。植木屋与七は横浜に出店していたが、同時に箔屋町（現在日本橋三丁目）小八の借地人でもあったので、小八から箔屋町に馬車継立所を設けたいと東京府に願い出た。ところが東京府は、日本橋界隈は繁雑の場所なので許可せず、東京側の馬車営業者同様、南小田原町から銀座・新橋を経て品川に至る経路に限定すべきことを、与七の店支配人金太郎に伝え、合わせてそのことを神奈川県知事に通知している[35]。南小田原町というのは外国人居留地があった築地のホテル館門前を指すと思われるので、外国人の馬車営業者と同じ経路のみ許可されたのだろう。この東京府の通知には、馬車営業に関する明治二年四月の東京府の規則書が添付されており、馬車がすれちがう時には左に寄るべきことなどが定められている。

『横浜市史稿・風俗編』は「日本橋際に立場」を置いたと記しているが、これは横浜側の史料しか見なかったことによる誤り。成駒屋の代表格だった下岡蓮杖は『横浜開港側面史』の中で、新橋の閉店した松坂屋の跡地に発着所を設けたという。新橋は馬車が運行を許可された道筋に当たっているので、信用していいと思う。

蓮杖はまた、同じ頃、東京でも「紀州の人由良守正」が後藤象次郎の後援を得て出願した、そこで蓮杖は後藤に面会して合同を申し入れ一万円の出資を得た、蓮杖の側の六千円と合わせて資本金とし、馬車二五台と馬六〇頭を購入して開業したという。しかし、この話はどうも怪しい。「紀州の人由良守正」とは二階建馬車で有名な千里軒の創業者、由良守応のことだと思われるが、その創業は明治七年のことなので、時期が合わない[36]。後藤象次郎云々の話も東京側には裏付けとなる史料がない。先述のとおり、蓮杖には虚言癖があるので、現時点では真偽不明としておくのが無難だと思う。

乗合馬車の路線拡張

政府は京浜間に鉄道を敷設することを決定し、明治三（一八七〇）年に工事開始、五年に完成した。野毛地先から石崎にかけての馬車道は、鉄道用地として利用されたので、それ以降は蒸気車道と呼ばれるようになる。

馬車会社は対応に追われる。ランガン商会は五年六月十七日、鉄道の停車場予定地（現在の桜木町駅）から本町通りに沿って東端の堀川まで、馬車鉄道の敷設を出願した。同社の馬車はこの頃頻繁に交通事故を起こしており、経営が悪化していたと思われるので、乾坤一擲の計画だったのかもしれない。実現していれば日本初の馬車鉄道になったはずなのだが、認可された形跡はない。

ジャフレーは小田原・箱根方面に路線を拡張する別の戦略をとった。『ジャパン・ウィークリー・メイル』一八七二（明治五）年四月十八日号に、横浜と小田原や箱根の温泉地の間に馬車を運行する旨の広告を出している。

カブ商会を経営していたホイト兄弟はシティ・オブ・エド号の汽缶破裂事件の痛手から回復できなかったのだろう、一八七二年一月二十五日、サザランド商会がカブ商会の看板を買収するかたちで両社が合併した。合併後、『日新真事誌』（明治五年五月一日）に掲載した広告では、馬車数十輌を備え、江の島・鎌倉・小田原・箱根・伊豆方面へ運行すると述べている。カブ商会は一九〇二年にデュランド・カブ商会（Durand, Cobb & Co.）と名称を変え、一九一二年からは自動車も扱うようになる。一九一五年、また名称が変わって横浜リヴァリー・ステーブルとなり、一九二二年まで存続した。

三、輸入品の国産化

石鹸製造の始まり――堤石鹸の創始

横浜にはいち早く西洋の文化が流入、摂取されたが、なんでもかんでも取り入れたわけではない。貪欲に摂取されたのは、それまで日本には無かったもの、それまで使われていたものより便利なものであった。マッチや石鹸がそうだ。マッチの方が火打石より早く楽に火をつけることができるし、灰や米のとぎ汁より石鹸の方が早くきれいに汚れを落とせる。その石鹸に目をつけたのが堤磯右衛門だった。

堤磯右衛門は横浜近郊、磯子村の村役人を務める旧家の出身、チャレンジ精神の旺盛な人物だった。幕末期の激動は彼にさまざまなチャンスを与えた。品川や神奈川の台場（砲台）の建設、横浜開港にともなう居留地の石垣の築造に関わり、さらに幕府の大事業だった横須賀製鉄所（のちの横須賀海軍工廠）の建設工事に従事して見聞を広めた。

磯右衛門が自ら記した「堤石鹸製造場の来歴」という刷物によると、彼は横須賀製鉄所で「仏人写真師ボイル氏」と知り合い、石鹸の効用と製法の概略を教えてもらった。「ボイル氏」とは、フランス人技師ボエルのことである。磯右衛門は明治五年十一月、石鹸の輸入量が多いことを知って、「大に感慨する所あり、輸入を防ぎ国益を興すの一端にもと奮つて石鹸製造事業を計画」した。[37]

「堤石鹸製造場の来歴」は続けて、明治六年三月、三吉町四丁目に製造場を建築したと記している。『横浜沿革誌』はこれをもって「開業」としているが、この時点ではまだ準備を始めただけだったようだ。四月から製造実験を開始、六月にようやく成功し、二十七日、神奈川県に石鹸製造開業の願書を提出した。実験段階を終えて、営業開始の手続きをしたという意味で、これを開業の日付と考えることができる。[38] 七月二十五日に洗濯石鹸を初めて出荷、翌年には化粧石鹸の製造に成功した。「是実に我国石鹸製造の嚆矢なり」と自ら述べている。願書に記された製造場の場所は第五区吉田南三ツ目第一四六番、のちの横浜市三吉町四丁目二六番地、現在の南区万世町二丁目である。

『横浜毎日新聞』明治七年六月四日号に「日比野某」の投書が掲載されており、堤石鹸を評して、「其製精に殆と洋品に勝り、其価は半にして泰西に誇るに堪たり」「小利に走らす、主として国益に志す堤氏の如きは抑愛国の士と云べき乎」と称賛している。

磯右衛門はそうとうな凝り性だったようだ。石鹸の型は、明治七年に長者町七丁目の土岐清次郎という印版師の協力で丸形を作成、翌年これを見本として、東京呉服町の玄々堂に舶来品同様の角形真鍮形を彫刻してもらった。そのかいあって、十年の内国勧業博覧会で花紋賞牌を受けたのを始め、たびたび受賞した。研究熱心な人でもあった。十一年に害虫駆除のための鯨油石鹸を発明、十二年には塩水でも使える海水石鹸、十四年にはコレラ予防の石炭酸石鹸を売り出している。

明治十四年頃が事業の最盛期であり、弘業商会の手を経て、香港・上海へも輸出した。しかし、それ以降全国的な不況の中で経営規模は縮小していった。二十三年五月に操業停止、磯右衛門も翌年に死去した。工場跡地に近い万世町町内会館脇、万世子どもの遊び場入口に「日本最初の石鹸工場発祥の地――堤磯右衛門石鹸製造所跡」のパネルが設置されている。また、二〇一〇年には「磯右ヱ門 SAVON」という復刻石鹸が発売された。

ブラウァーとコッキングの石鹸

横浜発祥の石鹸は他に二つあった。一つはアメリカ人ブラウァーの疥癬石鹸。疥癬とはダニの一種によって惹き起こされる皮膚病である。『団々珍聞』明治十年十二月一日号に、販売代理店の丸善の広告が出ていて、ブラウァーの発明になる疥癬石鹸には偽物が多いので、今後は英文と疥癬虫の絵を付けると述べている。次項で述べるが、ブラウァーはジャパン・セーフティ・マッチ・カンパニーというマッチ製造工場を経営しており、『横浜開港側面史』に収録されている小沢勝次郎の談話によると、そこでは石鹸も製造していた。[39] 疥癬石鹸はその製品の一つだったのだろう。

もう一つはイギリス人サムエル・コッキングが、夫人の苗字を借りて宮田商会の名で販売した石鹸。『横浜成功名誉鑑』によると、平沼に工場があり、ドイツ人技師のもとで毎月三万余貫を製出している、これが「我国石鹸製造の始祖」だという。本当に「始祖」なのだろうか。『花王石鹸五十年史』もこのことを気にして、「日本石鹸業の濫觴に関する諸説」で検討しているが、堤石鹸よりは後だろうと推測している。その根拠は、昭和十二年、東京小間物化粧品商報社主催「石鹸座談会」で一柳信次郎という人が、コッキングの平沼工場について、「たしか明治十四、五年でしたらうか、煉瓦造りの工場が、田圃の中に見えたのを覚えて居ります」と証言していることだった[40]。

しかし、一柳の記憶は数年ずれていた。『横浜貿易新報』明治四十四年六月十六日号に横浜平沼石鹸製造所の広告が掲載されており、それにははっきり「創業明治弐拾年」と記されている。製造部は平沼停車場前のサミユル・コッキング、卸小売発売部は平沼町三丁目四一番地の宮田商会となっている。平沼町三丁目四一番地は平沼停車場前に当たるし、コッキングと宮田商会も実際は同一である。広告には「日本元祖」の言葉も見える。『横浜成功名誉鑑』はその宣伝を真に受けて、「我国石鹸製造の始祖」だと思い込んでしまったのだろう。

『神奈川県統計書』には明治二十二・二十三年度合併版に初めて平沼石鹸製造所の記載が現れる。二十年創業とする広告の文言とほぼ符合する。動力は蒸気力と記されている。『花王石鹸五十年史』によると、当時蒸気機関で操業する石鹸製造所は全国で三か所ほどしかなかった[41]。平沼石鹸製造所は、堤石鹸に替わって、横浜の石鹸業界を担う存在だったようだ。

なお、明治三十八年に出版された『横浜案内』（鈴木金輔編、金真堂刊）の付図「横浜明細図」を見ると、平沼駅の前に「宮田石鹸工場」の記入がある。工場の位置がわかるとともに、「宮田石鹸」の通称で呼ばれていたこともわかる。

マッチ製造の始まり――東京VS横浜

マッチが伝来する前には、火打金に火打石（燧）を打ち付けて火花を起こし、それで燃えやすい火口（ほくち）に点火し、さらに木片の先に硫黄を塗った附木（つけぎ）に火を移した。そのためマッチは洋式の火打道具という意味で「洋燧」とか、摺り付けるだけで発火する附木という意味で「摺附木」と呼ばれた。それにも尋常摺附木と安全摺附木の二種類があった。

尋常摺附木というのは頭薬に黄燐を用いるもので、摺るだけで発火するため、自然発火の恐れがあり、また子どもが舐めると危険なので、市場に出しにくいものであった。安全摺附木とはマッチ棒の頭薬と箱の側面の側薬を摺らないと発火しないマッチ、つまり現在普通に用いられているマッチのことである。

マッチ業界の定説では、明治八年、清水誠が吉井友実と協力して、日本最初の国産マッチを製造したとされている。しかし、よく調べてみると、これには疑問がある。清水によるマッチ製造の経過については、『交詢雑誌』第三号（明治十三年二月二十五日）に掲載された「東京新燧社之記」が詳しいので、それによって検討してみよう。

清水が東京霞が関の吉井邸でマッチ製造を開始したのは明治八年四月。しかし、できたのは「生燐製の尋常摺附木」だった。しかも清水は横須賀製鉄所に勤務することになったため、実験に専念することができなかった。つまり、明治八年にはまだ清水の国産マッチは世に出ていなかったのだ。翌九年三月、清水は「横浜在留英国人某将に安全摺附木を製せんとするの挙あるを伝聞し、憤慨措く能はず」、三田四国町の吉井別邸で安全摺附木の製造に成功し、新燧社を設立した。このように見てくると、清水による起業は明治九年だったことがわかる。

では清水を「憤慨」させて、安全マッチの製造を決意させた「横浜在留英国人某」とは誰なのだろうか。候補が二つある。

『横浜毎日新聞』明治八年正月二十二日号に「洋燧製造場」の設立計画が報道されている。場所は平沼、アメリカに注文した器械がすでに到着し、営業許可も下りているという。出願者は弁天通りの持丸幸助で、製造場の事務を担当する。社中と呼ばれる共同経営者にはジョセフ・ヒコも加わっているという。

残念ながら、今のところ、この製造場についての史料はこの記事しかなく、詳しいことはわからない。いつ操

図23　汽車印マッチの広告
『横浜毎日新聞』明治10年10月26日号より

業を始めたのかもわからない。持丸幸助の名は、明治十二年八月に行われた本町外一三か町町会議員選挙の当選者の中に見えているが、[42]ごく普通の商人であって、マッチ製造の専門家には見えない。実質的な経営者は社中にいたのだろうが、それが誰なのか、英国人なのかどうかもわからない。

もう一つはジャパン・セーフティ・マッチ・カンパニーという製造所である。『横浜毎日新聞』明治十年十月二十六日号に、トレード・マークとして汽車の絵を描いた「明治八年開業大日本極上品汽車マッチ」の広告が出ており、製造売捌は戸部三二一番地の石岡雅次郎、売捌は野毛の須田小三郎となっている。

他方、外国人居留地の側でも、明治十年版の『ジャパン・ディレクトリー』にイギリス系ブレント商会の経営するジャパン・セーフティ・マッチ・カンパニーが登場する。翌年版からブラウァーの経営となり、十四年版まで続く。十四年版の『ディレクトリー』には『横浜毎日新聞』と同じ汽車の絵を描いた広告が出ており、工場の場所は戸部三二一番地、支配人はブラウァーとなっている。

また、『横浜商人録』（明治十四年）の摺附木商之部には、戸部三二一番地の日本防難摺附木製造所が記されている。これがジャパン・セーフティ・マッチ・カンパニーの日本語名なのだろう。セーフティ・マッチ（防難摺附木）をセールス・ポイントにしていたのは、安全マッチを製造していたからだと思う。

戸部は居留地外なので、ブレントやブラウァーの名義で営業することはできない。日本人と協力する必要があった。このような場合、日本人が外国人を雇うという方法が採られた。『資料御雇外国人』[43]を見ると、石岡雅次郎（京都府士族）と高井総兵衛（神奈川県平民）の二人が、明治十年から十四年にかけて、マッチ製造のため、ブラウァーを雇用した記録がある。

『横浜開港側面史』に収録されている小沢勝次郎の談話[44]は、菊林林蔵によるマッチ製造の話として語られているけれども、包装紙に「黄色の紙へ墨で鉄道の発車する所」が描かれていたというので、ジャパン・セーフティ・マッチ・カンパニーの汽車印マッチのことだとわかる。菊林がブラウァーに金を貸していたというのは、出資者の一人だったことを意味するのだろう。またこの談話から、荻野次郎という人も経営に参加していたこと、「戸部監獄の囚人を三百人程使つて製造に従事した」こともわかる。

このことから、次の新聞記事も汽車印マッチに関するものであり、当時かなり話題になっていたことがわかる。『読売新聞』明治九年六月二十六日号の記事。「神奈川県の懲役場で出来る摺附木は、外国から来るのよりもよく出来ると兼て横文字新聞にも出ましたが、実に品がよい。」『浪花新聞』明治九年八月十七日号の記事。「汽車の列している絵」が付いている横浜製の摺附木を初めて「実見しましたが、舶来品に勝りこそすれ劣りません。」

ここまでくれば、清水に安全マッチの製造を決意させた「横浜在留英国人某」がジャパン・セーフティ・マッチ・カンパニーだったことはほぼ明らかだろう。実質上の経営者だったブラウァーはアメリカ人だが、居留地側の代理人のブレントはイギリス人だった。ただし、清水が伝聞した「安全摺附木を製せんとするの挙ある」というのは不正確で、実際にはすでに製造されていたのである。ジャパン・セーフティ・マッチ・カンパニーの正確な開業の日付は不明だが、「明治八年開業」という広告の文言を疑うべき理由はない。その意味では、国産マッチの製造が明治八年に始まるというマッチ業界の定説は間違いではなかった。ただし、その場所は東京ではなく、横浜であった。

ところで、持丸幸助の平沼工場とブラウァーの戸部工場とは無関係なのだろうか。両者の創業がともに明治八年と考えられること、前者の共同経営者にはジョセフ・ヒコの名があり、アメリカから機械を取り寄せるなど、居留外国人の関与が想定されること、後者の実質的な経営者であるブラウァーはアメリカ人であり、日本人との共同事業であったことなど、共通点がある。戸部三二一番地は平沼よりのはずれに当たる。持丸の工場に関する『横浜毎日新聞』の記事は開業準備の段階のものなので、あいまいな点を含んでいたとしても不思議はない。持丸がブラウァーの工場の準備段階での名義人だったと考えたいところだが、残念ながら史料が乏しく、断定はできない。

国産マッチ製造の歴史にその名を記されるべきジャパン・セーフティ・マッチ・カンパニーだが、明治十四年を最後に記録が消える。やがてその存在は忘れられた。他方、清水の創始した新燧社は十年の第一回内国勧業博覧会で鳳紋賞牌を受賞、上海へも輸出するなど、着々と業績を伸ばしていった。その結果、国産マッチ創始者の名誉を得ることになったのだろう。

なお、小沢の先の談話によると、菊林はブラウァーとトラブルを起こしたのを機に、三吉町にマッチ製造所を建設し、荻野の援助を得て製造を始めたという。明治十四年の『横浜商人録』摺附木商之部に「三吉町二丁目十五番地菊林林蔵」の記載があり、また十四年正月現在の『神奈川県統計表』(十五年五月刊)製造工場の部にも菊林の名があるので、談話のこの部分は信用できる。資本金千円の零細工場であった。トラブルの発端は菊林が東京に出した店で、マッチがちっとも売れなかったことにあったというのだが、それは新燧社との競争に負けたことを意味するのかもしれない。

小沢の談話には、菊林が「谷戸橋の側へ氷蔵を建てゝ函館の氷を行つて見た」という話も出てくるが、これは明らかに中川嘉兵衛の事跡との混同である。ブラウァーは中川と組んでアイス・カンパニー・オブ・ヨコハマを経営していた人物だから、こうした混同が発生する前提には、中川――ブラウァー――菊林という人脈が存在していたことも考えられる。

ブラウァーという興味深い人物の名はこれまでもたびたび本書に登場した。最初はアメリカ人医師シモンズのもとで薬剤師をしていた。アイス・カンパニー・オブ・ヨコハマの創業は明治四年頃。疥癬石鹸を製造・販売したことも前項で述べた。戸部のマッチ工場が記録から消えたのち、チャイナ&ジャパン・トレーディング・カンパニーの薬品・化学部門の責任者となっている。ところが一九〇二年七月、なぜか禁治産の宣告を受けて記録から消えてしまった。一九〇七年七月二十日、サンフランシスコへ向かう日本丸の乗客にJ・L・ブラウァー夫妻の名が見える。ブラウァーのファースト・ネームはトーマスだが、JがTの誤植だとすると、これがブラウァーの日本での最後の痕跡かもしれない。

ブラウァーの名もジャパン・セーフティ・マッチ・カンパニーの存在も忘れ去られる一方で、その事跡を菊林によるものだと誤解した小沢の談話が疑われることなく、横浜では菊林を「マッチの元祖」とする定説が生まれた。全国的にも横浜でも割を食ったかたちのジャパン・セーフティ・マッチ・カンパニーだが、一九九五年に横浜グッズとして汽車印マッチが復刻販売され、実在の確かな国産マッチ第一号としての名誉が多少回復された。

ピアノの伝来と調律師の始め

一八五九(安政六)年十二月二十九日、上海で待機していた宣教師ブラウンの夫人と子どもたちが来日、宣教師たちが住んでいた神奈川の成仏寺に荷物が運ばれた。その中にピアノとハーモニウム(オルガンに似た楽器)があった。横浜開港後最初のピアノの音は成仏寺本堂で響いた。

一八六三(文久三)年九月二十六日、横浜ホテルで病院基金募集のためのアマチュア音楽会が開かれ、プロのピアニストのシップとヴァイオリニストのロビオが賛助出演した。プロのピアニストの来日第一号である。シップはこの時、ピアノの楽譜の販売も行っているから[45]、この頃にはピアノを持っている居留民もある程度いたようだ。

じつはシップとほとんど同じ時期、ピアニストのチゾムも来日しているのだが、この時には演奏会を開いた記録がない。[46] 横浜経由上海へ行ったチゾムはアスター・ハウスに滞在しながら音楽教師をしていた。翌一八六四年六月、そこにJ・R・ブラックがやってきた。日本ではジャーナリストとして名高いブラックだが、当時はテノール歌手だった。ブラックはオーストラリアやインドで満足のいく活動ができず、故国イギリスへ帰る前に、上海に立ち寄って、ロイヤル・オリンピック劇場で「さよなら独唱会」を開いた。ピアノ伴奏を務めたのはチゾムだった。それが好評だったからか、二人は来日し、八月から九月にかけてミニ・コンサートを開く。そのことについてはすでに「幕末の仮劇場とエンターテイナーたち」の項で述べた。約三週間の横浜滞在中、チゾムはピアノの調律に応じる旨の広告を出している。[47] 期間限定ではあったが、これがプロの調律師の開業第一号である。ブラックにとってはこれが人生の転機となり、そのまま横浜に滞在して、ジャーナリストとしての活躍の場を見出すことになった。

チゾムは翌一八六五年にもやってきた。アメリカ経由ヨーロッパへ向かう途中立ち寄ったのだという。四月三日にリズレーが横浜に開設したロイヤル・オリンピック劇場で演奏会を開いている。[48]『ジャパン・ヘラルド』一八六五年八月五日号に、ブラガとシュワルツの二人がピアノ調律の広告を出している。ブラガは短命に終わったが、シュワルツの方は少なくとも一八七四（明治七）年まで営業していた。ただし、調律専門ではなく、時計の製造・販売、宝石や婦人用帽子、パリの流行品の輸入など、多角的な経営であった。[49]

明治時代になり、社会が安定して、貿易も盛んになると、居留地にはマルチ・タレントが何人も現れる。そうした人たちの中にクレーンとカイルがいた。クレーンはシンガポール生まれのイギリス人、横浜でのキャリアは西インド中央銀行の社員として始まるが、一八六五年十一月には、パーカーとパートナーシップを結んで、写真スタジオの経営に参加している。しかし、写真より音楽の方が向いていると思ったのか、一八七二（明治五）年十二月、ピアノ調律師になった。その前年、クライスト・チャーチに巨大なパイプ・オルガンを設置したのはクレーンだという。一八七八年十二月にはカイルと組んで、居留地一四九番地に、ピアノの調律と販売を行うクレーン&カイルを設立した。横浜居留地最初の音楽専門店である。

クレーンとカイルのもとで修業した日本人に西川虎吉がいる。もとは三味線作りの職人であった。明治九（一八七六）年、横浜に出て来て、最初はクレーンのもとで、引き続きクレーン&カイルのもとで修業した。十六年に独立し、十一月二十二日の『読売新聞』に調律師としての開業広告を出している。店は元町四丁目にあった。[50]

洋楽器製造業の始め

一八八〇年七月、クレーン&カイルは一〇九番地に移転、この年、クレーンが経営から離れ、カイル商会となるが、その広告に初めてピアノ製造業（Piano Manufacturers）の文言が現れる。これを文字通り受け取るならば、日本におけるピアノ製造の第一号である。

カイルはドイツ生まれのアメリカ人、一八八二年、楽器店をドーリングに譲ってイリス商会に勤務、一八八六年に外国人商業会議所に移り、長らく書記を務めた。そのかたわら横浜アマチュア管弦楽団や横浜合唱協会の指揮者を務め、セミプロの音楽家として活躍した。[51] 一八八五年、山手ゲーテ座の柿落（こけら）としで横浜アマチュア管弦楽団の指揮をしたことについては、「山手ゲーテ座」の項ですでに述べた。クレーンもアマチュア音楽家として活動しており、一八八〇年四月六日に本町通りのゲーテ座で音楽会を開催している。[52] クレーンもカイルもフリーメーソンの重鎮だったことについては、「フリーメーソンの始まり」の項で述べた。

一八八二年、社員だったドーリングがカイル商会を継承して個人経営となり、ピアノの製造を含む総合楽器商として約三〇年間営業を続けた。一八九〇年、上海の楽器商、モートリー商会が横浜に進出し、居留地五九番地にモートリー・ロビンソン商会を設立、一八九三年、ロビンソンが経営から離れ、モートリーの単独経営となって、社名もモートリー商会に変わった。一八九六年、六一番地に移転、工房を設置し、中国人技術者のもとでピアノの製造に乗り出す。一九〇一年、経営者がスウェイツに変わり、社名もスウェイツ商会となった。[53]

一九一一年、老舗のドーリング商会が廃業した。スウェイツ商会にいた中国人の周筱生がその資材を譲り受け、山下町一二三番地に周興華洋琴専製所（S.Chew Piano Maker）を開業した。「洋琴」はピアノを意味する。一九二〇年にはそこで働いていた周筱生の甥、李佐衡が弟の李良鑑とともに李兄弟ピアノ製作所（T. A. Lee-Piano）を開設した。[54]

これら欧米系や華僑系の洋楽器メーカーに伍して気を吐いたのが日本人の西川虎吉であった。西川は調律師として営業しつつオルガン製造に取り組み、明治十七年、国産材料での製造に成功した。浜松の山葉寅楠（ヤマハの創業者）より三年早い。さらにピアノの製造にも挑戦し、十九年、試作に成功した。これも山葉より三年早い。翌二十年、日ノ出町一丁目に工場を新設・移転し、事業を本格化させた。

西川は子息の安蔵をアメリカに留学させ、将来の発展を期したが、安蔵の早世、それに続く虎吉の死により、経営に行き詰まり、大正十年、山葉が創業した日本楽器製造株式会社に合併された。しかし、その横浜工場となったのちも西川ブランドを維持し、昭和十四年までは、浜松本社のヤマハ・ブランドと併存していた。

第一一章　真か？偽か？　徹底検証

もののはじめにまつわる伝承には、事実とは思えないものがたくさんある。ただし、「事実でない」と言っても、一通りではなく、いくつかの種類がある。

①誤説――事実は存在するが、時期・場所・人物名など、その説明が間違っているもの。こうした誤りはごく普通にあるもので、どんな説も一〇〇％完璧というのは珍しい。本書では判明するかぎりの誤りはその都度本文中で示した。

②真偽不詳――事実を物語る史料は存在するが、その史料があまり信用できず、また他に裏付けとなる史料がまったくない、つまり事実であることを証明できないもの。ここで注目すべきなのは「まったく」ということで、一点でも裏付けがとれれば、事実が存在したことだけはわかる。しかし、「まったく」とれないということになると、事実の存在そのものが疑わしいことになる。一と二の差は有限だが、一と〇の差は無限なのだから。

しかし、事実が存在しないことを証明するのは、あたかも真空が存在しないことを証明するようなもので、事実を証明する以上にむずかしい。それに真偽の判断は知りうる史料の範囲内のことであり、新しい史料が発見されないとは限らないので、その判断が「絶対」ということはない。したがって「真偽は不詳」と言わざるをえないケースが多い。後述の「前田留吉伝説」はこれに当たる。

③無実――他の史料による裏付けがとれないだけではなく、その事実を否定する史料が存在する、つまり事実が存在しないことを証明できるもの。このケースは稀だが、後述の「ブラウン夫人伝説」はこれに当たる。

④虚偽――ウソを承知で作られた話。いわゆる捏造。本書で取り上げた諸説の中で、明らかにウソと証明できるものはなかった。

一、グラウェルト伝説

通商条約に基づいて横浜が開港されたのは一八五九年七月一日（安政六年六月二日）のことだが、外国人居留地の整備はだいぶ遅れ、翌一八六〇（万延元）年二月頃から本格化する。翌月にはもう手狭になり、拡張計画が立てられた。この拡張部分での土地の分譲は領事団によって行われたが、フランスは各国均分を主張し、五月一日に幕府の承認を取り付け、十日にはもう自国民に分配を始めている。六月二十一日にその運営のための領事館令を公布し、フランスが排他的に管理運営する専管居留地の形成に向けて動き出した。[1] フランス専管居留地に建った最初の立派な建物は天主堂だった。

カトリック教会の宣教団体、パリ外国宣教会は日本の開国に備え、一八五七年、ジラール神父を日本管区長代理に指名した。神父は一八五九年、フランス代理公使ベルクールの通訳官として、九月六日、江戸に赴任した。

翌一八六〇年六月頃、ジラール神父は成立したばかりのフランス専管居留地内に聖堂建設用地を確保し、まず司祭館の建設を進めて十二月に完成、ムニクー神父がここに住んで聖堂建設に当たった。翌年一月にはジラール神父も横浜に移る。同年末に聖堂が完成し、翌一八六二年一月十二日（文久元年十二月十三日）、献堂式が行われた。これが開国後最初のカトリック教会の聖堂である。場所は八〇番地、正式名称を Eglise du Sacre-

Coeur（Church of the Sacred Heart of Jesus）、日本名を聖心聖堂、通称を横浜天主堂という。聖堂は明治三十九（一九〇六）年、山手四四番地に移転し、関東大震災後に再建されたのが現在のカトリック山手教会である。

横浜天主堂について、いつの頃からか、ジラール神父とともにヘルマン・グラウェルトが創建に尽力したという伝説が生まれた。ヘルマンはハノーヴァー王国リンゲンの出身、兄のヴィルヘルム、弟のハインリッヒも来日している。ハノーヴァー王国は一八六六年の普墺戦争後、プロイセンに併合されるまで独立の国だった。

グラウェルト伝説はいつ生まれたのだろうか。この伝説は、横浜開港七〇年を記念して、有吉忠一市長がヘルマンの子息にヘルマンを表彰する文書を手渡した昭和三（一九二八）年にははっきり姿を現していた。開港百年祭が行われた昭和三十三（一九五八）年、ヘルマンの功績を称えるグラウェルト百年祭が開催され、時の外務大臣以下、横浜市長、商工会議所会頭、各国大使が招待された。昭和三十七（一九六二）年には彫刻家の井上信道の制作になるヘルマンの胸像が横浜外国人墓地一一区のグラウェルト家の墓域に設置され、四月三十日に除幕式が行われた。胸像の下にヘルマンの事績が刻まれるとともに伝記（*Herman Ludwig Grauert, 1837-1901*）が編集され、伝説が歴史の領分に侵入してきた。

昭和五十七（一九八二）年に刊行された『聖心聖堂百二十年史』（カトリック山手教会編）は、パリ外国宣教会の記録を参照するなどして、正確な記述に努めているが、この伝説を疑わなかった。編集委員の一人だった板垣博三氏が「どうも変だぞ」と思うようになり、パリ外国宣教会本部に問い合わせた結果、「根も葉もない風説」だという確信を抱き、そのことを『横浜聖心聖堂創建史』[2]で公表した。ところが平成二十六（二〇一四）年に刊行された『横浜天主堂・カトリック山手教会一五〇年史』では板垣氏の研究が活かされることなく、何の断りもなしにグラウェルト伝説が復活してしまった。一度信じられてしまうと、それを否定するのがいかにむずかしいか、ということを示す一例である。

伝記によると、一八五七年、ヴィルヘルムとヘルマンの兄弟は小さな帆船でアムステルダムを出港、困難な航海の末、十二月三日、長崎の出島に着いた。横浜が開港されるとヘルマンがオランダの通商代表として派遣された。ジラール神父は、最初ヘルマンの私邸で礼拝を行っていたが、一八六一年四月、ヘルマンが八〇番地の土地を寄付したので、ここに聖心聖堂を建てたという。伝記ではこのことが「グラウェルト＝ジラール運動」として語られている。一八六一年、プロイセン（ドイツ統一の中心となった国）の初代名誉領事に就任したとか、天主堂の献堂式が行われる直前の一八六一年十一月二十日、サムライに殺害されそうになったという記述もある

本当だろうか？　天主堂の献堂式とほぼ同じ時期の一八六一年十二月三十一日、イギリス領事が作成した横浜在住外国人の名簿があり、[3]すべての国籍の居留民が細大漏らさず記録されているが、グラウェルトの名は見いだせない。当時横浜にはヴィルヘルムもヘルマンも居なかったのだ。幕末期の外国人に対する殺傷事件はすべて『続通信全覧』の暴行門に記録されているが、そこにヘルマンの事件は収録されていない。[4]それもそのはず、ヘルマンは横浜に居なかったのだから。

確かな史料によると、最初に来日したのはヘルマンではなく、兄のヴィルヘルムであった。一八六一年版の商工名鑑（*The Cina Directory*）を見ると、ヴィルヘルムはまだ香港におり、その後来日して、翌一八六二年七月一日、居留地五六番地にグラウェルト商会を設立した。[5]来日時の国籍はイギリスだった。

ヘルマンはいつ来日したのだろうか。一八六八年版の商工名鑑（*The Chronicle & Directory for China, Japan, & the Philippines*）の横浜の部にN・グラウェルトが現れるが、NはHの誤りだと思われる。翌年版からはHになる。Hだけではヘルマンなのかハインリッヒなのかわからないが、ヘルマンの伝記によれば、ハインリッヒの来日は一八七二年とされているので、このHはヘルマンであろう。一八六八年版の商工名鑑には前年末の情報が収録されていると考え、早めに見積もっても、ヘルマンの来日は一八六七年中のことである。

天主堂が建てられた八〇番地は当時フランス専管居留地内にあった。オランダ通商代表の資格で来日したヘルマンが、フランス専管居留地内の土地を入手して、フランス系の教会に寄進するというのも奇妙である。フラン

ス領事館令は専管居留地内での自国民以外の借地権を認めていないからだ。[6]『ジャパン・ウィークリー・メイル』一九〇一年十一月九日号にヘルマンの追悼記事が掲載されており、聖心聖堂での葬儀の模様が述べられているが、彼がその創建に貢献したというような記述はない。

伝記にはその他にも疑わしい記述が多いが、ここでは二点についてだけ触れておく。伝記によるとヴィルヘルムとヘルマンはジャーマン・クラブの設立に尽力し、ヴィルヘルムが初代会長に就任したという。しかし、「ジャーマン・クラブ」の項（五八ページ）で述べたように、『ジャパン・ガゼット横浜五〇年史』に収録されている「ジャーマン・クラブとその関連事項」によれば、初代会長はオールだった。クラブの創立七五周年に刊行された記念誌（*Klub Germania, Yokohama, 1863-1938*）は初代会長をヴィルヘルム、二代目をオールとしているが、記念誌が作成された時にはすでにグラウェルト伝説が広まっていたので、裏づけと言えるかどうか疑問だ。

伝記には一八六五年に居留地参事会の議長に選出されたとも記されている。この時期にはヘルマンはまだ来日していないので、これは兄のヴィルヘルムであろう。ただし、議長に選出されたのはショイヤーであって、グラウェルトは財務委員に就任している。[7]

調べればわかることなのに、多くの人が事実と合わない伝説を信じてしまったのはなんとも不思議だ。

二、ブラウン夫人伝説

ブラウン夫人伝説とは、アメリカのオランダ改革派教会から宣教師として派遣されたブラウン牧師の夫人がドレスメーカーの第一号だというもの。この説を広めたのも、否定したのも、婦人洋装史の研究家、中山千代氏だった。

中山氏は洋装史の研究のために「業界聞き書」を進めていたが、その過程で、昭和三十一年、三橋喜之助という人から次のような伝承を採集した。

「文久二年、神奈川の寺にいた宣教師ブラウン夫人は、人々からすすめられて、婦人洋服店を横浜に開くことにした。職人を探したが応募する者はなく、ようやく高島町足袋職人辰五郎を雇うことができて、横浜本町通に開店した。その後火災にあってブラウン夫妻は帰国したが、再び渡来して店を続けた。」[8]

この伝承は『日本洋服史』[9]などにそのまま事実として受け入れられ、ブラウン夫人は「日本洋服業界の恩人」とされるまでになった。

中山氏も指摘しているように、三橋喜之助の伝える伝承の発信源は『横浜開港側面史』掲載の沢野辰五郎談話「女洋服裁縫の始め」にある。その概略は次のとおり。

安政六年の夏の頃、神奈川本陣鈴木の会所から、宿内の仕立屋・足袋屋仲間に対し、ヘボン、ブラウンらアメリカ人宣教師が滞在していた成仏寺に、職人一名を差し出せという達しがあった。若い足袋職人であった辰五郎が応募し、宣教師「ブラオン夫人」のもとで、寝台用の布団を縫う仕事から始めた。「目が悪くてミシンにも掛かれない」夫人のために、その後も勤めることになり、「十八年間引続き出入」した。こうして辰五郎は足袋職人から洋服屋に転じ、「店も張らねば弟子も取らず、全く一本立ち」の一人親方で通した。

談話に「安政六年の夏の頃」とあるが、ブラウン夫人の来日は安政六年十二月六日（一八五九年十二月二十九日）なので、[10]これは記憶違い。

ブラウン夫人伝説は、辰五郎談話が伝言ゲームのように変容したものだと思う。変容には、変わってしまった情報と付け加わった情報がある。

変わってしまった情報――一番肝心な点は、辰五郎談話では「ブラウン夫人は目が悪くてミシンを扱えないので職人を募集した」とされていたのに、三橋喜之助聞き書では「横浜で婦人洋服店を出すために職人を探した」というように変わってしまったこと。細かいことでは、辰五郎の出身地が神奈川宿から高島町に変わってしまった。

付け加わった情報（その一）――夫人が「文久二年」に開業したとする点。ブラウン家が成仏寺を出て横浜に転居したのは文久三年なので、文久二年に横浜で開業するわけはないのだが、一年ずれてしまったのかもしれない。

付け加わった情報（その二）――夫人が「本町通り」で開業したとしている点。日本人から「ブラン」と呼ばれたテイラーのブラントが働いていたロトムント・ウィルマン商会は、本町通りに面する五二番地にあった。本町通りに面してはいないが、「ドレスメーカーの始め」で触れたように、ブラウネル夫人というドレスメーカーの店も存在した。余計な推測かもしれないが、ブラントやブラウネル夫人の情報が混線した可能性もある。

中山氏も辰五郎の談話からはブラウン夫人開業の形跡を見いだせないことに気付いていた。しかし、『フェリス女学院一〇〇年史』の中の次の記述を知っていたために、開業説を疑わなかったのかもしれない。

「ブラウン夫人は、成仏寺時代にミシンの使用を初めて日本人に伝えた婦人であった。アメリカにいたときもオワスコの教会で『婦人裁縫協会』を組織し、その働きによって会堂建築資金の一部を助けたこともあった。ミス・キダーの女子教育において、ミシンによる洋裁の授業を助けたことは特にここに記しておかねばならない。」[11]

中山氏は外国人のドレスメーカーについて、在日外国人の商工名鑑（ディレクトリー）を史料として徹底的に調査されたが、ブラウン夫人開業の痕跡を見いだすことはできなかった。さらに『フェリス女学院一〇〇年史』の記述をも検証して、次のことを明らかにされた。[12]

①ブラウン夫人が、オワスコ・レイクで教会改築資金調達のための婦人裁縫協会を組織したのは一八五二年、アメリカでミシンが生産段階に入るのは翌一八五三年からであった。したがって、協会の裁縫は手縫いで行われた。

②フェリス女学院の創設者、キダーの一八七〇年十一月十八日付書簡には、「ブラウン夫人はミシンのことは

あまり御存知なく、熟練していないからミシンに触れることも滅多にないのです」と記されている。[13] そもそも『フェリス女学院一〇〇年史』が引用するキダーの書簡には、「ブラウン夫人が学校を助けてくれている」と書かれているだけで、「ミシンによる洋裁の授業を助けた」というのは執筆者の想像による拡張解釈であった。

結局、ブラウン夫人開業説は、虚偽ではないが、無実であった。蛇足ながら一言付け加えると、ゴーブルのように生活費を稼がなければならない自給宣教師ではなく、ミッション（宣教団体）によって生活を保証されているブラウン牧師の夫人が生活のために洋服店を開くことはありえない。もし開くとしたら、それは布教の手段としてだろうから、そのことはブラウンがミッション本部へ送った膨大な書簡のどこかに記されたはずである。

なお、「業界聞き書」の中には、次のようなデビソン夫人伝説もある。

> 文久三年、横浜衛生組合長デビソン夫人は、衣裳好きであったが縫うことができないので、裁縫師を募集した。長物師（和服仕立職）の片山喜三郎、伊藤金作、柳原伊四郎等が応募した。かれらは夫人の指導を受けながら裁縫に従事し、縫製技術を覚えた。[14]

これは片山喜三郎の弟子の西島芳太郎が伝えたもの。中山氏はこの伝承についても検証したが、「デビソン夫人の実在は確認できない」というのが結論だった。

『日本洋服史』は「デビソン夫人」を、文久三年に来日し、居留地六六番地に婦人服店を開業した、居留民団の統率者デヴィスの夫人だと考えた。「ドレスメーカーの始め」で触れたデーヴィス夫人のことである。しかし、デーヴィス夫人の開業は明治四年頃、場所は六六番地ではなく一六番地だった。

結局不明という他ないのだが、敢えて想像を逞しくすれば、デーヴィス夫人とピアソン夫人が合体してしまった可能性がある。ピアソン夫人の開業は文久三年であり、洋裁店というよりは洋装店だったので、縫製はできなかったかもしれない。また、デーヴィス夫人の夫は神奈川県の外国人居留地道路下水修造差配方や居留地消防隊の監督を務め、出資者を募って道路散水事業を行った人でもあるので、それが伝承の過程で変容して横浜衛生組合長になってしまったのかもしれない。

平成七（一九九五）年十一月二十四日、日本洋裁業発祥顕彰碑の除幕式が行われた。婦人洋服業旧友会が記念碑を横浜に建てるのを計画したのは昭和二十六年のことだった。しかし業界の人々は拙速を避け、地道な調査研究から始めた。「業界聞き書」の収集もその一環だった。昭和五十二（一九七七）年にはその成果として「明治末期より関東大震災までの横浜洋裁業界復元図」が発表された。[15] 顕彰碑が建ったのはそれから一八年後、最初の計画から数えれば四四年後のことであった。碑文は簡素だが、中山氏や業界関係者の長年の研究成果が凝縮されている。顕彰碑は最初の位置から少し移動して、現在は本町通りに面する山下町八四番地に建っている。

図 24　日本洋裁業発祥顕彰碑

三、前田留吉伝説

前田留吉伝説とは、前田留吉が幕末に横浜で牧場を開いたのが牛乳搾取業の始まりだというもの。奇妙なことに、この伝説には食い違う二つの説があるのに、それが共存している。しかもどちらも裏付けが取れない。それなのに、今でも通説の地位を失っていない。そこで少し詳しく検討してみよう。

二つの説を「ベロー説」と「スネル説」と名付けて整理すると**表6**のようになる。

表6　ベロー説とスネル説

事項	ベロー説	スネル説
留吉が師事した外国人	蘭人ベローと英人ボーロ	和蘭人スネル
その時期	文久元年８月	
留吉の起業の時期	文久３年９月	慶応２年８月
その場所	太田町８丁目	太田町８丁目
起業資金	辛苦万辛の間に蓄蔵したる若干の金銭	露木清兵衛なる者より金30円を借入れ

「ベロー説」の出典
①金田耕平「前田留吉氏実伝」『日本牧牛家実伝』（丸屋善七刊、明治19年）所収
②「市乳の開祖　前田留吉氏伝」『大日本牛乳史』（牛乳新聞社、昭和９年）所収
③足立達・細野明義解読「豪商全伝前田留吉氏伝」『酪農乳業史研究』９号（日本酪農乳業史研究会、平成26年９月）所収

「スネル説」の出典
①「牛乳の話」『時事新報』（明治32年11月12日）所収
②石井研堂「牛乳の始（三）前田留吉」『明治事物起源』（明治40年）所収
③「一老人談」『横浜開港側面史』（横浜貿易新報社、明治42年）所収
④「乳牛牧場の始祖」『横浜市史稿・産業編』（横浜市役所、昭和７年）所収
⑤「牛乳の搾取」『横浜市史稿・風俗編』（横浜市役所、昭和７年）所収

蘭人ベローと英人ボーロは実在したか？

留吉が師事したという「蘭人ベロー」や「英人ボーロ」は実在しただろうか。いくら探しても該当する人物は見当たらない。「たまたま記録が残らなかっただけではないか」と思われるかもしれないが、そういうことはない。文久元（一八六一）年中、横浜の外国人居留地に居住して事業を営んだ外国人の名前はすべてわかっている。**表7**はオランダ人のリストだが、ベローに該当する人物はいない。イギリス人やアメリカ人、フランス人の名前もわかっているが、ベローやボーロに該当する人物はいない。[16]

エドワード・スネルの実像

表7にエドワード・スネル（Edward Schnell）の名がある。これをスネル説の「和蘭人スネル」と結びつける説は古くからあった。尾佐竹猛の「スネルと牛乳」[17]が最も早く、高橋義夫が『怪商スネル』[18]の中で「居留地の牛飼い」という項目を設け、この説を広めた。この説を信じ

る人は多いが、それを証明した人はいない。というより、疑った人がいない。スネルは「怪外人」などと呼ばれ、実像が不明だったので、誰も違和感を覚えなかったのだろう。

しかし近年、エドワード・スネルの来日前や直後の実像がわかってきた。スネル兄弟の父ヨハン・ユストゥス・スネルは、現在のドイツ中部に位置するヘッセン選帝侯国の首都カッセルの出身、オランダ軍に入隊し、オランダ領東インド（現在のインドネシア）に赴任したことからオランダ政府の保護を受けることになった。兄のヘンリーは二男、弟のエドワードは三男だった。一八五八（安政五）年四月、エドワードは母と暮らしていたオランダから、蒸気船長崎号に乗って、父と兄のいるオランダ領東インドのジャワに渡航、その後来日する。[19]

表7　1861年の横浜在住オランダ人

①	②
	Polsbroek, Dirk de Graeff van
W.A. Houpt	Houpt, W.A.
J. Klyn	Klein, J.
R.A. Mees	Mees, R.A.
G.F. Plate	Plate, G.F.
P.J. Batteke	Batteke, Petrus Julianus
	Reis, Adolph
P. Stuyt	Stuyt, Peter
E. Schnell	Schnell, Edward
H.J. Frey	Frey, J.
J.C. Huffnagel	Huffnagel, C.J.
C.H.D. Visscher	Visscher, C.H.D.
	Dohmen, Martin
H. Bruyn	Bruyn, H.
T. Caspers	Caspers, J.
H.A. Noordhoek Hegt	Hegt, H.Noordhoek
K. Pauw	Pauw, K.
F. Rap	Rap, F.
	Ryger, B.de
N.C. Sieburgh	Sieburgh, N.C.

【典拠】① *The Japan Herald*, Dec. 28, 1861
② 1861年12月31日現在の「在神奈川外国人人口調査名簿（Census）」。イギリス外務省文書（F.O.46）Vol.21, No.13, Encl.6による。

一八五九年九月、スイスの時計連合会（Union Horlogere）が市場調査と条約締結の可能性の打診のためルドルフ・リンダウを日本へ派遣した。リンダウは十月に長崎から神奈川に移動し、神奈川奉行と交渉を始めるが、その頃スネルと知り合ったらしい。十二月二十四日、神奈川奉行に送った手紙の中で、「スネル君」を通訳に採用したいと述べている。[20]

スネルはリンダウを通じて時計連合会のために働くようになり、正確な時期は不明だが、時計連合会の費用で外国人居留地四四番地を借地している。一八六三（文久三）年頃はバッテケと組んで、バッテケ＆スネルという商社を経営していた。時計連合会からはもう一人、一八六〇（万延元）年、フランソワ・ペルゴが派遣された。スイスの時計メーカー、ジラール・ペルゴ社の経営者の一族であり、横浜で時計連合会のために仕事をしていた。[21]

一八六三年四月、スイスと日本の通商条約締結のため、時計連合会会長のアンベールを団長とする使節団が来日した。使節団の書記官で、のちにシイベル・ブレンワルド商会を設立し、スイス総領事も務めたカスパー・ブレンワルドの日記が残されており、シイベル・ブレンワルド商会の後継企業であるＤＫＳＨジャパン株式会社と横浜開港資料館が協力して翻訳を進めている。この日記を参照しつつ、スネル説で、留吉がスネルのもとで働き、その後独立したとされる時期と重なる一八六六年までのスネルの動静を追ってみると次のようになる。

スイス使節団は滞日中、時計連合会としての事業を断念して、連合会のためにスネルが取得した四四番地の土地を手放すことにした。日の出と日没を基準に昼と夜を六等分する時法、単位時間が季節によって異なる不定時法が行われていた日本で、高価なスイスの時計が売れる見込みは薄いことを実感したのだろう。四四番地の土地の借地権は、それを管理していたスネル自身が五千ドルで購入し、一八六四年一月十二日、ペルゴと組んで、そこにスネル＆ペルゴという商社を設立した。[22]同年二月六日、日本＝スイス条約が締結され、総領事館が設立されると、スネルはその書記官に就任したが、翌年一月一日まで、スネル＆ペルゴの経営も続けていた。

ブレンワルドは一旦帰国したのち、一八六六（慶応二）年四月、横浜でシイベル＆ブレンワルドという商社を設立するとともに総領事に就任した。スネルはリンダウに替わって総領事となったブレンワルドのもとで引き続き書記官を務めた。この頃のブレンワルドの日記には、ブレンワルドとスネルが組んで、スイス製武器を幕府に売り込もうとする様子が記録されている。スネルは一八六七年末か翌年初頭、スイス総領事館を辞任し、幕府や東北諸藩への武器の売り込みを活動の中心とするようになるのだが、それ以降のことはよく知られているので省略する。

かなり具体的にわかってきたスネルの動向の中には、「牛飼いのスネル」と重なる部分は全く見いだせない。

太田町八丁目に牧場は存在したか？

ベロー説は文久三（一八六三）年、スネル説は慶応二（一八六六）年と時期は異なるものの、いずれも留吉が太田町八丁目に牧場を開設したとしている。どちらの説も、それを裏付ける直接的な史料は存在しない。状況から見て、ありそうなことか、ありそうもないことか、検討してみる。

結論から言うと、文久二年頃までなら「ありそう」だが、文久三年以降は「ありそうもない」。文久二年頃まで、太田町八丁目界隈は、日本人市街の側から見ても、外国人居留地の側から見ても、市街の周縁部に当たり、畜産業も行われていた。

ロジャースの回顧談[23]によると、太田町には数人の家畜商（cattle dealer）がいて、飼育小屋（lairs）があった。八丁目と二丁目のそれがとくに目立つ存在だった。『珍事五ケ国横浜はなし』によると、八丁目に続く外国人居留地にも「異人の食料牛屋」が二軒あった[24]。浮世絵師五雲亭貞秀が描いた「御開港横浜大絵図二編　外国人住宅図」にはこれに対応する二軒の「ウシ屋」が描かれている。

再びロジャースの回顧談によると、最初の食肉店はアイスラー＆マーティンデル、それをキャメロン商会が継承した。場所はのちのシングルトン・ベンダ商会（Singleton, Benda & Co.）の所在地（九六番地）にあった。もう一つの食肉店ベイリー商会はのちのイートン&プラット（Eyton & Pratt）の所在地（七七番地）にあった。九六番地と七七番地は背中合わせに隣接している。「御開港横浜大絵図二編　外国人住宅図」に描かれている二軒の「ウシ屋」のうち、位置関係から見て左側はキャメロン商会に該当すると思う。

　ところが、この地域は一八六二（文久二）年中に大きく変貌する。この地域の東南方に広がる旧横浜新田一帯が居留地に編入され、三月頃から宅地造成が始まるからである。ロジャースの回顧談によると、新造成地（旧埋立居留地）に最初にできた建物はキャメロン商会（一一七番地）。ベイリー商会（一一六番地）がこれに続いた。旧埋立居留地の北西角の近くから向かい側の堀川沿いに移転したものと考えられる。

　いつ頃移転したのだろうか。一八六二年八月二十五日に来日したウィリアム・ソンダースが撮影した六枚組の横浜全景写真に、造成中の旧埋立居留地の全貌が写っている。十月二十五日の『ジャパン・ヘラルド』にその写真の論評記事が出ているので、それ以前に撮影されたことがわかる。この写真の全体は現存しないが、これに基づく版画が『絵入りロンドン・ニュース』（一八六三年九月十二日）に掲載されており、競馬のために設けられた柵やキャメロン商会とベイリー商会の建物が描かれている。[25]八月二十三日の『ジャパン・ヘラルド』には、食肉業者（slaughter houses）の建物のために馬場が狭くなってしまうので、建物を移転させるべきだという主張が掲載されている。[26]食肉業者がすでに八月中には移転していたことがわかる。

　他方、太田町八丁目に接する旧埋立居留地の北端（一五五番地）にはイギリス領事館とその付属監獄ができる。建築計画は一八六一年十一月頃スタートし、引き渡し手続きが完了したのは一八六三年三月二十四日だが、[27]ソンダースの横浜全景写真にすでに写っており、『珍事五ケ国横浜はなし』にも「此処に異人牢屋敷あり」と記されているので、一八六二年の夏か秋にはできていたことがわかる。

　一八六三年中には旧埋立居留地の市街化が急速に進み、それとともに衛生問題に関心が集まった。とくに幕府が旧埋立居留地で施工しつつあった木製開渠の下水が、外国側から不潔だとして槍玉に挙げられた。[28]日本の伝統的なインフラ整備は動物性の廃棄物に対応するものではなかったのである。ベロー説が事実だとすると、前田留吉は、そのさなかの文久三（一八六三）年九月、イギリス領事館の目と鼻の先に牧場を開設したことになるが、常識的にはとても考えられない。そんなところに牧場が開設されたら、そうとう人目を惹く出来事だったはずだし、口うるさい外国人からクレームがついたはずなのに、前田留吉伝説以外にまったく記録が存在しないのは不審だ。

翌一八六四（元治元）年には屠牛場を郊外に設けることが課題となり、十二月十九日、幕府が諸外国と締結した「横浜居留地覚書」第四条によって、小港に公設屠牛場を設けることが決定された。そうしたことを念頭に置くと、留吉が慶応二（一八六六）年八月、太田町八丁目に牧場を開設したというスネル説は論外に近い。

太田町五丁目への移転は事実か？

次にベロー説が、留吉の牧場は慶応大火に遭って類焼し、太田町五丁目に移ったとしていることについて、やはりありそうなことか、ありそうもないことか、検討してみる。慶応二年の大火後、幕府は諸外国と「横浜居留地改造及競馬場墓地等約書」を締結した。それによって、太田町七～八丁目は外国人居留地に編入され、六丁目は中央大通り（現在の日本大通り）の整備対象となり、のちに境町となる。そのため六～八丁目の住民は元の居住地に家屋を再建することを禁じられ、その代わりに太田屋新田西部地区の埋立地に新設された新浜・真砂・緑・若松の四か町に代替地を与えられることになった[29]。その記録が残っており、太田町五～八丁目で焼け出された借地人の名前はすべてわかる（**表8**）。その中に留吉の名前はない。

ベロー説では八丁目で焼け出された留吉が五丁目に「立退キ」と記しているが、この表からも、そのようなことはありえないことがわかる。五丁目（丁番号付け替えにより現在は一丁目）は都心の人口密集地であり、「立退キ」どころか都心に進出することになってしまう。

表8　慶応大火で焼け出された太田町5～8丁目の借地人

元　地	借地人名	代地
5丁目	吉次郎	真砂町
6丁目	太田屋佐兵衛	新浜町
	太田屋源左衛門	
	次兵衛	
	井上屋小左衛門	
	大川屋次郎吉	
	金比羅社	緑町
7丁目	喜太郎・徳蔵	真砂町
	若山屋九兵衛	新浜町
		緑町
8丁目	吉五郎	真砂町
	栄吉	新浜町
	文吉	
	太田屋平三郎	緑町

【典拠】主に「彼我境界御立被遊候ニ付御用地ニ相成候町々代地御割渡御請印帳写」及び井上家所蔵相州屋小左衛門関係史料による。これらの史料については、斎藤多喜夫「幕末期横浜の都市形成と太田町」『横浜開港資料館紀要』4（1986年）参照。

またスネル説だと留吉は慶応二年八月に牧場を開設し、わずか二か月後の十月二十日に焼け出されたことになってしまう。慶応大火に関する記述がないのも不自然である。ベロー説・スネル説ともに、横浜に「土地勘」のない人が記述したと考えざるをえない。

前田留吉の東京の牧場

前田留吉の東京の牧場については本書の主題を外れるけれども、前田留吉伝説の信憑性に関わるので、触りの部分のみ検討してみる。

ベロー説によると、明治維新後、留吉は民部卿由利公正に招聘され、東京雉子橋の御厨で搾乳に従事した。明治二年、雉子橋御厨が廃止され、築地に牛馬会社が設立されると、留吉はその事業に従事した。

スネル説によると、明治維新後、留吉は民部省所轄雉子橋内の牧場に雇われた。その後築地に牛馬会社が設立され、雉子橋の牧場の乳牛はすべて会社に売却された。明治二年四月十四日、「牛乳搾取の模様天覧あらせらるべき御沙汰」があり、白牛五頭を宮城内に牽き入れたが、この時搾取の任に当たったのも留吉だった。

仔細に検討すると、両説ともにいくつかの事実誤認がある。

①牧畜の事務が民部省の所管だったのは、大蔵省通商司から事務が移管された明治四年正月二十日以降、七月二十七日に民部省が廃止されるまでの期間、当時の民部卿は由利公正ではなく、松平慶永（春嶽）だった。由利はその頃福井に帰郷しており、四年七月に東京府知事となる。[30] 伝承の過程で牧畜掛由良守応と混同されたのかもしれない。いずれにせよ、雉子橋の御厨（牧畜掛役所）の関係史料に留吉の名は現れない。

②明治二年四月十四日の「牛乳搾取の模様天覧」について。『明治天皇記』の同日条には、「山里馬場に出御、アラビヤ馬及び白牛を御覧あらせらる」と記されている。しかし、「牛乳搾取」とは記されていないし、留吉の名も記されていない。天皇の前で搾乳を披露したという、たいへんに名誉な話がスネル説にのみあり、ベロー説にないというのも不審だ。

③明治天皇の牛乳飲用については、明治四年四月十一日付の『新聞雑誌』一九号に、雉子橋の勧農役所で房州嶺岡で牧養した白牛の牛乳を搾り、宮内省がこれを購入して、「主上日々両度宛御服用」という記事がある。これが「牛乳搾取を天覧」の伝承の背後にある史実なのかもしれないが、この記事によって、明治四年に雉子橋の勧農役所（御厨）が存在していたこと、ベロー説の「二年に雉子橋御厨が廃止されて築地牛馬会社が設立された」という伝承が事実誤認であることがわかる。また、ベロー説では留吉はこの時期にはすでに築地牛馬会社に移っていたはずである。

その後、留吉は独立して東京に自分の牧場を開くのだが、それについても諸説がある。

①ベロー説では、四年十一月、芝西ノ久保桜川町一〇番地で牛乳業を始めた。

②スネル説では、三年二月、芝区西久保天徳寺前に牧場を開いた。
③『日本牧牛家実伝』に収録されている「前田源太郎氏実伝」では、二年、芝区桜川町に牛乳搾取所を開き、源太郎も従事した。

開設時期は二年から四年までの開きがある。どれが正しいのか、どれも正しくないのか、よくわからないが、場所は同一と考えられる。ここまできてようやく事実の片鱗が現れたという印象を受ける。ベロー説にはこれ以降の記述も詳しく、その中には裏付けのとれるものと、荒唐無稽としか思えないものとが混在しているが、その検討は本書の守備範囲を越えており、酪農乳業史の専門家に委ねたいと思う。[31]

史料編　ロジャースの回顧談

横浜の初期の思い出——一八五九年から一八六四年まで

G・W・ロジャース氏の講演。一九〇三年十二月四日、横浜文芸協会にて

【解題】原題は'Early Recollections of Yokohama 1859-1864'一九〇三（明治三十六）年十二月四日に横浜文芸協会で行った講演の原稿が、翌五日の『ジャパン・ウィークリー・メイル』に掲載されたものである。回顧談自体と『ジャパン・ウィークリー・メイル』一九〇六年十二月二十九日号掲載の訃報記事、それに『ディレクトリー』や墓碑銘によると、ロジャースは一八三九年、イギリスの生まれ、一八五九年十二月八日、ニンフ号で上海から横浜へ向かった。時に二〇歳であった。途中遠州掛塚沖で難破し、五名の死者を出した。『幕末外国関係文書』を見ると、生存者は幕府の代官今川要作に保護され、その傭船で大晦日に横浜へ送られている。

ロジャースはオリファント商会に勤務するが、同社は一八六一年の半ば頃横浜から撤退した。一八六四年一月帰国、約二〇年後の一八八三年再び来日し、コッキング商会などで働いたのち、一八九四年独立して輸出入に従事した。一九〇六年のクリスマスにゼネラル・ホスピタルで死去、享年六七歳、山手の横浜外国人墓地に埋葬さ

れた。訃報記事によると、さほど目立つ存在ではなかったが、傑出した記憶力の持主だったという。

回顧談の内容は、一八五九年から一八六四年にかけての最初の滞在期間に見聞した事柄だが、とくに来日直後の一八六〇年頃のことが詳しい。大事件よりも、実際に経験したことや、外国人と交渉のあった日本人についての記述が豊富な点に特色がある。この回顧談がとくに貴重なのは、この時期には新聞など他の資料が乏しく、その空白を埋めてくれているからである。

この回顧談によって新たに判明したのは次の事実である。

最初の屠牛と食肉業者――一八六〇年の三月か四月、ヘンリー・クックによって最初の屠牛が行われたこと、最初の食肉業者がアイスラー&マーティンデルであったことが判明した。

この回顧談によって裏付けられた伝承に次のものがある。

最初のパン屋――『横浜開港側面史』に収録されている内海兵吉の談話が裏付けられた。

最初の洗濯屋――『横浜開港側面史』の鈴木隣松翁談で語られている洗濯屋の渡辺善兵衛、『珍事五ケ国横浜はなし』に登場する「異人の洗濯屋」に関する記述が裏付けられた。

最初の職業写真家――鵜飼玉川の「写真塚記」に見える「フレイーマン」の実像が明らかになった。

こうした事始めに関する事柄以外にも、開港直後の横浜の外国人や日本人の生活の様子、ロジャースが見聞した外国人殺傷事件、都市化される前の横浜周辺の景観など、興味深い内容が多い。文化移転の端緒をなす異文化の接触の様相が生き生きと描かれているので、全文を翻訳することとした。

本人が回顧談の末尾で述べているように、記憶に頼った部分が多く、細部には記憶違いもある。それらについては注を付した。翻訳は斎藤多喜夫が行った。翻訳に当たっては小見出しを設け、改行を増やした。

ニンフ号の遭難

一八五九年十二月初頭、私は新たに開港された日本の港、神奈川に向けて、アメリカ船籍のバーク型帆船ニンフ号（プライス船長）に搭乗し、上海を出発した。この船には計一四名の乗組員と私の他に二名の乗客が乗っていた。二人とも日本で仕事をするのが目的であり、一人はシャーマン氏と言った。もう一人の名前は覚えていない。積荷はおもに生活必需品からなる貨物の箱少々と、貿易目的のメキシコ銀貨の入った多数の箱だった。甲板の間には何匹かの生きた羊も積まれていた。私たち乗客はあたかも底荷のようなものだった。[1] 航海は最初の一週間か二週間は順調だったが、当時使われていた不完全な海図のため、未知の海流が出現し、御前崎の沖の砂州に乗り上げて、完全に難破してしまった。

船は真夜中に視界の利かない吹雪の中で岸に沿って航行していたが、北西からの強風のため、激しく砂州に乗り上げ、朝を待たず船底に穴が開いた。船は昇降口まで水に浸かり、かわいそうな羊たちは溺れ死んでしまった。事態は極めて危機的だった。船長は乗組員を呼んで、ボートの一つを進水させ、陸地まで漕いで助けを求めさせようとした。しかし進水させたとたん、船腹にぶつかって粉々になり、流れ去ってしまった。二番目のボートが引き出され、苦闘の末、波浪のおかげで、乗員が乗り込み、漕ぎ出すことができた。しかしボートが船腹を離れるやいなや、波浪の間で制御不能になり、波の谷間で転覆して、乗員をみんな投げ出してしまった。そのうちの一人は乗客だった。これら乗員に対して、本船からはなんら手助けできなかった。彼らに向かって救命帯とボートのオールが投げられたが、一人の乗客を含む四人の乗員はそれを掴むことができず、溺れてしまった。一等と三等の航海士はボートのオールにしがみついて、へとへとになりながら、一六名か一八名乗りの大きな日本の救助船に助けられ、岸まで連れていかれた。

後になってわかったことだが、岸の日本人からも、砂州の上の私たちの危険な状態は見えており、親切にも大きな船を用意して、天候が回復したら、私たちを救助するつもりだった。しかし、その時には私たちにはそのことがわからなかった。船の窓から見ると、日本人たちはびっくりしたような様子で興奮しながら右往左往していたので、敵意を持っているのかと思った。

私たちの置かれた状態はひどいものだった。波は不運な船に打ち付け、四六時中雪が降っていた。二日間にわたる苦難の末、日本人の友人たちが何艘もの大きな船でやってきて、激しい波のために横付けできないので、海に飛び込むように、そうすれば救出するという合図をした。プライス船長の指示で、私たちはマストに上り、桁端からロープにぶらさがって、下の船のどれかに飛び乗った。かくして私たちは無事に岸に着いた。友人の一人、オーウェン氏は救出されたのちに死亡した。彼は救出された時、疲労困憊していてほとんど意識がなかった。その後数日の間に、何体かの不運な人たちの遺体が打ち上げられた。私たちは彼らを海岸の松の木の下に埋葬し、プライス船長が彼らのために祈りを捧げた。

岸に着くと二本差しのサムライたちに付き添われて、松林の中の安全な場所に建てられた粗末なテントに連れていかれた。砂地に開けられた穴でかがり火が焚かれ、白米と魚と茶がたくさん用意された。また眠るための布団もたくさん用意された。テントから一定の距離を置いて、野営地を取り巻く規制線が張られていたが、住民たちは初めて目にする外国人を見ようとして、毎日何百人もやってきた。しかし、一団のサムライのおかげで、秩序はしっかり保たれていた。

私たちは六日か七日の間そこに留まっていた。その間、お互いに相手の言うことが理解できなかったので、一言も交わすことができなかった。しかし、私たちの扱いについて江戸から訓令を受けるために使者が派遣されたらしいことはわかった。最終的に私たちは帆船に乗って横浜湾に着いた。それは一八五九年十二月二十七日のことだった。そこで今や友人となったサムライたちは、私たちをアメリカ領事ドーア将軍に引き渡し、あわれな遭難者に与えられた多大な親切に対する私たちからの深甚な感謝の表明を受けながら、「さよなら」と言って帰っていった。

なお、不運な船の船主はニューヨーク州ブルックリンのゴードン&タルボットであり、この時には上海のオリファント商会（中国名同孚洋行）によって、設立されたばかりの同社の横浜支店に向けて派遣されるところだった。

来日当時の横浜

横浜の第一印象は陰鬱なものだった。私たちはひどく雪の降る中、帆船から小舟に乗り移って上陸した。岸に近づくにつれて、荒涼とした光景が現れた。それぞれイギリス波止場及び日本波止場と呼ばれる二つの短い突堤[2]の間を、青浮草や褐色の海草を掻き分けながら進み、上陸地点を探した。突堤には空の平底船が一、二艘繋がれているだけで、生命あるものは何も見えなかった。突堤の入口にある番所を過ぎても、私たちがどこへ向かっているのかわからなかった。誰かに会えるものと思ってしばらく待っていると、二人のヨーロッパ人が近づいてきた。そのうちの一人はチャールズ・フォーク氏と言って、最近不運にも難破した測量船フェニモア・クーパー号乗り組みの技術者であり、その後ここに定住していた。この人のことについては後でまた触れる。

私はオリファント商会の船荷発送係に配属された。この商社は本町通りの五二番地にあったが、当時はアメリカ二四番[3]と呼ばれていた。そこで私は最初の三、四か月の間、R・B・ブラウァーといっしょに生活した。この人はD・C・ブラウァーの弟だったので、小ブラウァーと呼ばれていた。彼はその後数年間、ここに滞在した。彼は北仲通り三丁目で日本人の家を借りて住んでいた。当時はまだホテルも開設されておらず、私たちの家は住むところのない人たちの一時避難所になっていた。新来の人たちは資力があってもホテルを利用することができず、比喩的な意味ではなく、実際に私たちの家が避難所になっていたのであって、マークス兄弟、ギュッチョウ、O・E・フリーマン、H・モスといった人たちを、自身の住処が見つかるまでの間、受け入れていた。マークス兄弟は時計をたくさん持参しており、最初はその分野で成功を収めて企業の基礎を築き、一八六三年に四一番地で競売業を始めた。

最初のホテルは現在F・W・ホーン氏の土地となっている七〇番地にできた。それは平屋建てで、本町通りに面して、少し引っ込んだところに入口があった。前部にはマコーリー男爵という黒人の紳士が経営するビリヤード・ルームとバー、後部には食堂と客室があった。現在カール・ローデ商会の建物がある方向に向かう側面には厩舎があって、日本馬が飼われており、一日単位で借りることができた。所有者のフフナーゲル船長はもとデント商会の傭船ナッソウ号の船長をしていた人で、ホテルの名は「横浜」と言った。

一八六〇年一月の時点で横浜がどんなだったたか、思い出せる限り述べてみよう。当時はまだわずかな数の平屋の建物しかなく、いくつかは建築中だった。ジャーディン・マセソン商会はイギリス一番、ウォルシュ・ホール商会はアメリカ一番と呼ばれていた。四番地と五番地にはデント商会、水町通りにはデコーニング・カルスト&レルズがあった。オリファント商会はアメリカ二四番と呼ばれていた。七五番地にはエルムストン船長が代表を務めるサッスーン商会があった。現在その角地にラングフェルト商会の建物がある七三番地にはケンプトナー氏がいた。他にも何人かいたが思い出せない。しばらくしてやってきた人たちには、エドワード・クラーク、E・J・ベンソン、マクファーソン&マーシャル、アスピノール・コーンズ商会、バーネット商会、クニフラー商会、バッテケ&スネル、ショイヤー、ペーター・ストイト、サムエル・メイン、ダウニー、エドワードとジョセフのロウレイロ兄弟、ヴァンリード、ジョセフ・ヒコ、O・E・フリーマン、ガルニエ、レーデルマン、ノールトフーク＝ヘフト、J・O・P・スターンズ、エリス・エライアス、G・オールコック、デント商会代表のN・P・キングドン、ジャクモ、F・コープ、ポール・バグリー、ストラチャン&トーマス、R・D・ロビソンなどがいた。以上で当時の社会の全貌をほぼ呼び起こすことができるだろう。

当時の外国人居留地は水町通り、本町通り、及びこれと交差する街路で構成されていた。当時は海岸通りがなくて、水町通り側が前面であり、商館の裏手が波打ち際になっていた。現在の七番地から堀川通りまで、本村という日本人の村が広がっていた。この村は散在する家と狭い道から成っていて、どこかしら本牧の海水浴場へ向かう道の周辺に似ていた。この国に来たばかりの私にとっては、純朴な日本人と出会える物珍しさから、この村を散策するのが楽しみだった。居留地の後方、九〇番地、九一～九五番地、七六～七八番地から堀川通りにかけては水田が広がっていた。

現在横浜郵便電信局が建っている場所の前の本町通りでは魚市が開かれた。横浜郵便電信局の場所には日本人の小さな店があって、日本大通りから港橋通りにかけて広がっていた。それらは居酒屋、蕎麦屋、一膳飯屋などだった。横浜最初のパン屋がこれらの飲食店の中の一軒から生まれた。ドルドーニュ号だったと思うが、フランス軍艦乗り組みのコックが、日本人の主人[4]にこの生活必需品の作り方を教えた。主人は作り方を覚えると、日本の小麦粉でゆで団子のような塊を幾つかこしらえて、何と呼んだらよいか尋ねた。彼はフランス語で"Pain"と教えられたのだが、それが訛って「パン」になり、現在もそう呼ばれている。「御貸長屋」の裏手にも路地があって、たくさんの労働者が運送業に従事していた。この路地の入口は現在のセール商会の事務所の所に、出口は港橋通りにあった。

一八六〇年初頭、現在のアメリカ領事館から水道事務所に向かう道の向かいに商店街ができた。そのうちの一軒は「ショイヤー老人」として知られたショイヤー氏のもので、彼はこの港で最初の競売屋を開業した。最初の競売にかけられたのは衣料品と二人の船長、デッケルとフォスの遺品だった。この二人は一八六〇年二月二十六日の日曜日、本町で無惨にも殺害されたのだが、この事件については後でまた述べる。その隣にはルマベ商会というフランス人の食料品店があった。しばらくのちに水道事務所の角地の一つに黒人のジョン・トーマスがレストランを開いた。

初期の日本人社会

日本人の街は元浜町、[5]北仲通り、本町、南仲通り、弁天通り、太田町、及びこれらの端に接する馬車道から構成されていた。ここで言う馬車道というのは本町一丁目のことであり、[6]当時丁番号は居留地の方に向かって付けられていて、[7]街の縁は現在ファヴル＝ブラントの店が建っている太田町八丁目だった。その角地で最初の日本人の洗濯屋が営業しており、店の前を流れる小川の中の大きな丸石に外国人の衣類を叩きつけて洗濯していた。その近くの加賀町警察署の前には日本人の墓地があったが、のちに移転することになり、労働者たちが遺物を籠に入れて、山手の別な場所[8]へ運んで行った。日本人の街の裏手、ファヴル＝ブラントの店の角から馬車道にかけて、さらに太田の谷に向かって南西方向には沼地が広がっていて、丈の高い荒れた感じの水草が生えており、コウノトリやツルの格好の餌場になっていた。寿町、松影町、蓬莱町、万代町、伊勢佐木町から更に先まで、これらの無数の美しい鳥の生息地になっていた。

　馬車道から神奈川までは一面の海で、吉田町まで波が打ち寄せていた。この町には野毛山に通じる道があった。横浜の周囲には谷戸橋、前田橋、西の橋の他、伊勢佐木町の入口に「鉄（かね）の橋」の通称で知られる吉田橋が架かっていた。[9]吉田橋の手前には関所があって、二本差しの役人が日夜任務に就いていた。夜は通行許可がおりるまで人の出入りを防ぐために門が閉じられたが、昼は開いていた。同様の門は現在町会所[10]が建っている本町一丁目にもあった。現在日本郵船会社の事務所がある辺りの芝居町[11]には日本人の劇場があった。[12]人口はまだ希薄だったが、日本人が各地から集まりつつあった。人力車はまだなくて、居留地の周辺では馬に乗れたが、それ以外に旅行する時は駕籠に乗らなければならなかった。

　本町の店は大部分が骨董品商で、中でも漆器の店が一番多かった。馬車道も同様だったが、その右手の現在常盤町の側には鳥問屋があり[13]、その裏手では天保銭を少し払えばきれいな動物を見ることができた。馬車道から続く弁天通りには両替屋があって、必要に応じ、わずかな金額の手数料で、メキシコ銀貨を二分金、一分、二朱、一朱、天保銭あるいは銅銭・鉄銭などに両替することができた。三丁目にはオトビ[14]という博労がいて、日本馬を一日か半日単位で貸し出しており、乗馬のために上陸する海軍士官たちを顧客にしていた。大和屋シャツ店がある側には日本人の本屋[15]があるが、私は来日直後、この店で日本の錦絵を買ったことがあるから、この本屋は一八六〇年初頭から営業していることになる。

太田町は狭い通りで、みすぼらしい家が並んでいた。その八丁目と二丁目には家畜商の飼育小屋があった。現在近江屋の店が建っている所の近くには金毘羅社があり、その周囲は空き地になっていて、定期的に相撲の興行が行われた。公園の所には吉原と呼ばれる場所があり、それが堀川の近くまで続いていた。その出入り口は一か所しかなくて、そこへ通じる吉原道[16]は沼地を埋め立てた道であり、両側に小さな店や屋台が並んでいた。この道の入口は現在太田町と境町が交差する辺りにあった。この道の反対側の門では役人が警備に当たっていた。

外国人殺傷事件

この話の前の方で触れたことだが、二人のフランス人[17]船長が残酷に殺害されるのに遭遇した時の状況について述べておこう。二人の名はデッケル船長とデフォス船長と言う。買い物のために上陸したらしいのだが、そこで無慈悲に切り殺された。それは一八六〇年二月二十六日（日曜日）の五時か六時頃、夕闇の中で起きた。私はショイヤー氏に会うために、北仲通りの家を出て、本町の現在生糸問屋の正兵衛の店[18]がある辺りへ向かって横町を歩いて行った。左手に直角に曲がった時、二人か三人の二本差しのサムライが道を横切り、現在の三井銀行の建物の脇を走って行くのが見えた。あまり気に留めることもなく、さらに歩いて、現在椎野絹物店[19]のある所まで行くと、路上に一人の外国人が横たわっているのが見えた。最初は酔っ払いの水夫かと思った。辺りはもう暗くなっていた。かがんで体を起こしてみると、その人は死亡しており、片手がないことに気付いた。彼は右肩から深く切り付けられ、もう一太刀で鼻をひどく切り付けられていた。

周りには誰もいなかった。しかし、一人以上の人がこの殺人を目撃していながら、関わり合いになりたくないために家に逃げ込んだことは明らかだった。助けを呼ぼうとして見回した時、道の反対側と少し先にもう一つの遺体が見えた。その時、一人の日本人が提灯を持って通りかかったので、その助けを借りて探した結果、片方の腕とシルクハットを見つけた。私は腕をシルクハットでくるんで遺体のそばに置き、居留地へ知らせに行った。現在市役所が建っている所[20]の向かいの角にあった町会所[21]で事件を役人に知らせ、さらにアメリカ領事館付警官のトーマス・トロイに知らせた。それから横浜ホテルに集まっている人たちに知らせにいった。ビリヤード・ルームへ行けば、何人かの人が集まっているだろうと思ったからだ。その日の夜、居留民の集会が開かれ、パトロール隊が組織されて、拳銃やライフル銃、猟銃で武装して、居留地をくまなくパトロールした。これは事件の後、しばらくの間続けられた。

その後しばらくして、再び殺人事件に遭遇する不幸に見舞われた。ある日、乗馬で太田の方へ行くと、道にカミュという名の若いフランス軍中尉の死体が横たわっていた。その手には手綱の一部が握られていたが、それは落馬する前に切断されたものだった。彼は乗馬中、浪人に襲われたのだった。彼が乗っていた馬は遺体から少し離れた所で見つかった。

居留地の初期の時代には、さらに衝撃的で残虐な事件もあった。それはリチャードソン、マーシャル、ウッドソープ・クラーク[22]の各氏とボラデイル夫人が襲われた有名な事件だ。それは一八六二年九月十四日のことで、その日も日曜だった。その日にはキューパー提督の率いる艦隊が入港することになっていた。私は昼食後、葉巻を吸うためと、艦隊の入港を見るために、谷戸橋の辺りを散歩していた。その時、同僚の一人から、一人の婦人が帽子も被らず、島津三郎の家来たちから逃れるために、生麦から干潮時の海岸沿いに走ってきたということを聞いた。その家来たちは、彼女の三人のヨーロッパ人の仲間に切り付け、一人は死亡、他の二人は傷つきながらかろうじて横浜にたどり着いたのだという。じつは昨夜、ボラデイル夫人が今年の十月十七日、イギリスのサービトンで七二歳の生涯を終えたという話を聞いたところだった[23]。

現在では、彼女が馬で行列の進路を横切ったのは無謀なことであり、そのために襲われたということは明らかだが、当時はそのことがわからなかった。事件を知った提督はすぐに軍艦から武装した一団を上陸させることを決断し、島津三郎と家来たちが宿泊していた保土ヶ谷を攻撃させようとした。しかしイギリスの代理公使ニール中佐は、そんなことをしたら大変なことになることがわかっていたので反対し、言葉を尽くして説得した。そのおかげで薩摩侯は南への旅を続けることができた。

ボラデイル夫人が逃げることができたのは奇跡的だったと言わねばならない。頭上めがけて、強力な両手使いの太刀が振り下ろされたが、幸運なことに、とっさに身をかがめて避けることができた。太刀は彼女の帽子に当たっただけだった。彼女は冷静にも表通りを避けて海岸へ向かい、砂や砂利や浅瀬の中を通って、恐怖に苛まれながらも、横浜にたどり着いた。彼女は香港から来日して滞在中であり、そのため江戸での外国人に対する感情や、薩摩藩が江戸で重要な会議を終えたばかりだったことなどについて無知だった。薩摩藩には賠償金が請求されたが、支払おうとしなかったため、鹿児島に砲撃が行われ、薩摩藩所有の艦船や小舟が破壊された。(それも日曜日に起きた。初期のこの種の悲劇はいつも日曜に起きる。)現在、リチャードソンが落馬した場所には、日本政府の手で記念碑が建てられている。[24]

税関と港

話を一八六〇年に戻そう。言うまでもなく輸出は微々たるものだった。茶はグリーン商会のチャレンジャー号が七月にロンドンに向けて多少輸出したのが最初だったと記憶している。この快速帆船を指揮していたのはキリック船長だったが、これは彼の最後の航海となった。彼はロンドンに戻って、キング・ウイリアム街のニコラス・レーンで、最初はキリック&マーティン、のちにキリック・マーティン商会の商号で船舶仲買業を始めた。

最初の半年ほどの主要な輸出品は中国向けの銅線とかなりの量の銅製の湯沸かし器だった。裕福な日本人の家の台所で時々見られるようなものである。それとヤシの繊維、干魚、海草、日本刀などがおもな輸出品だった。大判・小判はそれを買える十分なメキシコ銀を持っている人が中国へ持って行って、大きな利益を上げた。銅貨も大量に中国へ運ばれたが、これは密輸なので、いつも早朝に行われた。しばらくのちに、ケンプトナー氏が日本のボロ布に目をつけた。それはロンドンに向けて何艘かの船に積み込まれ、*Coulnakyle*[25]や海軍陸戦隊に運ばれた。

税関[26]は現在イギリス領事館が建っている場所の向かいの角にあった。それは木造の平屋建てで、敷地内には何棟かの木造の倉庫もあって、貨物が着きしだい収容できるように空けてあった。税関の役人は和服に大小の刀を差していたが、書き物机に向かって畳に座る時は、長い方の刀を帯から抜いて、脇に置いていた。波止場で貨物を検査する時にはまた帯に戻した。税関の向かいの角、領事館の塀の近くには、公共の小舟の収容場所[27]があった。ジャーディン・マセソン商会の建物の裏には屋根付きの船が浮かんでいて、ケニーという人物が住んでおり、その「ペゴティーの箱舟」[28]で炊事も洗濯も睡眠もしていた。彼はアメリカ領事ドーア将軍のために大工仕事をしていて、領事からそこを占拠する許可を得ているということだった。最終的にはジャーディン・マセソン商会がなにがしかの金を払って、彼の権利を放棄させた。

横浜（あるいは神奈川）の知事は奉行と呼ばれており、野毛山に住んでいて、時々税関にやって来るのだが、その時はきまって家来とともに本町通りを通って行った。行列の先頭には護衛の役人が二人いて、「シタニイロ、シタニイロ」と叫んでいた。不運な輩が跪いて頭を地面に付けそこなったりしようものなら、苦痛を味わわねばならなかった。なぜなら先導役は刀の他に鉄の鞭を持っていたからだ。それは長さ一フット、太さ四分の三インチほどで、赤い絹の紐と房が垂れていた。通常は帯に挟まれていたが、居合わせた人がすみやかに跪かないと、鞭が頭上に鋭く二回か三回振り下ろされた。当時の日本人の髪型が例外なくチョンマゲだったことから推測するに、彼らはこのような苦痛を一度は体験したにちがいない。

私がここに到着した時、港にはたった二隻の船しかいなかった。一隻は帆船モニカ号、もう一隻は英国籍のメディナ号だった。後者のマクドナルド船長はその後ここに住み着いて、ロイズ保険組合の海事鑑定人になった。

ＰＯ汽船会社の所有船、アゾフ号・ガンビア号・ガンジス号、それとコロマンデル号もそうだったと思うが、これらはしばらく後に中国の港からここへ寄港するようになった。ここととサンフランシスコを結んでいたのは、スクーナー型帆船のアイダ・Ｄ・ロジャース号だけだった。それは小さいが優れた船で、いつも太平洋を短時間で横断した。その後幾つかの蒸気船がやってきて、時には同時に六艘から八艘も碇泊した。それらは各地の大名が購入する予定のものであり、これら中古船は到着するとすぐに買われた。

初期の社会と生活

食べるものについて言うと、最初の三か月ほどはきわめて貧弱だった。肉屋から肉を買うこともできなかったし、屠畜してくれる日本人は一人もいなかった。私たちがこの国で初めて牛肉を味わったのは、一八六〇年三月か四月のことだった。牛の価格は安く、かなり大きいものでも五両、すなわちメキシコ銀七ドルで買うことができた。そこで私たち何人かが共同で購入し、横浜ホテルの厩舎で屠畜したのだ。屠畜したのは本牧で造船業を営んでいるヘンリー・クック氏であり、サッスーン商会の傭船ヘンリー・エリス号で到着したばかりのところだった。この船の船長はベイリーという名の人だった。彼はその後ここに住み着いて、現在イートン＆プラットの事務所がある所で食肉業と船舶供給業を営んだ。最初の食肉専門店はシングルトン・ベンダ商会の事務所のところにあり、アイスラー＆マーティンデルが経営していたが、キャメロン商会に売却され、さらにそれがヘンダーソン＆ウェストに売却された。

家禽はとても安く、野鳥はもっと安かった。一八六〇年初頭、キジの肉は天保銭六枚、メキシコ銀で一二セント、卵は一箱一分、メキシコ銀三三セントで買うことができた。魚は現在よりずっと安かった。芋類は一ピクル当たり三三セントだった。他の家庭用品もみんなわりあいに安かった。精肉店が定期的に販売を始めた当初、牛肉はどの部位も一ポンド当たり六セントだったが、サーロインだけは八セントした。豚肉は六セント。牛乳はきわめて手に入りにくかったので、一瓶当たり一ドルした。日本馬はたっぷり乗馬して四〇～五〇分、すなわち一四～一八ドルだった。

山手（ブラフ）は全体が耕作地だったが、窪地や谷もあり、そこには森もあった。イギリス海軍病院と向かいのパブリック・ホール[29]の所には広い菜の花畑があって、金色の花が咲いていたのを覚えている。丘の上には農家が散在しているだけで、野鳥の宝庫だった。ブラフの名のとおり、石川[30]のところまで崖だった。そこに堀割が掘られたのは後のことだ。山手ではキジ、キンケイ、野ウサギ、ヤマシギ、森バトなどの獲物をいつでも見つけることができた。

私の一番の楽しみはエンジン&アイアン・ワークスの近くの川の分岐点で行うカモ猟だった。私たちは日の出前、肩から鉄砲を吊り下げ、板切れに乗って、カモのたまり場まで静かに漕いで行く。やがて至福の瞬間が訪れる。一声叫んで獲物が飛び立つ瞬間、二連発銃を発射し、戦利品を探す。エンジン&アイアン・ワークスの隣、現在材木置き場になっている場所は、沼地の中の緑地になっていて、当時農家が一軒あった。

話を谷戸坂に戻すと、その頂上から本牧のマンダリン・ブラフの下の十二天社まで、細く曲がりくねった道が続いていた。とても寂しい場所で、十二天社まで行く外国人はあまりいなかった。そこは森バトで有名な場所であり、私はそこのモミの並木道で狩猟を堪能した。山手は現在よりも張り出していた。そのかなりの部分が道路の造成などのために切り崩された。最初にそのことを知ったのは、切り立った崖にかなりの数の穴があって、鳥が巣を作っているのに気づいたからだ。

横浜で最初の新聞は、前にも触れたショイヤー氏が出版した『ヘラルド』であった。[31]それは日本の薄い紙に書いた原稿を日本人の彫師が木の板に写し、和紙に印刷して配布されたものだった。ついでハンサード&キールがカルカッタの倒産した新聞社から取り寄せた活字を使って『ヘラルド』を出版した。[32]彼らの事務所は七八番地にあった。初期の新聞にはダローザ&ダソウザが出版した『ジャパン・タイムズ』もあった。[33]このダローザ氏は最近ここで亡くなったばかりだから、多くの人が覚えているだろう。

初期の銀行にはチャータード・マーカンタイル・バンク・オブ・インディア・ロンドン&チャイナと西インド中央銀行があった。前者は七八番地、後者は七五番地にあった。預金や通常の両替は行われていたが、小切手の制度は普及していなかった。当時の手形割引手数料を聞いたら、今の多くの人は驚くだろう。それは四・九%から五%の間にあり、一八六四年一月には一番値上がりして、前者の銀行がロンドンで振り出した手形を私が買った時は、一覧後三〇日払いで五・二二五%もした。

クライスト・チャーチが建つ前には礼拝はS・R・ブラウン博士の私邸で行われており、ブラウン嬢（のちのJ・F・ラウダー夫人）がハーモニウムを演奏していた。ラウダー氏がそれに出席していたことをよく覚えている。当時彼は立派な背の高い青年で、一九歳か二〇歳くらいに見えた。クライスト・チャーチができてからはバックワース・ベイリー師が主任牧師になった。ローマ・カトリック教会もできて、親切で好人物のジラール神父が主宰した。彼は教会の利益と信徒の福祉のために精力的に活動した。私は彼と宗派は異なるけれども、彼が宗派に関わりなく、助けを求める人には誰にでも親切と思いやりを示す多くの行いをしたことを証言できる。

当時横浜に弁護士はいなかったが、フレデリック・クラッチリーという不動産譲渡取り扱い人がそれなりの人物であって、その分野の仕事をこなしていた。私は今でも彼が作成してくれた不動産証書を持っている。それには一八六二年八月十四日の彼の署名がある。

最初のアメリカ領事はドーア将軍であり、領事館は神奈川の寺にあった。その後任はフィッシャー大佐、通訳はジョセフ・ヒコ、警官はトーマス・トロイだった。イギリス領事はハワード・ヴァイス大尉、通訳生はラウダー、警官はエドワード・カールトンだった。ヴァイスはイギリス男子の見本のような人物だった。ハリス氏がアメリカ公使、ラザフォード・オールコック卿はイギリス全権公使、ド・ベルクール氏はフランス、グラーフ・フォン・ポルスブルック氏はオランダの代表だった。

図 25　イギリス領事館に樽を持参したケンプトナー氏
『ジャパン・パンチ』1862 年 6 月号より。　一般財団法人黒船館所蔵

『絵入りロンドン・ニュース』のために来日した画家のワーグマン氏と知り合ったのは、北仲通りから出火して沼地まで燃え広がった最初の大火事の時だった。彼は新聞社のために焼け跡をスケッチしていた。そのしばらくのち、彼は『ジャパン・パンチ』の出版を始めた。私は彼の初期の作品の一つを覚えている。そこではケンプトナー老人が大汗をかくのも厭わず、領事館の入口に向かって樽を転がしており、樽の端には「ソフト・ソウプ」（石鹸とお世辞の両方の意味がある）と記されていた。それを受け取ろうとして、ドアの所でにこやかに微笑んでいるのは、明らかにヴァイス大尉だった。その特徴がはっきり表れているから、古参の居留民なら彼の顔立ちを思い出すことだろう。それはすばらしい一例だが、「ハマっ子」なら容易に主題を推測することができた。

その頃、シーボルト男爵と子息のアレクサンダーが横浜にやってきた。後者は立派な風貌の青年で、一七歳か一八歳だった。彼は今も健在で爵位を継いでいると思う。オリファント商会は一八六一年の半ば頃、日本から撤退し、親切な支配人だったタルボット氏は上海の事務所に戻ることになり、私は良い友人を失った。

娯楽について言うと、時々イギリス軍艦乗り組みの劇団が寄港して演技を行うことがあった。私たちが望む時には、演技はたいてい空き倉庫で行われた。それをそれなりの劇場にするためには、たくさんの提灯や木の枝、それにたくさんの幕の助けが必要だった。これら海軍の俳優たちの演技は素晴らしいものだった。私は即席の劇場で捧腹絶倒の笑劇を見たことがある。士官候補生が女性役をしたのだが、その扮装も仕草も見事なものだった。

一八六一年にはプロの三人組がやってきた。ロビオとシップと一人の女性だ。前者は立派なヴァイオリニスト、他の二人は歌手だった。[34] コンサートはコマーシャル・ホテルの[35]階上の部屋で行われた。その建物は八六番地、現在ギーン・エヴィソン商会の所にあり、建設中で、コンサートが行われた部屋はまだ完成していなかった。所有者は上品なマコーリー男爵だった。演奏はごく普通だったが、途中で騒々しい連中によってちょっとしたバカ騒ぎが起きた。私の記憶では、サム・メインの黒い猟犬が時々悲鳴を上げたのだが、あとでわかったところによると、この伴奏はたまたまメインの友人のダウニーのかかとが犬の尻尾を踏んだために起きたのだった。

戸外の娯楽には乗馬、ペーパー・ハンティング、[36] 狩猟などがあった。十組以上のグループがベットウ[37]を連れて鎌倉へ遠足に出かけ、大仏を訪ねた。それは海軍将校にはうってつけの遠足だった。私は乗馬が二六人、それと同じ数のベットウからなる一団に同行したことがあるが、かなりの壮観だった。私たちは護身のために連発銃で武装しなければならなかったが、ボールドウィン少佐とバード中尉が鎌倉で殺害されるまでは、襲撃が起きたのを聞いたことがない。

横浜ホテルは最新の情報を得たい人たちのたまり場になっていた。主要な話題は浪人連中のことだった。当時彼らは横浜からわずか一マイルほどの所にいて、居留地襲撃を企てていた。私たちはみんな熱心に、彼らの脅しが実行されそうになったら、船に逃げるための算段をしていた。

居留地の街路には街灯がなくて、夜出歩く人は提灯をもったハウスボーイに先導してもらった。その提灯には日本の文字で商館の番号と国籍が記してあった。事情に応じて、英五番、米一二番などというように。すべての居留民は夜には例外なく腰に装塡した連発銃を装着していた。武器をもって玉突き場で遊んだり、カード机に座ったりしているのは奇妙な光景だった。それはどこよりもアメリカ西部の鉱山に似つかわしい光景だった。ハウスボーイはロビーにしゃがんでいて、主人の帰り支度が整うと提灯を点し、それぞれの住居まで先導するのだった。

街路は悲惨な状況であり、雨季にはほとんど通行不能になった。溢れた水を排水する設備がなかったからであり、水は浸み込むか蒸発するにまかされていた。本町通りは交通量が多い分だけ、他より悪かったと思う。この主要街路を通行するのに、長靴を履いて、ふくらはぎまでぬかるみにつかりながら、一歩ずつ進まねばならなかった。それはケンプトナーの地所（ラングフェルト商会の角）の所より悪いくらいだった。

現在チャータード銀行が建っている辺りに、O・E・フリーマンが最初の雑貨店を開設した。フリーマン氏が初めて貿易品としてカメラとその付属品をもたらし、数か月間写真家として開業した。残念ながら、撮影したのは肖像写真だけで、しばらくのちに作品のすべてをある日本人に売却し、その日本人に仕事を教えた[38]。こうして斯業の第一歩が踏み出された。この有利な取引と中国にいる兄弟の助けで、彼は素晴らしい財産を築くことができた。兄弟は各種の商品をたくさん送ってきたので、それを店に蓄えることができたのだ。

沼地（水田）[39]の埋立は一八六一年に始まった。現在居留地のうち中国人街として知られている所の裏手だ。元町の背後の現在山手と呼ばれている丘は昔はなだらかに広がっていて、緑地に覆われており、元町の本通りまで続いていた。したがって今の仲通りは存在しなかった。丘の全面が沼地の埋立のために切り崩され、土を運ぶ船が通れるように堀川から水路が掘られて、土は埋立地の近くに下ろされた。埋立は前田橋からエンジン&アイアン・ワークスの角まで、そこからファヴル＝ブラントの店へ引いた線、そこからローマ・カトリック教会の裏手へ引いた線、そこから前田橋の出発点に戻る線内で行われた。新造成地にできた最初の建物は船舶供給・海軍用達のキャメロン商会、当時のアメリカ一二番、現在の堀川通り一一七番地にあった。二番目は造船業のH・クック、現在の一一五番地、その次は船舶供給業のベイリー船長で一一六番地だった。最初の方で触れた技師のチャールズ・フォークの建物は以前T・ローズの建物があった一一三番地にあった。

埋め立てられた沼地の周りに柵が巡らされ、コースが造られて、そこで競馬が行われた。観客席は一四三番地、フレーザー&ファーリーの製茶工場の所にあった。一八六二年の競馬会の時、観客席の堀川寄りの近く、マコーリー男爵の軽食の屋台で騒ぎが起きた。レースの進行中、よくある争いである。十数人は激高して、一人か二人の当事者は隅に積まれていたビールや蒸留酒、シャンペンの山に体ごと投げ込まれた。観客席にはニール中佐やオーガスタス・キューパー提督、領事など著名な人たちもいた。当時騎馬護衛隊と呼ばれていたイギリスの兵士たちも来ていて、公使を護衛するために待機していた。騒ぎが大ごとになりそうになったので、ヴァイス大尉と騎馬護衛隊を指揮していたアプリン中尉が現場に駆けつけ、すぐに秩序を取り戻した。この騎馬護衛隊は白い襟章の付いた濃紺の制服を着ており、のちのハリー・パークス卿の騎馬護衛隊とはまったく違っていた。この新造成地はしばらくのちに分譲されるのだが、建築ラッシュが始まるのはさらに少しのちのことだった。

中国と日本の間では条約が結ばれていなかったので、中国人の居住と営業は認められていなかったが、ヨーロッパ人やアメリカ人の使用人の名義で滞在することができた。中国人の買弁[40]は初期の貿易商社にとって不可欠の存在だった。中国の文字は日本の文字とだいたい同じ意味を表すので、それによって言語の不通を補うことができたからである。

一八六二年、現在クローセン氏のクローセン・ホテルがある所に平屋の建物があり、ロシア人のピーター・ポロウスキーという人がレストランを経営していた。この建物で横浜ユナイテッド・クラブが産声を上げた。クラブを作ろうと考えたのは、「公共心の権化」の異名を持つスミス中尉やイギリス軍艦ユーリアラス号の著名な主計官バーニー氏、主計官補のジョーンズ氏、領事館のラウダー氏らだった。それが海岸通り四番地の立派な施設に発展した。それは最初「ユナイテッド・サービス・クラブ」として知られていたが、商業社会のメンバーが多数を占めるようになって、「サービス」の言葉が削られた。[41]

一八六二年、高輪の公使館が襲撃を受けたのち、イギリス代理公使ニール中佐は公使館を横浜に移した。そのために堀川の河口の二〇番地、グランド・ホテル旧館の所にあったG・ホウイ氏の平屋の建物を借りた。この建物は周りを塀で囲まれたきれいな庭に建っていた。騎馬護衛隊は対岸の海軍物置所に駐屯していた。

元の居留地も新しく埋め立てられた沼地の部分も、日本政府によって先着順に分譲された。領事館に申請してしばらくのちに許可されると、申請者に地券証が交付される。許可条件はただちに周囲に塀を巡らすことと坪単位の年間借地料を納めることだけだった。言うまでもなく、初期の申請者が水町通りや本町通りのような一番い い土地を入手した一方、のちの人は沼地の埋立地で我慢しなければならなかった。私は遅い方の部類だったので、私が得たのは現在中国人街の中央に当たる一三一番地だった。

私が自分の利益にもうちょっと熱心だったなら、水町通りか本町通りの地所を得ることができたにちがいない。しかし当時私は若く、この国に留まる覚悟ができていなかった。そのため、一八六一年のある日、領事館の外で友人のヴァイス大尉に会った時、「ジョージ、君はまだ地券証を受け取っていないのかね」と訊かれるまで、この件で骨を折ろうとしなかった。私はまだ申請していないと答えた。彼は驚いて、すぐに申請書を送るように、そうすればそれを担当部署に回すと言った。さらに続けて、急がないと計画中の分譲地は無くなってしまう、と言った。その忠告に従って、上記の土地を得たのだった。

私が聞いたところによると、当時は真の居住者だけではなく、決してそうとは言えない人でも価値のある土地を手に入れることができた。私が証言できる例を一つ挙げてみよう。初期の一居留民が土地を申請したが、事情により横浜を去らざるをえなくなった。横浜に戻る可能性はまったくなかった。ところが彼は戻ってきて、留守中に申請が許可されたかどうか調べたところ、許可されていた。それにもかかわらず、別な人がその土地を保有していた。それは本町通り沿いの現在非常に価値のある土地だ。発覚と紛糾を防ぐために、真の居住者である権利者が満足できる妥協が図られた。その権利者は現在（一九〇三年）も横浜に住んでいる。

私は横浜の初期の状態はどうだったか、古参居留民の誰がいたかについて記述してきたが、政治的な事件や、紛糾した、不安定な出来事、まだ評価の定まらない時期については意図的に避けた。そうした問題についてはラザフォード・オールコック卿以下の有能で才知のある著者によって記述されており、それらには触れなかった。私を導いてくれる資料はほんのわずかしかなかったので、ほとんど記憶に頼って書くことになった。細部には誤りもあるだろうけども、旧友の寛恕を乞いたい。彼らは私の試みに対してきびしすぎる批判はしないだろうと信じる。

あとがき

幕末・明治初期における文化移転には官によるものと民によるものがある。官によるものとは都市基盤や交通手段の整備にともなう西洋文化の移入である。その主要な方法として採用されたのは外国人技術者の雇用、いわゆる「御雇」であった。これらのうち官営事業についてのは公文書に記録があるので、その詳細はすでに明らかにされている。また、技術の移転の問題として、豊富な研究蓄積がある。本書は「外国人居留地を媒介とする文化移転」をテーマとしているので、「御雇」による文化移転については割愛した。

しかし、「御雇」による文化移転に関しても、居留地の銀行や商館が関与している場合がある。例えば東京・長崎間の電信架設に当たっては、機械購入と技師雇用をオリエンタル銀行に委託している。同様に、京浜間鉄道建設に当たっても、公債事務から資金の調達、技師の人選、資材の購入等まで一切をオリエンタル銀行に委託している。また、高島嘉右衛門が横浜でガス事業を創始した際、シイベル・ブレンワルド商会のブレンワルドは保証人の一人となり、技師のプレグランを紹介するとともにガス管の輸入を仲介した。高島、ブレンワルド、プレグランの三人は東京のガス事業にも貢献している。

本書で扱ったのは民による文化移転であり、その大半は庶民による外国人居留地を通じての西洋文化の摂取であった。それらには無名のまま埋もれるのが普通の人物や事績が、「はじめ」という一点で注目され、回顧談のかたちでかろうじて記録に留められたものが多い。とくに興味深いのは、充分な予備知識もなく、熱意と努力と幸運だけを頼りに、居留地に跳び込み、新文化と格闘して、それを摂取した多くの日本人がいたことである。それがこのテーマの人気の理由となっている。

しかし、人気があるだけに、「おもしろおかしさ」が強調されすぎて、史実が曲げられるケースもある。それに話の基となっている古老の回顧談には史実性に問題のあるものが多い。記憶というものは一般的に話の骨組、ストーリーはおおむね正確だが、それを構成する「誰が(Who)」「いつ(When)」「どこで(Where)」といった要素は不正確な場合が多い。主語が別人と入れ替わってしまうことさえある。とくに「いつ(When)」は誤っているほうが普通である。そこでこれらの文献に頼らず、原資料に遡って検討し直す必要があった。

これまで横浜での文化移転については『横浜市史稿』、とくにその風俗編の第十一章「文明源流」が古典の地位を占めてきたけれども、この本は古老の回顧談を無批判に利用してしまったために、誤説や俗説が多い。本書ではその誤りを正すことも意図した。本書と『横浜市史稿』とで食い違う記述があったら、『横浜市史稿』の方が間違っていると思ってください。

私は横浜開港資料館の職員だった時、『横浜もののはじめ考』(横浜開港資料館、一九八八年)の編集に携わった。この書物は多くのテーマを網羅的に、いわば事典風に編集したものだった。そのため事項別の構成にするとともに、「横浜もののはじめ一覧」や件名・日本人名・外国人名の三種類の索引を設けて、利用者の便宜を図った。この書物は現在も存在価値を失っていないけれども、通読には適しておらず、それにローカルな出版物であるため、全国的には知られていない恨みがある。本書は全国の読者を対象に、『横浜もののはじめ考』では取り上げられなかったり、サラッと触れられているだけのテーマについて、突っ込んだ検討を試みた。このテーマに属する事項を網羅的に知りたい時は『横浜もののはじめ考』を参照していただければ幸甚です。

末尾ながら、本書の価値を認めて、刊行を決断してくださった明石書店の石井昭男会長と大江道雅社長、編集の労をとられた神野斉編集部長はじめ関係者の皆さまに篤く感謝いたします。

二〇一七年二月一日

関係年表

【凡例】事始めに関わるものは、とくに断らないかぎり、すべて横浜での出来事。

年号	月日	西暦	月日	主要事項
安政5	六、一九	1858	7・1	日米修好通商条約締結。神奈川（横浜）の開港を決める。
安政6	二、二八	1859	4・1	外国奉行、開港場横浜の整備計画を策定。
	五、二二		6・22	横浜村・太田屋新田・戸部村・野毛浦の四か村をそれぞれ横浜町、太田町、戸部町、野毛町と称することを決定。↓町名の始まり
	六、一		6・30	アメリカ商船ウォンダラー号入港。ヴァンリードが搭乗。↓外国商船と外国商人の来航第一号
	六、二		7・1	横浜開港。
	六、三		7・2	イギリス商船カルタゴ号が入港。↓郵便船の第一号
	六、一七		7・16	クニフラーが開業。↓外国商人の開業第一号
	七、二七		8・25	ロシア使節の随員、横浜で殺害される。↓外国人殺傷事件の第一号
	九、二二		10・24	ダッガンが神奈川ホスピタル開業。↓外国人医師の開業第一号
	一二、一一	1860	1・3	横浜の外国人居住区で火災が発生。↓最初の大火事
万延1	二、三		2・24	フフナーゲルが横浜ホテルを開業。ビリヤード・ルームとバーを付設。↓ホテル、ビリヤード・ルーム、バーの始め

年号	月日	西暦	月日	主要事項
万延1	二、五	1860	2・26	オランダ人船長殺害事件。
	二～閏三		3～4	横浜ホテルで焼肉パーティー。↓肉食の始まり
	三、三		3・24	桜田門外の変。
	六、一～二		7・18～19	州干弁財天で開港一周年を記念する祭礼。↓開港記念日の始まり
	七、一六		9・1	西洋人による日本で最初の競馬会開催。↓洋式競馬の始まり
	この年			内海兵吉がパンを焼き始める。↓パン屋の始め
	一二	1861	1～2	神奈川奉行所がアメリカ麦の種を入手し、生麦・鶴見両村で試作させる。↓西洋作物導入の始め
文久1	三		4～5	山手の斜面と麓に外国人専用の墓域を設定。↓外国人墓地の始まり
	一〇、二二		11・23	『ジャパン・ヘラルド』創刊。
	一〇		11	神奈川奉行所役人の師弟を対象に英語教育開始。英学所の端緒。
	一〇～一二		12	ヴァンリード、『商用会話』出版。↓商業英語の会話書の始め

年号	月日	西暦	月日	主要事項
文久2		1861	初頭	ゴーブル、英語塾を開く。→日本人対象の英語塾の始め
	三、二九		4・27	オランダ領事館が神奈川から横浜に移転。→領事館の横浜移転の始まり
	六〜七		7	マコーリーがロイヤル・ブリティッシュ・ホテルを開業。コーヒー・ルーム付設。→コーヒー・ルームの始め
	八〜閏八		10	ロイヤル・ブリティッシュ・ホテルにボウリング・アレイ付設。→ボウリング・アレイの始め
	一〇〜一二		12	ゴールデン・ゲート・レストラン開業。→レストランの始め
	この年			中華同済病院設立。→公共的な病院の始め
	この年			伊勢熊が牛鍋屋を開く。→牛鍋の始め
文久3	一、一八	1863	3・7	西インド中央銀行設立。→外国銀行の進出第一号
	三		4〜5	鶴見村の畑仲次郎がキャベツの種子を入手。翌年栽培に成功。→西洋野菜栽培の始まり

年号	月日	西暦	月日	主要事項
文久3	二〜三	1863	4	横浜ホスピタル、オープン。→公共的な西洋式総合病院の始め
	四〜五		6〜7	イギリス軍艦の乗組員と居留民がクリケットの試合。→クリケットの始め
	五、一八		7・3	幕府、居留地防衛のため英仏軍の横浜駐屯を許可。
	七、二		8・15	英軍艦、鹿児島を砲撃（薩英戦争）。
	七、二三		9・4	オランダ領事館で夜会開催。→夜会と球灯の始め
	八、一四		9・26	横浜ホテルで病院基金募集のための音楽会。→プロの音楽家来日第一号
	八、二三〜二四		10・5〜6	グランド・ヨコハマ・インターナショナル・レガッタ開催。→ボート競技の始め
	八〜九		10	奇術の興行。→プロの手品師の来日第一号
	九、二六		11・7	ピアソン夫人、洋装店を開業。→ドレスメーカーの始め
	一〇、二六		12・6	ラダージ・オエルケ商会開業。→テイラーの始め

年号	月日	西暦	月日	主要事項
文久3	一一、二	1863	12・12	異人パン焼フランキヨ殺人事件。→外国人同士の殺人事件の第一号
	一一、一二		12・22	ジャーマン・クラブ設立。
	一二、二四	1864	2・1	機械技師ローウェル開業。→鉄工所の第一号
元治1			初頭	レストランの「プロヴァンスの三兄弟」が洋菓子専門店に。→洋菓子店の始め
	一、二七		3・5	ヘアー・ドレッシング&シェーヴィング・サロン開業。→西洋理髪師の開業第一号
	二、一九		3・26	ファー兄弟商会、清涼飲料水の製造を始める。→ラムネ製造の始め
	二、二一		3・28	曲馬団が興行。→外国サーカス団の日本興行第一号
	一～二		3	カフェ・デュ・アリエ開業。→カフェの始め
	一～二頃		3頃	横浜メディカル・ホール開業。→外国人経営の薬局第一号
	三、三〇～四、一		5・5～6	外国人が陸上競技大会。→最初の陸上競技大会
	八、五		9・5	英仏蘭米四国連合艦隊、下関を砲撃（下関戦争）。

年号	月日	西暦	月日	主要事項
元治1	九	1864	10	イギリス軍が疱瘡病院を設立。→伝染病予防隔離病院の最初
	一〇、六		11・5	リズレー、アンフィシアター（円形劇場）開場。→西洋劇場の始め
	一一、二一		12・19	横浜居留地覚書締結。
	一二、二		12・31	シリングフォード、土木建築事務所開設。→土木建築技師の始め
	この年			イギリスのPO汽船会社、上海―横浜間に定期航路開設。
慶応1	三、二三	1865	4・18	レマルシャン、製靴業を始める。→製靴業の始め
	三		3～4	根岸村字立野にイギリス軍のための射撃場用地貸与。→射撃場の始め
	四、七		5・1	ビア&コンサート・ホール開業。→ビア・ホールの始め
	四、一九		5・13	リズレーが天津氷を売り出すとともに、アイスクリーム・サロンを開業。→アイスクリーム製造・販売の始め
	五～一〇		6～11	小港屠牛場建設。イギリス・アメリカ・オランダ・フランス・プロイセンの五か国の食肉業者に貸与。→公設屠牛場の始め

年号	月日	西暦	月日	主要事項
慶応1	六、一四	1865	8・5	海水浴ボートで水泳大会。↓最初の水泳大会
	六～七		8	チゾム、ピアノの調律を始める。↓調律師の開業第一号
	八、二〇		10・9	歯科医師イーストラックが来日して診療。↓歯科医師の来日第一号
	この年			平石芳蔵、北方村の佐藤長右衛門から「メリケン種」の豚を購入。↓谷頭種の豚の端緒
慶応2	一、一〇	1866	2・24	リズレーがアメリカから乳牛を将来。↓牧場の始まり
	五、一四		6・26	フリーメーソンの横浜ロッジ結成。↓フリーメーソンの始め
	一〇、二〇		11・26	横浜の大火。日本人市街の三分の二と居留地の五分の一を焼失。
	一一、二三		12・29	横浜居留地改造及競馬場墓地等約書の締結。
	この年			岸田吟香、精錡水を売り出す。↓西洋目薬の始め
	一二、六～七	1867	1・11～12	根岸に常設競馬場完成。この日、最初の競馬会開催。↓洋式競馬場の始め
	一二、一九		1・24	アメリカの太平洋郵船会社、サンフランシスコ―横浜―香港を結ぶ定期航路を開設。第一船コロラド号が到着。

年号	月日	西暦	月日	主要事項
慶応3	四	1867	5・6	ヘボン、『和英語林集成』出版。↓最初の本格的な和英辞典
	九、一四		10・9	将軍、大政を奉還。
	一二、九	1868	1・3	王政復古の大号令。
明治1	二、九		3・2	稲川丸、江戸の永代橋と横浜間に就航。↓京浜間乗合蒸気船の始め
	四、一一		5・3	江戸城開城。
	九、八		10・23	明治改元。
	一一、一九	1869	1・1	東京開市。
明治2	初頭頃			崎陽亭利助が営業。↓日本人経営西洋料理店の第一号
	二		3～4	ランガン商会とゴールデン・ゲート・リヴァリー・ステーブルが京浜間で乗合馬車の運行を開始。↓京浜間乗合馬車の始め
	六		7～8	町田房造、氷水店を開業。↓日本人によるアイスクリーム販売の始め
	六～七		8	ローゼンフェルトがジャパン・ヨコハマ・ブルワリー創業。↓ビール醸造の始め

年号	月日	西暦	月日	主要事項
明治 2	この年	1869		小倉虎吉ら、理髪業開業。→日本人理髪業の始め
明治 3	夏頃	1870		グランド・ホテル、オープン。
明治 3	閏一〇、一四	1870	12・6	本町通りゲーテ座開場。
明治 3	この年	1870		川村敬三、同文社を設立。→私立学校の始め
明治 3	一一、一五	1871	1~5	神奈川県、小児全員を対象に官費による種痘を実施する布達。→日本最初の官費による種痘の強制実施
明治 4	一	1871	2~3	中屋徳兵衛（益田孝）、英語塾を開く。→日本人による英語塾の始め
明治 4	六	1871	7~8	訳文堂、翻訳業を開業。→翻訳業の始め
明治 4	八、一六	1871	9・30	横浜の居留民とアメリカ軍艦コロラド号の水兵が野球の試合。→野球の始め
明治 4	八~九	1871	10	キダー塾、女生徒のみのクラスに改組。→女子教育の始め
明治 4	この年	1871		横浜ローウィング・クラブと日本ローウィング・クラブ結成（のち横浜アマチュア・ローウィング・クラブ〈YARC〉に統合）。→ボート競技団体の始め

年号	月日	西暦	月日	主要事項
明治 4	一二、一九	1872	1・28	高島嘉右衛門、横浜市学校（高島学校）開校。
明治 5	一〇、一五	1872	11・27	横浜勝読会社結成。→日本人による最初のクラブ
明治 5	一一、一五	1872	12・26	横浜アマチュア・アスレチック・アソシエーション結成。→陸上競技団体の始め
明治 5	この年	1872		増田万吉、潜水業を創始。→潜水業の始め
明治 6	五頃	1873	5頃	横浜カヌー・クラブ設立。→カヌー競技の始まり
明治 6	六、二七	1873	6・27	堤磯右衛門、石鹸の製造を始める。→石鹸製造の始め
明治 6	この年頃	1873		ジェラールが西洋瓦・煉瓦製造工場設立。→西洋瓦・煉瓦製造の始め
明治 7	九、二一	1874	9・21	教員養成所が神奈川県師範学校となる。→県立師範学校の始め
明治 8	一、一四	1875	1・14	横浜フット・ボール・アソシエーション（YFBA）がサッカーの試合を行う。→サッカーの始め
明治 8	この年	1875		ジャパン・セーフティ・マッチ・カンパニーがマッチの製造・販売を始める。→マッチ製造の始め

年号	月日	西暦	月日	主要事項
明治9	初夏頃	1876		東京で横浜・東京混成の外国人チームと開成学校の学生チームが野球の試合。→最初の国際野球試合
明治9	一〇、二〇	1876	10・20	横浜ベース・ボール・クラブ（ＹＢＢＣ）発足。→野球クラブの始め
明治9	この年	1876		テニス・クラブ発足。→テニスの始まり
明治10	九、一九	1877	9・19	太田避病院設置。→日本人を対象とする最初の避病院
明治11	九	1878	9	田村清蔵、山下居留地の西の橋近くで屠場を開設。→日本人経営の屠場の最初
明治11	一二	1878	12	クレーン＆カイル、ピアノの調律と販売を始める。→音楽専門店の第一号
明治12	この年	1879		ジャパン・アイス・カンパニー設立。→機械製氷の始め
明治13	この年	1880		カイル商会、ピアノ製造業を始める。→ピアノ製造の始め
明治17	一、一一	1884	1・11	クラブ・ホテル、オープン。
明治17	四、七	1884	4・7	横浜クリケット＆アスレチック・クラブ（ＹＣ＆ＡＣ）結成。
明治17	この年	1884		西川虎吉、オルガン製造に成功。→日本人によるオルガン製造の始め
明治18	一一、三	1885	11・3	横浜アマチュア・ローウィング・クラブと東京大学の学生がボート競技。→最初の国際ボート・レース
明治19	一一、三〇	1886	11・30	横浜セイリング・クラブ結成。→ヨット・クラブの始め
明治19	この年	1886		西川虎吉、ピアノ製造に成功。→日本人によるピアノ製造の始め
明治20	この年頃	1887		鎌倉郡下柏尾村の益田直蔵や斎藤満平がハムの製造・販売を始める。→鎌倉ハムの始まり
明治27	この年	1894		石川駒吉が煉乳製造所を開設。→コンデンス・ミルク製造の始め
明治29	八	1896	8	トマト・ソース製造会社、清水屋開業。→トマト・ケチャップ製造の始め

年号	月日	西暦	月日	主要事項
明治31	八、一三	1898	8・13	YARCと太田捨蔵の門弟たちが水泳の対抗戦。→最初の国際競泳大会
明治34	一二、七	1901	12・7	YC&ACと慶応チームがラグビーの試合。→最初の国際フットボール試合
明治35	一、一	1902	1・1	平石左源次がミルクホールを開設。→ミルクホールの始め
明治37	二、六	1904	2・6	YC&ACと東京高等師範学校がサッカーの試合。→最初の国際サッカー試合
明治41	この年	1908		山口八十八、帝国社食品工場を建設、人造バター（マーガリン）の製造・販売を始める。→人造バター製造の始め

注

はじめに――近代世界における文化移転をめぐって

1　集英社新書、二〇〇四年。
2　東田雅博『大英帝国のアジア・イメージ』（ミネルヴァ書房、一九九六年）
3　L・ハンケ『アリストテレスとアメリカ・インディアン』（佐々木昭夫訳、岩波新書、一九七四年）
4　千葉正史『近代交通体系と清帝国の変貌――電信・鉄道ネットワークの形成と中国国家統合の変容』（日本経済評論社、二〇〇六年）
5　加藤祐三『東アジアの近代』（講談社、ビジュアル版世界の歴史17、一九八五年）、一四四～五ページ。
6　前掲東田『大英帝国のアジア・イメージ』
7　内田星美「技術移転」（『日本経済史4　産業化の時代上』〈岩波書店、一九九〇年〉所収）
8　樋口次郎「横浜外国人商業会議所と条約改正問題」（『横浜居留地と異文化交流』〈横浜開港資料館・横浜居留地研究会共編、山川出版社、一九九六年〉所収）、四～五ページ。
9　永井道雄編『非西洋社会における開発』（国際連合大学、一九八四年）所収。
10　中西淳朗「横浜軍陣病院の史的再検討」（『鶴見区医師会月報』三六五号〈一九九三年十一月〉所収）

第一章　横浜開港

1　後に石鹸製造工場を興し、石鹸製造の元祖として知られるようになる。
2　西川武臣「『港都横浜の誕生』展出品資料の中から――新発見資料が語る横浜開港」（『開港のひろば』一〇四号〈横浜開港資料館、二〇〇九年四月〉所収）

3 斎藤多喜夫「横浜名所図絵――『横浜土産』にみる開港期の横浜」（『たまくす』三号〈横浜開港資料館、一九八五年〉所収）。及び同「幕末期横浜の都市形成と太田町」（『横浜開港資料館紀要』四号〈一九八六年〉）所収。

4 「村垣淡路守公務日記之十六」（『幕末外国関係文書・附録之七』〈東京大学史料編纂所〉所収）

5 *Japan through American eyes : the journal of Francis Hall, Kanagawa and Yokohama, 1859-1866* (edited and annotated by F.G. Notehelfer, Princeton University Press, 1992)

6 ジョセフ・ヒコ『アメリカ彦蔵自伝（1）』（山口修／中川努訳、平凡社、東洋文庫、一九六四年）、一六九ページ。

7 「堀口貞明筆記所収新港市規」（前掲『幕末外国関係文書之二十四』一五六号文書）

8 ムースハルト編『ポルスブルック日本報告（一八五七―一八七〇）――オランダ領事の見た幕末事情』（生熊文訳、雄松堂出版、一九九五年）、一〇八〜九ページ。

9 横浜開港資料館所蔵五味文庫二―七三。

10 生熊文編訳『ギルデマイスターの手紙――ドイツ商人と幕末の日本』（有隣新書、一九九一年）、七七ページ。

11 前掲『幕末外国関係文書之二十三』九四号文書。

12 前掲『ポルスブルック日本報告』、一六五ページ。

13 斎藤多喜夫「横浜開港時の貿易事情――外国商社の進出と生糸貿易の始まり」（『横浜開港資料館紀要』一七号〈一九九九年〉所収）

14 斎藤多喜夫「横浜居留地の成立」（『横浜と上海』〈横浜開港資料館、一九九五年〉所収）末尾の[Appendix 1]参照。

15 クニフラーについては、Erich Zielke, 'Konsul Louis Kniffler Pionier des deutschen Japanhandels,' *Zeitschrift für Unternehmensgeschichte*, 25. Jahrgang. 1980（前掲『ギルデマイスターの手紙』一三〜七ページで紹介されている）、及び橘川武郎『イリス一五〇年――黎明期の記憶』（株式会社イリス、二〇〇九年）による。

16 福沢諭吉『福翁自伝』（岩波文庫、一九六一年）、九八〜一〇一ページ。

17 『福沢手帖』五六号（福沢諭吉協会、一九八八年）

18 秀島成忠編『佐賀藩海軍史』（知新会、一九一七年、復刻版、原書房、明治百年史叢書、一九七二年）、二三七、二五四ページ。

19 『ホームズ船長の冒険――開港前後のイギリス商社』（横浜開港資料館編、杉山伸也／H・ボールハチェット訳、有隣新書、一九九三年）、五四ページ。
20 石井寛治『近代日本とイギリス資本』（東京大学出版会、一九八四年）、一一ページ。
21 『横浜開港側面史』（復刻版、歴史図書社、一九七九年）、三一七ページ。石井光太郎／東海林静男編『横浜どんたく（下）』（有隣堂、一九七三年）、一五七ページ。
22 西川武臣「幕末の日記を読む――『横浜日記』に記された開港場」（前掲『開港のひろば』六三号〈一九九九年〉所収）
23 本書史料編参照。
24 斎藤前掲「横浜開港時の貿易事情」、一七～九ページ。
25 斎藤前掲「横浜開港時の貿易事情」参照。
26 斎藤多喜夫『横浜外国人墓地に眠る人々』（有隣堂、二〇一二年）
27 斎藤多喜夫「横浜最初の大火事――一八六〇年一月三日」（前掲『開港のひろば』八三号〈二〇〇四年二月〉所収）
28 イリス商会、一九五九年。
29 斎藤前掲「横浜開港時の貿易事情」参照。
30 前掲『横浜どんたく（下）』、一一五ページにも収録されている。
31 斎藤多喜夫「横浜居留地成立史の一齣――横浜在留米人ショイヤー貸家徴還一件」（『横浜開港資料館紀要』一三号〈一九九五年〉所収）、四三ページ。
32 アーネスト・サトウ『一外交官の見た明治維新（上）』（坂田精一訳、岩波文庫、一九六〇年）、二九ページ。
33 J・R・ブラック『ヤング・ジャパン（1）』（ねず・まさし／小池晴子訳、平凡社、東洋文庫、一八七〇年）、一七〇ページ。
34 『図説アーネスト・サトウ』（横浜開港資料館編、有隣堂、二〇〇一年）、三六ページ参照。
35 横浜開港資料館所蔵五味文庫二一―一〇。
36 *The Japan Herald Mail Summary, Market Report and Price Current*, Dec. 1, 1866.
37 泉田英雄「東アジアの初期イギリス公館建築の営繕について」（『建築史学』一五、一六号〈一九九〇年九月、一九九一年三月〉

所収）

38 斎藤多喜夫「オランダ領事主催の夜会」（『ブレンワルドの幕末・明治ニッポン日記――知られざるスイス・日本の交流史』〈横浜開港資料会館編、日経BP社、二〇一五年〉所収）

第二章　ホテルとクラブの始まり

1 高谷道男編訳『ヘボン書簡集』（岩波書店、一九五九年）、二四ページ。

2 『郷土よこはま』八六・八七合併号（一九八〇年三月）所収。

3 「万日下恵」（『横浜市史・資料編二』中居屋文書、〈横浜市、一九六〇年〉所収）

4 『オイレンブルク日本遠征記』（中井昌夫訳、雄松堂出版、新異国叢書一二、一九六九年）、一五一ページ。

5 『シュピースのプロシヤー日本遠征記』（小沢敏夫訳、奥川書房、一九三四年）

6 『横浜市史・資料編四』一三九号。

7 横浜開港資料館所蔵市史稿写本のうち。

8 『リベルテール』、特集「われらのバクーニン」（リベルテールの会、一九七六年十月）所収。

9 萩原延寿『遠い崖――アーネスト・サトウ日記抄（1）』（朝日新聞社、一九八〇年）、一九一ページ。

10 「思い出と個人的体験」（『市民グラフ・ヨコハマ』四一号〈横浜市市民局、一九八二年六月〉、特集「外国人が見た幕末・明治の横浜――全訳『ジャパン・ガゼット横浜五〇年史』」所収）

11 一八六九年四月十六日、五月十四日、七月二十日の各号。

12 『横浜もののはじめ考・第3版』（横浜開港資料館、二〇一〇年）、一五二ページ。

13 『黒船から百年――横浜・舶来文化のあと』（朝日新聞横浜支局、一九五四年）

14 前掲『シュピースのプロシヤー日本遠征記』、三三七ページ。

15 アレクサンダー・ジーボルト『ジーボルト最後の日本旅行』（斎藤信訳、平凡社、東洋文庫、一九八一年）、一〇九ページ。

16 『日本歴史』四七号（一九五二年四月）所収。

17 斎藤多喜夫「横浜もののはじめ考④ホテル」（前掲『たまくす』五号〈一九八七年三月〉所収）
18 *The Japan Herald*, June 21, 1862
19 Ibid. Nov. 1, 1862
20 Ibid. Dec. 5, 1863
21 Ibid. May. 7, 1864
22 斎藤前掲「横浜もののはじめ考④ホテル」
23 前掲『ヤング・ジャパン（1）』、六一ページ。一八六一年の貿易に触れて、「陸海軍人クラブで思惑買いが行なわれた」という記述がある。
24 サトウ前掲『一外交官の見た明治維新（上）』、二七ページ。
25 前掲『図説アーネスト・サトウ』、三四～三五ページ。
26 *The Japan Herald*, Nov. 28, 1863; Jan.9, 1864
27 Ibid. Feb.13,1864
28 前掲『ヤング・ジャパン（1）』、二五三ページ。
29 *The Japan Herald*, Dec. 5, 1863
30 Supplement to *The Japan Herald*, Dec. 17, 1864
31 Ibid. Jan. 14, 1865
32 Ibid. June 3, 1865
33 アーサー・ブレント「一八六〇年代の横浜」（前掲『市民グラフ・ヨコハマ』四一号所収）、七〇ページ。
34 Supplement to *The Japan Herald*, June 3, 1865
35 羽田博昭「横浜ユナイテッド・クラブの戦後」（『市史通信』二号〈横浜市史資料室、二〇〇八年八月〉所収）
36 前掲『市民グラフ・ヨコハマ』四一号所収。
37 大沢鷺山『日本に現存するフリーメーソンリー』（内外書房、一九四一年）

38 『横浜毎日新聞』明治五年十月十七日号。
39 同前十年四月二十五日号、『仮名読新聞』同二十六日号。
40 『読売新聞』明治十年十一月十八日号。
41 沢護『横浜外国人居留地ホテル史』（白桃書房、二〇〇一年）、一九三ページ。
42 *The Japan Weekly Mail*, Nov. 1, 1902
43 越智剛二郎編『横浜市誌』（横浜市誌編纂所、一九二九年）に「高宮忠二郎氏」（元町五ノ一八二番地、洋酒食料品商）の記事がある。
44 *Japan Mercantile & Manufacturer's Directory 1933-34*, The Kobe & Osaka Press, Ltd.
45 *The Far East*, July 1,1870
46 Ibid. June 13, 1870
47 *The Japan Weekly Mail*, Aug. 23, 1873
48 沢前掲『横浜外国人居留地ホテル史』、一三四ページ。

第三章　肉食と畜産の始まり

1 米国国務省文書（NAT400）, Miscellaneous Papers, etc., 1865-1867. Names of Americans entitled to bid at the forthcoming sale of lots in the New Concession at Yokohama
2 『太平余録』（金沢文庫所蔵）。『港益代古浜便覧』（横浜開港資料館所蔵ブルーム文庫）では「マンテイウ」。
3 「横浜見聞記」（福井県立図書館保管松平文庫）
4 「四十年以上の在住者」（前掲『市民グラフ・ヨコハマ』四一号所収）
5 『法規分類大全・二五巻』外交門四・開港開市（内閣記録局、一八九一年）、一四〇ページ。
6 「改正条約ニ基キ横浜外国人居留地整理ニ関スル意見書」（『外務省記録』三門一二類一項七号）
7 肥塚竜『横浜開港五十年史・下巻』（横浜商業会議所編、復刻版、名著出版、一九七三年）、一三八ページ。

8 『神奈川県史料・七巻』（神奈川県立図書館、一九七一年）、一〇七ページ。「開港五十年史料31」（『横浜貿易新報』明治四十一年七月五日号）

9 『横浜毎日新聞』明治八年六月十四日号。

10 『横浜の屠畜場の変遷——食肉処理業務に対する差別と偏見の克服に向けて』（横浜市中央卸売市場食肉市場、一九八五年）、五一ページ。

11 「安政六年文久二年横浜商人録」（『神奈川県郷土資料集成・開港編』〈神奈川県図書館協会、一九五八年〉所収）

12 『横浜市史・三巻下』（横浜市、一九六三年）

13 本書史料編、三〇四ページ参照。

14 太田久好『横浜沿革誌』（復刻版、有隣堂、一九七〇年）による。『横浜の町名』（横浜市、一九八二年）は住吉町の四丁目以降の成立を明治六年の大火後とするが、明治四年八月の「横浜関内町名」（横浜開港資料館所蔵）にはすでに六丁目までの記載がある。また、『横浜市史稿・地理編』は入船町の廃止を明治四年十二月とするが、同六年一月の「横浜関内町名図」（同前）にはなお入船町の記載があり、いずれも史料と合致しない。

15 山本光正「横浜開港と房総地域における豚の飼育」（『千葉敬愛短期大学紀要』一七号〈一九九五年〉所収）

16 『高座種豚御照会』（高座郡北部種豚改良組合、一九三四年頃、横浜開港資料館所蔵）

17 『養豚の生産構造と流通機構に関する調査』（神奈川県、一九五五年）

18 前掲『横浜沿革誌』、一二七ページ。

19 明治二十二年、太田村は戸部町の一部と合併して戸太村となった。

20 「根岸村森氏記録文書二」（横浜開港資料館所蔵市史稿写本）所収「屠獣場改築移転願」。『横浜貿易新聞』明治二十四年七月三日号。

21 *The Japan Punch*, Nov. 1875

22 沢前掲『横浜外国人居留地ホテル史』、二五五ページ。

23 『富士屋ホテル八十年史』（一九五八年）所収。

24 斎藤前掲『横浜外国人墓地に眠る人々』、二四九ページ。
25 『江戸清一一五年のあゆみ』（株式会社江戸清、平成二十二年）参照。
26 『山口八十八』（帝国臓器製薬株式会社、一九五六年）
27 以上、養豚・ハム・人造バターについては、斎藤多喜夫「谷頭種の豚と鎌倉ハム」（前掲『開港のひろば』二九号〈一九九〇年〉所収）、及び同「鎌倉ハムとその周辺」（『郷土神奈川』五〇号〈神奈川県立図書館、二〇一二年二月〉所収）参照。
28 『牛乳の流通機構に関する調査』（神奈川県、一九五六年）
29 以下、搾乳業については、斎藤多喜夫「都市近郊搾乳場の経営――幕末・明治・大正期の横浜の事例から」（『横浜開港資料館紀要』一八号〈二〇〇〇年〉所収）参照。
30 二巻、八五ページ。
31 斎藤多喜夫「リズレー先生（サーカス芸人・興行師）――横浜居留地の風雲児」（『よこはま人物伝』〈神奈川新聞社、一九九五年〉所収）参照。
32 *The Japan Times' Daily Advertiser*, Apr. 24, 1866
33 金田耕平著、丸屋善七、明治十九年。
34 「横浜居留地外ニ於テ外国人ヘ乳牛所用地貸渡特許雑件」（『日本外交文書』一二、一三、一四巻）。場所は根岸村字芝生台二一一六、二〇一七、二一二六〜八番地。現在の中区根岸旭台。
35 同前。場所は根岸村字仲尾二八六九、二八七一〜三、二八九二〜四、二九〇六〜七番地。現在の中区山元町五丁目。
36 荒井保男『ドクトル・シモンズ――横浜医学の源流を求めて』（有隣堂、二〇〇四年）
37 前掲『横浜どんたく（上）』、二〇〇ページ。
38 同前、一九一ページ。
39 横浜開港資料館、一九九一年。
40 『農務顚末・四巻』（農商務省、一九五五年）、九一七〜八ページ。
41 『横浜毎日新聞』明治八年十一月十三日号。

42　斎藤多喜夫「飯島栄助（船来雑貨商）――〝古徳利商〟から出発」（前掲『よこはま人物伝』所収）参照。

第四章　花と緑の国際交流

1　白幡洋三郎『プラントハンター』（講談社選書メチエ、一九九四年）参照。
2　ロバート・フォーチュン『幕末日本探訪記――江戸と北京』（三宅馨訳、講談社学術文庫、二〇〇七年）
3　松島秀太郎「西洋夷狄商人ロウレイロ家の人びと」（『石川郷土史学会々誌』二二号〈一九八九年十二月〉所収）。高杉晋作「遊清五録」（『日本近代思想大系1開国』〈岩波書店、一九九一年〉所収）、二三〇㌻。
4　オールコック『大君の都（中）』（山口光朔訳、岩波文庫、一九六二年）、五二㌻。
5　'Visit to Japan,' *The North China Herald*, June 21, 1856
6　中尾真弓「Dr. G. R.Hall に関する短報――Robert Fortune にアオキの雄木を世話した米国人」（『横浜植物会年報』二四号〈一九九五年四月〉所収）
7　Alfred John Wilkin,'Yokohama in the Sixties,' *The Japan Gazette*, Nov. 4, 1893
8　前掲『市民グラフ・ヨコハマ』四一号、六〇㌻。
9　'Yokohama in the Sixties,' *The Japan Weekly Mail*, Jan. 4, 1902. 談話者は〝A.B.〟とあるだけだが、『ジャパン・ガゼット横浜五〇年史』のアーサー・ブレントの回顧談と照合すれば、同一人物であることが判明する。
10　前掲『法規分類大全・二五巻』、一四〇㌻。
11　前掲『農務顚末・四巻』、九六七～八㌻。
12　『図説横浜外国人居留地』（横浜開港資料館編、有隣堂、一九九八年）、一一三㌻。
13　日本球根協会、一九七一年。
14　中野孝夫「横浜の薔薇 in 明治初期」（『日本ばら会年報』四八号〈一九九八年〉所収）参照。
15　ジャーメインについては、斎藤多喜夫「ジャーメイン（横浜外国人墓地管理人）――百合根貿易の先駆者」（前掲『よこはま人物伝』所収）参照。

16　『武州生麦村御用留・第一集』（『横浜市文化財調査報告書』第一四輯の一、横浜市教育委員会、一九八六年）
17　『下田市史・資料編三』幕末開港中（下田市史編纂委員会編、下田市教育委員会、一九九四年）、五一五ジペー。
18　横浜市勧業課、一九三二年二月。
19　鶴見神社蔵。横浜開港資料館に複製がある。
20　*The Japan Herald*, Oct. 8, 1864 掲載乗船名簿。
21　伊藤泉美「子安清水屋のトマト・ソース製造」（前掲『開港のひろば』一〇四号〈二〇〇九年四月〉所収）

第五章　食生活の国際化

1　大山瑞代「横浜駐屯地の英国陸軍——史料に見る兵士たちの生活社会史」（『横浜英仏駐屯軍と外国人居留地』〈横浜対外関係史研究会・横浜開港資料館共編、東京堂出版、一九九九年〉所収）、一〇一ジペー。
2　前掲『横浜どんたく（下）』、一四五ジペー。
3　『日本のパン四百年史』（同刊行会、一九五六年）、西東秋男『日本食生活史年表』（楽游書房、一九八三年）、『こども横浜百科』（横浜市市民局市民活動部広報課、一九七八年）など。
4　内海孝「内海兵吉の横浜開港とパン製造業」（『横浜開港と境域文化』〈神奈川大学評論ブックレット27、お茶の水書房、二〇〇七年〉所収）参照。
5　北根豊編『日本初期新聞全集・三巻』（ぺりかん社、一九八六年）、八四〜六ジペー。
6　『日本交易新聞』二九、三三号（同前所収）
7　英国外務省文書（FO46）, Vol. 45, Despatch No. 48, Aug. 10, 1864
8　『時事新報』明治二十四年二月二十三日号。
9　*The Japan Herald*, Oct. 31, 1863
10　小林彰「在横浜ペィル兄弟（PEYRE Frères）洋菓子店」（『切手研究』四二二・四二三合併号〈切手研究会、二〇〇四年三月〉所収）参照。

11 沢前掲『横浜外国人居留地ホテル史』、一二一ページ。
12 『横浜市史稿・風俗編』、七〇八ページ。
13 『横浜どんたく（上）』、五五ページ。
14 ルドルフ・リンダウ『スイス領事の見た幕末日本』（森本英夫訳、新人物往来社、一九八六年）、二〇二ページ。
15 斎藤多喜夫「カレーも横浜から」（『横浜』四七号〈横浜市・神奈川新聞社共編、二〇一五年春〉所収）
16 『順天堂史（上）』（順天堂、一九八〇年）
17 『ながさきことはじめ』（長崎文献社、一九九五年）
18 『横浜毎日新聞』明治五年四月一日号、六年五月一日号。
19 松信太助編、有隣堂、一九八九年。
20 『横浜毎日新聞』明治五年八月六日号。
21 横浜開港資料館所蔵五味文庫一〇―一四。
22 *The Chronicle & Directory for China, Japan, & the Philippines*
23 「横浜清国人民入籍名簿」（前掲『神奈川県史料・七巻』）、三一五〜七九ページ。
24 『横浜中華街一五〇年』（横浜開港資料館、二〇〇九年）
25 前掲『横浜市史・三巻下』、九〇七ページ。
26 前掲『横浜中華街一五〇年』、二〇ページ。
27 J.P. Mollison, *Reminiscences of Yokohama*, Japan Gazette Press, Jan. 11. 1909
28 「外務省記録」三門九類三項一一号。胡秉枢については、加藤祐三「中国におけるお雇い外国人」（『資料御雇外国人』〈ユネスコ東アジア文化研究センター編、小学館、一九七五年〉所収）、三三二ページに記述がある。
29 『横浜叢書・第一編』（横浜郷土史研究会、一九二八年）
30 『横浜市報』六七三号（一九四〇年五月十六日）
31 山下英一『グリフィスと福井』（福井県郷土誌懇談会、一九七九年）、一五二〜六ページ。平川祐弘「埋もれた市井の思想家」（『破られた友情』〈新潮社、一九八七年〉所収）、二一六〜八一ジペー。

32 斎藤前掲「横浜居留地成立史の一齣」、四七ジペー。

33 *The Japan Herald*, July 1, 1865

34 *The Japan Herald*, Mar. 26, 1864

35 Ibid. May 27, 1865. June 24, 1865

36 東京都公文書館所蔵「府志類稿（1）願伺」（明治四年末より五年正月）

37 斎藤前掲「飯島栄助（舶来雑貨商）――〝古徳利商〟から出発」

38 前掲『市民グラフ・ヨコハマ』四一号、一三ジペー。

39 升本匡彦『横浜ゲーテ座』（岩崎博物館出版局、一九八六年）、四九〜五〇ジペー。

40 前掲『法規分類大全・二五巻』、一一四ジペー。

41 *The Japan Times' Overland Mail*, Oct. 9, 1869

42 「よき時代の補足説明」（前掲『市民グラフ・ヨコハマ』四一号所収）、一六〜七ジペー。

43 ビールについては、『ビールと文明開化の横浜』（キリンビール株式会社、一九八四年）、『日本のビール――横浜発国民飲料へ』（神奈川県立歴史博物館、二〇〇六年）参照。

44 *The Japan Herald*, June 25, 1864

45 Ibid. July 1, 1865

46 Ibid. Aug. 12, 1865

47 前掲『ヤング・ジャパン（1）』、二六八ジペー。

48 沢前掲『横浜外国人居留地ホテル史』、四七ジペー。

49 前掲『市民グラフ・ヨコハマ』四一号、六二ジペー。

50 『社会及国家』昭和六年七月号。

51 斎藤多喜夫「一枚の写真から――明治初期・横浜の氷事情」（前掲『開港のひろば』八号〈一九八四年〉所収）

52　岸田と中川の連名による大隈重信への上書（『大隈文書』A三〇六三～四）、及び香取国臣編『中川嘉兵衛翁伝』（関東出版社、一九八二年）による。
53　斎藤前掲『横浜外国人墓地に眠る人々』、一六五ジペー。
54　*The Japan Gazette*, May 6, 1878
55　*The Japan Weekly Mail*, July 26, Aug. 16, 1879
56　日本アイスクリーム協会、一九八六年。
57　『日本経済新聞』昭和六十二年四月二十日号。
58　前掲『横浜どんたく（下）』、六六ジペー。
59　前掲『大隈文書』A三〇六三～四。
60　堀勇良「ウォートルス考」（前掲『横浜と上海』所収）、三三六ジペー。
61　『時事新報』明治二十八年十二月二十八日号の広告。

第六章　健康を求めて

1　中武香奈美「幕末維新期の横浜英仏駐屯軍の実態とその影響――イギリス軍を中心に」（『横浜開港資料館紀要』一二号〈一九九四年〉所収）、五ジペー。
2　大山前掲「横浜駐屯地の英国陸軍――史料に見る兵士たちの生活社会史」、八三ジペー。
3　高谷前掲『ヘボン書簡集』、四二ジペー。
4　近盛晴嘉「彦とヴェッデル米国医師」（『浄世夫彦記念会会誌』一五号〈一八八二年〉所収）。同「果してヴェッデル医師だった」（同一六号〈一八八三年〉所収）
5　宮武外骨『文明開化・二編広告編』（半狂堂、一九二五年）所収。
6　平松紫香「横浜の劇場誌」（『郷土よこはま』二〇号〈一九六〇年六月〉所収）、五～六ジペー。
7　杉立義一氏所蔵。前掲『横浜もののはじめ考・第3版』、一六七ジペー参照。

8 花束社、一九三七年、一〇～一ページ。

9 牧野書店、一九五四年。

10 伊東栄『伊東玄朴伝』（玄文社、一九一六年）、七七ページ。

11 'Report by Mr. Consul Winchester on the Trade of Kanagawa for the Year 1863.' March,1864. *British Parliamentary Papers*, Japan 4, Irish University Press Area Studies Series, 1971

12 萩原延寿『遠い崖――アーネスト・サトウ日記抄（2）』（朝日新聞社、一九九八年）、二九八ページ。

13 前掲『ヤング・ジャパン（1）』、二六〇ページ。

14 *The Japan Herald*, Feb. 27, Mar. 12, 1864

15 萩原前掲『遠い崖――アーネスト・サトウ日記抄（2）』、二九一ページ。

16 斎藤前掲『横浜外国人墓地に眠る人々』、二九八～三〇〇ページ。

17 『横浜市史・二巻』（横浜市、一九五九年）、八一七ページ。

18 'Commercial report for the year 1864,' op.cit., *British Parliamentary Papers*, Japan 4

19 荒井保男『日本近代医学の黎明――横浜医療事始め』（中央公論社、二〇一一年）、八五ページ。

20 ベアトが一八六四年六月に撮影した写真に、建築中の建物が写っている。『F・ベアト写真集（1）――幕末日本の風景と人々』（横浜開港資料館編、明石書店、二〇〇六年）、一三～四ページ。

21 *The Japan Times' Overland Mail*, Jan. 18, 1868. 石田純郎『江戸のオランダ医』（三省堂、一九八八年）、一七八ページ。

22 この項については『神奈川県史料・七巻』及び前掲『横浜市史・三巻下』参照。

23 沢護「幕末・明治初年来日のフランス人建築家」（『千葉敬愛経済大学研究論集』二八号〈千葉敬愛経済大学経済学会、一九八五年〉所収）、レスカスの項参照。

24 伊藤泉美「横浜中華会館・関帝廟・同善堂について」（『横浜開港資料館紀要』二六号〈二〇〇八年〉所収）

25 『横浜疫病史――万治病院の百十年』（横浜市衛生局、一九八八年）

26 *The Japan Herald*, Aug. 5, Oct. 7, 1865

27 Ibid. Nov. 4, 1865

28 *The Daily Japan Herald*, Jan. 16, July 24, 1867

29 今田見信、医歯薬出版株式会社、一九七三年。

30 歯科医については、大野粛英／羽坂勇司『目で見る日本と西洋の歯に関する歴史』(わかば出版、二〇〇九年)参照。

31 *The Japan Herald*, May 6, 1865

32 *The Japan Times' Overland Mail*, Jan. 18

33 *The Japan Weekly Mail*, Mar. 19, 1870

34 Ibid., Mar. 18, 1871

35 前掲『横浜開港五十年史・下巻』、二七三ページ。

36 前掲「改正条約ニ基キ横浜外国人居留地整理ニ関スル意見書」

37 『横浜貿易新報』大正十四年十月二日号。

38 *The Japan Weekly Mail*, Mar. 1, 1879

39 田村泰治「横浜軍陣病院」(『郷土よこはま』六六号〈一九七三年〉所収)、一五ページ。

40 中西前掲「横浜軍陣病院の史的再検討」参照。

41 『横浜市史稿・政治編三』、五九四ページ、同『風俗編』、八六五ページ。

42 「病院取建ノ義伺」「公文録」各県公文十四・神奈川県・庚午、2A—9—公38

43 有隣堂、二〇〇四年。

44 大空社、一九九七年。

45 詳しくは『市制施行と横浜の人びと——明治二〇年代の横浜』(横浜開港資料館、一九八八年)参照。

46 『横浜市会史・一巻』(横浜市会事務局、一九八三年)、一〇一九ページ。

47 小林紀子／横浜古文書を読む会「『金川日記』について」(『横浜市歴史博物館紀要』一四号〈二〇一〇年〉所収)

48 横浜開港資料館館蔵諸文書一四五。

49 『「名主日記」が語る幕末』（横浜開港資料館、一九八六年）による。
50 伊東前掲『伊東玄朴伝』、九九ページ。
51 『ヤング・ジャパン（3）』、一六七ページ。
52 種痘については主に『神奈川県史料』、及び小玉前掲『幕末・明治の外国人医師たち』を参照した。
53 前掲『横浜疫病史――万治病院の百十年』、一九ページ。

第七章　おしゃれの季節

1 前掲『アメリカ彦蔵自伝（1）』、二二二ページ。
2 『イリス商会百年史』（イリス商会、一九五九年）、四二ページ。
3 前掲『シュピースのプロシヤー日本遠征記』、三四二ページ。
4 大山前掲「横浜駐屯地の英国陸軍――史料に見る兵士たちの生活社会史」、一〇九ページ。
5 『横浜成功名誉鑑』（横浜商況新報社、明治四十三年、復刻版、有隣堂、一九八〇年）、四四七ページ。
6 斎藤前掲「横浜居留地の成立」、[Appendix 1]
7 前掲「安政六年文久二年横浜商人録」
8 『ハリス日本滞在記（上）』（坂田精一訳、岩波文庫、一九五三年）、一一一ページ。
9 前掲『下田市史・資料編三』、四二六ページ。
10 前掲『横浜どんたく（上）』、一九七ページ。
11 内田四方蔵「本邦クリーニング発展史（4）」（『ニュークリーナーズ』〈一九九三年四月二十日〉所収）による。
12 『横浜市報』（一九四〇年三月二十八日）「横浜事物起源12」
13 明治文化研究会『幕末明治新聞全集・五巻』（世界文庫、一九六六年）所収。
14 *The Japan Herald*, Oct. 21, 1865
15 横浜開港資料館所蔵五味文庫一六―三一（一）

16 沢前掲『横浜外国人居留地ホテル史』、二七三ページ。
17 *The Japan Herald*, Nov. 28, 1863
18 中山千代「Japan Directory の研究――洋服業形成史料として」（『文教大学女子短期大学部研究紀要』二二集〈一九七八年十二月〉所収）。以下、主としてこの論文による。
19 *The Japan Times*, April 6, 1866
20 *The Japan Times*, Dec. 29, 1865
21 中武香奈美「元イギリス駐屯軍兵士、ヴィンセント家の墓」（前掲『開港のひろば』一一五号〈二〇一二年〉所収）
22 *The Japan Herald*, Dec. 5, 1863
23 *The Daily Japan Herald*, Mar. 11, 1867
24 Ibid., Mar. 16, 1867
25 「外務省記録」三門九類三項九号、「華士庶外国人雇入鑑」による。
26 前掲『図説横浜外国人居留地』、七二ページ。
27 中山前掲「Japan Directory の研究――洋服業形成史料として」
28 前掲『横浜どんたく（上）』、二三五〜七ページ。
29 『毎日新聞』明治二十一年六月二十一日号。『日本洋服史――一世紀の歩みと未来展望』（洋服業界記者クラブ「日本洋服史刊行委員会」、一九七七年）、四九ページ。
30 *The Japan Herald*, June 25, 1864
31 長谷川金左衛門著、日本帝国理髪歴史宝讃会、一九二五年。
32 西村翁伝記編纂会、一九二二年。
33 『靴産業百年史』（日本靴連盟、一九七一年）、三一ページ。清水正雄『東京はじめて物語――銀座・築地・明石町』（六花社、一九九八年）、五八ページ。
34 交詢社文庫、一八八九年。

35 白水社、一九九一年、一四五ページ。富田仁『舶来事物起源事典』（名著普及会、一九八七年）「靴」の項もほとんど同文。

36 重久篤太郎「和歌山藩におけるドイツ人」（『御雇い外国人14地方文化』〈鹿島出版会、一九七六年〉所収）

37 前掲『法規分類大全・二五巻』、一四〇ページ。

第八章　娯楽とスポーツ

1 前掲『ヤング・ジャパン（1）』、二四〇ページ。

2 F.G. Notehelfer, op.cit. *Japan through American eyes*

3 立川健治『文明開化に馬券は舞う——日本競馬の誕生』（世織書房、二〇〇八年）、一六六～七ページに全文が翻訳されている。

4 『馬の博物館研究紀要』一号（根岸競馬記念公苑、一九八七年）所収。

5 奥須磨子／羽田博昭編『都市と娯楽——開港期～一九三〇年代』（日本経済評論社、二〇〇四年）所収。

6 前掲『ヤング・ジャパン（1）』、七六～七ページ。

7 立川前掲『文明開化に馬券は舞う』、一七四～五ページ。

8 萩原前掲『遠い崖——アーネスト・サトウ日記抄（1）』、一四八ページ。

9 *The Japan Times,* Aug. 19, 1865

10 早坂昇治『文明開化うま物語』（有隣新書、一九八九年）、一一九～二〇ページ。

11 *The Daily Japan Herald,* Jan. 12, 1867

12 とくにことわらない限り、以上の記述は立川前掲『文明開化に馬券は舞う』による。

13 *The Japan Weekly Chronicle,* Nov. 29, 1906

14 *The Japan Herald,* Dec. 5, 1863

15 斎藤前掲『横浜外国人墓地に眠る人々』、二二三～四ページ。

16 倉田喜弘『海外公演事始』（東京書籍、一九四四年）、六三～四ページ。

17 *The Japan Times' Daily Advertiser,* April 24 & 28 ; May 8 & 23, 1866, *The Japan Times,* May 28 ; June 2, 1866

18 *The Japan Herald*, Sept. 30, 1865

19 倉田前掲『海外公演事始』のほか、斎藤前掲「リズレー先生（サーカス芸人・興行師）——横浜居留地の風雲児」、升本匡彦『横浜ゲーテ座』（岩崎博物館出版局、一九八六年）参照。

20 *The Far East*, Oct. 1, 1870

21 『横浜中華街——開港から震災まで』（横浜開港資料館、一九九四年）、五四～五ページ。

22 ゲーテ座については、とくにことわらない限り、升本前掲『横浜ゲーテ座』による。

23 *The Japan Herald*, Sept. 19, Oct. 10, 1863

24 *The Nagasaki Shipping List & Advertiser*, Sept. 25, 1861

25 *The Japan Times*, Nov. 17, 1865

26 *The Japan Weekly Mail*, May 20 & 27, 1871 ; June 1, 1872 ; May 31, 1873 ; May 30, 1874 ; Apr. 3, 1875

27 Ibid. May 31, 1871

28 前掲『市民グラフ・ヨコハマ』四一号、一七ページ。

29 同前、一七ページ。

30 *The Japan Weekly Mail*, Jan. 17, 1880

31 前掲『横浜市史・三巻下』、八一一ページ。

32 *The Japan Daily Herald*, March 23, 1881

33 *The Japan Weekly Mail*, Dec. 20, 1902

34 Ibid. Nov.7,1885.『東京横浜毎日新聞』（明治十八年十一月五日号）掲載「端艇競争会」

35 『東京帝国大学漕艇部五十年史』（東京帝国大学漕艇部、一九三六年）、二八ページ。

36 *The Japan Weekly Mail*, Oct. 23, 1886 による。前掲『東京帝国大学漕艇部五十年史』及び山本邦夫／棚田真輔『横浜スポーツ草創史』（道和書院、一九七七年）の引用する『東京日日新聞』（十月二十三日号）は開催日を二十一日とするが、同日の『朝野新聞』によると、二十一日に行われたのは「英国軍艦六艘」のボート競技であった。

37 *The Japan Herald*, July 8 & 29, 1865 ; June 15, 1866

38 *The Daily Japan Herald*, Mar. 12 ; May 10, 1867

39 宮田勝善『ボート百年』（時事通信社、一九七六年）、二四ページ。

40 前掲『横浜スポーツ草創史』、一二八〜三四ページによる。ただし、リターン・マッチの模様が記されている『風俗画報』は一九一号ではなく一九六号。

41 *The Daily Japan Herald*, May 22, 1867

42 前掲『市民グラフ・ヨコハマ』四一号、二一ページ。*The Japan Gazette*, Dec. 1, 1886

43 マイケル・ガルブレイス「フレイザー旧蔵写身帳の中の1枚」（前掲『横浜』四二号〈二〇一三年秋〉所収）。*The Japan Weekly Mail*, Jan. 22, 1898, 'Yokohama's first Cricket match'

44 前掲『横浜スポーツ草創史』、一三七ページ。

45 J.P.Mollison, op.cit., *Reminiscences of Yokohama*

46 *The Japan Times' Overland Mail*, June 13,1869 ; The Far East, May 16, 1871

47 白幡洋三郎「造園の洋魂和才」（『近代都市公園史の研究——欧化の系譜』〈思文閣出版、一九九五年〉所収）、二六八ページ。

48 前掲『横浜スポーツ草創史』、一四五ページ。

49 *The Japan Weekly Mail*, March 22, 1879, 'Yokohama Cricket Club'

50 中武香奈美「幕末・維新期の駐屯軍とスポーツ」（前掲『開港のひろば』一二〇号〈二〇一三年四月〉所収）

51 *The Japan Herald*, Nov. 29, 1864

52 前掲『ヤング・ジャパン（2）』、三五ページ。

53 *The Japan Times*, Oct. 28 & Nov. 10, 1865

54 前掲『ヤング・ジャパン（2）』、六五〜六ページ。*The Japan Times*, Nov. 24, 1865

55 前掲『神奈川県史料・七巻』、八三〜四ページ。

56 *The Japan Weekly Mail*, Nov. 16, 1872.『新聞雑誌』六八号（明治五年十一月）。『横浜市史稿・風俗編』は、これを「我国最初の小銃射的挙行」とするが、もちろん誤り。

57　『東京横浜毎日新聞』明治二十一年六月五日号、七月十五日号。

58　横浜開港資料館所蔵五味文庫八―三七。

59　*The Japan Gazette Mail Summary*, March 9, 1874

60　*The Japan Weekly Mail*, Oct.14,1871.『ヤング・ジャパン（3）』、一五九〜六〇㌻。

61　Ibid. Nov. 15, 1873

62　*The Japan Weekly Mail*, Dec. 28, 1872

63　前掲『神奈川県史料・七巻』、八四〜五㌻。

64　*The Japan Gazette Mail Summary*, March 9, 1874

65　*The Japan Weekly Mail*, Nov. 15, 1873

66　*The Japan Daily Herald*, April 28, 1874. The Japan Weekly Mail, May 2, 1874

67　*The Japan Daily Herald*, March 13, 1880

68　Ibid. Dec. 14, 1880

69　Ibid. Dec. 17, 1880

70　*The Japan Weekly Mail*, April 12, 1884

71　Ibid. Nov. 4, 1871.『毎日新聞』（二〇〇〇年五月三日号）「〈日本野球〉最初の試合は定説より1カ月前　民間研究家が提唱」

72　Ibid. Oct. 21, 1871 ; April 20, 1872

73　『日本』（明治二十九年七月二十二日号）「野球の来歴」

74　*The New York Clippers*, Dec. 13, 1876

75　『石藤先生』（石藤豊太先生喜寿賀帖編纂会、一九三五年）、一二三㌻。

76　*The Japan Gazette*, Sept. 4, 1876

77　Ibid. Oct. 13 & 23, 1876

78 「野球年鑑」（朝日新聞社、大正五年。『運動年鑑・一巻』〈日本図書センター、二〇〇一年〉所収）、五七㌻。
79 *The Japan Weekly Mail*, March 30, 1878 ; March 22, 1879, *The Japan Daily Herald*, March 31, 1881
80 前掲『横浜スポーツ草創史』、一六五㌻。
81 *The Japan Times*, Sept. 8 & 29, 1865
82 J.P. Mollison, op.cit., *Reminiscences of Yokohama*
83 *The Japan Weekly Mail*, Aug. 19, 1871
84 *The Japan Gazette*, March 3 & Oct. 13, 1876
85 鳴海正泰『横浜山手公園物語』（有隣新書、二〇〇四年）、六八㌻より引用。
86 「横浜山手公園創設並婦女弄鞠社へ貸渡一件」（『外務省記録』三門一二類一項一八号）。『神奈川県史・資料編15近代・現代5』（神奈川県、一九七三年）で翻刻されている。
87 前掲『横浜もののはじめ考』、一三九㌻。前掲『横浜山手公園物語』、八三～六㌻に日本語訳がある。
88 *The Japan Weekly Mail*, Jan.11,1902 ; Jan. 10, 1903
89 マイケル・ガルブレイス「新たな発見！　横浜で初めてラグビーがプレーされて150周年」（『ラグビー神奈川』四四号〈神奈川県ラグビーフットボール協会、二〇一三年〉所収）
90 J.P.Mollison, op.cit., *Reminiscences of Yokohama*,
91 *The Japan Weekly Mail*, Nov. 30, 1872
92 *The Graphic*, April 18, 1874
93 *The Japan Weekly Mail*, Dec. 20, 1873
94 *The Japan Gazette*, Nov. 20, 1874
95 *The Japan Daily Herald*, Jan. 15, 1875
96 *The Japan Weekly Mail*, Dec. 11, 1880
97 *The Japan Gazette*, March 3, 1876

98 *The Japan Weekly Mail*, Nov. 27, 1880

99 前掲『横浜スポーツ草創史』、一六六ページ。

100 *The Japan Weekly Mail*, April 12, 1884

101 Ibid. April 4,1885 ; Dec. 10, 1898

102 前掲『横浜市史・三巻下』、八一一ページ。

103 同前、八一二ページ。

104 *The Japan Weekly Mail*, Sept. 4, 1909

105 Ibid. April 5, 1913

106 Ibid. May 30,1896.『横浜市史稿・風俗編』の「五月三日（二十九日とも云ふ）」という記述は誤り。

107 美沢進「Y校野球部の誕生外」（『Y校百年史』〈横浜市立横浜商業高等学校、一九八二年〉所収）

108 *The Japan Weekly Mail*, March 6, 1897

109 Ibid. Jan. 1 & 8,1887 ; March 7, 1896

110 前掲『横浜スポーツ草創史』、二八〇〜五ページ。

111 *The Japan Weekly Mail*, March 5, 1904. 前掲『横浜スポーツ草創史』、二五六〜八ページ。

112 前掲『市民グラフ・ヨコハマ』四一号、一七ページ。

113 *The Illustrated London News*, Apr. 8, 1865

114 *The Japan Times*, Jan.19; 26, 1866

115 *The Japan Weekly Mail*, Jan.27, 1872

116 Ibid. Jan.3,1874; *The Japan Gazette Mail Summary*, March 9, 1874

117 *The Japan Weekly Mail*, Dec. 19, 1885

第九章　横浜の洋学

1　勝俣銓吉郎「古い会話書」（『英語青年』三〇―九〈一九一四年二月〉所収）

2　この項はおもに小玉晃一・敏子『明治の横浜――英語・キリスト教文学』（笠間書院、一九七九年）、小玉敏子「語学書」「幕末・明治初年の外国語教育」（『横浜の本と文化』〈横浜市中央図書館、一九九四年〉所収）による。

3　Bishop of Homoco, *Revised and Enlarged Edition of Exercises in the Yokohama Dialect*, Yokohama,1879. 小玉敏子「*Exercises in the Yokohama Dialect* 再考」（『英学史研究』三二号〈日本英学史学会、一九九九年十月〉所収）参照。

4　永島大典『蘭和・英和辞書発達史』（講談社、一九七〇年）、八五ページ。

5　川島第二郎『ジョナサン・ゴーブル研究』（新教出版社、一九八八年）、一四ページ。

6　高谷道男『ヘボン』（吉川弘文館、一九六一年）七七〜八〇、九一〜三ページ。

7　石崎康子「ヘボン塾の写真発見」（前掲『開港のひろば』一二二号〈二〇一三年十月〉所収）

8　前掲『ヘボン書簡集』、一四八ページ。

9　高谷道男編訳『S・R・ブラウン書簡集』（日本基督教団出版局、一九六五年）、一四六ページ。

10　『井深梶之助とその時代（一）』（明治学院、一九六九年）、六九〜七〇ページ。

11　この点については、斎藤前掲「横浜居留地成立史の一齣」、五三ページ参照。

12　英学所については、前掲『明治の横浜』の他、倉沢剛『幕末教育史の研究』〈吉川弘文館、一九八三年〉、茂住実男「横浜英学所」（『大倉山論集』二九、三〇、三二輯〈一九九〇〜二年〉所収）参照。

13　大山真人『銀座木村屋あんぱん物語』（平凡社新書、二〇〇一年）、江崎淳『明治の清水次郎長』（毎日新聞社、一九八六年）

14　河東田経清、一九一七年。

15　前掲『横浜どんたく（上）』、二五九ページ。

16　大野太衛編『高島翁言行録』（東京堂、一九〇八年）、一三二〜八ページ。

17　柳源吉編「高橋由一履歴」（『日本近代思想体系17美術』〈岩波書店、一九八九年〉所収）、一七六ページ。

18　前掲『横浜どんたく（上）』、二五八〜九ページ。

19 この事件については「異人パン焼フランキヨ殺人事件」（本書一〇八～九ジペー）の項参照。
20 実業之日本社、一九一三年。
21 斎藤多喜夫「横山孫一郎（国際的な実業家）――通訳から転身」（前掲『よこはま人物伝』所収）。この項については、斎藤多喜夫「幕末・明治初期の通訳と翻訳家たち」（前掲『横浜の本と文化』所収）参照。
22 浅田康夫「横浜市会の新選組生き残り――川村三郎」（『郷土よこはま』一〇四号〈一九八七年一月〉所収）
23 『横浜毎日新聞』明治五年六月十一日号。
24 同前、明治四年八月十六日号。
25 横浜開港資料館所蔵。石崎康子「高島嘉右衛門と横浜町学校」（前掲『開港のひろば』七一号〈二〇〇一年一月〉所収）参照。
26 多田建次「中津市学校の記」（前掲『福沢手帖』一二号〈一九七七年〉所収）
27 『横浜毎日新聞』明治五年二月二日号、十三日号。
28 同前、明治五年六月二十日号、二十三日号。
29 『実業之横浜』八巻九号（実業之横浜社、明治四十四年五月）
30 高島学校については、『神奈川県史料・五巻』、文部省編『日本教育史資料・三巻』（臨川書店、一九七二年）の他、多田建次「横浜高島学校の研究」（『福沢諭吉年鑑』七〈福沢諭吉協会、一九八〇年〉所収）参照。
31 館舎門・横浜修文館建築一件、『横浜市史・資料編四』所収。
32 第三巻・刑賞、第五巻・学校寄附金、同・学校。
33 外務省編『大日本外交文書・五巻』、五二一ジペー。
34 高谷前掲『S・R・ブラウン書簡集』
35 この火災については、米山光儀「消えた学校――高島学校と福沢諭吉」（『横浜の教育と文化』〈大倉精神文化研究所編、二〇〇三年〉所収）
36 この項目は、おもに『横浜市教育史（上）』（横浜市教育委員会、一九七六年）、二〇七～一八ジペーによる。

第一〇章　幕末・明治のヴェンチャー企業

1 *The Japan Herald*, May 17, 1862.「珍事五ケ国横浜はなし」（前掲『横浜どんたく（下）』所収）

2 堀勇良「横浜・上海土木建築技師考」（前掲『横浜と上海』所収）

3 堀勇良「居留地建築家」（前掲『横浜もののはじめ考』所収）、一〇三～五ページ。

4 斎藤前掲『横浜外国人墓地に眠る人々』、九七ページ。

5 前掲『市民グラフ・ヨコハマ』四一号、八六ページ。

6 斎藤多喜夫「悲運のオランダ船大工――H・J・フライ」（『なか区　歴史の散歩道』〈横浜開港資料館編、神奈川新聞社、二〇〇七年〉所収）

7 斎藤前掲『横浜外国人墓地に眠る人々』、二九一ページ。

8 堀前掲「横浜・上海土木建築技師考」

9 斎藤前掲『横浜外国人墓地に眠る人々』、三〇一～二ページ。

10 同前、一五六ページ。

11 渡辺清司「ヨット茶のみ話」（『舵』二〇巻二、三号〈舟艇協会、一九五四年三月、五月〉所収）

12 バーンについては、一八六四年末の情報を収録する一八六五年版のディレクトリーに記載があり、コーマックについては、一八六四年六月十一日付『ジャパン・ヘラルド』に開業広告が出ている。

13 *The Japan Times*, May 19, 1866

14 有隣堂、一九七四年。

15 『千葉敬愛経済大学研究論集』二一・二二号合併号（千葉敬愛経済大学経済学会、一九八八年）所収。

16 中武香奈美「ジェラール（西洋瓦・レンガ製造業者）――晩年は故郷で幸福に?」（前掲『よこはま人物伝』所収）

17 中武香奈美「ジェラール（一八三七～一九一五）――故郷、ランス市に錦を飾る」（前掲『開港のひろば』五〇号〈一九九五年十一月〉所収）

18 青木祐介「ジェラールの故郷を訪ねて――墓に刻まれた来日・離日の記録」（『ハマ発Newsletter』八号〈横浜都市発展記念館、

二〇〇七年一月〉所収)

19 「外国人居留地外ニテ地所貸渡候調書」(前掲『法規分類大全・二五巻』所収)参照。その場所は「横浜地図」(国立公文書館内閣文庫所蔵)によって知ることができる。この地図については前掲『F・ベアト写真集1――幕末日本の風景と人びと』、二七~八ページ参照。

20 「金川港規則」のうち「水道桶筋道敷税」による。この史料については、斎藤多喜夫「明治初年の横浜居留地――金川港規則から」(『横浜居留地と異文化交流』〈横浜居留地研究会・横浜開港資料館共編、山川出版社刊、一九九六年〉、六六八ページ参照。

21 『ファー・イースト』のこの記事は、山手七七番地からのものと誤解されてきたが、そこからでは一マイルの距離はない。

22 『東京市史稿・市街編第五十』(東京都、復刻版、臨川書店、二〇〇一年)、六七三~五ページ。

23 青木祐介「アルフレッド・ジェラールと瓦工場」(『横浜都市発展記念館紀要』五号〈二〇〇九年〉所収)、『西洋館とフランス瓦――横浜生まれの近代産業』(横浜都市発展記念館、二〇一〇年)

24 前掲『横浜どんたく(下)』、一一七ページ参照。

25 伊藤三千雄「Alfred Gérard 製造の瓦と煉瓦について」(『日本建築学会論文報告集』六六号〈一九六〇年十月〉所収)、六〇六ページ。

26 *The Japan Daily Herald*, Sep. 4, 1877

27 前掲『西洋館とフランス瓦――横浜生まれの近代産業』

28 齊藤俊彦『くるまたちの社会史』(中公新書、一九九七年)

29 英国外務省文書(FO46), 1866, Despatch No.212 (Dec.30)

30 斎藤前掲「幕末期横浜の都市形成と太田町」、七二~五ページ、及び口絵。

31 西川武臣『横浜開港と交通の近代化』(日本経済評論社、二〇〇四年)、同「幕末・明治初年の東京(江戸)・横浜間の水運について」(『一九世紀の世界と横浜』〈山川出版社、一九九三年〉所収)。東京都公文書館所蔵「諸願諸届」「神奈川往復書状留」などによる。

32 前掲『東京市史稿・市街編第五十一』、四三三ページ。

33 斎藤前掲『横浜外国人墓地に眠る人々』、二七〇~二ページ。

34 雄松堂、二〇〇四年。
35 注22に同じ。
36 『東京馬車鉄道』（東京都公文書館、都市紀要三十三、一九八九年）
37 小林良正／服部之総『花王石鹸五十年史』（同編纂委員会、一九四〇年）、二〇一ページより引用。
38 西川武臣「堤石鹸製造所とその資料――日本最初の石鹸製造をめぐって」（前掲『開港のひろば』一〇〇号〈二〇〇八年〉所収）
39 前掲『横浜開港側面史』、一三一～二ページ。前掲『横浜どんたく（上）』、二四〇～一ページ。
40 前掲『花王石鹸五十年史』、二〇五ページ。
41 同前、三三九ページ。
42 前掲『横浜市史・三巻下』、七四ページ。
43 第五章注14参照。
44 注39に同じ。
45 *The Japan Herald*, Sept. 26, 1863
46 前掲『横浜ゲーテ座』、一六～七ページ。
47 *The Japan Herald*, Aug. 27, 1864
48 *The Japan Herald*, April 1, 1865
49 斎藤多喜夫「時計の輸入商社」（前掲『開港のひろば』五九号〈一九九八年〉所収）
50 西川虎吉については、平野正裕「横浜洋楽器製造史資料」（『横浜開港資料館紀要』二三～四号〈二〇〇五～六年〉所収）による。
51 斎藤前掲『横浜外国人墓地に眠る人々』、一五一～四ページ、「カイル」の項参照。
52 *The Japan Gazette*, April 3, 1880
53 以上、基本的に『製造元祖　横浜風琴洋琴ものがたり』（横浜市歴史博物館・横浜開港資料館、二〇〇四年）による。
54 伊藤泉美「横浜華僑のピアノ製造――周興華洋琴専製所を中心に」（『横浜開港資料館紀要』三二号〈二〇一四年〉所収）参照。

第一一章　真か？偽か？　徹底検証

1　斎藤前掲「横浜居留地の成立」

2　エンデルレ書店、一九八七年。

3　斎藤多喜夫「幕末期横浜居留地の社会構成と居留地像をめぐって」（『横浜居留地の諸相』〈横浜開港資料館、一九八九年〉所収）、別表。

4　『続通信全覧』「暴行門殺傷」

5　*The Japan Herald*, July 26, 1862

6　斎藤前掲「横浜居留地の成立」

7　『横浜市史・二巻』（横浜市、一九五九年）、八五八ページ。

8　中山千代「婦人洋服職人制の展開」（『立正大学短期大学部研究紀要』一八集〈一九七四年十二月〉所収）

9　前掲『日本洋服史』、四五～六ページ。

10　伊藤久子「ブラウン家のピアノ」（前掲『製造元祖　横浜風琴洋琴ものがたり』所収）

11　『フェリス女学院一〇〇年史』（一九七〇年）、三一ページ。

12　中山前掲「Japan Directory の研究（1）」、同『日本婦人洋装史』（吉川弘文館、一九八七年）、一九五～六ページ。

13　『キダー書簡集――日本最初の女子教育者の記録』（フェリス女学院編、教文館、一九七五年）、四五ページ。

14　中山前掲「婦人洋服職人制の展開」

15　『クラブの広場』一二号（東京ドレスメーカークラブ、一九七七年一月）

16　斎藤前掲「幕末期横浜居留地の社会構成と居留地像をめぐって」、別表。

17　尾佐竹猛「スネルと牛乳」（『明治文化』九巻七号〈昭和十一年〉所収）

18　高橋義夫『怪商スネル』（大正出版、一九八三年）

19　福岡万里子「戊辰戦争に関与したシュネル兄弟の『国籍』問題」（『戊辰戦争の史料学』〈勉誠出版、二〇一三年〉所収）

20　中井晶夫『初期日本＝スイス関係史――スイス連邦文書館の幕末日本貿易史料』（風間書房、一九七一年）、六七ページ。

21　『フランソワ・ペルゴ　日本における初のスイス時計師』（ソーウインドジャパン株式会社）

22　*The Japan Herald*, Jan. 16, 1864

23　本書史料編、三〇五ページ参照。

24　前掲『横浜どんたく（下）』、一八〇ページ。

25　斎藤多喜夫「横浜写真小史」（前掲『F・ベアト写真集1――幕末日本の風景と人びと』所収）、一七〇～五ページ。

26　'Yokohama Races,' *The Japan Herald*, Aug. 23, 1862

27　泉田前掲「東アジアの初期イギリス公館建築の営繕について」、九八ページ。

28　斎藤前掲「横浜居留地の成立」、一五二ページ。

29　斎藤前掲「幕末期横浜の都市形成と太田町」

30　由利正通『子爵由利公正伝』（一九四〇年）による。

31　詳しくは斎藤多喜夫「日本近代乳業事始め――前田留吉の牧場は存在したか?」（『酪農乳業史研究』四号〈日本酪農乳業史研究会、二〇一〇年九月〉所収）、同「前田留吉の横浜の牧場について」（同前一一号〈二〇一五年八月〉所収）参照。

史料編　ロジャースの回顧談

1　船のバランスを保つために船底に積む重量物。

2　外国貿易用の東側突堤と内国貿易用の西側突堤のこと。東側突堤がイギリス波止場と呼ばれるようになるのは、その前面にイギリス領事館ができる明治二年以降のことなので、この記述は後知恵であろう。

3　国籍別商館番号については、本書三三～四ページ参照。

4　内海兵吉のこと。本書一〇六～七ページ参照。

5　海辺通りのこと。明治四年四月、海辺通りを元浜町と改称し、その海側に海岸通りを新設した。

6　吉田橋と本町一丁目を結ぶ短絡路としての現在の馬車道ができるのは、慶応三年のこと。

7　丁目番号が逆転され、東から西へ付け替えられたのは明治四年四月。

8　蓮光寺のこと。

9　吉田橋が鉄橋に架け替えられ「鉄の橋」と呼ばれるようになるのは明治二年以降。

10　現在の横浜市開港記念会館の場所。

11　原文では Shibaya michi と書かれている。

12　下田座のこと。

13　岡鳥問屋と水鳥問屋のこと。

14　関屋音兵衛のこと。本書六九～七〇ページ参照。

15　師岡屋のこと。

16　末広町のこと。通称吉原道、土手通りとも言う。原文は Yoshiwara-machi となっている。

17　オランダ人の誤り。

18　椎野正兵衛商店（本町二丁目三〇番地）のことであろう。

19　椎野絹織物店（本町一丁目一九番地）のことであろう。

20　本町一丁目四番地、元横浜電信分局、のち神奈川県度量衡検定所の場所。

21　現在横浜弁護士会館（日本大通九番地）の場所。

22　Woodthorpe Charles Clarke のこと。原文では Woodthorpe, Clarke となっており、ウッドソープとクラークが別人のように記されているが誤植であろう。

23　宮沢真一の調査（『「幕末」に殺された男』〈新潮選書、一九九七年〉）によると、ボラデイル夫人は「帰国後の一八七〇年、三六歳の若さで死去した」とされており、ロジャースの証言と食い違っている。

24　地元の篤志家、黒川荘三が私費で建てた。日本政府が建てたというのはロジャースの誤解。

25　スコットランド、インヴァネスの南西方向、ネス湖の東方にある地名。軍隊の駐屯地があった。

26　運上所のこと。税関と外務省出張所を兼ねたような役所。

27　船見張番所のことであろう。開港当初、艀は運上所がすべて管理していた。

28 チャールズ・ディケンズの小説「デイヴィッド・コパフィールド」に登場するペゴティー一家が住む船の家。
29 いわゆる山手ゲーテ座。
30 堀川のことであろう。
31 『ジャパン・エクスプレス』の誤り。その創刊は一八六二年五月二十四日と推測されるので、『ジャパン・ヘラルド』より遅い。
32 『ジャパン・ヘラルド』のこと。一八六一年十一月二十三日創刊。当初はハンサードの単独事業。一八六二年二月、キールがパートナーとなった。
33 『ジャパン・コマーシャル・ニュース』の誤り。一八六三年五月十三日創刊。一八六五年、リッカビーがそれを買収して『ジャパン・タイムズ』を発刊した。
34 シップはピアニストと伝えられているが、唄も歌ったのかもしれない。
35 正しくはロイヤル・ブリティッシュ・ホテル。それをカーティスが買収し、コマーシャル・ホテルと改称した。本書五三ページ参照。
36 一人の兎役が撒く紙を手掛かりに、複数の狐役が追いかけて、順位を競うゲーム。
37 馬の世話をする日本人のことを「別当」と言った。
38 鵜飼玉川のこと。江戸で写真館を開いた。
39 横浜新田のこと。
40 外国商社と専属契約を結び、日本商人との仲介役を果たした中国商人のこと。
41 「サービス」には公務の意味が込められていたものと思われる。このクラブについては本書五五〜七ページ参照。

ナ行

ハ行

サ行

タ行

カ行

外国人名索引

【凡例】

1．斜字体は国籍を示す。略号は以下のとおり。
Am. = Americans（アメリカ）、*Br.* = British（イギリス）、*Ch.* = Chinese（中国）、*Dane.* = Danes（デンマーク）、*Dut.* = Dutch（オランダ）、*Fr.* = French（フランス）、*Ger.* = Germans（ドイツ）、*Jp.* = Japanese（日本）、*Port.* = Portuguese（ポルトガル）、*Rus.* = Russians（ロシア）、*Sw.* = Swiss（スイス）

2．国籍は在日中のもの。在日中、国籍に変更があった場合は、後のものを採用した。

3．夫人の場合、Mrs. に続くイニシャルは夫のファースト・ネーム、セカンド・ネームだと考えられるので、そのことを明示するために原綴に Mrs. を付けた。

ア行

ヤ行

ワ行

ハ行

マ行

タ行

ナ行

カ行

サ行

索　引

日本人名索引

ア行

【著者略歴】

斎藤 多喜夫（さいとう・たきお）

横浜開港資料館・横浜都市発展記念館元調査研究員。横浜の外国人居留地及び西洋文化移入過程の研究。主な著作に『横浜もののはじめ考』（編著、横浜開港資料館、1988年）、『横浜居留地と異文化交流』（編著、山川出版社、1996年）、『図説横浜外国人居留地』（編著、有隣堂、1998年）、『幕末明治　横浜写真館物語』（吉川弘文館、2004年）、『異文化の交流と共生』（共著、翰林書房、2004年）、『F.ベアト写真集1――幕末日本の風景と人びと』（編著、明石書店、2006年）、『F.ベアト写真集2――外国人カメラマンが撮った幕末日本』（編著、明石書店、2006年）、『横浜150年の歴史と現在――開港場物語』（共著、明石書店、2010年）、『横浜外国人墓地に眠る人々』（有隣堂、2012年）などがある。

幕末・明治の横浜　西洋文化事始め

2017年3月10日　　初版第1刷発行

著　者　　斎藤　多喜夫
発行者　　石　井　昭　男
発行所　　株式会社 明石書店

〒101-0021 東京都千代田区外神田6-9-5
電 話　03（5818）1171
FAX　03（5818）1174
振 替　00100-7-24505
http://www.akashi.co.jp

装丁　古川文夫
印刷／製本　モリモト印刷株式会社

（定価はカバーに表示してあります）　ISBN978-4-7503-4482-9